לפשוטו של מדרש

סימי פיטרס

לפשוטו של מדרש

כלים לפענוח משמעותם של מדרשי אגדה

מאנגלית: אליעזר כמון
עריכה: חיותה דויטש

מגיד ספריא

Simi Peters

Learning to Read Midrash

סימי פיטרס

לפשוטו של מדרש:

כלים לפענוח משמעותם של מדרשי אגדה

עורך אחראי: ראובן ציגלר

עורכת ראשית: אוריה מבורך

עורכת משנה: אפרת גרוס

עריכה לשונית: אביחי גמדני

הגהה: שרה המר

עימוד: תמי מגר

עיצוב עטיפה: שמואל לעסרי

ספרי מגיד, הוצאת קורן

ת"ד 4044 ירושלים 9104001

טל': 02-6330530 פקס: 02-6330534

www.korenpub.co.il

ISBN 978-965-526-346-6 מסת"ב

Printed in Israel 2024 נדפס בישראל

לעילוי נשמות הוריי היקרים

אבי מורי

ר׳ חיים אריה בן ר׳ שלמה זלמן ומרת סימא

ואמי מורתי

מרת הינדא פערל בת ר׳ מרדכי ומרת חיה שרה

״והערב נא ה׳ אלוקינו
את דברי תורתך בפינו ובפיות עמך בית ישראל
ונהיה אנחנו וצאצאינו וצאצאי צאצאינו
וצאצאי עמך בית ישראל
כולנו יודעי שמך ולומדי תורתך לשמה״.

תוכן העניינים

מבוא

חיפוש גישה למדרש

הידיעה כיצד לקרוא מדרש היא מיומנות רבת ערך ללומדי תנ"ך. למורים היא חיונית ביותר. בכל זאת, לעתים, עולים בתוהו כל ניסיונותינו ללמוד מדרש בשיטתיות, בשל חוסר הבנה ברורה כיצד יש לגשת אליו.

אפילו אנשים המצויים אצל מקורות מדרשיים יתקשו אולי להגדיר במדויק מהו מדרש, או לראות את הקשר בין מדרש ובין הטקסט המקראי הנדון בו.[1] מדרשים מסוימים עשויים גם להטריד את הקורא בחוסר סבירותם, כגון הגמרא המתארת את המלאך גבריאל מצמיח זנב למלכה ושתי (מגילה יב ע"ב). האם יש להתייחס להיגדים כאלה כפשוטם? אם לא, מה עלינו לעשות בהם?[2]

אם נפנה לעזרתם של הפרשנים המצויים במהדורות הרגילות

1. המושג "מדרש" יוגדר בהמשך המבוא.
2. דיון בנושאים אלה ובדומיהם, ראו במיוחד פרק ח: הבנת הרחבת הסיפור המקראי (הסיפור המדרשי).

של המדרש, נגלה בדרך כלל שמדובר בעיקר בהערות הסבר יותר מאשר בפירוש מפותח ומלא של טקסטים מדרשיים. אמנם אין ערוך לחשיבותה של נתינת הסברים למושגים קשים ולהפניות למקורות דומים שמספקים פירושים אלה, אך לעתים קרובות משאירים הם אותנו עם שאלות פתוחות. לפעמים נתקלים אנו בהסברים קצרים ומאירי עיניים החבויים בהם, אולם נדיר לפגוש שם דיון מעמיק במסר של המדרש ובמתודולוגיה שלו.

גם פירושים המציעים דיון נרחב עשויים שלא לספק את מלוא צרכינו, בשל נטייתם לגשת למדרש מנקודות המבט של מחשבת ישראל, או מתוך השקפת עולם מיסטית. כאלה הן, למשל, הקריאות העמוקות של המדרש שנוכל למצוא בכתביהם של המהר"ל[3] ושל אדמו"רי החסידות, המתאפיינות תדיר בחיפוש רעיון מרכזי שסביבו בנוי המדרש. אין פלא שדרך זו מובילה אותם להתמקד בחלקים מסוימים בטקסטים המדרשיים, מבלי לפרש היבטים אחרים. במסגרת העיון הייחודי שלהם, אין כל בעיה באי־התייחסות זו, אך היא עשויה להשאיר את הקורא המצוי עם שאלות רבות ללא פתרון על המדרש בכללותו.

טבעו החמקמק של המדרש וחוסר הכלים לניתוחו, עשויים להוביל למבוי סתום כל ניסיון מצדנו לתפוס מה מלמד אותנו המדרש. גרוע מזאת, עשויים אנו להניח בטעות שהצלחנו לצלול לעומקו של טקסט מורכב ועדין, רק משום שהוא נראה נגיש ומדבר במילים פשוטות.

כמו מורים רבים לתנ"ך, נאבקתי אף אני בשאלה כיצד להבין מדרש, בעיה המתעוררת בהכרח כאשר משתמשים במדרש ככלי פרשני בשיעור התנ"ך. כבר בתחילת דרכי המקצועית גיליתי שבעצם אין ביכולתי להסביר ברהיטות את העקרונות ההגיוניים העומדים מאחורי קריאתי את המדרשים או לצייד תלמידים בכלים מתודולוגיים לקריאת מדרשים בכוחות עצמם. חֶסר זה בכלים הפדגוגיים שלי

3. ר' יהודה ליווא מפראג, המאה השש־עשרה.

עמד בסתירה חדה לבהירות שבה מסוגלת הייתי להסביר את הכלים המושגיים והמתודולוגיים שבהם השתמשתי כשלימדתי את פרשנות המקרא המאוחרת יותר. משהבשיל סגנון ההוראה שלי, התחלתי לחוש שגישת "ירייה באפלה" למדרש אינה מתאימה עוד.

במשך שנתיים של שבתון במסגרת תכנית "עמיתי ירושלים" התרכזתי בהעמקת הבנתי את המדרש, על ידי קריאת כתביהם של הראשונים[4] על מדרש ואגדה, ועל ידי קריאת מגוון רחב של עבודות אקדמיות בנושא זה. מה שקראתי הראה לי שכלי הניתוח שבהם השתמשו באקדמיה יכולים לאפשר לי חשיבה שיטתית על מדרש, ולהציע מושגי יסוד ומונחים שניתן להשתמש בהם כדי לתרגם את אופן השיח של חז"ל[5] לשפה מובנת יותר לתלמידותיי.[6] כיוון שאינני אקדמאית, לא חשתי כבולה לכל המוסכמות של השיח האקדמי. עובדה זו אפשרה לי לאמץ מהעולם האקדמי את אותם יסודות שהעמיקו את הבנתי במדרש, מבלי לזנוח את התחושה הטבעית שלי ללימוד מדרש, שהוא ללא ספק בגדר "תלמוד תורה".

כשחזרתי ללמד תנ"ך מנקודת מבט חדשה זו, יכולתי למצות עד תום את המדרש ככלי פרשני. לפני שיצאתי לשבתון, השתמשתי תדיר במדרש כפרשנות לתנ"ך מבלי שיכולתי להראות כיצד נגזר

4. המונח "ראשונים" מתייחס לרבנים־מחברים מהתקופה שבין המאה העשירית למאה השש־עשרה בערך.
5. המונח חז"ל מתייחס לחכמינו זיכרונם לברכה מתקופת המשנה והתלמוד.
6. בעניין זה, היה לי הספר דרכי האגדה (הוצאת מגנס, 1953) של יצחק היינמן לעזר רב. בקריאת ניתוחו המעמיק והמפורט הופתעתי שוב ושוב מיכולתו לתאר יסודות במחשבתם ובשפתם של חז"ל שהכרתי זה מכבר, במונחים שלא נתקלתי בהם קודם לכן. בדרך זו גיליתי אוצר בלום של ידע, שלמזלי הרב היה חבוי בקרבי, ושלרובו לא הייתי מודעת כלל. היה זה כמו לימוד מושגי הדקדוק של שפת אמי. דבר זה אפשר לי ללמד את "השפה" למי שאין זו "שפת אמו".
אמנם לא הסכמתי עם כל מה שאומר היינמן, אך מגישתו הכוללת הפקתי תועלת מרובה עד מאוד.

המסר מהמדרש, ואילו בשובי לכיתה יכולתי להסביר קריאות במדרש ולהציג יסודות של מתודולוגיה לצורך גישה לטקסטים אלה.

מקומו של המדרש בספרות חז״ל

תוצאה חיובית אחת של מחקריי הייתה יכולת חדשה לנסח הגדרת עבודה למושג מדרש. מעניין ששיטוטיי האקדמיים הובילו אותי, בסגירת מעגל, לאותה הגדרת מדרש שלמדתי בילדותי: מדרש הוא הגישה הייחודית של חז״ל ללימוד תנ״ך.[7] הגדרה זו קיבלה משמעות מרחיקת לכת יותר כשהבנתי שיש לה השלכות של ממש לעניין ההבחנה בין מדרש לבין תחומים אחרים בספרות חז״ל מחד גיסא, ובין מדרש לבין פרשנות המקרא מתקופות מאוחרות יותר מאידך גיסא.

הרכיב הראשון של הגדרה זו – שקַל ביותר להחמיצו – הוא שהמסר הלימודי של מדרש, מעצם הגדרתו, מבוסס **תמיד** על פסוק או נושא מקראי, שלא כמו טקסטים אחרים מתקופת חז״ל. קביעה זו נכונה לכל סוג מדרש, הן **מדרש הלכה** והן **מדרש אגדה**.[8] **מדרש הלכה** הוא אוסף של דברי הלכה שנגזרו מהכתוב בתורה בדרך המתודולוגיה המדרשית. **מדרש אגדה** הוא לקט של דברי פרשנות ודרשנות שנגזרו מהחלקים הסיפוריים של התנ״ך באותם כלים. עיקר ההבחנה בין שני תחומים אלה ובין ספרות הלכתית ואגדתית (לא הלכתית) אחרת של חז״ל נעוץ בקשר ההכרחי של מדרש לטקסט המקראי.

7. הגדרה זו היא תוצאה של סינתזה בין ההבנה המקורית שלי מהו מדרש ובין כמה מהרעיונות האקדמיים שקראתי. אף אחת מהעבודות האקדמיות שקראתי לא הגדירה מדרש בדיוק במילים אלה.
8. השימוש הרווח יותר במונח ״מדרש״, שלא במסגרת דיון עיוני־מושגי, הוא במובן של ״מדרש אגדה״, אולם המונח ״מדרש״ במובנו המדויק מכֻוון לשני התחומים גם יחד.

מדרש לעומת משנה

הפועל היוצא מהגדרת מדרש כגישתם הייחודית של חז״ל ללימוד תנ״ך מתברר עוד יותר כשמעמידים מול הספרות המדרשית את המשנה. המדרשים מאורגנים בדרך כלל באופן חופף לסדר הפסוקים שבספרי התנ״ך, ודולים משמעות מהפסוקים בצמוד להופעתם. המשנה, לעומת זאת, היא בעלת אופי אנציקלופדי ומסודרת בצורה רופפת לפי נושאים. כללית, נדונים הנושאים בצורת מקרים משפטיים והפסיקות הנובעות מהם. אמנם המשנה מצטטת פסוקי תנ״ך כראיות לדבריה, אולם חדירה לעומקו של המסר הטמון בטקסט המקראי איננה דרכה העיקרית של המשנה.[9]

בשל סידורה על פי נושאים משפטיים, דנה המשנה יחסית מעט בסִפֵּר (נרטיב) המקראי. בניגוד לכך, מחויבותו של המדרש לטקסט המקראי כופה עליו להתמודד עם כל מה שמעלה הפסוק. פירוש הדבר הוא שאף על פי שמבחינות רבות נבדלים שני התחומים הרחבים של **מדרש הלכה** ו**מדרש אגדה** באופן ברור זה מזה, למרות הכול מטושטשים לעתים הגבולות ביניהם. טקסט של מדרש הלכה עשוי, למשל, להביא סיפור מדרשי באמצע הדיון ההלכתי שלו, אם

9. ראו, למשל, את ההבדל בגישות בין ספרי (מדרש הלכה לספר דברים) ובין מסכת ביכורים ביחס למצוות ביכורים. המדרש פותח בפסוק הראשון של המצווה (דברים כו, א), ולפי סדר הפסוקים שואב מכל פסוק את ההלכה הנובעת ממנו. וכך, לדוגמה, כשאומר הכתוב (שם, ב): ״ולקחת מראשית כל פרי האדמה...״, מעיר ספרי: ״יכול [היית לחשוב ש]כל הפירות כולם חייבים ב[מצוות] ביכורים? [אלא ש]תלמוד לומר [=הכתוב מלמד אחרת]: ׳מראשית׳, ולא ׳כל ראשית׳...״.

לעומת זאת, פותח הפרק הראשון של מסכת ביכורים מנקודת מבט אחרת, והמשנה הראשונה שבו אומרת: ״יש מביאין ביכורים וקורין [את ההצהרה הנדרשת], מביאין ולא קורין, ויש שאינן מביאין...״. בעוד המדרש כבול לטקסט המקראי, חופשייה המשנה לסדר את החומר בצורה הנראית לה מתאימה. פירוש הדבר, במקרה זה, להתחיל בשאלה מי מחויב להביא ביכורים במקום בשאלה **מה** סוג הפירות שחייבים להביא.

מעוררים הפסוקים הנדונים את הסיפור.[10] באותו מטבע, עשויים ספרי מדרש אגדה להכיל חלקים הלכתיים.[11] כלומר, המאפיין המגדיר של מדרש – הקשר ההכרחי שלו לטקסט המקראי – ממלא תפקיד בקביעה כיצד הוא מאורגן ועל מה הוא בא לענות.[12]

מדרש ואגדה

קשר זה שבין מדרש ובין הפסוק המקראי מאפשר לנו גם לזהות חלקים מדרשיים בתלמוד ולהבדיל ביניהם ובין **אגדה**, שגם היא אחד התחומים בספרות חז״ל המזוהה בטעות עם מדרש.[13] למרות הנטייה להחליף ביניהם, ״מדרש״ ו״אגדה״ הם שני תחומים שונים זה מזה. המונח הכללי **אגדה** פירושו כל תחום בספרות חז״ל שאיננו בעל צביון הלכתי. לתחום כללי זה שייכים סיפורי חכמים, היסטוריוגרפיה, אמרות חז״ל, ואכן, גם מדרש אגדה. ההבחנה בין תחום מסוים זה של **מדרש אגדה** ובין **אגדה** טמונה בכך שמדרש, על פי הגדרתו, מבוסס על טקסט מקראי. **מדרש אגדה** אינו אלא תת־קבוצה של **אגדה**, ובא לפרש את הטקסט המקראי או משתמש בו כנקודת מוצא לדיון. אגדה, לעומת זאת, אינה קשורה בהכרח לטקסט המקראי, ויכולה להעביר את מסריה באמצעים אחרים.

מטרת המדרש: ההיקף הרחב של החקירה המדרשית

אם ברצוננו לצלול למעמקי המדרש, עלינו להתבונן בו לאור המכלול הרחב של הכתבים היהודיים הקלאסיים. שלא במפתיע, משתקפים

10. לדוגמה, מכילתא דר׳ ישמעאל, מדרש הלכה על ספר שמות, מכיל הרבה מדרשי אגדה, שאחד מהם נדון בפרק ה.
11. ראו, למשל, בראשית רבה מו, יא-יג, שדן בהיבטים הלכתיים של מצוות מילה.
12. מעניין שהתלמוד, על אף היותו מבוסס על המשנה, סוטה פעמים רבות מהדיון ההלכתי לתחומים אחרים, ואכן יש בו מדרשים רבים.
13. הבלבול בין השניים נובע מהעובדה שרבים משתמשים במילה ״מדרש״ כקיצור למושג המדויק יותר ״מדרש אגדה״.

כמה מהיסודות המאפיינים מדרש גם בים הגדול של ספרות חכמים,[14] וכן בצורות מאוחרות של פרשנות המקרא.[15] בכל זאת, שמור למדרש מקום ייחודי בכל הנוגע למטרה, לסגנון ולמתודולוגיה.

כדי להבין טוב יותר את הבדלי המטרות שבין מדרש ובין פרשנות המקרא המאוחרת, עלינו להבחין בין פרשנות לדרשנות בלימוד תנ"ך. פרשנות היא ניסיון להבין את משמעות הכתוב. מלאכת הפרשנות מחייבת את הקורא[16] להקשיב לטקסט כדי לשמוע מה הוא אומר; הקורא הקפדן נותן למשמעות לנבוע מן הטקסט במקום להשליך משמעות על הטקסט. דרשנות, בניגוד לפרשנות, משתמשת בטקסט המקראי – פעמים רבות שלא לפי מובנו הפשוט – ככלי להבעת לקח או רעיון שנקבעו מראש. קישור רעיון זה למקור מקראי מעניק לדרשה סמכות וְכוח רטורי. אך מעשה זה מביא לידי ניצול הטקסט המקראי למטרות אישיות, במקום ניסיון להבינו במושגיו הוא.

פרשנות היא עניין מורכב, ותיאור התהליך הפרשני שהוצע כאן אינו מפרט ומסביר אותה עד תום. אולם למטרותינו אנו, מאפשרת לנו ההתמקדות בהבחנה הקיימת בין פרשנות לדרשנות להימנע מהבעיה

14. יסוד כזה, המצוי לכל אורכה של ספרות חז"ל, הוא השימוש בדוגמאות פשוטות וקונקרטיות להבעת רעיונות מתוחכמים. השימוש המדרשי במשל כדי להבהיר דקויות בטקסט המקראי מהווה המחשה של יסוד זה. צורה דומה רואים אנו גם בעולמה של האגדה, שם מבקשים חז"ל לא אחת להנחיל השקפות תיאולוגיות מסובכות באמצעות סיפורים פשוטים לכאורה על חכמים. גם את ספרות ההלכה מאפיין השימוש בדימויים קונקרטיים כהכללה של תחומים מורכבים. כך, למשל, בדיון על תשלום דמי נזיקין (במסכת בבא קמא) עושה הגמרא שימוש בדימויים כמו "שור שנגח" או "בור ברשות הרבים" כדי להציג תחומים שונים של אחריות משפטית. מאחורי כל דימוי כזה מסתתר אוסף תכונות המגדיר תחום שלם, ומבדיל אותו מכל התחומים האחרים. עוד על רעיון זה, ראו את הדיון של סוזן הנדלמן (Susan Handelman) על "בניין אב", בפרק 3 בספרה: *Slayers of Moses*, State University of New York Press, 1982.

15. למשל, כמו המדרש, גם פרשנות המקרא המסורתית מתייחסת ביראת כבוד לטקסט המקראי, ומגלה כמוהו רגישות לדקויות לשון המקרא.

16. בשימוש במילה 'קורא' מכוונת אני ללומדי התנ"ך ולפרשני התנ"ך לדורותיהם.

הסבוכה של הגדרת המושג החלקלק "פשוטו של מקרא", שפעמים כה רבות נחשב בטעות כמנוגד לקריאה המדרשית.

על מידת הקושי להגדיר במדויק מהו "פשוטו של מקרא" נוכל לעמוד אם ניקח פסוק כלשהו ונשווה בין האופנים שבו קראו פרשנים שונים את אותו פסוק. למרות מטרתו המוצהרת של כל פרשן להסביר את פשט הפסוק, נתקשה מאוד, כצפוי, למצוא שתי קריאות דומות. נוכל רק להסיק ש"פשוטו של מקרא" מוחלט וחסר פניות לגמרי, איננו קיים (לחילופין, אם הוא אכן קיים, אין הוא בהישג ידנו, מה שמוביל לאותה תוצאה). אכן, אי אפשר לצפות להגיע ל"פשוטו של מקרא" האחד והיחיד, ביודענו שכל קורא מביא עמו למלאכת הקריאה מערכת של הנחות ודעות קדומות משלו, לרוב שלא במודע; דפוס החשיבה הייחודי של כל קורא משפיע בהכרח על הבנתו את הטקסט. מסיבה זו, מתרכז רובו של המאמץ הכרוך בלימוד תנ"ך בניסיון לשחזר את ההיגיון המסתתר מאחורי פרשנויות סותרות. אין צריך לומר שהפרשנים השונים נבדלים זה מזה בגישתם לדקדוק לשון המקרא, למקומו של ההקשר בתהליך הפרשני, ולטיבו של הסגנון המקראי – אם לנקוב בשמם של שלושה בלבד מבין הגורמים הרבים התורמים לַמעשה הפרשני. לא פלא אפוא שאנו מוצאים מגוון כה רחב של דרכים שבהן תופשים הפרשנים את הטקסט המקראי.

באופן דומה, קל הרבה יותר לשרטט את הקו בין פרשנות לדרשנות בתיאוריה מאשר במציאות, כפי שהגדירה נחמה לייבוביץ באירוניה את המושגים פשט ודרש: "פשט הוא מה **שאני** אומר, דרש הוא מה **שאתה** אומר". תפישה מדויקת יותר של פרשנות ודרשנות היא אולי לראותם כשני קטבים מנוגדים של רצף אחד. בקצוות, ברורה למדי ההבחנה בין שני התחומים, אך ככל שמתקדמים לקראת האמצע, מיטשטשים הקווים והולכים.[17]

17. חשוב גם להעיר שההקשר ותפישותיו של הקורא משחקים תפקיד בקביעה האם היגד מסוים נושא אופי פרשני או דרשני. כך, למשל, ייתכן שדרשן ישלב היגד פרשני בתוך טקסט דרשני כדי לחזק את דבריו; בהקשר הזה, יקבל ההיגד

בכל זאת, אני חושבת שטוב יותר לפַתח את דיוננו במונחים של פרשנות ודרשנות, מאשר במושגים של פשט ודרש שבהם רגילים יותר להשתמש. לדיון כזה ערך רב יותר, משום שפשט נחשב לעתים קרובות כתכונה של הטקסט המקראי, כשלכל טקסט פשט אחד ויחיד. פרשנות ודרשנות, לעומת זאת, הן דרכים של לימוד טקסט, וככאלה, ניתנות להבנה כתיאורים של כוונת הפרשן. כשאנו שואלים את עצמנו האם קריאתו של פרשן היא פרשנית או דרשנית, שאלתנו האמתית היא בעצם מה מנסה הוא לעשות בטקסט המקראי – להסבירו או לנצלו – ולא האם עלה הדבר בידו. שאלה זו מעניקה לנו את המרחב החשיבתי להכיר בקריאה מסוימת כפרשנית, גם אם נראתה לנו בתחילה כבלתי סבירה. הכרת התהליך הפרשני גם בקריאה שאין אנו מסכימים עמה, מאפשרת לנו לבחון לא רק את הנחותיו הבסיסיות של המחבר אלא גם את אלה שלנו.[18]

המסורת היהודית מעניקה לגיטימציה הן לפרשנות התנ"ך והן לדברי דרשנות המבוססים על התנ"ך. שני הסגנונות נחשבים כצורות מקודשות של תלמוד תורה, ולכל אחת מהן שמור מקום בבית המדרש. שיעור תנ"ך (דהיינו, לימוד מקרא ופרשנות) ודרשת הרב (קרי: דרשנות יצירתית של נואם) התקיימו יחדיו בעם היהודי בכל הדורות, וממשיכים לדור זה לצד זה ולפרוח בקהילות ישראל המתייחסות בכובד ראש ללימוד תורה.

מדרש ומסורת פרשנות המקרא המאוחרת

על פי רוב, נוטלת על עצמה פרשנות המקרא הקלאסית, מרש"י (המאה האחת עשרה) ועד הנצי"ב[19] (המאה התשע עשרה), את התפקיד לפרש

הפרשני גוון דרשני. בצורה דומה, אפשר שקורא ישאב תובנה פרשנית מטקסט דרשני, אף על פי שהטקסט נכתב אך ורק מתוך מגמה דרשנית.

18. דיון מעניין בנושאים הקשורים לתהליך הפרשני ראו Stanley Fish, *Is There a Text in This Class?*, Harvard University Press, 1980.

19. הרב נפתלי צבי יהודה ברלין מוולוז'ין, מחבר "העמק דבר" וספרים אחרים.

את הטקסט, יותר מאשר להציע גישה דרשנית אליו.[20] גם במקרים שבהם גלשה פרשנות מסוג זה לדרשנות, תופס הדרש בדרך כלל מקום צדדי, שולי למגמתו הכללית של הפרשן.

בניגוד לכך, רחבה מגמת המדרש הרבה יותר. המדרש חוקר ביסודיות את הטקסט המקראי, ומחפש הן את פשוטו של מקרא והן אפשרויות דרשניות הנובעות מהכתוב, מבלי להבדיל בין השניים באופן ברור. אין זה אומר שחז"ל לא הכירו בהבחנה שבין פרשנות לדרשנות. ברור היה להם ולפרשני המקרא שבאו אחריהם, שישנן דרכים רבות לקריאת טקסט, אלא שקיים הבדל מהותי בין הסברת טקסט ובין השלכת משמעות על טקסט. הכרזות כגון "אין מקרא יוצא מידי פשוטו"[21] מעידות על כך. אכן, השימוש המדרשי בפסוקי מקרא תלוי לא פעם בהנחתם של חז"ל שהקורא מסוגל להבחין בין פשוטו של מקרא ובין השימוש שעשה המדרש בפסוק. יחד עם זאת, מטרת המדרש היא לדלות מכל פסוק במקרא את המרב – דרשנות ופרשנות טהורה גם יחד – עד כמה שרק אפשר, מתוך הנחה שלתורה אינספור רבדים של משמעות. רוחב זה של המטרה הוא המקור למבוכה שחשים קוראים שהורגלו מימים ימימה למגמה צרה וממוקדת יותר של פרשנות המקרא הקלאסית, והוא זה שמביא אותם למסקנה המוטעית

20. ראו לדוגמה את הצהרתו הפרוגרמטית של רש"י בפירושו לבראשית ג, ח (ד"ה "וישמעו") ואת זו של רשב"ם בפירושו לבראשית לז, ב (ד"ה "ואלה"), על הצורך להסביר את הכתובים על פי פשוטו של מקרא. שימו לב גם להבחנה שעושה רמב"ן בין פשוטו של מקרא ובין משמעותו המיסטית, בפירושו לבראשית א, ג (ד"ה "יהי אור"). סביר להניח שגם פרשנים שאינם כוללים בדבריהם הצהרות פרוגרמטיות ברוח זו שואפים לאותה מטרה של הסברת הכתובים על פי פשוטו של מקרא, שכן לא אחת מעלים הם טיעונים לצדקת קריאתם (או שאינם מסכימים עם קריאתם של אחרים) על סמך ההבחנה בין פשוטו של מקרא ובין דרש.

21. יבמות כד ע"א. ראו רש"י למילים אלה. (ביטוי זה מופיע גם במקומות נוספים, כגון שבת סג ע"א ויבמות יא ע"ב. בדיקת המובאה בהקשר של שבת סג ע"ב תסביר מדוע הועדף הציטוט מיבמות.)

שמגמת המדרש היא פחות פרשנית ויותר דרשנית. אולם לאמתו של דבר, מקיפה מגמת פניו של המדרש דרשנות ופרשנות יחדיו.

גם למילה ״מדרש״ (ששורשה דר״ש) חלק ביצירת רושם זה. בשורש דר״ש כלולים המובנים ״חיפש״, ״שאל״, ו״חקר״, אך ממנו נגזרות גם המילים **דרשה ודרשנות**. לא ייפלא אפוא שהקשר של המילה ״מדרש״ ל״דרשה״ עשוי להוביל למסקנה שספרות מדרשית מורכבת מדרשות.

אולם למעשה, מוצאים אנו את שני הסגנונות העיקריים של לימוד תנ״ך – הפרשני והדרשני – זה לצד זה בספרות המדרשית. המדרש הפרשני, כמו פרשנות המקרא הקלאסית השייכת לתקופה ההיסטורית שאחריו, מתמקד בדרך כלל בקושי הקיים בטקסט המקראי כדי לפתור אותו. תהליך זה עשוי לכלול הסברת משמעותם של מילה, קבוצת מילים, פסוק, או סיפור ו/או את הקשר שלהם לרכיבים אחרים של הטקסט המקראי. המדרש הדרשני, לעומת זאת, משחק, כמו הדרשות הרבניות, באפשרויות הטמונות בלשון הפשוטה לכאורה של התנ״ך על מנת ללמד, לדרוש או לדון ברעיונות שאינם עולים בהכרח באופן אורגני מקריאת הטקסט המקראי.[22]

הסגנון המדרשי

מדרשים אינם באים בצורה מסודרת הכוללת תווית המעידה מאיזה סוג או מאיזו סוגה (ז׳אנר) הם, ורק הבנה מעמיקה של הטקסט מאפשרת לקורא לדעת האם מדרש הוא פרשני או דרשני.[23] הבנת מדרש מחייבת

22. כפי שהעירונו לעיל, פרשנות ודרשנות מהוות קטבים של רצף. אפשר לומר זאת גם על מדרשים פרשניים ודרשניים. חלוקתם של מדרשים אמנם עוזרת לנו להבינם, אלא שעלינו תמיד להיות ערים לכך שמדרשים פרשניים עשויים לשמש לצרכים דרשניים, ומדרשים דרשניים עשויים לכלול היבטים פרשניים.

23. נקודה זו התבררה לי לאשורה בצורה דרמטית ביותר בשיעור שבו לימדתי את סיפור דוד ואביגיל (שמואל א׳ כה). כשהכנתי את החומר לשיעור, נתקלתי בילקוט שמעוני (כרך ב: קלד) בהערה המדרשית הקצרה הבאה: ״אמר ר׳

אותנו ללמוד אופן של שיח שונה מאוד מזה שבו הורגלנו לקרוא פרשנות מקראית.

רבים מפרשני המקרא הקלאסיים משתמשים בלשון תמציתית הרבה יותר מזו של כתבי הפילוסופיה המערבית. למרות זאת, גם הקצרנים שבפרשני המקרא מוסרים את פירושיהם בשפת הסיפורת (פרוזה), ובונים את טיעוניהם בסגנון ישיר וליניארי המאפיין כללית את הכתיבה המערבית הלא־בדיונית.

סוגי הסיפורים והדמויות המשמשים את המדרש להעברת מידע, מפגישים אותנו עם עולם ספרותי הנמצא במרחק שנות אור מזה של פרשנות המקרא המאוחרת יותר. הסגנון המדרשי מתאפיין בלשון תמציתית, מדויקת וסמלית שבה משתמשים חז״ל להביע את ההבנות

סימון: הוא נבל, הוא לבן. מה לבן היה רמאי, אף נבל היה רמאי״. שמתי לב למשחק המילים המבוסס על שמות שתי הדמויות, ועל הקישור שעושה המדרש בין אישיויותיהם. אלא שבגלל העובדה שבוחרת אני בדרך כלל במדרשים פרשניים בבואי ללמד טקסט מקראי, ומשום שקטלגתי בדעתי את המדרש הזה כדרשני, השמטתי אותו מרשימת המקורות שביקשתי מתלמידותיי להכין לקראת השיעור. שערו בנפשכם את גודל הפתעתי כשאחת התלמידות זרקה את ההערה: ״את יודעת, נבל הזה ממש מזכיר לי את לבן״. הראיתי לכיתה את המקור בילקוט שמעוני, וביקשתי מזו שהעירה לפתח את דבריה. בעזרת חברותיה, הצליחה היא לערוך השוואה יפה ומפורטת בין סיפור יעקב ולבן ובין פרק כה בשמואל א׳. בין הצדדים השווים שמצאו הבנות היה הרקע הפסטורלי של שני הסיפורים. עלילות שני הסיפורים בנויות בעיקרן סביב עדריה ועושרה של הדמות הרשעה. בשני המקרים מספקת הדמות הצדיקה שבסיפור שירות שאת שכרו אין הדמות הרשעה מוכנה לשלם. שני הסיפורים מציבים נשים בעמדת נאמנות כפולה ומנוגדת בין דמויות הצדיק והרשע. על רחל ולאה לבחור בין בעל צדיק לאב רשע, על אביגיל – בין בעל רשע ובין המשח למלך הצדיק.

הניגוד שמצאנו בין הסיפורים שפך עליהם לא פחות אור מהצד השווה שבהם. הצדדים השווים והשונים כאחד נתנו לנו חומר רב למחשבה בניתוח הפרק.איו אנו יכולים לומר האם אכן התכוון ר׳ סימון לרמוז לכל הדברים הרבים שדלינו מהערתו הקצרה, אך העובדה שנכשלתי בראיית הכוח הפרשני האצור במקור זה, הראתה לי עד כמה מסוכן להניח אוטומטית שמדרש נושא אופי דרשני.

המורכבות שחשפו בטקסט המקראי. בין הכלים שנעשה בהם שימוש להעברת המסר המדרשי ניתן למנות את המשל, הסיפור ומשחק המילים. כל אחד מכלים ספרותיים אלה מטעה אותנו בפשטותו; הערכה אמתית שלהם מצריכה בחינה מדוקדקת. המיומנויות שבהן משתמשים אנו לניתוח טיעונים ליניאריים לא תתאמנה למשימת מיצוים של המסרים העדינים רבי התחכום של רבותינו מתוך הלשון הסמלית שבהם הולבשו.

דוגמאות אחדות שאפשר להביא: ההצהרה בבראשית רבה פה, ב שאשת פוטיפר ניסתה לפתות את יוסף "לשם שמים",[24] שמות רבה ג, א שאומר לנו שה' קרא למשה בקולו של אביו,[25] סנהדרין קז ע"א המתאר את דוד כמהרהר בעבודה זרה,[26] ושמות רבה ג, ד המשווה את ה' לשפחה.[27] אם נקרא טקסטים כגון אלה באופן מילולי במקום בקריאה צמודה, עשויים אנו לחשוב שלא ייתכן שחז"ל מציגים קריאה פרשנית מהסוג שמוצאים אנו בפרשנות המקרא המאוחרת יותר. בהיעדרם של עקרונות מנחים כיצד לגשת לטקסטים מעורפלים כאלה, יגיעו הקוראים עד מהרה למבוי סתום, כשהדלת לשיח המדרשי נעולה בפניהם.

אבל ברגע שנלמד את שפתם של רבותינו, ונבין כיצד היא פועלת, לא יהיה יותר הסגנון המדרשי לאבן נגף בדרך להבנתנו. למעשה, מְעדן סגנון זה את רגישותנו לכוחו של הטקסט המקראי, וממלא את החוליה החסרה בין הלשון המודרנית הדלילה יותר, המשמשת אותנו לדיון ברעיונות שונים, ובין התמציתיות הלשונית הגבוהה של התנ"ך, העמוסה משא כה כבד של משמעויות.

24. ראו פרק יד.
25. ראו פרק י.
26. ראו פרק טו.
27. ראו פרק יב.

המתודולוגיה המדרשית

ייחודיותו של המדרש באה לידי ביטוי לא רק במגמת פניו הרחבה ובסגנונו המובהק, אלא גם במתודולוגיה שלו. הגם שפרשנות המקרא הקלאסית מגלה רגישות יוצאת מהכלל לדקויות שפת התנ"ך, רק המדרש ממצה את האפשרויות הפרשניות והדרשניות של לשון המקרא עד תומן. יכולת מיצוי זו היא תוצאה של השקפתם המיוחדת של חז"ל על שפה בכלל, ושל החשיבות המיוחדת שהם מייחסים ללשון הקודש ולשפת התנ"ך בפרט. כיאה לתיאולוגיה התנ"כית, רוחשים חז"ל כבוד גדול למילה, והם מעניקים לה מציאות עצמאית משלה ואפילו שליטה על העולם הגשמי. יחד עם המחויבות הדתית להבין את התנ"ך עד קצה גבול היכולת, מכריח קידוש הלשון את חכמינו לחקור כל צירוף וחילוף שרק ניתן להעלות על הדעת בעולם הלשוני של התנ"ך.

בו בזמן, מטפלים חז"ל בשפה בגמישות מפתיעה, ונוטלים לעצמם למעשה חירות מוחלטת להשתמש בה כפי שרואים הם לנכון.[28] כיוון שאין חיפושם של חכמינו אחר משמעות מוגבל בהכרח לפשוטו של מקרא, ובשל גישתם הפתוחה לשפת התנ"ך, עשוי אופי קריאתם רחב הטווח להיראות שרירותי בעיני הקורא המתחיל – אפילו אנטי מתודולוגי.

ברם, ניתוח מדוקדק של המדרש מלמד על מחשבתם העמוקה

28. יצחק היינמן, בדרכי אגדה, מצביע על כך שבעוד ההרמנויטיקה היוונית נשלטת על ידי מושג הלוגוס, העיקרון הבורא של השפה ושל העולם גם יחד, אין גישתם של חז"ל מוגבלת באותה מידה. בהרמנויטיקה היוונית, היחידה הקטנה ביותר האפשרית בעלת המשמעות היא המילה, ומשמעותה תלויה בהקשר הרחב שבו היא מופיעה. אך בעולמם הלשוני של חז"ל, אפילו האות איננה היחידה הקטנה ביותר בעלת משמעות (ראו במנחות כט ע"ב את הסיפור על אודות משה בבית מדרשו של ר' עקיבא, שתחילתו בשאלתו של משה על מטרת הכתרים שקושר הקב"ה לאותיות התורה. הקב"ה עונה שר' עקיבא, שטרם נולד, עתיד לדרוש מכתרים אלה הלכות רבות). אין זה בא לומר שללוגוס ולהקשר אין כל תפקיד בפרשנות התנ"ך של חז"ל, אלא שניתן להפיק משמעות הן בתוך תחומם של מושגי יסוד אלה והן מחוצה להם.

של רבותינו בקריאתם את הטקסט המקראי, ועל הכבוד העצום שהם רוחשים כלפיו, אף על פי שכמה מהמנגנונים שבהם משתמש המדרש לא ייראו כמתודולוגיה על ידי קורא שאינו מצוי בהם. מצד אחד, משתמשת המתודולוגיה המדרשית במגוון כלים של קריאה צמודה כדי לנתח את הטקסט המקראי,[29] מתוך ההנחה שכל מילה שבתנ"ך נבחרה בכוונה תחילה והיא עמוסת חשיבות. לסידור המילים והביטויים בפסוק ולאורך הסִיפר יש תכלית, כמו גם לחזרות־לכאורה ולפרטים חסרים. לכל היבט של הטקסט מקום חשוב בחיפושם של חז"ל אחר משמעות. מצד שני, כמה מהתובנות המדרשיות אינן אלא פרי של אסוציאציה חופשית, משחק מילים, או שינויים קלים בדקדוק או בניקוד של הטקסט, כלים שקוראים רבים יתקשו אולי לראות בהם מתודולוגיה. אך מתודולוגיות "בלתי־מתודולוגיות" אלה הגיוניות לחלוטין מנקודת מבטם של חז"ל; קורא הנכנס לאופן חשיבתם של חכמינו מתחיל גם להבין את ההיגיון שלהם. אחרי הכול, אם לשון מהווה מציאות לעצמה, הופכים מילים ורכיבים אחרים שלה לנושאים שיש ללמוד, לקוביות משחק, וניתן לפרקם זה מזה ולהרכיבם מחדש כדי להבינם, בדיוק כפי שעושים לתופעות פיזיקאליות: חוקרים אותן, חודרים לתוכן, נוברים בהן לעומקן, ומעלים השערות לגביהן מתוך חשיבה מדעית מיומנת וחתירה למשמעות.

המדרש הפרשני כצוהר לתנ"ך

מדרש הוא חיבור תורני רחב וסבוך מכדי ללומדו מתוך גישה אחת בלבד. אפילו אם ניתן להציע מתודולוגיה לניתוח סוג מסוים של

29. חכמינו פירטו בצורה פורמאלית כמה מטכניקות אלה, ברשימות שונות של כללים הנקראים 'מידות שהתורה נדרשת בהן'. לדיון שלם בכללים אלה, ובקשר ההדדי שבין הרשימות השונות, ראו הרב משה אוסטרובסקי (המאירי), המידות שהתורה נדרשת בהן, ירושלים, 1981.

מדרשים, תהיה זו יהירות להניח שנוכל, בכל מדרש נתון, להגיע למשמעות אחת ויחידה, עמוקה ככל שתהא.

כמורה שהגיעה לעולם המדרש דרך לימוד תנ"ך, גיליתי תמיד עניין במדרש אגדה **המפרש** את הסיפור התנ"כי, בניגוד למדרש הלכה, או מדרש אגדה דרשני. בספר זה הגבלתי את חקירתי לתחום מסוים מאוד: מתודולוגיה לניתוח מדרש אגדה פרשני. בחרתי לבדוק שתי סוגות שקיימות בתוך תחום מדרש האגדה הפרשני: המשל והרחבת הסיפור המקראי (הסיפור המדרשי).

כל אחת מהקריאות המדרשיות המוצגות בספר זה מנסה לשחזר את ההיגיון שמאחורי הפרשנות המדרשית של הסיפור התנ"כי, מתוך מטרה לבטא רגישות, בהשראתם של חז"ל, לשפה ולמשמעויות של התנ"ך, ולהביע רחשי הערצה והערכה ללשון חכמינו ולדבריהם. ניסיתי להצדיק קריאות אלה על ידי ביסוסן בקריאה צמודה של לשון חכמים, ועל ידי הצגה בהירה ככל האפשר של ההנחות שלאורן קראתי טקסטים אלה. אלא שבסופו של דבר, מעשה הפרשנות, שלא כמו ההוכחה המתמטית, מצריך חשיבה אחרת מצד מי שעוסק בפרשנות, חשיבה שתיראה או שלא תיראה סבירה בעיני אחרים.[30]

לימוד מדרש היה, וממשיך להיות, מקור להשראה דתית עמוקה בשבילי. אני תקווה שקריאות אלה יביאו גם את הקורא לכבד עוד יותר את החשיבה המדרשית. מי ייתן והמאמץ השכלי המושקע יעצים את חרדת הקודש הרוחנית והדתית המתעוררת בכל לימוד תורה.

על מבנהו של ספר זה

פרקים א–ז של ספר זה מתמקדים בסוגת המשל. פרקים אלה מציגים מתודולוגיה של צעד־צעד לקריאת המשל – מעין תבנית. העקרונות

30. כמו שאמר האנתרופולוג קליפורד גירץ: "אתה תופס פרשנות או שאינך תופס, רואה את העוקץ או שאינך רואה, מקבל אותה או שאינך מקבל" (*The Interpretation of Cultures*, Fontana Press, 1993, p. 24).

ההגיוניים של תבנית זו מובאים בפרק א: הבנת המשל; פרק ב מציג את המבנה שלה. אני מקווה שהקריאות המוצעות בחלק זה ימחישו את הדרך שבה משתמשים חז״ל בסיפורים שבדו מלבם הם על מנת לפרש את הסיפור המקראי.

הכלים שנרכשו בניתוחו של המשל יוצקים את התשתית להבנת הפרקים ח–טז, העוסקים בהרחבת הסיפור המקראי (הסיפור המדרשי). לאורך פרקים אלה נתמודד עם נושאים העולים בצורה בלתי נמנעת בעת לימוד מדרש, כגון שאלת העובדתיות המדרשית, והשימוש החופשי שעושים חז״ל בפסוקים בקריאותיהם בתנ״ך.

חלק מהמדרשים המוצגים יהיו מוכרים לקוראים; כמה מהם אולי חדשים לגמרי. בכוונה תחילה בחרתי טקסטים מספרי מדרש העומדים ככל הנראה על מדף ארון הספרים היהודי המצוי, ולא ממקורות עלומים יותר. כמו כן, העדפתי מהדורות רגילות ומסורתיות של טקסטים מדרשיים על פני מהדורות אקדמיות חדשות יותר. מניעיי ומשאלתי הם הרצון להישאר ממוקדים יותר בכלים לדליית מסרים ממדרשים, ופחות בנושאים של תיקוני גרסות.

למרות האמור לעיל, על הקורא לדעת שהמהדורות הרגילות של המדרש אינן תמיד אלה הנאמנות ביותר לכתבי היד ההיסטוריים המוסמכים. בדוגמאות שנותחו כאן, לא נראו לי השינויים בין המהדורות הרגילות ובין אלה המדעיות יותר, מהותיים, אך תמיד מעניין, ולפעמים גם כדאי, לערוך את ההשוואה.[31]

31. בכמה מקומות, מפנה אני את הקוראים לגרסה חלופית של מדרש ו/או מצביעה על שינויים בין הגרסה שאותה אני מנתחת ובין גרסות אחרות.

תודות

כתיבת ספר זה הייתה חוויה מלמדת וחינוכית. אחד הדברים שלמדתי היה שאני מוקפת באנשים נפלאים.

בראש ובראשונה, ברצוני להביע הכרת תודה עמוקה לחברתי היקרה, פרופסור סוזן הנדלמן, שבלעדיה לא הייתי מנסה כלל לכתוב את הספר הזה. בחום ובעקשנות האופייניים לה, היא דחפה ועודדה אותי בכל צעד ושעל במסע, ודרבנה אותי כל הזמן 'תכתבי את זה!'.

אחת המתנות החשובות שנתנה לי הייתה ההיכרות עם ד"ר אורה ויסקינד סלומון, שהפכה לחברה מוערכת. כישורי העריכה המרשימים של אורה, יחד עם מקצועיות ואינטליגנציה רחבת היקף תמיד באו בטקט ובהומור עדין. ספר זה לא היה מגיע לצורתו זו בלעדיה, ואני אסירת תודה לה על כך.

רוב הספר נכתב באולם קריאה יהדות של הספרייה הלאומית בקמפוס גבעת רם של האוניברסיטה העברית. אני מודה במיוחד לאליסה אלון ע"ה, ולאלונה אבינזר, ציפורה בן אבו ורות פלינט שיצרו בית חם לסטודנטים ולחוקרים רבים המחפשים פינה חמה הרחק מהבית. ברצוני גם להודות לדינה אורדן, רובין איתן וחברתי חנה סלוצקין.

אנשים רבים קראו חלקים מספר זה בשלבים שונים של כתיבתו, והעניקו לי תובנות משמעותיות לגביו. ברצוני להודות למאיר ברוך, הרב ד"ר יהושע ברמן, עדי בוגיץ', הרב ד"ר גבריאל כהן וטיירה ליברמן על הערותיהם המאלפות. לבתיה גלנט על ביקורת בונה יחד עם תמיכה אישית חמה לאורך כל הדרך. תודה מיוחדת גם לרב שלום כרמי שהקדיש מזמנו לקריאת כתב היד, אף שלא הכיר אותי אישית. הצעותיו יקרות מפז, ניתנו בנדיבות והחדירו מוטיבציה.

תודה מקרב לב לאחיותיי ג'נט ברוך וחני רפפורט אשר תמכו בתהליך הארוך של כתיבת הספר, וכן לחברותיי היקרות מרים טריבץ, מרים שאול ורות פינקנסון פלדמן.

זכיתי ללמוד תורה ממורים מדהימים. חלקם היו יוצאי דופן כמו ד"ר אברהם זלקין זכרו לברכה. בתור המנטור שלי בתוכנית עמיתי ירושלים, השפעתו עיצבה את הגישה למדרש שבה נקטתי בספר זה. בין השאר הוא כיוון אותי בבחירת חומרי הקריאה, והפנה אותי לכמה מהמורים וההוגים המיוחדים ביותר בירושלים. כיקיר ירושלים אמיתי, הוא היה מודל לחיקוי במלוא מובן המילה.

מכל מלמדיי השכלתי. המורים החשובים ביותר בחיי הם התלמידות הרבות שלי. התברכתי בזכות ללמד תורה בירושלים, והתמזל מזלי ללמד תלמידות מכל גוני הקשת. להן אני חבה את תודתי לא רק על שיעורים אינטלקטואליים ורוחניים, אלא גם על הזכות ללמד.

ילדיי, שמואל משה, אביגיל וברוך נחמיה הם עבורי מקור תמידי של שמחה והנאה. הבגרות והסבלנות שלהם בעת כתיבת הספר מוערכת מאוד. התמיכה שלהם הקלה על הכול.

ואחרון אחרון חביב, בעלי דוד שתומך בי בכל דרך אפשרית מתחילת נישואינו. הוא עודד אותי באהבה בכל צומת בקריירת ההוראה שלי, ודרבן אותי להמשיך ולצמוח. ספר זה לא היה יכול להיכתב בלעדיו. הערכה, הכרת תודה ואהבה הם רגשות שאינם מועברים בקלות בפומבי. דוד מעורר את כולם.

עם פרסום התרגום לעברית של ספר זה, ברצוני להודות לבורא

עולם על כל הטוב אשר עשה עימי: ברוך שהחיינו וקיימנו והגיענו לזמן הזה.

תודה רבה לאליעזר כמון על התרגום המדויק ללא דופי. אליעזר עשה מעל ומעבר למצופה ממנו, ועבודתו האינטליגנטית והמסורה ניכרת מכל עמוד ומילה.

העבודה עם הוצאת קורן־מגיד הייתה חוויה מופלאה מתחילתה ועד סופה. ברצוני להודות לרב ראובן ציגלר על ההשקעה בספר ועל המקצועיות והאכפתיות שלו. ההצעות שלו לשיפור הספר תמיד קלעו למטרה. אוריה מבורך ליוותה את הספר עד להוצאתו לאור במאור פנים ובהתלהבות. בלעדיה לא הייתי מבינה את חשיבות העיצוב והשיווק להצלחת הפרויקט. אין בפי מילים להודות מספיק לאריה גרוסמן. הוא סירב לוותר על הפרויקט והאמין שיצא לפועל. חיותה דויטש הייתה העורכת הטובה ביותר עבור ספר זה. כמעריצה של כתביה זה זמן רב, שמחתי לפגוש אותה ולהפיק תועלת מהמיומנויות המקצועיות שהיא חלקה בחום והתלהבות. אני מודה גם לאפרת גרוס על המקצועיות, האדיבות והסבלנות, לשמואל לעסרי על העיצוב המקצועי של הכריכה, לאביחי גמדני על העריכה הלשונית, לשרה המר על ההגהה ולתמי מגר על העימוד. תודתי נתונה גם לצוות של ספריא על אמונתם בחשיבות לימוד תורה לכולם. בזכות תמיכתם ספר זה יוצא לאור.

חברתי היקרה לורי נוביק היא האוזן הקשבת לכתיבה ולהוראה שלי במשך שנים. הלימוד עם אסתר שאנן, חברה יקרה וחברותא מוערכת, מספק לי חומר למחשבה ומזון לנשמה. חברויות כאלו מאפשרות את הכתיבה שלי.

שנים רבות חלפו מפרסום הגרסה האנגלית של הספר. בשנים אלו בעלי ואני זכינו לתוספות למשפחתנו, ברוך ה׳. כלתנו מלכי וחתננו שלומי, ונכדינו היקרים שמוסיפים לחיינו נחת לאין שיעור.

על כל האהבה והשמחה שהם מוסיפים לחיי ולעבודתי, ברצוני להודות לשמואל משה ומלכי פיטרס וילדיהם מרים, אילה, חיים אריה,

הדסה וידידיה; לשלומי ואביגיל הורביץ וילדיהם טליה, הלל, אילה ועמיחי; ולברוך נחמיה פיטרס.

בייחוד ברצוני להודות לדוד שגורם, בדרכו המיוחדת, לכל זה להיות אפשרי. זכיתי להינשא לאדם שהוא לא רק בן זוג אלא גם חבר בלב ובנפש.

סימי פיטרס

תשפ"ד

פרק א

הבנת המשל המדרשי

חקירתנו את המדרש הפרשני נפתחת בסוגת (ז'אנר) המשל[1] משני טעמים. ראשית, המשל הוא סוג המדרש בעל האופי הפרשני הברור ביותר; מעצם טבעו מחייב הוא את הקורא להשוות ולעמת טקסטים. שנית, קביעת מבנה המשל היא בדרך כלל פשוטה. זו הסיבה שקל יותר לנתח משל מאשר סיפור מדרשי.

על פי רוב, בנוי המשל משני חלקים, אם כי ישנם משלים רבים המכילים רכיבים נוספים. החלק ההכרחי של מדרש מסוג משל הוא המשל עצמו, הפותח במילים כמו "לְמה הדבר דומה?", או "משל ל...". מדרש מסוג משל כולל בדרך כלל גם נמשל (הסבר לַמשל) הפותח במילה "כך". הנמשל, לרוב, מפורט הרבה פחות מהמשל. לעתים אין כלל נמשל, אולם רוב המדרשים מסוגת המשל בנויים משני חלקים אלה לכל הפחות.

בקריאת משל, כמו בקריאת כל מדרש, עלינו ללכת בעקבות שאלה אופיינית של חז"ל. בדרך כלל, מנוסחת השאלה בצורה תמציתית, ומכוונת ללב הבעיה: "למה ליי?" (מה צורך יש לי במילה זו, פסוק זה, אמירה זו, ביטוי זה?). השימוש במשל כפרשנות לטקסט

1. חז"ל משתמשים במילה "משל" גם לתיאור שפה סמלית וציורית.

מקראי מעורר את השאלה: "מה מוסיף המשל להבנתנו את הטקסט, ומה היה חסר אילו היינו קוראים את הטקסט ללא עזרתו של משל זה?".

עיקרון מנחה נוסף בניתוח המשל הוא שעיקר המשל איננו הצדדים השווים שהוא חושף, אלא ההבדלים שהוא מאיר, שהם בעלי משקל מכריע יותר. המסר של המשל טמון אפוא פעמים רבות באי ההתאמות שבין המשל והנמשל, בין המשל והטקסט המקראי, או בין רכיב המשל וחלקים אחרים של אותו מדרש.[2]

המשל, מבחינה זו, הוא כמו דימוי (מטפורה) או השאלה. דימוי נחשב מעורר משום שההשוואה שהוא עורך בין שני דברים חושפת הבדלים ביניהם; המקבילות שמתאר הדימוי הן חלקיות או שטחיות. לדוגמה, האמירה המשווה את ה' למלך מבטאת אמת נדושה כמעט, אם אין הכוונה אלא להצביע על כוח, תכונה משותפת לה' ולמלך בשר ודם. אך בה בעת, היותנו מודעים לכך שאין מלך בעולם – יהא כוחו אשר יהא – היכול להתקרב לגדולתו של ה', מעוררת אותנו לחוש באי תקפותה של ההשוואה, ומאירה, ולו במקצת, את הבנתנו מהי גדולתו של האלוהים.

בעת ניתוח משל, על הקורא לזכור שכל המשלים קורסים,

2. אני אסירת תודה לפרופסור יונה פרנקל ז"ל על תובנה זו. היה לי העונג ללמוד עם פרופסור פרנקל במהלך שנתיים של שבתון ב"עמיתי ירושלים", ולהפיק תועלת מרובה מהרצאותיו וכתביו.

השפעתו של פרופסור פרנקל מוצאת את ביטויה בשני יסודות חשובים של גישתי למדרש: (1) הגישה המבנית (סטרוקטורלית) הניכרת בבירור לאורך כל הספר ו־(2) הקו המנחה הטוען שהמסר של משל חבוי לעתים קרובות באי ההתאמות שבין המשל והנמשל, או שבין המשל והטקסט המקראי.

עם זאת, עלי להודות שקרוב לוודאי היה חולק על הדרך שבה מיישמת אני את המתודולוגיה שלו. פרופסור פרנקל התנגד מכול וכול לרעיון שמדרש הוא פרשני בצורה כלשהי. בנוסף לכך, אין אני מבצעת שחזור טקסט ביקורתי והשוואת כתבי יד, שבעיניו היוו נדבכים מרכזיים כל כך לגישה אקדמית תקפה לַטקסט.

מבוא מעמיק למפעלו של פרופסור פרנקל, ראו בדרכי האגדה והמדרש (יד לתלמוד), גבעתיים, 1981.

מטבעם, כשמרחיקים לכת בהשוואת המשל והנמשל. הדוגמה לעיל של השוואת האלוהים למלך מבהירה את הסכנות שבניסיון להרחיב את הדמיון מעבר לגבולות שאליהם כיוון המשל. אחרי הכול, אם נאמר שה׳ דומה **לחלוטין** למלך בשר ודם, החמצנו את הטעם שבדימוי. אלא שעלינו גם להישאר ערים לכך שקריסת המשל היא לא אחת חלק מהתכנית הפרשנית הכוללת. כפי שכבר ציינו, לעתים קרובות מסתיר המדרש את המסר שלו על ידי שתילה מכוונת של אי התאמות בין חלקיו השונים. אחרת, כמו שאומרים חז״ל, ״למה לי?״.

המדרשים המובאים בחלק זה מדגימים את תכונותיהם של המדרשים מסוג המשל בשלל דרכים. הדוגמה הראשונה, ממדרש תנחומא, מציגה גישת שלבים שיטתית לקריאת משלים הנהוגה לאורך ספר זה. גישה זו הייתה לי כלי מחזיק ברכה כשלמדתי בעצמי מדרשים מסוג זה, אך אין לראות בה בשום אופן דרך יחידה לקרוא כל משל שהוא. בשיטה המתוארת כאן, כמו בכל גישה פרשנית, טמונים גם מוקשים. כשם שניתן להבין מדרש שלא כהלכה על ידי ״קריאת חסר״ שלו, כך יכול אדם להחטיא את משמעותו של מדרש על ידי ״קריאת יתר״ שלו, גילוי אי התאמות או בעיות במקום שאינן. עם זאת, יש לשיטה יתרון ברור אחד – היא מכריחה אותנו להאט ולחשוב מה אומר המדרש. שפע של משמעויות עמוקות מצפה לקורא הקפדן.

פרק ב

המתודולוגיה של המשל: הקב"ה ואברהם כמלך וגיבור[1]

(מדרש תנחומא על בראשית כב, ב)

"כִּי עַתָּה יָדַעְתִּי [כִּי יְרֵא אֱלֹהִים אַתָּה]": מעתה יש לי מה להשיב לשטן ולאומות התמהים מה היא חיבתי אצלך... (רש"י, בראשית כב, יב).

תשעה עשר פסוקים

סיפור העקדה הוא סיפור סבוך. הטקסט כתוב בצורה תמציתית כל כך, ועם זאת טעון משמעות רבה כל כך. בתשעה עשר פסוקים מאלצת אותנו התורה להתמודד עם נושאים רגישים וכבדי משקל, כמו משמעות האמונה בה' וגבולות הרציונאליות ביחסינו עמו. אולם הרעיונות הנשגבים והנעלים שעמם מתמודד הכתוב אינם מוצגים

1. פרק זה עובד מתוך "Reading Midrash" ("קריאת מדרש"), שנדפס ב"Jewish Action", המגזין של האיחוד האורתודוקסי, בחורף 1998.

במסגרת ניטראלית, מה שהופך את סיפור העקדה ליותר מאשר תרגיל אינטלקטואלי מאתגר. פסוקים אלה גם משרים עלינו מתח רגשי ונפשי, משום שהם קוראים לנו ללוות את אברהם – המשמש לנו, כמו ליצחק, דמות אב – במִיָּדיות של חווייתו הפרטית הזו של העקדה.

המדרש ככלי עבודה

המדרש הוא כלי אידיאלי לרדת לעומקו של טקסט עמוס זה. טכניקות הקריאה הצמודה של חז"ל פותחות את הדקויות של סיפור העקדה בפני התהליך הפרשני, בעוד צורת המשל והסיפור המדרשי מביאים לידי ביטוי את משמעותם של הקשיים הטקסטואליים שנחשפו.

המדרש שננתח להלן מהווה המחשה מאירת עיניים כיצד פועלת טכניקה מדרשית באמצעות השימוש במשל. על מנת לראות כיצד מתפקד המשל ככלי פרשני, עלינו לעקוב אחר התהליך הפרשני החל מזיהויה של בעיה טקסטואלית ועד לפתרונה על ידי המדרש.

הבעיה הפרשנית

סיפור העקדה (בראשית כב) נפתח במילים הבאות:

> וַיְהִי אַחַר הַדְּבָרִים הָאֵלֶּה וְהָאֱלֹהִים נִסָּה אֶת אַבְרָהָם, וַיֹּאמֶר אֵלָיו: "אַבְרָהָם", וַיֹּאמֶר: "הִנֵּנִי". וַיֹּאמֶר: "קַח נָא אֶת בִּנְךָ, אֶת יְחִידְךָ, אֲשֶׁר אָהַבְתָּ, אֶת יִצְחָק, וְלֶךְ לְךָ אֶל אֶרֶץ הַמֹּרִיָּה וְהַעֲלֵהוּ שָׁם לְעֹלָה עַל אַחַד הֶהָרִים אֲשֶׁר אֹמַר אֵלֶיךָ".

גם קריאה שטחית של קטע זה מעוררת מספר שאלות. מדרש תנחומא מתייחס במיוחד לשימוש במילה "נא" בצו של ה' לאברהם (פסוק ב). לא מצאנו בכל המקרא שום ציווי של ה' המנוסח בצורה כזו.[2] האם ה'

2. שערו בנפשכם איזה רושם יעורר הניסוח "זכור נא את יום השבת לקדשו" בעשרת הדיברות, או הניסוח "דבר נא אל בני ישראל" כציווי למשה.

מצווה או מבקש? מהדקדוק של הפסוק משמע שה׳ מצווה – הפועל ״לֵךְ״ בא בצורת ציווי. בכל מקרה, אם זאת בקשה, מדוע אין אברהם מסרב, מתווכח – כשם שעשה בהצלת סדום – או לפחות מבקש הסבר? ציותו המיידי והשקט של אברהם מצביע על כך שהוא מבין את הדברים כצו. כיצד אפוא עלינו לפרש את השימוש שעושה הכתוב במילה ״נא״ כאן?

הפירוש המדרשי

תנחומא (וירא) מפרש:

1. ...ויאמר: ״קח נא״ – אין [המילה] ׳נא׳ אלא לשון בקשה.
2. משל למלך בשר ודם שעמדו עליו מלחמות הרבה,
3. והיה לו גיבור אחד נוצח בכל המלחמות.
4. לימים, עמדה עליו מלחמה חזקה.
5. אמר המלך לאותו גיבור:
6. ״בבקשה ממך, עמוד לי במלחמה זו,
7. שלא יאמרו שרי החיילים שלי: ׳אותן מלחמות ראשונות לא היה בהן ממש׳״.
8. אף כך אמר הקב״ה לאברהם:
9. ״ניסיתיך בתשעה ניסיונות ועמדת בהן.
10. עכשיו עמוד לי בניסיון זה,
11. כדי שלא יאמרו: ׳ראשונים לא היה בהם ממש׳״.

למה לי? מה מוסיף המשל?

במבט ראשון אין המשל שמביא המדרש (דהיינו, הסיפור של המלך והגיבור, המופיע בשורות 2–7) נראה כמוסיף שום דבר ממשי להבנתנו את הקושי שבגללו הובא. לכאורה, נמצא עיקר המסר בדרך שבה מפתח המדרש את צו האלוהים (שורות 8–11). לשם מה זקוקים אנו לַמשל?

אפשרות אחת היא שהמשל אינו אלא כלי סגנוני – תמונת מילים מצוירת, שכל כולה לא באה אלא על מנת להחיות את הטקסט. אמנם ישנם מדרשים מסוג זה של תמונת מילים, אולם בטרם נשייך את המדרש שלנו לקבוצה זו, עלינו תמיד לבחון את האפשרות שהמשל נושא תפקיד פרשני, כיוון שכישלוננו בהבנת המדרש עשוי לנבוע מכך שאין אנו בקיאים בלשון חכמים.

שימוש בגישה מתודולוגית

בהנחה שאולי חסרים אנו משהו, השלב הבא הוא לבחון את הקטע יותר מקרוב. על מנת להבטיח שנעשה זאת ביסודיות, נשתמש בתהליך בן שישה שלבים. היתרון של גישה שיטתית זו הוא בכך שהיא מקטינה מאוד את הסיכוי שנפסח על משהו חשוב בקריאתנו. השלבים הם:

1. חלוקת הקטע לחלקים המרכיבים אותו
2. בחינת המשל כסיפור העומד בזכות עצמו, כדי לעמוד על סתירות, פערים ובעיות
3. זיהוי הרכיבים החשובים של המשל
4. התאמת הרכיבים של המשל והנמשל
5. הסקת מסקנות
6. קריאה חוזרת של הטקסט המקראי לאור המדרש, כדי לראות כיצד סייע בידנו המשל לפרש את הטקסט.

(1) מבנה המדרש

במקרה של המדרש שלנו, קל למדי לבצע את שלב (1). הקטע מתחלק לשלושה חלקים: המשפט המציג את הבעיה הטקסטואלית (שורה 1), המשל (שורות 2–7), והנמשל (שורות 8–11). אולם, בחלוקת הקטע עלינו לשים לב לשני דברים.

ראשית, המשפט המציג את הבעיה הפרשנית (שורה 1) סתום במידת מה, ומי שאינו מנוסה בקריאת מדרש עשוי בקלות להחמיץ

את חשיבותו. שורה 1 מוסרת לנו בפשטות שהמילה "נא" מורה על בקשה. על הקורא להסיק מכך שבעל המדרש מוטרד מהסתירה בין **העובדה** שמדובר בצו ובין **הלשון** שבה הוא מנוסח, דהיינו לשון הנראית כחותרת תחת אופיו הציוויי.

נקודה זו חשובה לכל מי שלומד מדרש: היעדרה של הצגה ישירה של הקושי הפרשני הוא אחד הסממנים המובהקים של הסגנון המדרשי.[3] לפעמים מציג המדרש מפורשות את הבעיה הטקסטואלית שעמה הוא מתמודד. אך בדרך כלל חסר ציון של הבעיה הטקסטואלית, או, כמו במקרה שלנו, עלינו לשחזר את טיבה של הבעיה הטקסטואלית מתוך לשון העקיפין של משפט קצר ותמציתי.

שנית, עלינו לתת את הדעת לכך שהנמשל (שורות 8–11) מהווה הרחבת הסיפור התנ"כי, כלומר סיפור מדרשי המרחיב את הסיפור המקראי מעבר למה שנכתב בטקסט. המילים שמייחס המדרש לה' אינן מופיעות בבראשית כב, ואין הן הפירוש היחידי האפשרי לפסוק ב; הן חלק **מהפרשנות** המדרשית לסיפור.

(2) המשל כסיפור

שלב (2) מחייב ניתוח של המשל (שורות 2–7) כסיפור העומד בזכות עצמו. ניתן בקלות לסכם את חוט העלילה של הסיפור. מעשה במלך שבאו עליו מלחמות רבות. אחד מגיבוריו נוחל בעבורו ניצחונות בכל הקרבות. לנוכח מערכה צפויה וקשה במיוחד, מבקש המלך מגיבורו לנצח בשבילו גם במלחמה זו, כדי שלא ימעיטו שרי החיילים (שרי הצבא) של המלך בערכם של הניצחונות הקודמים.

התבוננות נוספת על הסיפור מגלה לנו שהוא מורכב יותר ממה שנראה תחילה. עולות שאלות. קודם כול, מדוע ניצב המלך בפני מלחמות כה רבות, ועל מה הוא נלחם בכל מלחמה? מדוע חושש

3. אלה הלומדים את רש"י מכירים בעיה זו היטב. רק לעתים רחוקות מציין רש"י מפורשות מה קשה לו בלשון הכתוב. כמעט תמיד, על הקורא לשחזר את השאלה מתוך התשובה.

המלך מתגובת שרי החיילים שלו במקרה של תבוסה במלחמה מסוימת זו? האם אין המלך בוטח בגיבורו שניצח בכל מלחמותיו הקודמות? אם התשובה חיובית, מדוע מבקש המלך מהגיבור "לעמוד לו במלחמה זו" (שורה 6)? אם אין המלך בוטח בגיבור, או שאינו מאמין ביכולתו לנצח בקרב, מה טעם יש בַבקשה?

שאלות אלה מעצבות לנו במקצת את סיפור המשל מחדש ביתר דקות, משום שהן מעוררות את תשומת לבנו לְמה שחסר בטקסט. אין מלחמות המלך נראות כמאבק על שטחים, כיבוש למטרות כלכליות, ואפילו לא לשם ביטחון ממלכתו. הניתוח שערכנו מגלה מלך החושש ליוקרתו; המלחמות עתידות להשפיע על תדמיתו של המלך, אפילו בממלכתו הוא. "המלחמה החזקה" (שורה 4) חשובה לו במיוחד משום שתבוסה במערכה זו תשים לאַל את כל הישגיו הקודמים.

אמנם לא ענינו על כל השאלות שהקשינו על סיפור המשל, אך יכולים אנו לראות שתהליך העלאתן של שאלות אלה מאפשר לנו לזהות מורכבות שנעלמה מעינינו בקריאה הראשונה. הבעיות שראינו כאן ישפיעו על הבנתנו את המדרש בכללותו.

(3) זיהוי הרכיבים

בשלב (3) עלינו להחליט מהם הרכיבים העיקריים בסיפור המשל. כאן התהליך פשוט למדי. הרשימה כוללת:

מלך
מלחמות הרבה
גיבור אחד
נוצח בכל המלחמות
מלחמה חזקה
בקשת המלך
שרי החיילים של המלך
"אותן מלחמות ראשונות לא היה בהן ממש"

(4) התאמת הרכיבים

בשלב (4) עלינו להתאים את הרכיבים של המשל והנמשל (היות שברוב הפעמים מפותח הנמשל פחות מהמשל, נצטרך בדרך כלל להשלים פערים שהותיר הנמשל. במקרה שלנו משלים הנמשל את המשל כמעט ללא פערים). הבה נשלים את הרשימה שלנו על ידי מילוי ההתאמות:

משל	נמשל
מלך	הקדוש ברוך הוא
מלחמות הרבה	תשעה ניסיונות
גיבור אחד	אברהם
נוצח בכל המלחמות	עומד בניסיונות
מלחמה חזקה	ניסיון זה (העקדה)
בקשת המלך	בקשתו של ה׳ (שורה 10)
שרי החיילים של המלך	----
״אותן מלחמות ראשונות לא היה בהן ממש״	״ראשונים לא היה בהם ממש״

העמדת המשל והנמשל זה מול זה בדרך זו מאפשרת לנו לראות שההתאמה בין השניים מותירה כמה עניינים בלתי פתורים. הבולט שבהם הוא הפער שבנמשל. במשל חושש המלך **ששרי החיילים שלו** יאמרו שהמלחמות הראשונות לא היה בהן ממש, ואילו הנמשל משאיר את תפקיד שרי החיילים ריק. הספקנים של הנמשל נותרים עלומי שם (ראו שורה 11 במדרש).

אבל חשובה יותר העובדה שאין המשל והנמשל משקפים את הסיפור המקראי שאותו הם מבקשים להסביר. במשל, המלחמות הן מלחמותיו של **המלך**; הגיבור אינו אלא בא כוחו של המלך. בסיפור המקראי, לעומת זאת, אברהם – לא האלוהים – הוא זה שעובר את תשעת הניסיונות, והוא זה שעליו לעמוד במבחן העקדה. כך נותרים אנו ובידנו פער ואי־התאמה המחייבים פתרון.

(5) הסקת מסקנות

כפי שראינו, יש למדרש עניין למחוק את ההבחנה בין ה׳ (המלך שבמשל) ובין אברהם, על ידי השוואת מלחמותיו של המלך (במשל) לניסיונותיו של אברהם (בנמשל). בעל המדרש משתמש בטשטוש זה של זהויות כדי לומר לנו שהעקדה איננה באמת ניסיון שבא לבדוק את אברהם, אלא, חשוב הרבה יותר, משימה קשה שחייב אברהם לעבור למען ה׳. אם נכון הדבר, אזי יש בדבריו של ה׳ לאברהם גם נימה של בקשה. סירוב מצדו של אברהם לציית לה׳ בפעם הזאת, או אי עמידה בניסיון על ידי נסיגה של הרגע האחרון, ייחשבו לאברהם כתבוסה לא במלחמתו שלו אלא בזו של ה׳. המעשים שעושה אברהם מתוך אמונה קשורים קשר בל יינתק בשמו של האלוהים, בדיוק כשם שמעשיו של הגיבור בשדה הקרב נעשים מתוקף היותו בא כוחו של המלך. יכולתו של אברהם לעמוד בניסיון אינה מוטלת כאן בספק. (אחרי הכול, אם אין המלך מאמין ביכולתו של הגיבור לנצח במערכה, כל בקשה מצדו היא חסרת תכלית.) על פי קריאה זו של הסיפור, מבקש ה׳ מאברהם להבין את גודל חשיבותה של העקדה, לא למען אברהם אלא למען ה׳ עצמו. על פי המדרש, מדגישה אפוא המילה "נא" את נימת הבקשה המונחת ביסודו של צו האלוהים. נוכל אף לטעון שבקשה במקרה זה תהיה יעילה יותר מאשר צו, הן במשל והן בסיפור העקדה. גם המלך שבמשל וגם ה׳ פונים לרגשי הנאמנות האישית, ולא לתחום היחסים הרשמי שבין עבד לאדוניו/לאלוהיו.

השלמת הפער

נותרה לנו עדיין בעיית הפער. בניסיון להשלים פער בנמשל, נפנה בדרך כלל לטקסט המקראי למציאת ההתאמה החסרה. אלא שבמקרה זה אין בפסוקים שבספר בראשית דבר וחצי דבר העשוי למלא את תפקיד שרי החיילים שבמשל, כיוון שצו האלוהים נמסר לאוזניו של אברהם בלבד. מי הוא ה"קהל" של העקדה? ומדוע מיוצג "קהל" זה במשל כשרי החיילים של המלך?

אפשרות אחת היא שהפער הושאר כדי להראות לנו שזהותם המדויקת של שרי החיילים של המלך איננה חשובה. על פי פירוש זה, הותיר בעל המדרש את החלל למילוי על ידי הקוראים בכל דרך שיבחרו. תפקיד זה יכול להימסר לכל מי שעשוי בעיני הקורא להיות קהל ביקורתי הצופה בעקדה.[4]

אך כיוון שבעל המדרש יכול היה להעמיד את המשל באינספור צורות שונות, הרשות בידינו לשאול מדוע העניק את תפקיד הספקנים **לשרי החיילים** של המלך, במקום לבחור, לדוגמה, באויבי המלך. לחילופין, יכול היה המחבר שלא לציין כלל את נושאי תפקיד זה במשל, כשם שעשה בנמשל. הוא היה יכול לכתוב לדוגמה בשורות 7-6 במשל: ״בבקשה ממך, עמוד לי במלחמה זו, שלא יאמרו: ׳אותן מלחמות ראשונות לא היה בהן ממש׳״. כל אחת מחלופות אלה נראית סבירה בהחלט במסגרת ההקשר של המשל.

רעיונות אלה מובילים לאפשרות נוספת. קהל הצופים בעקדה הוא כמובן אלה הקוראים את הטקסט, כיוון שרק מי שקורא את הטקסט עֵד להתרחשות הפרטית שבין ה׳ לאברהם. ייתכן שהמדרש מעלה את האפשרות שסיום שונה לעקדה – שבו אין אברהם עומד בניסיון – יערער את אמונתו של הקורא בה׳. השערה זו מקבלת את חיזוקה כששמים לב שהמדרש יוצא מההנחה שקורא הטקסט הוא יהודי. אם אברהם הוא גיבורו הגדול ביותר של המלך, אזי, בדומה לכך, בני העם היהודי הם שרי החיילים של המלך.

המדרש ללא המשל

עתה נוכל לענות על שאלתנו הראשונה. לשם מה זקוקים אנו לסיפור שבמשל? ניתוח מדרש זה הביא אותנו למסקנה שהמסר שלו אינו קשור

4. בין ההצעות שקיבלתי מתלמידותיי ניתן למצוא את המלאכים, אומות העולם, בני דורו של אברהם, ובני משק ביתו של אברהם, בייחוד אליעזר וישמעאל, הממתינים למרגלות ההר, לפי כמה מדרשים.

לדמיון הקיים לכאורה בין המשל לנמשל, אלא נובע דווקא **מהניגוד** שביניהם. הבה נבחן את המסר שהיה עובר אילו השמטנו את החלק של המשל מהמדרש, והיינו משכתבים את המדרש כדלהלן:

ויאמר: "קח נא" – אין [המילה] 'נא' אלא לשון בקשה. כך אמר הקב"ה לאברהם: "ניסיתיך בתשעה ניסיונות ועמדת בהן. עכשיו עמוד לי בניסיון זה, כדי שלא יאמרו: 'ראשונים לא היה בהם ממש'".

לפנינו הנמשל כתוב מחדש כהרחבה של הסיפור המקראי. אמנם מצליח נמשל משוכתב זה להסביר שיש כאן בקשה מצדו של ה', אך הרבה מאוד הלך לאיבוד. ללא המשל, לא ברור שאברהם מייצג את ה' בעולם, ולא מובן שאי עמידתו בניסיון יהא בה משום פגיעה במעמדו ובשמו של ה' בעולם. המשל מאפשר לנו לראות, לפחות על פי הדרך שבה קראנו אותו, שאין אברהם עומד למבחן במובן הרגיל של המילה. על פי הטקסט המלא של מדרש תנחומא, אין כאן שום ספק בדבר יכולתו של אברהם לעמוד בניסיון, וגם לא על כך שהניסיון איננו למענו. אין בכוחה של הגרסה המשוכתבת של המדרש, שבה מופיע הנמשל לבדו, להביע את כל אלה.

קריאה חוזרת של הטקסט המקראי לאור הפירוש המדרשי: הכוח הפרשני והשלכות רוחניות

מלאכת יישוב הקשיים והשלמת הפערים כופה עלינו להתבונן בטקסט של העקדה בעיניים חדשות. צורת המשל פורשת לפנינו סיפור דומה לסיפור שקראנו פעמים רבות כל כך, אך בסופו של דבר גם שונה ממנו. האלוהים הוא מלך ואברהם הוא גיבורו הגדול ביותר – עד כאן הכול מוכר ומובן מאליו, אולם ההבדלים שבין המשל והנמשל מלמדים אותנו קצת יותר.

רוב הקוראים, המורגלים כל כך בטקסט זה, לא ישימו קרוב לוודאי את לבם למילה "נא", ששורבבה בעדינות כה רבה לצו של ה' לאברהם. אלא שלבעלי המדרש, מרמזת לשון "נא" על יחס בין ה' לאברהם שלא היינו מעיזים להעלות על דעתנו לולא מילה זו.

היחס שבין האלוהים לאברהם, כפי שהוא מתואר במשל, אינו של שליט ונשלט בלבד, אלא יש בו גם אמון, אהבה, ואפילו ״צורך״ במובן מסוים. קריאה חוזרת של הטקסט המקראי לאור ההסבר המדרשי מראה לנו שכוחו של הסבר זה יפה דיו לפתור את הקושי הפרשני שעורר השימוש במילה ״נא״ בצו של ה׳ לאברהם. אולם מעבר לכך, ואולי חשוב עוד יותר, קריאה זו גם מאתגרת את הקורא לתפוש את דרגת המחויבות וההקרבה העצמית שכמעט קשה לדמיין כמוה, שאותה ממחיש אברהם ביחסיו עם ה׳. על ידי הכנסת שרי החיילים לַמשל, מוסיף המדרש ומציע אפשרות של קשר עמוק יותר לה׳, דרך הפתוחה לא רק לפני אברהם, אלא גם לפני הקורא, כאחד מצאצאיו של אברהם.

כשנוכחים אנו לדעת שניסיונותיו של אברהם ומלחמותיו של המלך חד הם, משתנה קריאתנו את העקדה לבלי הכר. וכשאנו חדלים לראות בעקדה טקסט מוכר ונוח, ומתחילים להבין אותה כאתגר עצום, לא נוכל עוד להסתכל על עצמנו כתמול שלשום.

פרק ג

הפתיחתא – שימוש בפסוק על מנת לפרש פסוק: עובר האורח והבירה

(מדרש בראשית רבה על בראשית יב, א)

כל הליכה תנועה והתרחקות ממה שממנו למה שאליו, בין תנועה גשמית... בין תנועה רוחנית... (ר' יעקב צבי מקלנבורג, הכתב והקבלה על בראשית יב, א).

אברהם ה"אלמוני"

כשאנו משווים את פתיחתם של סיפורי נח ואברהם (בראשית ו ו-יב), טופח על פנינו השוני הבלתי מובן שביניהם. הכתוב מנמק את בחירתו של האלוהים בנח להיות הניצול היחיד של האנושות, אך אברהם – ללא ספק הדמות החשובה יותר – "אלמוני" למדיי בפגשנו בו לראשונה.

בחירתו של נח מובנת, שֶׁכן "...נֹחַ מָצָא חֵן בְּעֵינֵי ה'" (בראשית ו, ח) וכן "...נֹחַ אִישׁ צַדִּיק תָּמִים הָיָה בְּדֹרֹתָיו; אֶת הָאֱלֹהִים הִתְהַלֶּךְ נֹחַ" (שם, ט). לעומת זאת, אין פסוקי הפתיחה של סיפור אברהם מספקים שום מניע לבחירתו של האלוהים באברהם. הדברים היחידים שידועים לנו על אברהם, לפני שמצווה עליו ה' לעזוב את בית אביו, הם שמות קרוביו, הנמנים בפרק יא, וכן שעזב את אור כשדים עם אביו. הֶעדר זה מעורר מחשבה. ברור שיש כאן פער מידע בטוויית הסיפור שבכתוב.[1]

המשל שלהלן הוא אחד מהמדרשים הרבים המבקשים להשלים פער זה, ולענות על השאלה "למה אברהם?".

הפירוש המדרשי

וַיֹּאמֶר ה' אֶל אַבְרָם: "לֶךְ לְךָ מֵאַרְצְךָ וּמִמּוֹלַדְתְּךָ וּמִבֵּית אָבִיךָ אֶל הָאָרֶץ אֲשֶׁר אַרְאֶךָּ" (בראשית יב, א).

מדרש בראשית רבה לט, א מפרש:

1. וַיֹּאמֶר ה' אֶל אַבְרָם: לֶךְ לְךָ, מֵאַרְצְךָ...
2. רבי יצחק פתח: (תהלים מה, יא) "שִׁמְעִי, בַת, וּרְאִי וְהַטִּי אָזְנֵךְ וְשִׁכְחִי עַמֵּךְ וּבֵית אָבִיךְ"
3. אמר רבי יצחק: משל לאחד שהיה עובר ממקום למקום וראה בירה אחת דולקת.[2]
4. אמר: "תאמר שבירה זו בלא מנהיג?"
5. הציץ עליו בעל הבירה.

1. אנא קראו את בראשית יא, כו – יב, א על מנת להבין טוב יותר את ערכו של הדיון המדרשי.
2. פירוש המילה "דולקת" יידון בהמשך.

6. אמר לו: "אני הוא בעל הבירה".
7. כך, לפי שהיה אבינו אברהם אומר: "תאמר שהעולם הזה בלא מנהיג?"
8. הציץ עליו הקדוש ברוך הוא ואמר לו: "אני הוא בעל העולם".
9. (תהלים מה, יב) "וְיִתְאָו הַמֶּלֶךְ יָפְיֵךְ" – לייפותיך בעולם;
10. "כִּי הוּא אֲדֹנַיִךְ וְהִשְׁתַּחֲוִי לוֹ", הוי, "וַיֹּאמֶר ה' אֶל אַבְרָם..."

הבנת מילים בקריאת מדרש

כאן פוגשים אנו את הבעיה הראשונה שלנו, הבנת מילים במדרש. פרשני המדרש הקלאסיים נחלקו בפירוש המילה "דולקת", שבשורה 3. חלקם פירשו "מוארת", ואחרים "בוערת". בעיות של הבנת מילים במדרש עשויות לצוץ מסיבות שונות, וחלק ממשימתנו הפרשנית יהיה להכריע אילו מהפירושים כוחם יפה לענייננו.

בקריאת מדרשים עלינו לזכור שייתכן שמשמעותן של מילים השתנתה או אבדה עם הזמן. אובדן משמעות הוא מצב מובן למדיי, משום שאנו מוצאים את עצמנו ללא שום יכולת להבין מילה מסוימת, אך במקרה שהשתנתה משמעותה של מילה, עלולים אנו לחשוב בטעות שהבנו נכונה את הדברים. דוגמה למקרה האחרון היא המילה "בירה" (בשורה 3). משמעות מילה זו בתנ"ך היא עיר המלוכה, אך אימוץ פירוש זה כאן מוביל לטעות. האפשרויות המתאימות הן טירה, ארמון, בניין יפה, או מתחם בניינים.

במדרש זה עלינו להחליט האם הבין רבי יצחק את המילה "דולקת" במשמעות "מוארת" או "בוערת", או שמא בחר בכוונה תחילה מילה דו־משמעית, כדי ליצור מספר אפשרויות לפרש את הטקסט. לבחירה באחד הפירושים למילה "דולקת" תהיה כמובן השפעה על הבנתנו את המשל, לכן עלינו לראות האם ישנם במשל עצמו רמזים העשויים לסייע בידנו לבחור את הפירוש האפשרי הטוב ביותר.

מבנה המדרש

אולם משימתנו הראשונה היא לחלק את המדרש לרכיביו. המדרש פותח ב"דיבור המתחיל"[3] (שורה 1), ובפתיחתא (ציטוט של פסוק כהקדמה למדרש) מתהלים (שורה 2). בשורות 3–6 נמצא המשל, ובשורות 7–8 הנמשל. לאחר מכן בא ציטוט סיום מתהלים, מחולק לשניים ומפורש בידי רבי יצחק (שורות 9–10).

מבנה המדרש הוא, אפוא, משל בתוך מסגרת של פסוקים מתהלים, שניתן למיפוי כך:

א. ה"דיבור המתחיל" (שורה 1)
ב. הפתיחתא (שורה 2)
ג. המשל (שורות 3–6)
ד. הנמשל (שורות 7–8)
ה. פסוק הסיום מתהלים עם פרשנות (שורות 9–10)

המשל כסיפור

משימתנו הבאה היא לבחון את המשל כסיפור העומד בזכות עצמו. הסיפור מתאר אדם העובר ממקום למקום ונתקל בבירה מוארת או בוערת. כשהוא שואל מי אחראי לבירה, מביט בו מישהו ומזדהה לפניו.

כבר בקריאה ראשונה מעורר הסיפור שבמשל כמה שאלות שאינן קשורות בהכרח לפירוש מילים. ראשית כול, היות שהדמויות היחידות בסיפור הן עובר האורח והאיש שעונה לו, אל מי מפנה עובר האורח את שאלתו? לא נוכל לומר שהשאלה מופנית אל בעל הבירה, כי הוא בלתי נראה; על כך לומדים אנו מתוך "הציצתו". בחינה נוספת של שאלת עובר האורח תגלה לנו גם, מתוך התחביר שלה, שהיא

3. "דיבור המתחיל" הוא ציטוט פתיחה ובו המילים מהטקסט המקראי שאותן בא המדרש לפרש.

רטורית (שורה 4): "תאמר שבירה זו בלא מנהיג?". מילים אלה אינן בקשה לקבלת מידע כלל ועיקר. על פי ההקשר, מתפקדת שאלה זו כטענת נכונות, או כאמירה המצפה לאישור. למעשה, יש אולי לבטא את השאלה כתמיהה: "תאמר שבירה זו בלא מנהיג?!".

אף התגובה לעובר האורח מוזרה במקצת. מדוע מזהה עצמו האיש המציץ **כבעל** הבירה (שורה 6), בעוד עובר האורח שואל על **המנהיג**? במבט קדימה אל הנמשל, רואים אנו שהבחנה זו בין מנהיג לבעל איננה סתם טעות סופר, כיוון שהיא נשמרת גם בנמשל (שורות 7–8).

אם נאמר שהבירה בוערת, ומראה זה הוא שדוחף את עובר האורח לדבֵּר, למה שואל הוא שאלות רטוריות לנוכח בירה בוערת? במצב כזה היינו מצפים לשאלה לשם בקשת מידע, כגון: "**היכן** מנהיג הבירה?" או "**למה** אין מנהיג הבירה מכבה את האש?".

בעיות אלה עשויות להביא אותנו אולי לפתרון בעיית פירוש המילים שלנו, בכך שנעדיף את הקריאה האומרת שהבירה מוארת.[4] אולם, בין אם מוארת היא או בוערת, נשארת בעייתנו הראשונה בלתי פתורה. אל מי פונה עובר האורח ומה עורר את שאלתו?

זיהוי הרכיבים

לאחר ששמנו לבנו לכמה בעיות במשל כסיפור, השלב הבא הוא זיהוי רכיבי המשל, כדלהלן:

אחד (איש)

שהיה עובר ממקום למקום

4. נמשיך להחזיק בשתי אפשרויות הפירוש, משום שניתן למצוא טעם גם לקריאה "בוערת". על פי קריאה זו, מביעה השאלה הרטורית הלם על כך שאין מי שיציל את הבירה, מצב בלתי נתפס בעיני עובר האורח. אני מעדיפה ללא ספק את הגרסה "מוארת", ולמרות זאת עליי לשכנע תלמידים בכל כיתה שהיא, שזהו הפירוש האפשרי הטוב ביותר. עדיין, כיוון שכמה מהפרשנים הקלאסיים של המדרש נוקטים עמדה זו, קשה לבטל אותה.

בירה
מוארת (או)
בוערת
"תאמר שבירה זו בלא מנהיג?"
המנהיג/הבעל
הציץ עליו
"אני הוא בעל הבירה"

התאמת הרכיבים

השלב הבא שלנו הוא עריכת התאמה בין המשל לנמשל, משימה מורכבת במקצת לנוכח בעיית פרשנות המילים, ולאור העובדה שהמשל מפותח יותר מהנמשל. ניסיון ראשוני נותן את התוצאה הבאה:

אחד (איש)	אברהם
שהיה עובר ממקום למקום	----
בירה	העולם הזה
מוארת	----
בוערת	----
"תאמר שבירה זו בלא מנהיג?"	"תאמר שהעולם הזה בלא מנהיג?"
המנהיג/הבעל	הקדוש ברוך הוא
הציץ עליו	הציץ עליו
"אני הוא בעל הבירה"	"אני הוא בעל העולם"

השלמת הפערים

כפי שרואים אנו, יש להשלים פערים מסוימים בנמשל. הראשון הוא העדר מקבילה לתיאורו של אברהם כמי "שהיה עובר ממקום למקום". אמנם עשוי פרט זה להיראות כתיאור פשוט ולא כפער ממשי בנמשל, אך מאידך גיסא, יש לו אולי חשיבות, משום שהשיח המדרשי הוא

בדרך כלל תמציתי מאוד. אחרת היה המדרש יכול בקלות לכתוב אולי: "משל לאחד שראה בירה...". יתרה מזאת, בעוד הנמשל מותיר פער באשר לפריט זה, מספק לנו הטקסט המקראי רכיב המתאים לו ביותר. בפגישתנו הראשונה עם אברהם בבראשית יא, הוא אכן נודד ממקום למקום, דהיינו מאור כשדים לארץ כנען. פרט זה יכול אפוא להיות כלי לקישור חזק יותר של המשל לטקסט המקראי.

אלא שאולי מתכוון רבי יצחק לרמוז לא רק לנדודים הגיאוגרפיים של אברהם. ייתכן מאוד שהמשל מתאר את אברהם כאדם הנמצא במעבר רוחני במקביל לזה הגופני – אדם השואל שאלות על אודות האלוהים. פרט זה, אם הבנו אותו נכונה, עשוי על כן לספק חלק מהתשובה לשאלה ששאלנו על פער המידע שבסיפור אברהם. על פי פירוש זה, אפשר שסיבת בחירתו של האלוהים באברהם היא היותו אדם שאינו מקובע בעמדה מסוימת, אלא פתוח לאפשרויות רוחניות אחרות, "עובר ממקום למקום" בחיפוש אחר מציאות שונה.

הפער הבא בנמשל הוא תיאור הבירה. אם הבירה היא העולם, מה פירוש הדבר שהוא מואר או בוער? אין שום דבר בטקסט המקראי שיכול להשלים פער זה, לכן עלינו לפרש דימוי זה על ידי תשובה לשאלה מה יכולה להיות משמעותו של עולם "בוער" או "מואר". אולי נוכל לומר שעולם מואר הוא עולם המתנוצץ ביופיו העצמי ובסדר השורר בו, עולם שכל הסימנים הנראים לעין מעידים שהוא מנוהל בידי "מנהיג", אל כלשהו המפעיל את כל הדברים. באותו מטבע, עולם בוער הוא מבנה מסודר הנהרס בידי כוחות בלתי נשלטים, כגון שחיתות אנושית.[5]

שאלת עובר האורח

לאחר ששקלנו דרכים להשלמת הפערים הברורים שבנמשל, נוכל בנקודה זו לבחון מדוע בחר רבי יצחק בבירה כדימוי לעולם. לבחירה

5. שתי גישות אלה ננקטו על ידי הפרשנים הקלאסיים.

זו חשיבות מיוחדת לאור שאלתו הרטורית של עובר האורח. משמעות רבה יש לעובדה **שאין** עובר האורח שואל **האם** יש לבירה בעל או בנאי כיוון שמובן מאליו שמבנה מורכב שכזה לא יכול היה להתהוות מעצמו. עובר האורח מגלה עניין בנושא **נוכחותו** של המנהיג בבירה, וכפי שכבר ציינו, דבריו הם פחות שאלה ויותר קביעה שהמנהיג **חייב** להיות נוכח.[6]

שאלתו הרטורית של עובר האורח אינה מתעוררת עקב קיומה של הבירה, אלא בשל המצב שבו מוצא הוא אותה. אם עובר האורח מהרהר בראותו בירה מוארת, נובעים דבריו מתוך הוודאות שהבירה מאוכלסת. אם הבירה בוערת, מבטא עובר האורח את אימתו שאין מנהיג הבא להצילה.

המשל איננו מציין לפנינו למי מפנה עובר האורח את דבריו, אולי משום שעניין זה חשוב פחות מִטבעה של השאלה עצמה. באִי ציונו של מאזין, גם פותח המשל את האפשרות שעובר האורח מדבר למעשה אל עצמו.

הסקת מסקנות

סביר לומר אפוא שרבי יצחק רואה את אברהם לא כמי ששואל האם האלוהים קיים או לא, או האם ברא הוא את העולם, אלא כמי, שמתוך התבוננות בעולם הקיים, רואה את נוכחות האלוהים בעולם כהנחה ההגיונית היחידה. קריאה זו של המדרש מקבלת את חיזוקה כששמים לב ללשון הנמשל: "כך, לפי **שהיה** אבינו אברהם אומר..." (שורה 7). השימוש בצורת ההתניה ("היה") מורה על פעולה חוזרת בעבר.[7] רבי יצחק מציג את אברהם כאדם שמאשר שוב ושוב את מציאותו של

6. אולי זו ראיה נוספת לכך שהפירוש הנכון ל"דולקת" הוא "מוארת" ולא "בוערת". אין זה הגיוני לקבוע שמנהיג נוכח בבירה בוערת. אדרבה, המנהיג עשוי בהחלט להיעדר מבירה בוערת. אחרת, איך קרה שהבירה בוערת?

7. השוו, למשל, את השימוש התדיר בהתניה בפרקי אבות, להורות שדבריהם של החכמים השונים היו ה"פזמון" הקבוע שבפיהם.

האלוהים – לעצמו או לאחרים – בחברה ספקנית המחזיקה בדעה שהאלוהים נטש את העולם שברא.

תפקידו של המנהיג במשל מאשש הנחה זו. כפי שציינו, שואל עובר האורח על **מנהיג** הבירה, וחרף זאת **בעל** הבירה הוא שמשיב. תגובתו באה להורות שאין הבדל בין "מנהיג" ל"בעל"; האדם שחיפש עובר האורח חד הוא ואותו איש. אם נתרגם תפקיד זה לנמשל נוכל לומר שכאשר אכן מתגלה ה' לאברהם, הוא מופיע הן כבורא העולם והן כנוכחות הפנימית המתמדת בעולם. וכמו שהמנהיג במשל "מציץ" ממקום מחבואו, כך "הסתתר" האלוהים בעולם, ממתין לאיזה אברהם שאליו יוכל להתגלות.

פסוקי הפתיחתא והסיום: מסגרת למדרש

המשל, כפי שהבנו אותו עד עתה, מאפשר לנו להשלים את הפער בסיפור אברהם, ולענות על שאלתנו המקורית: "למה אברהם?". נראה שהתשובה היא שהאלוהים בוחר באברהם מפני שהיה אברהם מחפש את האלוהים עוד לפני שהתגלה האלוהים אליו. כיוון שניתן לדלות מסר זה ללא התייחסות לפתיחתא (שורה 2), עלינו להבין מה מוסיפה הפתיחתא להבנתנו את המדרש.

חזרה למקור

הצעד הראשון שעלינו לעשות על מנת להבין פתיחתא (או, בדומה לכך, ציטוט של פסוק כלשהו על ידי מדרש) הוא לראות את הפסוק בהקשרו המקורי. יש לכך מספר סיבות. ראשית, ההקשר המדרשי שבו קוראים אנו את הפסוק עשוי לשנות את משמעותו המקורית מן הקצה אל הקצה, באופן שמובנו הפשוט הולך לאיבוד. אם מובנו הפשוט של הפסוק אינו ידוע לנו, ייתכן שלא נתפוס את מלוא משמעותו של השימוש שעושה בו המדרש. שנית, המדרש מצטט לפעמים רק חלק של פסוק, או פסוק אחד מתוך כמה פסוקים שעלינו להכיר כדי

להבין את הטקסט. הסיבה לכך יכולה להיות טעות סופר, או משום שהמחבר חושב שידיעתנו את התנ"ך רחבה כשלו, ולכן מניח מראש שיודעים אנו את כל הפסוק ואת הקשרו המקורי. שלישית, מחבר המדרש עשוי לרַמז למילים שאינן מופיעות בטקסט המצוטט, אך עלינו להכירן על מנת להעריך את כוונתו. סיבה אחרונה, קל יותר לאתר קשיים בפסוק המצוטט כשקוראים אותו בהקשרו. אם נתלה השימוש המדרשי בפסוק בקושי הקיים בפסוק עצמו, קל יותר לעמוד על קושי זה בהקשרו המקורי (כפי שנראה בפסוקי הפתיחתא והסיום של מדרש זה). תהא סיבת הציטוט החלקי אשר תהא, עלינו לבדוק את המקור הראשון.

בלבול בין סיבה לתוצאה

שני הפסוקים (תהלים מה, יא-יב) שצוטטו על ידי רבי יצחק כמסגרת למשל שלנו, הם:

(יא) שִׁמְעִי, בַת, וּרְאִי וְהַטִּי אָזְנֵךְ וְשִׁכְחִי עַמֵּךְ וּבֵית אָבִיךְ. (יב)
וְיִתְאָו הַמֶּלֶךְ יָפְיֵךְ כִּי הוּא אֲדֹנַיִךְ, וְהִשְׁתַּחֲוִי לוֹ.

פסוק יא קל להבנה, והקשר בין פסוק יא ל־יב ברור, בתוך ההקשר בתהלים. מזמור מה בתהלים הוא שיר אהבה בסגנון שיר השירים; הפרק מתאר את יופיו ומעלותיו של מלך, ואחר כך מטיף ל"בת" של הפתיחתא שלנו לקבל את מרותו. כמו שיר השירים, גם מזמור זה הוא אלגוריה שבה המלך הוא ה', והבת – עובד ה'.

אלא שפסוק יב, החלק המסיים של המסגרת (שורות 9–10), קשה לפירוש כשקוראים אותו בהקשרו המקורי, משום שנראה כאילו הוחלפו בו הסיבה והתוצאה. בעריכה המדרשית, פוצל הפסוק לשני חלקים, וביניהם שובצו דברי פרשנות, כך שקשה יותר להבחין בלשונו הבלתי הגיונית. היינו מבינים את הפסוק לו היה אומר 'הִשְׁתַּחֲוִי לַמֶּלֶךְ

כִּי הוּא אֲדֹנַיִךְ׳, או ׳וְיִתְאָו הַמֶּלֶךְ יָפְיֵךְ, וְיַעַן כִּי הוּא אֲדֹנַיִךְ הִשְׁתַּחֲוִי לוֹ׳. אולם נראה שהפסוק אומר ׳וְיִתְאָו הַמֶּלֶךְ יָפְיֵךְ כִּי הוּא אֲדֹנַיִךְ׳, סמיכות בלתי צפויה של סיבה ותוצאה.

אברהם כ"בת"

עתה, לאחר שראינו את הפסוקים בהקשרם, עלינו לבחון כיצד מנצל אותם המדרש להעברת המסר שלו. במבט ראשון נראה שבתוך הפתיחתא מהדהדות מילות הדיבור המתחיל, כלומר בראשית יב, א. כמו אברהם, המצווה לעזוב את ארצו, מולדתו ובית אביו, גם ל"בת" בתהלים מה, יא נאמר שעליה לשכוח את עמה ואת בית אביה. על סמך דמיון זה, היינו יכולים לחשוב שרבי יצחק משתמש במקור מתהלים כאלגוריה לציווי שהוטל על אברהם. אולם לאחר קריאת המשל שבמדרש, מצטלצל הפסוק מתהלים בצורה אחרת. במקום הד לדברי ה׳ לאברהם, נראה הפסוק כאלגוריה למעשים שמייחס המשל לאברהם עוד **לפני** שהאלוהים בכלל מדבר אליו, דהיינו בקשת האלוהים והקשבה אליו. על פי קריאה זו, בחיפושיו אחר האלוהים, פתח אברהם את עיניו ואוזניו לאפשרות קיומו של האלוהים ונטש את עברו לפני שהאלוהים בכלל מדבר אליו.

שורות הסיום (שורות 9–10), המתווספות לנמשל כמסגרת, משתלבות היטב בקריאה זו. קריאתו של רבי יצחק את הפסוק "וְיִתְאָו הַמֶּלֶךְ יָפְיֵךְ" מנצלת את הקושי שראינו בפסוק ופותרת אותו בו זמנית. ההסבר שלו הוא: וְיִתְאָו המלך (ה׳) לייפותךְ (אברהם) בעולם, הווה אומר, לפרסם את יופייך בעולם. הפסוקים בבראשית הבאים לאחר "לך לך" מתאימים לקריאה זו. בפסוקים אלה, הבאים לאחר הציווי לאברהם לעזוב את בית אביו, אומר ה׳ (בראשית יב, ב–ג):

וְאֶעֶשְׂךָ לְגוֹי גָּדוֹל, וַאֲבָרֶכְךָ וַאֲגַדְּלָה שְׁמֶךָ, וֶהְיֵה בְּרָכָה. וַאֲבָרְכָה מְבָרְכֶיךָ, וּמְקַלֶּלְךָ אָאֹר, וְנִבְרְכוּ בְךָ כֹּל מִשְׁפְּחֹת הָאֲדָמָה.

כתיבה מחדש של "לך לך"

אם ניקח את פסוקי המסגרת ואת גוף המדרש יחדיו, נראה שרבי יצחק בונה מחדש את הסיפור שבבראשית יב כך: אברהם, ה"בת" שבפתיחתא, מחפש את האלוהים, ה"מלך" שבפתיחתא, כשם שעובר האורח מחפש את מנהיג הבירה. עקב זאת מבקש האלוהים, המלך של הפתיחתא, שאברהם יהיה מקור של ברכה לעולם ('לייפותך'). כתוצאה מכך מתגלה האלוהים לאברהם – בדיוק כשם שמציץ בעל הבירה אל עובר האורח – ומעמיד בפניו חובה מוסרית לציית לציוויו. זוהי משמעותן של המילים המסיימות את המדרש: "'כִּי הוּא אֲדֹנַיִךְ וְהִשְׁתַּחֲוִי לוֹ', הוי 'וַיֹּאמֶר ה' אֶל אַבְרָם...'" (שורה 10).

בעיני רבי יצחק, יכול אפוא האלוהים לדבר אל אברהם כאדוניו, רק אם אברהם מכין את עצמו לקבל את האלוהים על ידי חיפוש אחריו. התשובה המדרשית לשאלתנו המקורית "למה אברהם?" היא שהאלוהים בוחר באברהם כיוון שאברהם בחר כבר קודם לכן באלוהים.

כשה' מבקש להציל את העולם מחורבן, הוא בוחר בנח, משום שנח הוא איש צדיק הראוי להינצל. אך כאשר מחפש האלוהים את האדם שיישא את בשורת האלוהים לעולם, יכול הוא לבחור רק במי שנכסף בעצמו להביא בשורה זו לאנושות. אדם זה הוא אברהם, והאלוהים מוצא אותו כי אברהם מחפש את האלוהים.

פרק ד

תפקידה של ראיה מפסוק: המטרונה ושושביניה

(מדרש איכה רבה על איכה א, א)

וְעַתָּה שִׁמְעִי זֹאת עֲדִינָה, הַיּוֹשֶׁבֶת לָבֶטַח, הָאֹמְרָה בִּלְבָבָהּ, אֲנִי וְאַפְסִי עוֹד. לֹא אֵשֵׁב אַלְמָנָה, וְלֹא אֵדַע שְׁכוֹל (ישעיהו מז, ח).

אהובה, זונה, אשת איש, אלמנה, אם, בת – כל אלה דימויים של עם ישראל ושל ציון. דימויים אלה מפוזרים בנדיבות במקומות רבים בתנ"ך, אך בעלי חשיבות מרובה בשיר השירים ובאיכה. גם חז"ל אימצו דימויים נשיים לצורך אפיונו של עם ישראל, והשתמשו תדיר בדמותה של גברת כבודה ומיוחסת (מטרונה) על מנת לשרטט את מהלך היחסים שלנו עם האלוהים.

דמות המטרונה מתאימה במיוחד לפרשנות של איכה כיוון שהתמונה שבה נפתח הספר מתארת את ציון כאלמנה שוממה ואבלה היושבת בין ההריסות. הפסוק הראשון הוא ביטוי פיוטי של צער, זעקה הבוקעת מהלב: "אֵיכָה יָשְׁבָה בָדָד, הָעִיר רַבָּתִי עָם" (איכה א, א).[1]

1. אנא קראו את איכה א, א–ט, לשם מעקב אחר הדיון המדרשי.

הפירוש המדרשי

מדרש איכה רבה א, א מפרש:

״אֵיכָה יָשְׁבָה...״

1. שלשה [נביאים] נתנבאו בלשון ״איכה״: משה, ישעיה וירמיה.
2. משה אמר: ״אֵיכָה אֶשָּׂא לְבַדִּי...״ (דברים א, יב)
3. ישעיה אמר: ״אֵיכָה הָיְתָה לְזוֹנָה...״ (ישעיהו א, כא)
4. ירמיה אמר: ״אֵיכָה יָשְׁבָה בָדָד...״ (איכה א, א).[2]
5. אמר רבי לוי:
6. משל למטרונה שהיו לה שלושה שושבינין.[3]
7. אחד ראה אותה בשלוותה
8. ואחד ראה אותה בפחזותה[4]
9. ואחד ראה אותה בניוולה.
10. כך משה ראה את ישראל בכבודם ושלוותם
11. ואמר: ״אֵיכָה אֶשָּׂא לְבַדִּי...״
12. ישעיה ראה אותם בפחזותם
13. ואמר: ״אֵיכָה הָיְתָה לְזוֹנָה קִרְיָה נֶאֱמָנָה...״
14. ירמיה ראה אותם בניוולם
15. ואמר: ״אֵיכָה יָשְׁבָה בָדָד...״

מבנה המדרש

המדרש דלעיל פשוט ביותר מבחינה מבנית, וניתן למיפוי כך:

א. משפט מבוא (שורה 1)

2. המסורת היהודית מייחסת לירמיהו את חיבור מגילת איכה.
3. שושבין הוא חבר או סוכן/משרת (גבר או אישה) של החתן או הכלה. בין התפקידים של שושבין/ת הכלה גם ליווי והשגחה.
4. הכוונה כאן לפחזות מינית.

ב. שלושה ציטוטים של המילה "איכה" (שורות 2–4)
ג. משל (שורות 5–9)
ד. הנמשל (שורות 10-15)

פשטות המבנה שאנו רואים כאן ניכרת במיוחד בחזרות שיש בקטע בכללותו. הציטוטים שבשורות 2–4 וגם המשל מהדהדים למעשה מילה במילה בנמשל. ואם בוחנים את המשל כסיפור, גם הוא נראה יותר כרשימת אירועים מאשר סיפור. מעבר למידע שמספק המדרש על אודות שלושה נביאים שהשתמשו במילה "איכה", קשה לראות ממבט ראשון מה הנקודה שמבקש המדרש להאיר.

הבעיה הפרשנית

שורה 1 אומרת לנו שמדרש זה מתייחס למילה "איכה" המופיעה באיכה א, א, צורה נדירה יחסית בתנ"ך. יחידותה של המילה בולטת כאן, בשל היותה המילה הראשונה בספר, ובשל העובדה שאין כל סיבה נראית לעין מדוע לא נעשה בהקשר זה שימוש בצורה הרגילה יותר ("איך"). כיוון שמילה זו מופיעה רק במספר קטן של מקומות, מוצא המדרש טעם להביא רשימת ציטוטים מהקשרים נוספים שבהם מופיעה המילה (שורות 2–4). אלא שרבי לוי מבקש כנראה לצעוד צעד נוסף מעבר לרשימה טכנית זו, על ידי בניית משל סביב שלושת הציטוטים הללו, ונראה שכוונתו למצוא קשר משמעותי ביניהם.

המשל כסיפור

הסיפור שבמשל ברור מאוד: גברת כבודה ומיוחסת מלווה בידי שלושה שושבינים שונים במהלך שלושה שלבים של חייה. השושבין הראשון נמצא עמה בשנות הרוגע שלה; השושבין השני צופה כיצד נכנעת היא לפיתויים מיניים, והשלישי רואה אותה קוצרת את הפירות הבאושים של מעשיה. המשל אינו מספר לנו דבר מעבר לזאת, כגון

מדוע עשתה האישה מה שעשתה, או איזה תפקיד מילאו השושבינים בחייה במשך תקופות אלה. בכל זאת, רצף המאורעות המתוארים בסיפור עקבי והגיוני, והתוצאה צפויה. אולי מאוכזבים אנו מחוסר הפירוט שבסיפור, אך אין לנו כל קושי להבינו.

זיהוי הרכיבים

המשל הקצר והפשוט מקל עלינו מאוד את הכנת רשימת הרכיבים, כדלקמן:

מטרונה
השושבין הראשון
ימי שלוותה
השושבין השני
ימי פחזותה
השושבין השלישי
ימי ניוולה

התאמת הרכיבים

גם מציאת ההתאמות לרכיבים איננה מסובכת, משום שכל רכיבי המשל והנמשל חופפים זה לזה, כדלהלן:

מטרונה	ירושלים
השושבין הראשון	משה
ימי שלוותה	דור המדבר
השושבין השני	ישעיהו
ימי פחזותה	חטאי תקופת בית ראשון
השושבין השלישי	ירמיהו
ימי ניוולה	חורבן בית ראשון

חיפוש אי התאמות

בדיוננו על סוגת המשל, ציינו שכוחו הרטורי והפרשני של המשל נעוץ ביכולתו להאיר לנו את המוכר באור חדש, על ידי עיצובו בצורה אחרת. ברם, אין משל זה נראה כמוסיף משהו חדש להבנתנו את המילה "איכה" ו/או את דרך השימוש בה באיכה א, א. אם הייתה מטרת מדרש זה לערוך רשימת מופעים של מילה נדירה על מנת להכלילה בקונקורדנציה, די היה בארבע השורות הראשונות של המדרש להשלמת המשימה, ללא כל צורך במשל לחיזוק. משה, ישעיהו וירמיהו השתמשו כולם במילה זו, כולם נביאים, וכל אחד ניבא בתקופה אחרת בהיסטוריה של עם ישראל. מעבר להצגת הנביאים כשושבינים – שקשה לראות בה גילוי גדול – לא נראה שהמשל מלמד אותנו משהו חדש, או שופך אור על העובדות הידועות לנו ועל הקשרים שביניהן.

בדיקת הציטוטים מהתנ"ך

זהו הרושם, לפחות, עד שבודקים את הפסוקים שמצטט רבי לוי. כפי שהצענו, כדאי תמיד לבדוק ציטוטי פסוקים המופיעים במדרשים על מנת לברר אם הובאו במלואם, וכדי לראות את המובן הפשוט של כל אחד מהם בהקשרו המקורי.[5] חשיבותו המכרעת של תרגיל זה בולטת ביותר במשל של רבי לוי.

ההקשר של המובאה הראשונה, דברים א, יב, הוא פתיחתו של נאום הפרידה של משה מעם ישראל.[6] בפרק הראשון של ספר דברים מסביר משה כיצד קרה שבמקום להיכנס לארץ מייד לאחר קבלת התורה, כפי שהתכוון האלוהים מראש, נודד העם במדבר ארבעים שנה. משה פותח בהזכרת הדברים שאירעו לאחר מתן תורה. כדי

5. ראו הדיון בפסוקי מקרא בפרק ג ובפרק ה.
6. אנא קראו את דברים א להבנת ההקשר.

להסביר מדוע מינה שופטים בעת ההיא, אומר הוא: ״אֵיכָה אֶשָּׂא לְבַדִּי טָרְחֲכֶם וּמַשַּׂאֲכֶם וְרִיבְכֶם?״.

כשאנו בוחנים ציטוט זה בתוך המסגרת הכללית של המשל של רבי לוי, טופחת על פנינו אי ההתאמה שבין הפסוק ובין המצב הקיומי שאותו הוא בא להמחיש. תיאורו של העם כקשה ובעל ריב, עד כדי כך שאין משה יכול לשאתו לבדו, מתאים בדוחק רב להמשלתם של בני ישראל במדבר למטרונה בתקופה השלווה של חייה.

אי התאמה זו מקבלת חשיבות מיוחדת לאור ההתאמה המושלמת הקיימת בין שאר פסוקי המקרא שמביא רבי לוי ובין הנסיבות שאותן הם אמורים להמחיש. כך בישעיהו א, כא, משווה הנביא את העיר ירושלים לזונה, תיאור מתאים לדמות המטרונה הלא־נאמנה שבמשל. בדומה לכך, מתאים הציטוט המלא של איכה א, א להקשר שבמשל. המסקנה ההגיונית שנראית כמתבקשת היא, אפוא, שהשימוש שעשה רבי לוי בפסוק מספר דברים אינו מתוך חוסר תשומת לב אלא חבלה מכוונת במבנה המשל לשם העברת מסר.[7]

רמיזה

אם נתמקד באי ההתאמה שבין הפסוק מִסֵפר דברים ובין דמות המטרונה השלווה, נוכל להבחין בנימה האירונית שמתוכה בנה רבי לוי את המשל. המשל מתאר את השושבין הראשון של המטרונה כמי ש״ראה אותה בשלוותה״ (שורה 7); הנמשל מעניק תפקיד זה למשה, הנביא ש״ראה את ישראל בכבודם ושלוותם״ (שורה 10). לאחר ראיית הפסוק בהקשרו, מגיע הקורא למסקנה שהמילים ״שלוותה״ (במשל)

7. הרב שלום כרמי הסב את תשומת לבי שאותו הפסוק מספר דברים משמש לשם יצירת אפקט אחר בשורות האחרונות של פתיחתא יא של איכה רבה (מהדורת בובר). שם משמש הפסוק לתיאור מצב עניינים חיובי, והוא מעומת מול איכה א, א כדי להדגיש את גודל העונש של עם ישראל. השימושים השונים בתכלית הפסוק בשתי סביבות מדרשיות אלה מאירים בצורה דרמטית את תפקידו של ההקשר במלאכת הפרשנות.

ו"כבודם ושלוותם" (בנמשל) היו בעצם צריכות להיכתב במרכאות כפולות, ולהיקרא בהנגנה (אינטונציה) עוקצנית. לפי קריאתו של רבי לוי, רחוקים נדודי בני ישראל במדבר מ"כבוד ושלווה" כרחוק מזרח ממערב. אותה תקופה שלווה לכאורה היא בעצם זירת ההתרחשות של חטא העגל, שליחת המרגלים ומרד קורח ועדתו (ואלה רק דוגמאות מעטות מתוך הפשעים המרובים שנעשו בארבעים השנים שבמדבר).

על ידי בניית המשל באופן שהפסוק מְדברים מחבל בו כביכול, מלמד אותנו רבי לוי נקודה חשובה באשר לשימוש במילה "איכה" בשלושה מקומות אלה, על ידי שלושת הנביאים הללו. רבי לוי סובר ששימושם של ישעיהו וירמיהו במילה זו אינו מקרי; אדרבה, הוא רמיזה להופעותיה הקודמות.

בכל המקרים האלה, אין המילה "איכה" משמשת בצורתה הרגילה – איך – כיוון שאף לא באחד מהם מוצגת שאלה אמתית. בכל אחד משלושת ההקשרים משמשת המילה "איכה" ככלי רטורי להבעת רגשות. כשישעיהו שואל בייאוש "אֵיכָה הָיְתָה לְזוֹנָה קִרְיָה נֶאֱמָנָה", חוזר הוא כהד על זעקתו של משה הניצב חסר אונים לנוכח מריו וקשי עורפו של עם ישראל. באותה צורה ממש, כשצועק ירמיהו מלא כאב ואימה למראה ירושלים החרבה, רומז הוא לזעקת הייאוש של ישעיהו קודמו. מאמר המדרש "שלשה נתנבאו בלשון 'איכה'" (שורה 1), מסב את תשומת לבנו לקשר שעשו ישעיהו וירמיהו בין מאורעות בתולדות עם ישראל שהם היו עדים להם ובין מצבים שקדמו להם.

הכוח הפרשני

אך הקשר הקיים כאן הוא יותר מרמיזה ספרותית. יש לו גם כוח פרשני. התשובה לשאלתו הרטורית של ירמיהו איכה חרבה ירושלים נמצאת בדברי ישעיהו המתאר את ירושלים כאישה מופקרת. ירושלים חרבה כי קריה נאמנה של פעם זינתה את עצמה לדעת. ברמזו לכך כבר בביטוי הראשון של צערו, עונה למעשה ירמיהו על שאלתו הוא. בדומה לכך,

כששואל ישעיהו איכה הידרדרה ירושלים למקום שהידרדרה, מוצא הוא את התשובה ב"איכה" של משה. תכונות האופי השליליות של עם ישראל שהובילו להשחתתה של ירושלים בימי ישעיהו היו קיימות כבר בזמן משה, וזרעי החורבן שקצר ירמיהו נזרעו כבר בדורות שלפניו.

נביאים כשושבינים

אם חוזרים לַמשל מצוידים בתובנה זו, מקבלת השוואתם של הנביאים לשושבינים גוון חדש. הערנו לעיל שפשטותו של סיפור המשל נובעת בחלקה מהיעדר הסבר להתנהגותה של המטרונה, ומחוסר פעילות הדדית בין המטרונה לשושביניה. אלא שלחלק זה של המשל אין מקבילה בנמשל. שלא כנפילתה של המטרונה, הנותרת תעלומה בלתי מוסברת, אין דבר פשוט יותר מלהתחקות אחר נפילתו של עם ישראל. ושלא כמו השושבינים במשל – הצופים כאילו בחוסר מעש בהידרדרותה של המטרונה אל עברי פי פחת – מנסים הנביאים ללא הרף לתקן את חטאי העם ולמנוע את אובדנו. סוף סוף, זהו אחד מתפקידיו החשובים הן של שושבין והן של נביא.

אחת הסיבות האפשריות שבעטיה אין שושביניה של המטרונה בסיפור המשל יכולים או רוצים לסייע לה היא שכל אחד מהשלושה משמש כשושבין שלה לזמן מסוים ומוגבל של חייה. השושבין המכיר את המטרונה בשלב שבו הפקירה גופה לזנות לא היה עמה בתקופה היציבה והבריאה שלה, ולא ילווה אותה לאחר חלוף שלב זה.

בניגוד לכך, לנביאים יש ויש מסגרת שבתוכה יכולים הם לשמור על המשכיות ביחסים שיש לכל אחד מהם עִם עם ישראל. מסגרת זו היא התנ"ך, וההמשכיות נשמרת על ידי השפה. ירמיהו, המביט אחורה אל מאבקיו של ישעיהו עם ישראל, יודע שלשניהם אותה שליחות ובעיה זהה; ישעיהו, הזוכר את משה, יודע את אותו הדבר. איננו מופתעים, אפוא, שישעיהו וירמיהו מביטים לאחור אל העבר גם על מנת למצוא מילים שתבטאנה את רגשות התסכול, הצער, האימה והכאב העזים ביותר שהם חשים.

פרק ה

כניסה לדו־שיח עם הקורא: העבד בבית הקברות

(ילקוט שמעוני על ספר יונה)

> לעולם ידור אדם בארץ ישראל... ואל ידור בחו"ל... שכל הדר בארץ ישראל דומה כמי שיש לו אלוה וכל הדר בחוצה לארץ דומה כמי שאין לו אלוה (כתובות קיא ע"ב).

"סיפור בלשי"

מורת התנ"ך המפורסמת, נחמה לייבוביץ, תיארה את ספר יונה כסיפור מסתורי. הערה אירונית זו שלה עולה בקנה אחד עם תחושתם של קוראי הספר כבר מרגע פגישתם עם הפרק הראשון. הסיפור מצטיין במספר כה גדול של פערי מידע משמעותיים ביותר, שהופכים את הבנת מהלכו לבלתי אפשרית כמעט. דוגמה קטנה מפסוקי הפתיחה של הספר ממחישה זאת בבירור:[1]

1. נא קראו את יונה פרק א להבנה טובה יותר של הדיון המדרשי.

> וַיְהִי דְּבַר ה׳ אֶל יוֹנָה בֶן אֲמִתַּי לֵאמֹר. קוּם לֵךְ אֶל נִינְוֵה הָעִיר הַגְּדוֹלָה וּקְרָא עָלֶיהָ כִּי עָלְתָה רָעָתָם לְפָנָי. וַיָּקָם יוֹנָה לִבְרֹחַ תַּרְשִׁישָׁה מִלִּפְנֵי ה׳ וַיֵּרֶד יָפוֹ וַיִּמְצָא אֳנִיָּה בָּאָה תַרְשִׁישׁ וַיִּתֵּן שְׂכָרָהּ וַיֵּרֶד בָּהּ לָבוֹא עִמָּהֶם תַּרְשִׁישָׁה מִלִּפְנֵי ה׳. (יונה א, א-ג)

עקב היכרותנו עם סיפורים מקראיים רבים, שבהם ה׳ מצווה ונביא נענה, היינו מצפים לסיפור שונה מזה שלפנינו. היינו חושבים שבפסוק ג יהיה כתוב למשל: ׳ויקם יונה ללכת אל נינוה לקרוא עליה...׳. תחת זאת מספר הכתוב על יונה הבורח מלפני ה׳, יורד ליפו לעלות על הספינה הראשונה שתיקח אותו רחוק ככל האפשר מנוכחותו של ה׳.

רצף מאורעות זה זועק פרשני. מדוע שולח ה׳ את יונה לנינוה? מדוע מסרב יונה ללכת? כיצד יכול יונה – לבטח בחיר אלוהים – להעלות על דעתו בכלל שיוכל לברוח מנוכחותו של ה׳? מדוע מחפש הוא אונייה, ומדוע, מכל המקומות שבעולם, שׂם הוא את פניו תרשישה?

ככל שמתקדמים בקריאת הסיפור, כך צצות ועולות שאלות רבות מעין אלה.[2] התחושה המשותפת לכל השאלות כמעט היא שאין הכתוב מספר את כל הסיפור, שחסרים לנו פרטים מרכזיים. חסר זה מאפשר לנו ללמוד את הפירושים המדרשיים השונים של ספר יונה כדוגמה לאופן שבו פעמים רבות מתפקד מדרש ככלי ההופך טקסט מקראי למובן.

2. למשל, מדוע בוחר ה׳ ביונה שאינו חפץ בשליחות, בשעה שעומדים לרשותו נביאים רבים אחרים, מסתמא צייתנים יותר? מדוע יורד יונה אל ירכתי הספינה בעיצומה של הסערה? מדוע מבקש הוא מהמלחים שוב ושוב להטילו הימה – מוות בטוח לאור הנסיבות? בהנחה שמסכן הוא את חייהם, מדוע אין המלחים עושים זאת?רשימה זו היא רק מקצת שבמקצת מתוך השאלות שמעורר פרק א. שאלות נוספות צצות לאורך ספר תמוה זה.

הפירוש המדרשי

המדרש הבא, הלקוח מילקוט שמעוני, יונה רמז תקמט,[3] משלים מידע החסר בתחילת הסיפור:

וַיָּקָם יוֹנָה לִבְרֹחַ תַּרְשִׁישָׁה מִלִּפְנֵי ה׳

1. וכי מלפני ה׳ הוא בורח?!
2. והלא כבר נאמר: ״אָנָה אֵלֵךְ מֵרוּחֶךָ, וְאָנָה מִפָּנֶיךָ אֶבְרָח? אִם אֶסַּק שָׁמַיִם, שָׁם אָתָּה...״ (תהלים קלט, ז–ח).[4]
3. וכתיב: ״...עֵינֵי ה׳ הֵמָּה מְשׁוֹטְטִים בְּכָל הָאָרֶץ״ (זכריה ד, י).
4. וכתיב: ״בְּכָל מָקוֹם עֵינֵי ה׳ צֹפוֹת...״ (משלי טו, ג).
5. וכתיב: ״אִם יַחְתְּרוּ בִשְׁאוֹל[5], מִשָּׁם יָדִי תִקָּחֵם...״ (עמוס ט, ב).
6. וכתיב: ״אֵין חֹשֶׁךְ וְאֵין צַלְמָוֶת[6] לְהִסָּתֶר...״ (איוב לד, כב).
7. אלא אמר יונה:

3. ״רמז״ מציין חלוקה פנימית בילקוט שמעוני. ילקוט שמעוני מציין שמקורו של מדרש זה במכילתא דרבי ישמעאל לפרשת בא. בהשוואה בין הגרסה המקורית של המדרש ובין הגרסה הנמצאת בילקוט שמעוני, שאותה מנתחים אנחנו כאן, יש לתת את הדעת לנקודות הבאות. ראשית, המדרש המובא בילקוט שמעוני הוא חלק אחד בלבד ממדרש ארוך הרבה יותר שבמכילתא, הדן בקדושתה של ארץ ישראל. שנית, הגרסה שבילקוט שמעוני שונתה כנראה קלות מזו שבמכילתא, כדי שתיראה כפרשנות עקבית לספר יונה, ההקשר החדש שלה. השוואת שני המקורות מגלה מספר קטן של שינויים העושים את הגרסה של ילקוט שמעוני ברורה יותר ומפורשת יותר.
4. הציטוט המלא של פסוק ח שהובא במדרש הוא: ״אִם אֶסַּק שָׁמַיִם, שָׁם אָתָּה; וְאַצִּיעָה שְּׁאוֹל הִנֶּךָּ (=ואם אשכב בקבר – שם אתה)״. תרומתו של הפסוק בשלמותו למסר של המדרש תתברר בהמשך דיוננו. זוהי דוגמה נוספת הממחישה את חשיבות בדיקתם של הפסוקים המקוריים המצוטטים במדרש.
5. המילה ״שאול״ קשה לפירוש. אני מעדיפה את הפירוש ״קבר״, על פי פירוש רש״י לבראשית לז, לה. אלא שעל פי המדרש, מפרש רש״י שם את ״שאול״ כ״גיהינום״. יש המפרשים מילה זו כ״העולם שמתחת״ וקונקורדנציות שונות תרגמו אותה ״עולם המתים״.
6. גם מילה זו קשה לפירוש. רגילים לפרש מילה זו כקרובה ל״קדרות״ או ״עלטה

8. "אלך לחו"ל שאין השכינה נגלית שם,
9. שהגויים קרובי תשובה הם,
10. שלא לחייב את ישראל".
11. משלו משל
12. לעבד שברח מרבו (=מאדונו), כוהן, לבית הקברות.
13. אמר: "אברח לי לבית הקברות, מקום שאין רבי יכול להלך אחריי".
14. אמר לו רבו: "יש לי עבדים כמותך".
15. כך אמר יונה: "אלך לי לחוץ לארץ..."
16. אמר הקב"ה: "יש לי עבדים כמותך".
17. שנאמר: "וַה' הֵטִיל רוּחַ גְּדוֹלָה אֶל הַיָּם..." (יונה א, ד).

מבנה המדרש

השלב הראשון שלנו בדרך להבנת מדרש זה הוא חלוקתו למרכיביו. המדרש פותח בשאלה רטורית (שורה 1) ובהמשך מצטט לא פחות מחמישה פסוקים כראיה (שורות 2–6), בטרם יציג בפנינו הרחבה סיפורית כמענה לשאלה (שורות 7–10). לאחר ההרחבה הסיפורית בא משל (שורות 11–14) והנמשל שלו (שורת 15–17), הנראה כהמשכה של ההרחבה הסיפורית. מיפוי מבנה הקטע ייראה אפוא כך:

א. הדיבור המתחיל[7]
ב. שאלת הפתיחה (שורה 1)
ג. חמש ראיות מפסוקים (שורות 2–6)
ד. חלקה הראשון של ההרחבה הסיפורית (שורות 7–10)
ה. המשל (שורות 11–14)

כבדה". דרכם של תרגומי המקרא הארמיים, שפירשו מילולית "צל המוות", תתברר בהמשך כמתאימה ביותר לנו.

7. זה הדיבור המתחיל רק בילקוט שמעוני ולא במכילתא. ראו הערה 3 לעיל.

ו. הנמשל / סופה של ההרחבה הסיפורית (שורות 15-17)

ניסוח השאלה

השאלה שבה פותח המדרש בשורה 1 מסבה את תשומת לבנו לקושי הפרשני החשוב ביותר כנראה שמעורר פסוק ג. כיצד יכול יונה, נביא ה׳, להאמין שניתן לברוח מנוכחות האלוהים? המדרש משתמש בשאלה רטורית כדי לבטא קושי זה. ניסוח השאלה מביע ספקנות, שמטרתה לעורר את הקורא לספק את התשובה המצופה: "וכי מלפני ה׳ הוא בורח?!" ברור שהתשובה שאמורים אנו לענות היא: "לא, זה פשוט לא יכול להיות". השימוש בשאלה רטורית מאפשר למחבר המדרש לגייס את תמיכתנו – או לפחות לנסות לגייס את תמיכתנו – בהנחתו שלא ייתכן שיונה מנסה לברוח מהאלוהים.

מספר מוגזם של ראיות מהכתוב?

הקטע הבא של המדרש (שורה 2-6), ציטוטן של חמש ראיות מהכתוב, הוא משהו מעט יוצא דופן, משני טעמים. ראשית, כפי שציינו, השאלה הרטורית שבה פותח המדרש נראית כדחייה על הסף של האפשרות שיונה בורח מלפני האלוהים. שנית, היותו של האלוהים יודע כול וכל יכול היא עובדה שאין עליה עוררין במחשבת חכמים. לאור זאת נראה שאין צורך אפילו בציטוטו של פסוק אחד כראיה לכך שלא ייתכן שיונה בורח מלפני האלוהים. מדוע אפוא הפרזה שכזו – חמש ראיות, כשאפילו אחת היא יותר מדיי?

יצירת דו־שיח עם הפירוש

כדי לענות על שאלה זו עלינו לדעת שהסגנון המדרשי מכוון להזמין את הקורא לדו־שיח עם הפירוש. המדרש משתמש במספר כלים שתכליתם לעודד הידברות בין הקורא לטקסט. שתי דוגמאות שראינו

עד כה הן המשל והפתיחתא. המשל יוצר אי התאמות בין הטקסט לפירוש, שעל הקורא לפותרן, ואילו הפתיחתא מעוררת את הקורא לגלות כיצד יכול טקסט מקראי אחד לפרש את חברו. אין בשתי דוגמאות אלה כדי למצות את הדרכים הרבות שבהן יוצר המדרש דו־שיח פעיל עם הקורא, אולם הן באות להצביע על כך שדרך הפעלה זו של הקורא נפוצה בספרות המדרשית.

במדרש שאותו בוחנים אנו עתה, מהוות הראיות הרבות מן הפסוקים דוגמה לכלי נוסף, עדין, אך בעל כוח רטורי רב, להיכנס לדו־שיח עם הקורא – צפייה מראש של שאלותיו האפשריות של הקורא. כדי להבין במלואה את דרך פעולתו של כלי זה, עלינו לבחון כיצד משתמשים חז"ל בפסוקי תנ"ך במדרשים.

הפסוק המקראי בשיח המדרשי

קוראים שאינם מצויים במוסכמות הספרות המדרשית באים לא אחת לידי מבוכה בהיתקלם בפסוקי מקרא המצוטטים במדרשים תוך הפרת חוקים מקובלים של היגיון, הקשר ו/או כרונולוגיה (סדר זמנים). אכן, חז"ל עשויים להתעלם מסדר התרחשותם של מאורעות היסטוריים בהביאם ראיה מפסוק. או שמדרש מתאר דמות תנ"כית מצטטת פסוק שנאמר בזמן מאוחר יותר – כגון יעקב העונה לרחל בפסוק מספר שמואל.[8] כמו כן, יכול ציטוט של פסוק בהקשר של מדרש לעוות או אף לבטל את פשוטו של הפסוק העולה מהקשרו המקורי.[9] לא ייפלא אפוא ששימושם של חז"ל בציטוטים מקראיים עשוי להיראות שרירותי ואקראי בעיניהם של קוראים בלתי מנוסים.

נוכל לפתור קושי זה על הצד הטוב ביותר, אם נביא בחשבון מספר גורמים. ראשית, חז"ל עצמם שרטטו קו הפרדה ברור בין הבנת

8. מגילה יג ע"ב.
9. דוגמאות לכך ראו בפרק טו.

פסוק כפשוטו ובין שימוש בכתוב כקרש קפיצה לדרש יצירתי.[10] כשהם משתמשים בפסוקי תנ״ך לצורך דרש, אין חז״ל מגבילים עצמם בתחומי הלוגיקה, סדר הזמנים, או ההקשר, המנחים אותם בהבנת פשוטו של מקרא. בשעת שימוש מדרשי בפסוקים, נוטלים חז״ל לעצמם מידה רבה של חירות, בשל הנחתם שקהל הקוראים מודע למוסכמות הסגנון המדרשי. קוראים המבינים את ההבדל בין פשט הכתוב ובין השימוש בו בדרש יצירתי לא יבלבלו בין השניים. ערים להבחנה בין פשט לדרש, יכולים קוראים אלה להבין את השימוש המדרשי בפסוק ברוח הנכונה, דהיינו במלוא ההערכה לאפקט הנוצר מהשוואה בין פשט הפסוק לבין השימוש החדשני שנעשה בו. אין ספק ש**ללא** ההבחנה בין פשוטו של מקרא ובין מדרשו, יאבד המדרש הרבה מכוחו הרטורי.

יסוד נוסף התורם לחופש השימוש של חז״ל בפסוקי מקרא במדרש, הוא העובדה שהתנ״ך, באופן ממשי מאוד, הוא אוצר המילים שלהם. חז״ל מצטטים פסוקים לא רק לשם הענקת תוקף לפרשנותם; פסוקי תנ״ך הם בעבורם דרך טבעית של התבטאות. בדיוק כשם שאנו משתמשים במילים ובמסורת הכתובה של שפתנו על מנת לבטא רעיונות וליצור סיפר, עושים זאת חז״ל, תוך שימוש באבני הבניין של שפתם ומורשתם התרבותית, קרי: טקסטים מקראיים.

יתרה מזאת, לחז״ל היה ברור לגמרי שהתנ״ך הוא טקסט המסביר את עצמו. פירוש הדבר שכל התנ״ך – במיוחד נביאים וכתובים – הוא אוצר בלום של רמזים שבכוחם לפרש חלקים אחרים של התנ״ך.[11] על סמך מסורת ועל בסיס ראיות פנימיות, היו חז״ל ערים לכך שהתנ״ך הוא קובץ ספרותי, המחולק לספרים שונים שחוברו בידי מחברים שונים בזמנים היסטוריים שונים. כקוראים קפדניים ורגישים

10. ראו למשל את ההכרזה: אין מקרא יוצא מידי פשוטו (שבת סג ע״א).

11. דיון מעניין כיצד ראו חז״ל את הקישוריות ההדדית של התנ״ך ראו אצל Daniel Boyarin, *Intertextuality and the Reading of Midrash*, Indiana University Press (1990), p. 176. ראו גם בדרכי אגדה של יצחק היינמן את הדיון על שימושם של חז״ל בפסוקי מקרא.

מאוד של התנ"ך, הבחינו חכמינו בחריפותם שספרי התנ"ך השונים מכילים הפניות הדדיות זה לזה, ישירות ובעקיפין. מודעות זו חיזקה את תפיסתם שחלקי התנ"ך השונים עומדים ביניהם בקשרי דו־שיח.

ולבסוף, נראה שחז"ל הניחו שקהל שומעיהם מצוי בטקסט של התנ"ך באותה מידה כמותם. חז"ל מפגינים שליטה מלאה ומדהימה בתנ"ך, ומפליאים ביכולת קריאתם הקפדנית. כדי להבין במלואו את אופן השימוש שלהם בפסוקים במדרש, חייב הקורא לכל הפחות לבדוק כל ציטוט תנ"כי בהקשרו ולוודא שהבין את פשט הכתוב.

אם נחזור למדרש שלנו, עלינו לנתחו לאור שני גורמים. ראשית, כפי שציינו, עוצבה פתיחת המדרש (שורות 1–6) תוך צפייה מראש של שאלותינו. שנית, מתוך מודעות למה שלמדנו לעיל על אודות דרך שימושם של חז"ל בפסוקים מקראיים, עלינו לזכור שהשימוש בציטוטים התנ"כיים במדרש שלנו אמור לשרת את הפירוש המדרשי. עוד נראה שציטוטים אלה יסייעו לנו לאין ערוך להגיע לפשוטו של הכתוב בספר יונה, גם אם אופן השימוש בהם בהקשר של המדרש אינו עולה בקנה אחד עם פשוטו של מקרא.

דו־שיח עם הקורא

אם נקרא את שש השורות הראשונות של מדרש זה כצד אחד של דו־שיח עם קורא נתון, מתבהר לחלוטין ההיגיון הפנימי שלהם. מחבר המדרש שואל רטורית: "וכי מלפני ה' הוא בורח?!" (שורה 1), ומזמין את הסכמת הקורא לכך שלא ייתכן שיונה אכן עושה זאת. אחר כך מביא המחבר ראיה מהכתוב לחיזוק ההנחה העומדת בבסיס השאלה, על מנת להקדים תשובה לטענתו הנגדית של הקורא הדמיוני: "מדוע **לא נוכל** לומר שיונה בורח מלפני ה'? זה בדיוק מה שאומר פסוק ג'! אולי חשב יונה שהוא **יכול** לברוח?". הפסוקים מתהלים (שורה 2) נראים במבט ראשון כתשובה הולמת לשאלה זו. אכן, בהקשר של המדרש שלנו, נראים פסוקים אלה כתשובה ניצחת; הם מורכבים משאלה רטורית ("אָנָה אֵלֵךְ מֵרוּחֶךָ וְאָנָה מִפָּנֶיךָ אֶבְרָח?") ומדימויים

חזקים וכוללניים כתשובה לה ("אִם אֶסַּק שָׁמַיִם, שָׁם אָתָּה, וְאַצִּיעָה שְׁאוֹל הִנֶּךָּ").[12] מחבר המדרש יוצא מההנחה ההגיונית שאם אנו מכירים את הפסוקים מתהלים (ואת האמת שהם מבטאים), אין ספק שגם יונה מכיר אותם. מדוע אפוא ממשיך המדרש להביא ראיה נוספת?

כדי לענות על שאלה זו, עלינו לדמיין קורא עקשן וספקן הדבק במשמעותו המילולית של הכתוב, ומפרש את הפסוקים מתהלים לא כתיאור שירי של טווח שלטונו של האלוהים, מהשמיים ועד הקבר וכל מה שביניהם (שהוא, אחרי הכול, פשוטם של מקראות אלה), אלא כתיאור צר ומדויק של מקומו של האלוהים, דהיינו בשמיים מעל ובקבר מתחת. אותו קורא דמיוני שלנו יכול אפוא לטעון שהפסוק מצהיר על נוכחות אלוהים רק במקומות אלה, וסוף סוף אין יונה בורח לא לשמיים ולא לשאול. קוראנו עשוי לטעון, שעדיין נוכל אולי לומר שיונה מאמין שניתן לברוח מלפני ה'.

בתגובה לקריאה צרה זו של הפסוק מתהלים, מביא המדרש את הראיה השנייה, מספר זכריה (שורה 3). פסוק זה אומר לנו שעיני ה' משוטטות בכל הארץ.[13] שוב יכולנו לחשוב שפסוק זה פותר את הבעיה, אולם מחבר המדרש צופה את התנגדותו הבאה של הקורא הספקן שלו: "הראיה שלך אומרת לנו שאי אפשר לברוח מעיני ה' המשוטטות בכל **הארץ**, אבל אולי משמעות 'הארץ' היא 'היבשה',[14] ואילו יונה בורח לים. אולי יונה מאמין שבהיותו בים יוכל לברוח מנוכחות אלוהים?".

12. ציטטתי כאן את הפסוק כולו אף על פי שלא צוטט בשלמותו בגוף המדרש. ראו הערה 4.
אכן, נושאו המרכזי של הפרק בתהלים שממנו נלקחו פסוקים אלה הוא האלוהים הכל־יודע.
13. שיבוש סדר הזמנים בציטוט מזכריה (זכריה בא אחרי יונה) אינו צריך להפריע לנו כאן. חז"ל מניחים שתוכנו של פסוק תנ"כי מבטא אמת אוניברסאלית, שיונה יכול להגיע אליה ללא קשר לכרונולוגיה. או כפי שניסחנו זאת לעיל, אם אנחנו מכירים את הפסוק מזכריה ואת כל המשתמע ממנו, יונה, נביא ה', על אחת כמה וכמה.
14. אם כי על פי פשוטו של הפסוק בהקשרו בזכריה, ועל פי השימוש שעושה

כדי לעמוד מול התנגדות זו מציע לנו המדרש ראיה שלישית, מספר משלי (שורה 4), המאשרת שעיני ה׳ צופות בכל מקום.

אמנם ראיה זו נראית כפותרת את הבעיה של הכרת יונה את ה׳ כיודע כול, אך ניתן לטעון שנשארנו עדיין בבעיה באשר לתפישת אלוהים ככל יכול. יונה אולי השתכנע שאלוהים **צופה** "בכל מקום", אולם עדיין מאמין שכוחו של אלוהים **לפעול** מוגבל למקומות מסוימים בלבד. הראיות שהובאו עד עתה מדברות על רוחו של ה׳, פניו ועיניו. קוראנו הדבק במשמעותו המילולית של הכתוב עשוי לומר שהציטטות המקראיות מוכיחות רק שיונה יודע על **נוכחותו** של ה׳ בכל מקום, אך טרם הכיר את כוחו. הראיה הבאה, מספר עמוס (שורה 5), באה אפוא לענות על טענה אפשרית זו. רק חלק מהפסוק מובא בגוף המדרש, אולם הפסוק כולו, יחד עם הפסוק שאחריו, מהווים הפרכה נמרצת של טיעוניו של קוראנו הדמיוני:[15] "אִם יַחְתְּרוּ בִשְׁאוֹל, מִשָּׁם יָדִי תִקָּחֵם; וְאִם יַעֲלוּ הַשָּׁמַיִם מִשָּׁם אוֹרִידֵם. וְאִם יֵחָבְאוּ בְּרֹאשׁ הַכַּרְמֶל, מִשָּׁם אֲחַפֵּשׂ וּלְקַחְתִּים; וְאִם יִסָּתְרוּ מִנֶּגֶד עֵינַי בְּקַרְקַע הַיָּם, מִשָּׁם אֲצַוֶּה אֶת הַנָּחָשׁ וּנְשָׁכָם".

היינו מצפים שזה יהיה סוף הוויכוח. אלא שרק מקום אחד נותר לקוראנו הספקן. "אולי" – עשוי הוא לטעון – "יונה יודע שהוא לא יכול לברוח מפני ה׳ כל עוד הוא חי, אבל הוא מאמין שהוא יכול לברוח ממנו במותו?". בתשובה לכך, מביא מחבר המדרש את הראיה מאיוב (שורה 6): גם בצלמוות אין אדם יכול להיחבא מפני האלוהים.

בנקודה זו נשאלת השאלה למה לא בחר מחבר המדרש את הראיה המשכנעת ביותר או הכוללת ביותר שבין הראיות (הציטוט

בו המדרש, "הארץ" מכוון לכל מקום בעולם. הקורא הדמיוני והספקן שלנו, המתעקש לפרש "הארץ" כיבשה (בניגוד לים), סוטה אפוא מהפשט.

15. את הציטוט המלא של הטקסט מעמוס אני מביאה על בסיס ההנחה (שנדונה לעיל) שמחבר המדרש לא רק שידע את הטקסט המלא, אלא אף הניח ששומעיו מכירים אותו. אפשר גם שהמחבר אכן הביא את הפסוק במלואו בגרסתו המקורית של המדרש, ורק ציטוט, עריכה או העתקה מאוחרים יותר של הטקסט קיצרו את המובאה.

מעמוס, למשל) בתשובה לשאלתו הראשונה: "וכי מלפני ה' הוא בורח?!". מה משיג הוא בגודש הציטוטים הזה?

ראשית, אין בכוחו של פסוק אחד לספק ראיה חותכת לקורא ספקן הנחוש בדעתו שיונה אכן בורח מלפני ה'. רק האפקט המצטבר של כמה פסוקים יכול להפריך עמדה כזו. יתר על כן, כפי שציינו לעיל, השימוש בפסוקים אלה יוצר אפקט של דיאלוג בין הקורא למדרש. אך לא פחות חשובה היא חזרתם של רעיונות מרכזיים מסוימים בפסוקים שהובאו; חזרה זו מכינה אותנו לקראת הבנת המשל שבא לאחר ההרחבה הסיפורית. נחזור לקשר זה בהמשך דיוננו.

הרחבת הסיפור: השלמת הפערים

בהגיענו לחלק של הרחבת הסיפור במדרש (שורות 7–10), נוכל לראות כיצד משלים קטע זה את המידע החסר בפרק א של ספר יונה. יונה, אומר לנו המדרש, איננו בורח מה' אלא מהנבואה. יונה מודע לכך שהעם בנינוה (בירת אשור) עומד בפתחה של תשובה על חטאיו; מתוך ניסיונו כנביא בממלכת ישראל, יודע הוא באותה מידה שאין עם ישראל "קְרוב תשובה". אם ילך יונה לנינוה ויצליח לשכנע את תושביה לחזור בתשובה, "יחייב" את עם ישראל על כך שלא שבו אל ה' למרות תוכחותיהם של נביאים רבים. כדי לא להביא לתוצאה הרת אסון שכזו, מחליט יונה להשתמט משליחותו הנבואית לנינוה על ידי בריחה מארץ ישראל,[16] "שאין השכינה נגלית" בחוץ לארץ, ושם לא יוכל לקבל נבואה.[17]

16. לכן מחליט יונה ללכת הימה – כנראה הדרך המהירה ביותר עבורו לצאת מהארץ – ולא חשוב לאן. אין הוא הולך לתרשיש; הוא פשוט בורח מארץ ישראל.

17. אברבנאל, בפירושו לפרק א של יונה, מבין מדרש זה בצורה קצת שונה. הוא טוען שיונה מבקש לראות בחורבנה של נינוה על חטאיה, כיוון שהוא יודע שאשור תהיה שבט אפו של ה' על ממלכת ישראל. אם תצליח שליחותו הנבואית של יונה, לא תיחרב נינוה וה' יוכל להשתמש בכוחה הצבאי נגד עם ישראל. כדי למנוע מצב זה, בורח יונה מהארץ, ובכך מתחמק מהנבואה.

הרחבת הסיפור מספקת הסבר משכנע לדרך חשיבתו של יונה. הוא אינו עד כדי כך טיפש לחשוב שיוכל לברוח מלפני ה׳, אך הוא צודק בהנחתו שעזיבתו את ארץ ישראל תאפשר לו לברוח מנבואה. יתרה מזאת, רצונו העז לברוח מנבואה נראה נאצל ובלתי אנוכי, מונע בכוח חפצו להגן על עם ישראל מהעונש שלבטח יקבל אם ישווה ה׳ בין התנהגות העם לזו של האשורים. לאחר שהבנו זאת, נתקשה להבין מדוע אין המדרש מסתיים כאן. מה מוסיף המשל להבנתנו את המצב?

המשל

כדי להשיב על שאלה זו עלינו לנתח את המשל (שורות 11–14). הסיפור שבמשל פשוט ומנוסח בצורה תמציתית. עבדו של כוהן מבקש לברוח מאדונו. ברור לעבד שמעמד הכהונה של אדונו מונע ממנו, על פי צו התורה, להיכנס לבית קברות, ולכן לשם הוא בורח. בתגובה אומר אדונו: ״יש לי עבדים כמותך״, רוצה לומר: אמנם אינני יכול לבוא אחריך לתוך בית הקברות, אך יש לי עבדים שיכולים.

בעיות בהבנת המשל כסיפור

במבט ראשון נראה הסיפור שבמשל מובן לגמרי, אלא שלאחר התבוננות נוספת מתברר שאין הדבר כך. לכאורה, נראית חשיבתו של העבד הגיונית, אך יש לשאול מדוע לא שקל את האפשרות שעלתה מייד במוח אדונו, דהיינו, שאדונו יכול לשלוח עבדים אחרים לרדוף אחריו בבית הקברות. האם העבד כה טיפש, או שברוב ייאושו לברוח אין הוא מסוגל לחשוב צעד אחד קדימה? יתר על כן, גם אם נניח שאדונו לא ישלח אחריו עבדים להוציאו מבית הקברות, מה יעשה העבד בבית הקברות? בית קברות נועד למתים ולא לחיים. מלבד הסכנה שבבית הקברות יכול אדונו ללוכדו, קיימת הוודאות למות בודד ברעב. מה פשר מעשיו של עבד זה?

זיהוי רכיבי המשל

בשלב הבא של תהליך ניתוח המשל עלינו לזהות את רכיביו. בשל פשטות הסיפור, אין כל קושי להגיע לרשימה הבאה:

העבד
רבו (אדונו), הכוהן
בחירתו של העבד בבית הקברות
בית הקברות
תגובת האדון
עבדיו האחרים של האדון

התאמת הרכיבים

השלב הבא שלנו הוא להתאים את הרכיבים של המשל והנמשל:

העבד	יונה
רבו (אדונו), הכוהן	הקדוש ברוך הוא
בחירתו של העבד בבית הקברות	החלטתו של יונה לעזוב את הארץ
בית הקברות	חוץ לארץ
תגובת האדון	אמירתו של ה׳: ״יש לי עבדים כמותך״
עבדיו האחרים של האדון	הרוח הגדולה שהטיל ה׳ אל הים

הסקת מסקנות

בחינה מדוקדקת של ההתאמות שמצאנו מראה שנמצאים אנו במצב יוצא הדופן שבו מתאים הנמשל לחלוטין למשל ללא פערים. למעשה, קל למצוא את ההתאמות בין המשל לנמשל. אלא שהמשל מתעלם

ממשהו מהותי שבהרחבה הסיפורית – המניע של יונה לברוח מנבואתו. התעלמות זו מפתיעה למדיי, כיוון שהיינו נוטים לראות בציון המניע את ההיבט החשוב ביותר של ההרחבה הסיפורית, משום שהוא עונה על שאלתנו מדוע יונה בורח. ואולם, אין עניין זה מופיע כלל בנמשל. כיוון שאפשר היה לבנות את הסיפור שבמשל באופן שיספק לעבד מניע לבריחתו מאדונו, קשה להבין מדוע אין מניע כזה מוזכר. במקום להתרכז בפרט החשוב ביותר, לכאורה, שבהרחבה הסיפורית, נראה שהמשל בוחר להתמקד בדבר משני – המקום שאליו בורח יונה/העבד. מה הוסיף המשל להבנתנו את מעשיו של יונה בכך שהלביש את ההרחבה הסיפורית באצטלה חדשה זו?

בחינה ראשונית של ההתאמות שבין המשל לנמשל מראה שיונה, כמו העבד שבמשל, אינו מסיק מסקנות הגיוניות מניתוח המצב. אמנם יכולים אנו להבין – ואף להעריך – את רצונו העז של יונה לא להיות כלי בתוכניתו של ה׳, אך אופן חשיבתו לוקה קשות. אם ברצונו של ה׳ "לחייב את ישראל", אין בכוחה של בריחתו של יונה למנוע זאת. ה׳ ישלח נביא אחר במקום יונה, או שיכריח את יונה בדרך כלשהי לחזור לארץ, לקבל את נבואתו ולמלא את שליחותו. בכל מקרה, התוצאה בלתי נמנעת; ישראל "יתחייבו" ויונה לא ישיג מאומה.[18] כמו העבד במשל, נראה יונה כמי שפועל מתוך דחף רגשי חזק שאינו מותיר מקום להיגיון.

רעיון "בית הקברות"

נראה כאילו מבנה המשל בא ללמדנו שמניעיו של יונה חשובים פחות להבנת בריחתו מאשר פרטים אחרים של הסיפור. המשל בא בהכרח להדגיש את הנקודה שנביא הנוטש את ארץ ישראל, ובכך מנתק עצמו

18. חשוב להדגיש גם שיונה מתעלם מהסיבה הראשית שבגללה "יתחייבו" ישראל עקב התשובה שתעשה נינוה – העובדה שהם עצמם לא עשו תשובה. אם ישמע העם לקולם של נביאיו, אין תשובתה של נינוה מסכנת אותו כלל.

מהנבואה, נחשב כמי שמבקש למות. חוץ לארץ הוא בית קברות ליונה. בכל זאת בוחר הוא לברוח לשם. יהיו מניעיו אשר יהיו, כיצד יכול יונה לעשות את אשר הוא עושה? המסקנה שאי אפשר לברוח ממנה היא שיונה אכן מבקש למות – שהוא מעדיף מוות ממשי על פני מילוי שליחותו הנבואית. רושם זה מתחזק אם נקרא שוב את חמשת פסוקי הראיות לאור הבנתנו את המשל. אחד הרעיונות שחוזר בציטטות מקראיות אלה הוא שאין אדם יכול לברוח מהאלוהים אל השאול, ואינו יכול להיחבא מפניו בצלמוות.[19] עם קריאת ראיות אלה במבט לאחור, מתברר לנו לפתע שהן לא רק מכניסות אותנו לדו־שיח עם הפירוש המדרשי, אלא גם מבשרות על הנושא הנדון במשל, קרי: נכונותו של יונה למות בעצם בריחתו משליחותו הנבואית.

הרושם שיונה מבקש למות מתחזק והולך במהלך קריאת הספר, ואכן מסייע רבות להבנת מקצת מהחלקים היותר סתומים של הסיפור. בפרק א, אפשר להבין את ירידתו של יונה אל ירכתי הספינה ואת בקשתו מהמלחים להטילו אל הים הסוער, רק על רקע אי רצונו של יונה לחיות. שתי בקשותיו מה׳ שיניח לו למות (פסוקים ג ו־ח של פרק ד) גם הן מעידות שיונה מעדיף את מותו על חייו.

מחבר המשל המדרשי שלנו קורא את הפסוקים הראשונים של ספר יונה לאור נושא חוזר ונשנה זה – רצונו העז של יונה למות – ומפנה לכיוון אחר את שאלתנו בדבר מניעי בריחתו של יונה, אם כי הוא עונה עליה. ההרחבה הסיפורית משלימה את המידע החסר, ומגלה לנו מה אמר יונה לעצמו, שהוא בורח מארץ ישראל כדי להימנע מנבואה שתביא נזק לעמו. אולם כאשר שם הוא את ההרחבה הסיפורית בין הציטטות התנ״כיות ובין המשל, מלמד אותנו מחבר המדרש גם שתשובה על שאלה זו תיתן לנו הבנה חלקית בלבד

19. ראו את הציטוט המלא מתהלים (שורה 2), את הציטוט מעמוס (שורה 5), ואת הציטוט מאיוב (שורה 6). חשוב לציין שבפסוק מאיוב – אחרון הציטוטים, הנמצא בקרבה מיידית להרחבה הסיפורית – אכן מופיעה המילה מוות (**צלמוות**).

בדבר הכוח הדוחף את יונה. בהבליטו היבט זה של בריחת יונה (רצונו למות), שופך המדרש אור לא רק על הפסוקים הראשונים של פרק א, אלא על הספר כולו.[20]

חשיבות רבה יש לכך שאין המחבר מסיים את המדרש במשל. לאחר המשל בא צירוף של נמשל והרחבה סיפורית (שורות 15-17) החוזר על חלק מההרחבה הסיפורית שקדמה למשל, אך מפתח את דבריה בהמשך: "כך אמר יונה: 'אלך לי לחוץ לארץ...'. אמר הקב"ה: 'יש לי עבדים כמותך'. שנאמר: 'וַה' הֵטִיל רוּחַ גְּדוֹלָה אֶל הַיָּם...' (יונה א, ד)". כוונת מחבר המדרש היא שהאלוהים לא יניח ליונה למות ויכריח אותו למלא את שליחותו. העבדים ששולח ה' לא ימלאו את מקומו של יונה, אלא ישמשו להשבתו לארץ ישראל – ולחיים – לקבל את הנבואה ולמוסרה. הספינה, הסערה, מלחי הספינה והדג הגדול שבולע את יונה, כולם עבדיו של האלוהים, כלים למילוי רצונו, כשם שעתיד יונה להיות. ה' לא יניח ליונה למות, ויונה יצטרך להשתנות מאדם השואל את נפשו למות ובורח מתפקידו הנבואי, לנביא הלומד את הלקח שמבקש האלוהים ללמדו.

20. מדרש נוסף הדן ברצונו העז של יונה למות, ראו בהמשך הדיון על יונה במכילתא דרבי ישמעאל: "רבי יונתן אומר: לא הלך יונה אלא לאבד עצמו בים...". בהקשר זה מן הראוי לציין גם את המדרש המזהה את יונה עם בן האלמנה שהחיה אליהו הנביא ממוות. ראו ילקוט שמעוני כרך ב, רנ, על יונה, המצטט את הירושלמי, סוכה פרק ה, הלכה א.

פרק ו

משל כדיאלקטיקה: שאלות לאלוהים על העקדה

(בראשית רבה על בראשית כב)

בעבור היות מעשה האדם רשות מוחלטת בידו... ייקרא ניסיון מצד המנוסה (פירוש רמב"ן לבראשית כב, א).

הבעיה הפרשנית

אחד הקשיים העומדים בפנינו בקראנו את סיפור העקדה הוא האתגר כיצד ליישב את הניסיון שמנסה האלוהים את אברהם עם היותו של האלוהים יודע כול. ניסיונות ומבחנים משמשים על מנת לדעת משהו על האדם או על הדבר שאותו מנסים; בתוך מושג הניסיון חבויה אי־הוודאות של תוצאת הניסיון. אם יודעים בוודאות מה תהיה תוצאת הניסיון, אין צורך בניסיון. בהנחה שהאלוהים יודע כול, הרעיון שהוא צריך לנסות מישהו כדי לדעת עליו משהו אינו בגדר האפשר.

הפסוק הראשון של העקדה (בראשית כב, א) אומר לנו ש"...הָאֱלֹהִים נִסָּה אֶת אַבְרָהָם". פרשני המקרא הראשונים והאחרונים

מוטרדים מהסתירה הפנימית הטמונה במילים אלו. מדוע צריך אל יודע כול לנסות את אברהם?

הפירוש המדרשי

שני המדרשים הבאים (בראשית רבה נה, ב–ג) מציעים מבחר של נקודות מבט כיצד לגשת לעקדה. בראשון שבהם כתוב כך:

1. "ה' צַדִּיק יִבְחָן וְרָשָׁע וְאֹהֵב חָמָס שָׂנְאָה נַפְשׁוֹ" (תהלים יא, ה)
2. אמר רבי יונתן:
3. "הפשתני הזה, כשפשתנו לוקה, אינו מקיש עליו ביותר,
4. מפני שהיא פוקעת.
5. וכשפשתנו יפה הוא מקיש עליו ביותר.
6. למה? שהיא משתבחת והולכת.
7. כך הקדוש ברוך הוא אינו מנסה את הרשעים.
8. למה? שאין יכולין לעמוד, דכתיב:
9. 'וְהָרְשָׁעִים כַּיָּם נִגְרָשׁ...' (ישעיה נז, כ).[1]
10. ואת מי מנסה? את הצדיקים, שנאמר:
11. 'ה' צַדִּיק יִבְחָן...'
12. 'וַיְהִי אַחַר הַדְּבָרִים הָאֵלֶּה, וַתִּשָּׂא אֵשֶׁת אֲדֹנָיו אֶת עֵינֶיהָ...' (בראשית לט, ז)".
13. "וַיְהִי אַחַר הַדְּבָרִים הָאֵלֶּה" (בראשית כב, א)
14. אמר רבי יונתן:[2]

1. הפרשנים על פסוק זה מבארים את משמעות המילים "כַּיָּם נִגְרָשׁ" במובן של תנועה מתמדת חסרת מנוח (ראו למשל רד"ק, אבן עזרא ורבי יוסף קרא). הציטוט המלא, והשלכותיה של ראיה זו בהקשרה המדרשי נדונים בהמשך.
2. בבראשית רבה לב, ג ישנה גרסה אחרת של מדרש זה, כפרשנות על סיפור נח. ברשימת ההבדלים שבין שתי הנוסחאות ניתן למנות את הסדר השונה שבו מופיעים שלושת המשלים, וכן שמשל הפשתני מיוחס בבראשית רבה לב, ג

15. "היוצר הזה כשהוא בודק את הכבשן שלו[3] אינו בודק את הכלים המרועעים.
16. למה? שאינו מספיק להקיש עליו אחת, עד שהוא שוברו.
17. ומה הוא בודק? בקנקנים ברורים,
18. שאפילו הוא מקיש עליו כמה פעמים אינו שוברו.
19. כך אין הקב"ה מנסה את הרשעים, אלא את הצדיקים, שנאמר:
20. 'ה' צַדִּיק יִבְחָן'".
21. אמר רבי אלעזר:
22. "[משל למה הדבר דומה?] לבעל הבית שהיה לו שתי פרות,
23. אחת כוחה יפה, ואחת כוחה רע.
24. על מי הוא נותן את העול?
25. לא על אותה שכוחה יפה?!
26. כך אין הקדוש ברוך הוא מנסה אלא הצדיקים, שנאמר:
27. 'ה' צַדִּיק יִבְחָן'".

לרבי יוסי בן חנינא ולא לרבי יונתן. בחרתי שלא לדון בשינוי ייחוס זה של המשל, משום ששאלת מחבר המשל איננה חשובה לניתוח שלי במקרה זה. כמו כן, כפי שציינתי בהקדמה, אני מעדיפה להשתמש בטקסטים סטנדרטיים (מאלה הנמצאים ככל הנראה על מדף ארון הספרים היהודי המצוי) אלא אם מחייבות הנסיבות בחירה אחרת.

הגרסה המופיעה בבראשית רבה לב, ג היא בעלת עניין רב בזכות עצמה. במיוחד, מעורר סקרנות סדר המשלים. בשתי הגרסאות, עושים המשלים שימוש בישויות היוצרות מדרג טבעי – דומם (קנקנים), צומח (פשתן) וחי (פרות), אם כי בקטע הנדון לעיל אין הדבר בולט במבט ראשון. המדרג הטבעי של הישויות שנבחרו ברור הרבה יותר כשמעיינים בגרסה של המדרש המופיעה בבראשית רבה לב, ג. חרף זאת, בחרתי לנתח את גרסת המדרש שלמעלה – ולא את זו שבבראשית רבה לב, ג – כיוון שהיא מופיעה כפירוש לעקדה, עובדה שיש לה משמעויות דקות לניתוחנו.

3. מהמשך המדרש ברור שהיוצר בודק את הקנקנים, ולא את פעולת הכבשן עצמו. ראו בראשית רבה לב, ג.

מבנה המדרש

השלב הראשון בניתוח מדרש זה הוא לחלק את הקטע למרכיביו. מבנה הקטע ברור לגמרי. תחילתו בפתיחתא שאחריה שלושה משלים.[4] מבנה הקטע ניתן אפוא למיפוי כך:

א. הפתיחתא (שורה 1)
ב. המשל הראשון של רבי יונתן (שורות 2–12)
ג. המשל השני של רבי יונתן (שורות 13–20)
ד. המשל של רבי אלעזר (שורות 21–27)

הפתיחתא: ניסיונות כסימן לאהבה

חזרתה של הפתיחתא (תהלים יא, ה) לאורך כל הקטע (שורות 11, 20 ו־27) מעידה על חשיבותה להבנתנו את המדרש. הפסוק מעניין בזכות עצמו. שלא כפסוקי שירה אחרים, נראה הוא במבט ראשון כמפר את המוסכמות של התקבולת המקראית.[5] ברוח הסגנון השירי המקראי היינו מצפים שהפסוק יאמר: "ה' צדיק יאהב ורשע ואוהב חמס שנאה נפשו", או אולי: "ה' צדיק יבחן ורשע ואוהב חמס לא יבחן". ברור שכוונת הפסוק היא לעמת צדיק מול רשע, ולא להשוות ביניהם. להשגת מטרה זו, **מנגיד** הפסוק את ה"בחינה" שבחלקו הראשון עם

4. בקריאה ראשונה, אין מקומן של השורות 12 ו־13 ברור. ניתן לראות שורות אלה כחלק מהמשל הראשון, כחלק מהמשל השני, או כהערה שהוכנסה על ידי העורכים של בראשית רבה. מבט בפרשנים על המדרש מראה שלפני רבים מהם היו כתבי יד או מהדורות שבהן הופיעו המילים "דבר אחר" לפני שורה 13. נוסח זה משייך בבירור את שורה 12 למשל הראשון, ואת שורה 13 – לשני. על פי הדיון שבהמשך נראית חלוקה זו הגיונית.

5. הגדרה פשוטה של תקבולת בשירה המקראית היא שפסוקי שירה תנ"כיים נוטים למבנה של צלעות (קבוצות מילים) מקבילות, הנרדפות או הנוגדות זו לזו, שמחזקות או מנגידות זו את זו. דוגמה טובה ל"תקבולת נרדפת" נמצאת בתהלים לד, ב: "אֲבָרְכָה אֶת ה' בְּכָל עֵת; תָּמִיד תְּהִלָּתוֹ בְּפִי". דוגמה ל"תקבולת ניגודית" נוכל לראות בפסוק יא של אותו מזמור: "כְּפִירִים רָשׁוּ וְרָעֵבוּ; וְדֹרְשֵׁי ה' לֹא יַחְסְרוּ כָל טוֹב".

ה"שנאה" שבחלקו השני. לפיכך, מוכרחה הבחינה של הצדיק בחלקו הראשון של הפסוק להיות סימן של אהבה. פתיחתא זו מראה לנו אפוא את הכיוון שבו יבחרו מחברי המדרש ללכת בהבנת העקדה בפרט, ושאר הניסיונות האלוהיים בכלל. שלושת המשלים בקטע זה יתארו את הניסיונות האלוהיים כקשת של חוויות כואבות (הקשה, הכאה, עול). בכל מקרה, אין ספק שעלינו להבין מהפתיחתא שיהא הניסיון האלוהי אשר יהא, **אין** הוא סימן להעדר אהבה אלוהית לאדם המועמד בניסיון, אלא ההפך הגמור.

כוחו הרטורי של המבוא למדרש גדול משום שהוא מכריח את הקורא לחפש את המסר שמבקש הפסוק להעביר, מבלי לציין מפורשות את הקשר בין הפסוק להמשך המדרש. הפתיחתא באה לבטל קריאה שגויה אפשרית של העקדה, דהיינו, שהעקדה היא עונש לאברהם, או סימן לאי־אהבה מצד האלוהים. מטרה זו מושגת בין אם תופס הקורא את מהותה של הפתיחתא כבר בתחילת הדיון המדרשי, בין אם קולט הוא אותה רק לאחר קריאת המדרש כולו.

המשל הראשון

לאחר שבחנו את הפתיחתא, נוכל עתה לגשת לראשון שבין שלושת המשלים. המשל מתאר את תהליך ייצורו של בד פשתן. על מנת לייצר אריג פשתן, יש תחילה להשרות את הפשתן במים עד התרככותה של השכבה החיצונית הקשה, אחר כך להקיש על הפשתן (שלב הניפוץ) עד שהסיב נעשה פלומתי מספיק לטוות ממנו חוט. בשלב זה ניתן לארוג מהחוט בד.

הפשתני של משל זה מתואר בשני מצבים. בראשון, לוקה (גרוע) הפשתן, ואין הוא יכול "להקיש עליו ביותר", פן יפקע לרסיסים במקום להיפרד לסיבים. במצב השני, יפה (טובה) איכות הפשתן, והפשתני יכול להקיש עליו ביותר, מפני שככל שיקיש בו כך ישתבח וילך. התיאור במשל זה למעשה איננו סיפור, הוא רק מפרט את הטכניקות של ייצור הפשתן. ככזה, אין שום דבר משונה

או מעורפל בסיפור שבמשל, ולכן נוכל לעבור לשלב של רישום רכיבי המשל.

זיהוי הרכיבים

רכיבי המשל הם:

הפשתני
פשתן לוקה
ההקשה על הפשתן
פקיעת הפשתן
פשתן יפה
השתבחות הפשתן

התאמת הרכיבים

התאמת המשל לנמשל פשוטה למדי. חמשת הרכיבים הראשונים נרמזים מפורשות בנמשל (שורות 7–11), והרכיב האחרון מובן מאליו. ההתאמות הן כדלקמן:

הפשתני	הקדוש ברוך הוא
פשתן לוקה	הרשעים
ההקשה על הפשתן	ניסיונות/בחינות
פקיעת הפשתן	אי יכולת לעמוד בניסיון
פשתן יפה	הצדיקים
השתבחות הפשתן	השתבחות הצדיקים

ניסוי הצדיקים או הימנעות מניסוי הרשעים?

בבחינה ראשונית של משל זה נראה, שרבי יונתן מסביר שמטרתם של ניסיונות אלוהיים היא השבחתו של הצדיק. בחירת המושאים במשל מצביעה על כך. גם הפשתן המשובח ביותר אינו אלא צרור גבעולי צמח עד שינופץ; רק אז ניתן לטוות ממנו חוט. מתוך תיאור מהלך

ההשתנות של חומר גלם למוצר שימושי נובע שמטרתו של ניסיון היא להפוך את הצדיק לגרסה מזוככת יותר של עצמו. ואכן, במישור מסוים, ניתן להבין את המשל בדרך זו.

אלא שבחינה מדוקדקת יותר של הנמשל, הגם שאינה שוללת קריאה זו של המשל, מראה לנו שהמשל בא בעצם להדגיש משהו אחר. ראשית, רבי יונתן פותח את הנמשל בדיון ברשעים, לא בצדיקים: "כך הקדוש ברוך הוא אינו מנסה את הרשעים" (שורה 7). שנית, הוא מציע הסבר לאי ניסוים של הרשעים – ומביא ראיה מפסוק להסבר זה – ואילו על הצדיקים מציין הוא רק שה' מנסה אותם, ללא כל הסבר:[6] "למה [אין הקב"ה מנסה את הרשעים]? שאין יכולין לעמוד, דכתיב: 'וְהָרְשָׁעִים כַּיָּם נִגְרָשׁ'. ואת מי מנסה? את הצדיקים, שנאמר: 'ה' צַדִּיק יִבְחָן...'" (שורות 8–11).

מי מרוויח?

כפי שציינו, ההסבר לניסוים של הצדיקים חבוי בהתאמות שבין המשל לנמשל, ואין ספק שהוא חלק מהמסר של המשל בכללותו. אולם, שני היבטים של מדרש זה מחזקים את הרושם שלרבי יונתן עניין גדול יותר להסביר מדוע **אין** הרשעים מועמדים בניסיון, מאשר לספק הסבר למה הצדיקים **כן**. ראשית כול, בבחינה מדוקדקת יותר ההתאמה שבין המשל לנמשל קורסת במידה מסוימת. אמנם ברור מהמשל שהפשתני מקיש על פשתן מובחר על מנת להשביחו, אך לא פחות מכך ברור שאין מעייניו העיקריים נתונים להשפעות החיוביות על הפשתן – מטרתו האמתית היא הרווח האישי שלו. על בסיס ההתאמה שבין המשל לנמשל, הסקנו שמטרתו של ניסיון היא זיכוכו של הצדיק בדרך כלשהי, אלא שאין הנמשל מציין מהו הרווח הסופי של זיכוך זה. ואף על פי שדרכו של כל משל לקרוס כשמרחיקים לכת בהשוואתו לנמשל, כאן, מכל מקום, נוכל לדבוק באפשרות שאין הקריסה מקרית. שמא אין רבי יונתן מפתח במלואו

6. הראיה המובאת בשורה 11 היא חזרה על הפתיחתא.

את דימוי הזיכוך, משום שאיננו חפץ לעסוק בשאלה מי המרוויח הסופי מזיכוכו של הצדיק. אולם, לא פחות סביר, שאין רבי יונתן מביא את דימוי הזיכוך למסקנה ההגיונית המתבקשת, כיוון שמטרתו העיקרית היא להסביר למה אין הרשעים מועמדים בניסיון, יותר מאשר מדוע הצדיקים כן. אחרי הכול, אם ניסיונות אלוהיים הם סימן לאהבה – כמאמר הפתיחתא – ובמובן אמתי מאוד גם הזדמנות לעלות למדרגה גבוהה יותר – כפי שמשתמע מהמשל – מדוע לא תינתן לרשעים הזדמנות כזו?

הרשעים כים

ההיבט השני במדרש המצביע על כך שעיקר עניינו של רבי יונתן ברשעים, ולא בצדיקים, הוא הראיה שהוא מביא מישעיהו (שורה 9). לשון הציטטה המלאה היא: "וְהָרְשָׁעִים כַּיָּם נִגְרָשׁ, כִּי הַשְׁקֵט לֹא יוּכָל, וַיִּגְרְשׁוּ מֵימָיו רֶפֶשׁ וָטִיט". ההוכחה של רבי יונתן מפסוק זה ברורה – הרשעים, כמו הים, **לא יוכלו** הַשְׁקֵט. ה' אינו מנסה אותם משום שאין הם מסוגלים להזדכך. כשם שהים פולט אל החוף רפש וטיט, וכמו שהפשתן הלוקה פוקע לשברים שאין חפץ בהם, כך יעלו בתוהו מאמציהם של הרשעים לעמוד בניסיונות. אין כל טעם לנסות את הרשעים. צעד כזה יהיה מעשה אכזרי שנידון לכישלון.

העקדה וניסיונו של יוסף

משלו הראשון של רבי יונתן מסתיים בציטוט מבראשית לט (שורה 12), הפסוק הפותח את סיפור ניסיונה של אשת פוטיפר לפתות את יוסף. בפיתוי עצמו ובתוצאותיו הנוראות על יוסף קל לראות ניסיון אלוהי. בקשרו את סיפור אשת פוטיפר למשל הפשתני, טוען רבי יונתן שניסיונו של יוסף בא על מנת לזככו ולרוממו. כמו כן, על ידי הסמכתו של הפסוק על יוסף לדיבור המתחיל של המשל הבא, מסבים עורכי מדרש בראשית רבה את תשומת לבנו ליסודות המשותפים לעקדה ולסיפור אשת פוטיפר. שני הסיפורים מתחילים במילים: "ויהי אחר

הדברים האלה..."‏, ושני הסיפורים, על כל ההבדלים שביניהם, מתארים את ניסיונו של אדם צדיק.[7]

ראינו אפוא שלמרות התמקדותו העיקרית בסיבות לאי־העמדתם של הרשעים בניסיונות אלוהיים, מציע מְשָׁלו הראשון של רבי יונתן הסבר גם להעמדתם של צדיקים בניסיונות כאלה. המשל הבא, לעומת זאת, מחזק עוד יותר את הרושם שרבי יונתן מעוניין יותר להסביר את אי־ניסוים של הרשעים מאשר את ניסוים של הצדיקים.

המשל השני

המשל השני (שורות 20-14) מתאר יוצר כלי חרס הבודק את הכלים שבכבשנו. על פי שורה 18 ברור שבדיקת הקנקנים פירושה הקשה עליהם. היוצר יכול להקיש על קנקנים ברורים (מובחרים) כמה פעמים, כי אין כל חשש שיישברו מהמכות, אך אין הוא מקיש על קנקנים מרועעים (רעועים) אפילו פעם אחת, כי כל נגיעה קלה תנפץ אותם.

המשל כסיפור

בחינה של המשל כסיפור מגלה שהוא מפותח פחות ממשל הפשתני, אולי בכוונה תחילה. כאן המניע להקשה על הקנקנים אינו ברור כלל,

7. על ידי הפניית תשומת לבנו לדמיון הקיים בין המילים הפותחות את העקדה ובין אלה שבראש סיפור אשת פוטיפר, מצביעים עורכי בראשית רבה על כך שזהו דמיון מכוון, כלומר, המקרא מדגיש ומבליט את אופי ניסיונו של יוסף על ידי שימוש במילים המרמזות לעקדה. הקישור בין ניסיונו של יוסף ובין העקדה מאיר את העובדה שניסיונותיהם של צדיקים עשויים ללבוש צורות מצורות שונות, ויכולים להתרחש בשלבים שונים של חייהם. ניסיונו של אברהם הוא מבחן אמונתו בהיותו זקן; בזה של יוסף נבחנות יכולת עמידתו האיתנה ויראת האלוהים של אדם צעיר לנוכח פיתוי מיני. בכל זאת, משרטט המקרא קו מחבר בין שני המצבים, שבעלי המדרש חשו בו. כאן, שוב, נוכחים אנו ברגישות שבה קראו חז"ל את הטקסט המקראי, וחשפו את הקשרים הסגנוניים והנושאיים הקיימים בו.

לאור העובדה שהיוצר כבר יודע אילו קנקנים רעועים ואילו מובחרים. רבי יונתן יכול היה בקלות לבנות את המשל כך שהיוצר ייראה בו מקיש על קנקנים כדי להציג את איכותם לפני לקוחות פוטנציאליים, או שהיה מציג את היוצר מקיש על הקנקנים כדי לעמוד על מידת השימושיות שלהם. אלא שהמשל כפי שהוא לפנינו איננו מרמז אפילו על שום אפשרות דומה לאלה. היוצר מקיש על הקנקנים המובחרים, ואינו נוגע בקנקנים הרעועים.[8]

זיהוי הרכיבים

לאחר בחינת המשל כסיפור, נוכל לרשום את רכיביו כדלקמן:

היוצר
קנקנים מרועעים
קנקנים ברורים
בדיקת הקנקנים / ההקשה על הקנקנים
שבירת הקנקנים המרועעים[9]
עמידותם של הקנקנים הברורים

8. כמה מפרשני בראשית רבה מציעים שבהקשתו בקנקנים מתגאה היוצר באיכותם, כמאשר לעצמו שהעבודה נעשתה כהלכה (ראו למשל את הפירוש "יפה תואר" במהדורת וילנה של בראשית רבה. גישה דומה, אם כי שונה במקצת, ראו בנצי"ב, העמק דבר, בראשית כב, א, ד"ה "והאלהים נסה את אברהם"). לפי הבנה זו, תהיה מטרתו של ניסיון אלוהי הצגת צדיקותו של הצדיק, ובמובן רחב יותר – קידוש שמו של ה' בעולם. הבנה כזו בהחלט הגיונית כהסבר למטרתם של ניסיונות אלוהיים, ואכן מופיעה מפורשות במקורות מדרשיים אחרים (ראו לדוגמה בראשית רבה נה, א. גם המשל מתנחומא על המלך והגיבור, שנדון בפרק ב, ניתן להבנה בדרך זו). אולם, מוצאת אני שאין פירוש זה מתיישב כל כך עם המשל שלפנינו, שכן אין בסיפור המשל שום קהל – או הסבר – למעשיו של היוצר, ואין הפירוש נותן תשובה מספקת להתמקדותו של הנמשל ברשעים.

9. אמנם מדויק יותר לכנות רכיב זה "שבירתם האפשרית של הקנקנים המרועעים", כי על פי המשל, אין היוצר בודק בפועל את הקנקנים המרועעים, ולכן אין הם נשברים בפועל, אך למען הקיצור נרשם הרכיב כדלעיל.

התאמת הרכיבים

הנמשל מציע התאמות רק לארבעת הרכיבים הראשונים של המשל, אך את שני האחרונים ניתן בקלות למצוא, אפילו מבלי להזדקק לעזרת המשל הקודם, אף על פי שהמקבילות (והניגודים) למשל הקודם ברורות:

הקדוש ברוך הוא	היוצר
הרשעים	קנקנים מרועעים
הצדיקים	קנקנים ברורים
ניסיון אלוהי	בדיקת הקנקנים/ ההקשה על הקנקנים
אי־יכולתם של הרשעים לעמוד בניסיון	שבירת הקנקנים המרועעים
יכולתם של הצדיקים לעמוד בניסיון	עמידותם של הקנקנים הברורים

הסקת מסקנות

העמדת רכיבי המשל והנמשל אלה מול אלה בדרך זו מבליטה מספר נקודות חשובות, במיוחד כשמשווים בין משל שני זה למשלו הראשון של רבי יונתן. גם משל זה, כקודמו, אומר לנו שניסיון אלוהי הוא מכה, משהו מכאיב שיש לעמוד בו. אלא שהמשל הראשון מציע הסבר לניסיונם של הצדיקים, קרי: זיכוכם, ואילו המשל השני נראה כאומר שה׳ מנסה את הצדיקים רק בשל יכולתם לעמוד בניסיון. גם אם כוונת המשל היא **שלא** נסיק שזו הסיבה לניסיונם של הצדיקים, אין הוא מציע כל סיבה אחרת. אך חשובה מכך היא התמקדות הנמשל – כמו במשל הקודם – ברשעים יותר מאשר בצדיקים. במשל זה (השני), אין רבי יונתן מציע שום הסבר לניסוים של הצדיקים. כאן, אפילו יותר מאשר במשל הראשון, עיקר עניינו הוא להסביר מדוע **אין הרשעים** מועמדים בניסיון. ייתכן שהמסר של רבי יונתן הוא שקל להבין מדוע אין הרשעים נבחנים

בניסיונות אלוהיים, אך ניסוים של הצדיקים הוא עניין מסובך הרבה יותר, שאין לו הסבר אחד, כוללני.

חשיבות רבה יש לכך שלפני המשל השני של רבי יונתן מופיע דיבור המתחיל מהעקדה, מה שאין כן לפני משָׁלו הראשון. דבר זה מצביע אולי על כך שרבי יונתן חש יכולת להציע הסבר לניסיונות אלוהיים דוגמת זה שעבר יוסף, אך מתקשה לעשות כן לעקדה. לנוכח המסתורין והאימה האופפים אותה, יכול אדם בהחלט להסיק שלא ניתן בכלל להסביר את העקדה, ושכל ניסיון להסבירה יהיה שטחי בהכרח. שמא חפץ רבי יונתן לומר שאמנם בכוחנו להבין ניסיונות כמו זה של יוסף, אך את העקדה לא נוכל להבין. אם כך, נוכל רק לקוות שיעלה בידנו למנוע טעות אפשרית שתִראה את ניסיונו הגדול ביותר של אברהם כעונש מאת ה׳ כלפיו, או כסימן לאי־אהבת ה׳ אותו.[10] ובכן, למרות התמקדותו של רבי יונתן במשלו הראשון ברשעים, מציע הוא גם הסבר לניסיונם של הצדיקים. במשל השני, לעומת זאת, אין הוא מנסה כלל להסביר זאת.

המשל השלישי

במשל האחרון שבקטע (שורות 21–27) מתאר רבי אלעזר מצב שבו צריך בעל בית אשר לו שתי פרות, אחת חזקה ואחת חלשה, לתת עול על אחת מהן, כדי שתבצע בעבורו עבודה כלשהי. בחירתו הטבעית של האיש תהיה בפרה החזקה, זו שכוחה יעמוד לה לשאת את המשא.

רישום הרכיבים

כמו שני סיפורי המשלים הקודמים, גם סיפור המשל הזה פשוט מאוד, ואין בו כל בעיות שעלינו לפתור. נתקדם אפוא לשלב הרכיבים, ונרשום אותם כך:

10. גם אם נניח שה"דיבור המתחיל" הוא תוספת של עורכי המדרש, ולא של רבי יונתן, הטיעון עומד בתוקפו.

בעל בית
פרה שכוחה יפה
פרה שכוחה רע
העול

התאמת הרכיבים

גם התאמת הרכיבים פשוטה למדי:

בעל בית	הקדוש ברוך הוא
פרה שכוחה יפה	הצדיקים
פרה שכוחה רע	הרשעים
העול	ניסיון אלוהי

רבי אלעזר לעומת רבי יונתן

קיים הבדל משמעותי בין הבנתו של רבי אלעזר את טבעו של הניסיון האלוהי ובין תפישתו של רבי יונתן. ראשית כול, אין רבי אלעזר מציג את הניסיון האלוהי כמכה שיש לסבול, אלא כמשא שיש לשאת. אם כי, כפי שראינו, להקשה על הפשתן יש תכלית, ואילו מטרת ההקשה על הקנקנים אינה ברורה. היינו יכולים לומר שלשימוש בעול, מעצם הגדרתו, יש סיבה כלשהי. אין אדם נותן עול על צווארה של בהמה אלא אם חפץ הוא שתבצע איזו עבודה, או שתישא איזה משא. לניסיון אלוהי, אליבא דרבי אלעזר, יש אפוא תכלית, מעצם מהותו.

גם ברור למדי שרבי אלעזר מעוניין יותר להבין מדוע מועמדים הצדיקים בניסיון מאשר להסביר את אי־ניסוים של הרשעים. את זאת ניתן לראות בבירור מהנמשל (שורות 26–27) שאינו מזכיר כלל את הרשעים. אכן, חוסר העניין ברשעים שמגלה כאן רבי אלעזר הוא הרחבה טבעית של ראייתו את הניסיונות האלוהיים. ניסיונות כאלה מתפרשים על ידו כמטלות מאת האלוהים שיש למלא, יותר מאשר כמבחנים של סבילות. אם מוקד הניסיון הוא המטלה, אזי יש לבחור

לשם ביצועה את האדם הטוב ביותר, דהיינו את הצדיק. השקפה זו על ניסיונות אלוהיים גם עוזרת לנו להבין למה אין הרשע נבחר, אולם זו אינה אלא תוצאת לוואי של החקירה, ולא מטרתה.

רבי יונתן מתאר (במשל הפשתני) את הניסיון האלוהי כזיכוך, ומכאן נובע שבמידה מסוימת גנאי לו לצדיק שטרם עמד בניסיון כזה. תפישתו של רבי אלעזר אינה מולידה מסקנה כזו. נהפוך הוא, במשל שלו, רוחו של הצדיק איתנה, ומסוגל הוא לשאת כל משא שיטעין האלוהים על גבו. על פי ראייה זו, יכול ניסיון אלוהי להיחשב אפילו כאות של כבוד.

דבר אחרון, אבל חשוב: בסיפור המשל שלו, בוחר רבי אלעזר בבעלי חיים לתיאור הצדיקים והרשעים. במשליו של רבי יונתן, לעומת זאת, מיוצגים אלו וגם אלו על ידי עצמים דוממים. עקב כך, מתעוררות מספר שאלות מטרידות על טיבו של היחס שבין הנפשות הפועלות בסיפורי המשלים שלו, ובין העצמים שעליהם הן פועלות.

בחירה חופשית וסדר הדברים במדרש

הבחירה החופשית תופשת מקום מרכזי במחשבת חכמינו. אלא שמשל היוצר, ובמידה פחותה יותר גם משל הפשתני, מציירים תמונה שעל פיה רשעת הרשעים וצדקת הצדיקים נתונות וקבועות מראש. לפשתני אין כל שליטה על איכות הפשתן המעובד תחת ידו, אך גם לפשתן אין כוח בחירה להיות לוקה או יפה. המקרה של היוצר בעייתי אף יותר, כיוון שהוא האחראי הבלעדי לאיכותם של הקנקנים שעשה.

קשה מאוד להעלות על הדעת שרבי יונתן מבקש ללמדנו שישנם כאלה שנבראו רשעים בידי ה׳ (שאינם יכולים אפוא לעמוד בניסיונות), בעוד אחרים נולדו צדיקים (המסוגלים לעמוד בניסיונות). הרבה יותר הגיוני להניח, שרבי יונתן מצפה שהשוואתנו בין המשל לנמשל תגיע רק עד כאן. וכבר אמרנו, שאין ספק שסופו של כל משל לקרוס כשמרחיקים לכת בהשוואתו לנמשל. ייתכן מאוד שעורכי בראשית רבה העדיפו סידור דברים שבו יחתום משלו של

רבי אלעזר את הקטע. אולי חשבו הם שבעיה תיאולוגית מסוג זה לא תתעורר במשל המתאר יצורים אוטונומיים במקום עצמים דוממים. סיום הקטע בדרך זו מאפשר לעורכי בראשית רבה להפיג רושם מוטעה סביב רעיון הבחירה החופשית, העלול להיווצר על ידי שני המשלים הראשונים.

כבוד האדם והניסיון האלוהי

כפי שראינו, מבין שלושת המשלים העוסקים בטבעם של ניסיונות אלוהיים, משלו של רבי אלעזר על הפרות ובעל הבית מרומם את הנפש יותר מהשניים האחרים, וכן משמר הוא את כבוד האדם יותר מהם. זאת מתוך התמקדותו בצדיקים, ובשל "הנפשות הפועלות" שבסיפור המשל. רבי אלעזר מתייחס אל הצדיק כְּראוי (מכוח היותו צדיק), יותר מאשר כמי שעליו להזדכך, ולדעתו יש לניסיונות אלוהיים תכלית. לעורכי המדרשים יש נטייה לסדר את הפרשנות המדרשית תוך מעבר מפסימיזם לאופטימיזם. גם כאן נע הטקסט מתיאור קודר במקצת של ניסיונות אלוהיים לעבר נקודת מבט שממנה נראית יותר הרוממות שבהם.

הפירוש המדרשי השני: משלו של רבי אבין

בלימוד מדרש כדאי לזכור שישנם מסרים מסוימים שאפשר להפיק ממדרשים גם במנותק מסביבתם, אך יש ויש גם יתרונות מהתבוננות באופן שבו אורגנו הדברים בידי עורכי הטקסטים המדרשיים.

הפירוש המדרשי השני שננתח פה (בראשית רבה נה, ג) מופיע מייד לאחר שלושת המשלים שבחנו. מסמיכות זו ניתן להבין שעורכי בראשית רבה ראו את משלו של רבי אבין כקשור לסוגיות שנדונו בשלושת המשלים הקודמים. המשל שיידון להלן, כמו אלה שלפניו, עוסק בבעיה שמעורר מושג הניסיון האלוהי. אלא, שלא כשלושת קודמיו, אין משל זה מתמודד עם השאלה במונחים

כלליים. תחת זאת, מטפל מדרש זה בפרטי העקדה, ומתמודד עמם ישירות, כדלקמן:

1. דבר אחר:
2. "ה' צַדִּיק יִבְחָן" – זה אברהם.
3. "וַיְהִי אַחַר הַדְּבָרִים הָאֵלֶּה, וְהָאֱלֹהִים נִסָּה אֶת אַבְרָהָם".
4. רבי אבין פתח:
5. "בַּאֲשֶׁר דְּבַר מֶלֶךְ שִׁלְטוֹן, וּמִי יֹאמַר לוֹ: 'מַה תַּעֲשֶׂה?'" (קהלת ח, ד)
6. אמר רבי אבין:
7. [למה הדבר דומה?] לרב שהיה מצווה לתלמידו ואומר לו:
8. "לֹא תַטֶּה מִשְׁפָּט" (דברים טז, יט)
9. והוא (הרב) מטה משפט.
10. [הוא אומר לתלמידו:] "לֹא תַכִּיר פָּנִים [במשפט]", (שם)
11. והוא (הרב) מכיר פנים [במשפט].
12. [הוא אומר לתלמידו:] "לֹא תִקַּח שֹׁחַד", (שם)
13. והוא (הרב) לוקח שוחד.
14. [הוא אומר לתלמידו:] "לא תלווה בריבית",
15. והוא (הרב) מלווה בריבית.
16. אמר לו תלמידו:
17. "רבי, אתה אומר לי: 'לא תלווה בריבית', ואת מלוה בריבית?!
18. לך שרי (מותר), ולי אסירא (אסור)?!"
19. אמר לו:
20. "אני אומר לך: 'אל תלווה בריבית לישראל, אבל תלווה בריבית לעובד כוכבים',
21. דכתיב: 'לַנָּכְרִי תַשִּׁיךְ וּלְאָחִיךָ לֹא תַשִּׁיךְ' (דברים כג, כא)".
22. כך אמרו ישראל לפני הקב"ה:
23. "ריבון העולמים, כתבת בתורתך:
24. 'לֹא תִקֹּם וְלֹא תִטֹּר' (ויקרא יט, יח),

25. ואת נוקם ונוטר,
26. שנאמר: 'אֵל קַנּוֹא וְנֹקֵם ה', נֹקֵם ה' וּבַעַל חֵמָה; נֹקֵם ה' לְצָרָיו, וְנוֹטֵר הוּא לְאֹיְבָיו'".
27. אמר להם הקדוש ברוך הוא:
28. "אני כתבתי בתורה: 'לֹא תִקֹּם וְלֹא תִטֹּר אֶת בְּנֵי עַמֶּךָ',
29. אבל נוקם ונוטר אני לעובדי כוכבים,
30. [שנאמר:] 'נְקֹם נִקְמַת בְּנֵי יִשְׂרָאֵל' (במדבר לא, ב)".
31. כתיב: "לֹא תְנַסּוּ אֶת ה'" (דברים ו, טז)
32. "וְהָאֱלֹהִים נִסָּה אֶת אַבְרָהָם".

מבנה הקטע

השלב הראשון בניתוח מדרש זה הוא לחלק אותו לרכיביו. חלק הארי של הקטע מורכב ממשל ונמשל (שורות 6–30), אך ישנן מספר הערות מקדימות המשלבות את המשל בהקשר של העקדה, ומחברות את הקטע למדרש שקדם לו (שורות 1–5). בנוסף, מסתיים הקטע בשני ציטוטים המובאים לאחר הנמשל (שורות 31–32), היוצרים יֶסֶף (קודה) למדרש כולו. מבנה הקטע ניתן למיפוי כך:

א. הערה מקדימה המחברת את הקטע לזה שלפניו (שורה 1)
ב. חזרה על הפתיחתא של המדרש הקודם (שורה 2)
ג. ציטוט פסוק הפתיחה של העקדה (שורה 3)
ד. הפתיחתא לַמשל (שורות 4–5)
ה. המשל (שורות 6–21)
ו. הנמשל (שורות 22–30)
ז. ציטוט מספר דברים (שורה 31)
ח. חזרה על פסוק הפתיחה של העקדה (שורה 32)

שורות 1 ו־2 של המדרש מכינות אותנו לקראת פירוש אחר לפתיחתא שחזרה ונשנתה לאורך כל הקטע הקודם, פירוש שיקשר אותה ישירות

לעקדה. הציטוט מהעקדה שבשורה 3 מחזק זאת, וגם משמש כדיבור המתחיל למשל שאחריו.

הבנת הפתיחתא

הפתיחתא (שורה 5), המהווה הקדמה לחלק המשל/נמשל של המדרש, נראית במבט ראשון בלתי קשורה למשל שבא אחריה. פשט הפסוק הוא שדברו של המלך הוא כְחוק בעל תוקף מוחלט, ושאין לערער על מעשיו של מלך.[11] בתור פירוש לעקדה, נראה הפסוק כאומר שאין לנו כל זכות לשאול שאלות על הסיפור, או לחפש הסבר לסתירה החבויה בניסיון שמנסה ה׳ את אברהם. דא עקא, שהמשל הבא אחרי הפתיחתא אינו מתאים כלל לגישה זו לעקדה. מתואר בו מצב שבו הצגת שאלות היא אופן השיח המקובל – חילופי דברים בין רב ותלמיד.

המשל כסיפור

אי ההתאמה הצורמת שבין הפתיחתא והמשל מתעצמת כשבוחנים את סיפור המשל. המשל מתאר רב המרביץ לתלמידו שיעור על כמה מצוות לא תעשה שבתורה. שלוש מהמצוות מקורן בפסוק אחד (דברים טז, יט), והן מתייחסות לקיום משפט צדק: אסור לשופט להטות משפט; אסור לו להפלות לטובה את אחד הצדדים על פני חברו (להכיר פנים); ואסור לו לקחת שוחד. המצווה האחרונה שמלמד הרב היא איסור הלוואה בריבית, המופיעה בפסוק אחר בספר דברים. המשל ממשיך ומספר שהרב עצמו מפר את כל הלאווים שהורה לתלמידו. התלמיד, המוטרד מהסתירה בין הוראות הרב ובין מעשיו, מוחה בפני הרב על כך שהוא מלווה בריבית. הרב מצדיק את מעשיו בהסבירו לתלמידו שהאיסור חל רק על כסף שהולווה ליהודי, ולא על הלוואה שניתנה ללא יהודי. הצדקה זו נתמכת בראיה – הפסוק מספר דברים (כג, כא) שבו מופיעה הבחנה זו.

11. ראו למשל אבן עזרא לפסוק זה. הוא, כפרשנים אחרים על אתר, מבין "מלך" לא רק במשמעות מלך בשר ודם, אלא ככולל גם את ה׳.

גם אם לא נתייחס לנמשל, נראה סיפור המשל בעייתי מאוד ומעורר מספר שאלות. הקושי הראשון קשור לדמותו של הרב במשל. יחסי רב ותלמיד מצטיירים בספרות הרבנית כקרובים לקדושה, והרב נתפס בדרך כלל כדמות מעוררת יראה וסמכות בטוהר מידותיה ובמוסריות שלה. צביעותו של הרב של משל זה מפֵרה לחלוטין מוסכמה זו. יתרה מזו, אין קורא הסיפור יכול להיות אלא מתוסכל מכך שאין התלמיד מוכיח את מורו על העיוותים המבישים של משפט צדק שהוא עושה. הרב לבטח היה מתקשה להשיב להאשמות כאלה. העבירה היחידה על מצוַות תורה שעליה מתריע התלמיד – איסור הלוואה בריבית – איננה חטא כלל, כפי שאכן מוכיח הרב בקלות. למעשה יכול הקורא לטעון שאם היה הרב מלמד נכונה את תלמידו, יכול היה התלמיד להבין בעצמו שלא נעברה כל עבירה. הקורא את סיפור המשל נותר מוטרד ונבוך כאחד.

תחושת הבלבול גוברת בשל הסמכת סיפור המשל לפתיחתא. כפי שכבר העירונו, מעוררת בנו הפתיחתא ציפיות לקרוא אחריה משל על אודות מלך, ותחת זאת מגולל המשל סיפור על רב ותלמיד.[12] הקורא נשאר תמה כיצד לחבר את חלקי המדרש השונים.

זיהוי הרכיבים

השלב הבא בהבנת משל זה הוא זיהוי רכיביו:

הרב
התלמיד
איסור הטיית משפט
הפרתו של איסור זה בידי הרב

12. מכוחן של המוסכמות היינו מצפים למשל על אודות מלך בכל מקרה, כיוון שרובם הגדול של המשלים על ה׳ הם מסוג זה. ישנן כמובן דמויות נוספות שבהן מיוצג ה׳ במשלים, ובתוכן אב, כוהן ואמנם גם רב – אולם דמות המלך היא האופיינית ביותר. כפי שציינו, הופכת הפתיחתא את הבחירה בדמות המלך למתבקשת.

לפשוטו של מדרש

איסור הכרת פנים במשפט
הפרתו של איסור זה בידי הרב
איסור לקיחת שוחד
הפרתו של איסור זה בידי הרב
איסור הלוואה בריבית
הפרתו (לכאורה) של איסור זה בידי הרב
שאלת התלמיד ("לך שרי, ולי אסירא?!")
תשובת הרב (שורות 20-21)

התאמת הרכיבים

בטרם נתחיל בחיפוש התאמות לרכיבי המשל, כדאי שנשים לב שרישום הרכיבים חושף בפנינו תכונה מוזרה נוספת של מדרש זה. במקום לצמצם את רכיבי סיפור המשל, רבי אבין פורש אותם. כל שלושת האיסורים הראשונים המצוטטים בסיפור מקורם באותו פסוק בספר דברים. אחד המאפיינים השכיחים של צורת המשל הוא לשונו המתומצתת. לאור זאת היינו מצפים שכל האיסורים יופיעו יחדיו הן בדברי הרב אל התלמיד, והן בציון העובדה שהוא עובר עליהם. אולם לא כך בנוי סיפור המשל. תחת זאת, מופיע כל איסור בנפרד, וכן הפרתו של האיסור בידי הרב. פרישה זו יוצרת אפקט של הסבת תשומת לבו של הקורא לפער משמעותי. לחלק גדול של המשל חסרות התאמות בנמשל, כפי שניתן לראות ברשימה שלהלן:[13]

13. השימוש שעושים אנו במתודולוגיה שהוצגה בפרק ב ממחיש פער זה בצורה גרפית. טענה אפשרית היא אפוא שהמתודולוגיה היא היא שיוצרת אפקט זה, ואין הוא אחד מסממני המשל עצמו. למרות זאת, אני בדעה שניתן היה לחוש בפערים אלה גם בשמיעתם או בקריאתם של רכיבי המשל, ולא רק בכתיבתם. האפקט נוצר כיוון שהמדרש שובר ומושך את הפסוק מספר דברים בכוונה תחילה – זאת חרף העובדה שהאיסורים שבו קשורים אורגנית, ואפשר היה בקלות לצרפם יחד או לכתבם בזה אחר זה.

הקדוש ברוך הוא	הרב
ישראל	התלמיד
-----	איסור הטיית משפט
-----	הפרתו של איסור זה בידי הרב
-----	איסור הכרת פנים במשפט
-----	הפרתו של איסור זה בידי הרב
-----	איסור לקיחת שוחד
-----	הפרתו של איסור זה בידי הרב
האיסור לנקום ולנטור (ויקרא יט, יח)	איסור הלוואה בריבית
״אֵל קַנּוֹא וְנֹקֵם ה׳... וְנוֹטֵר הוּא לְאֹיְבָיו״ (נחום א, ב)	הפרתו (לכאורה) של איסור זה בידי הרב
שאלת ישראל (שורות 22–26)	שאלת התלמיד (״לך שרי, ולי אסירא?!״)
תשובת הקדוש ברוך הוא (שורות 27–30)	תשובת הרב (שורות 20–21)

בדרך כלל אין קושי למצוא התאמות לרכיבים מהמשל שאינם מופיעים בנמשל, כפי שכבר ראינו במקרים אחרים. גם כאשר היעדרם של רכיבים כאלה מהווה אמצעי רטורי להסבת תשומת הלב לנקודה העיקרית של המדרש, נוכל לרוב למצוא התאמות ללא מאמץ מיוחד. אחרי הכול, אם לא היו ההתאמות ברורות, היה המדרש נכשל בהעברת המסר שלו. כאן, לעומת זאת, נדמה שהקורא נתקל בקיר אטום. אין התאמות לרכיבים אלה בנמשל, ולא נראה שהם רומזים לעניין כלשהו בסיפור המקראי. אין גם שום קצה חוט במשל עצמו שעשוי להוביל את הקורא אל התשובה.[14] האם עלינו להסיק שאין התאמות לרכיבים אלה?

14. כמו שראינו במשל הפשתני שבתחילת פרק זה, אפשר לבנות משל באופן שיבטיח למעשה שנמצא את התשובה המיוחלת לרכיב חסר התאמה. לא כך הדבר במשל זה על הרב והתלמיד.

מהי אפוא מטרתם של חלקי המשל חסרי ההתאמה? מדוע אין רבי אבין מתחיל את סיפור המשל מהמקום שבו נראה הרב כמפר את חוק התורה (שורה 14), ואז ממחיש דרך שאלת התלמיד שבעצם אין התנהגותו של הרב בלתי ראויה – אף על פי שנראתה כך ממבט ראשון? המשל והנמשל היו חופפים אז זה את זה להפליא, והמסר היה ברור: מה שנדמה כעוול מצד האלוהים בהנהגת העולם, אינו אלא **אשליה**, ובחינה מדוקדקת יותר תוכיח שמדובר בהנהגה ראויה וצודקת. אפשר היה אז להרחיב מסר זה להבנתנו את העקדה: הניסיון שעובר אברהם בעקדה רק **נראה** כבעיה. לו יכולנו לדעת את ההקשר בכללותו, היינו רואים שניסיונו של אברהם צודק והוגן לחלוטין.

אי־התאמות מתוכננות כאסטרטגיה פדגוגית

אפשר לקרוא את המדרש כפותר את בעיית העקדה בדרך של ראייתה כשרשרת של מקרים מטעים רק אם מתעלמים משלושה היבטים חשובים של המדרש בכללותו. ראשית, פשטות דברי הפתיחתא (שורה 5), כפי שהעירונו, איננה מתיישבת כלל עם קריאה כזו; אדרבה, היא נראית כסתירה לַמשל במקום להיות הכנה אליו. שנית, נראה שרבי אבין יוצר בכוונה תחילה קצוות שאין ביכולתנו לקשור – אנו רואים זאת מרשימת הרכיבים והתאמותיהם. הוא שם דגש על רכיבים שאיננו יכולים למצוא להם התאמה, לא בנמשל ולא בסיפור המקראי. ולבסוף, שתי השורות האחרונות של המדרש מעמידות בפנינו סתירה נוספת – פסוק מספר דברים המזהיר אותנו לא לנסות את ה׳, בסמיכות לפסוק הראשון של העקדה "...וְהָאֱלֹהִים נִסָּה אֶת אַבְרָהָם". מה אמורות שורות סיום אלה להביע?

מסר עדין

אני סבורה שניתן לפתור קשיים אלה אם נכיר בכך שתפישתו של רבי אבין את העקדה כניסיון אלוהי עדינה ורבת דקויות הרבה יותר מההבנה שהיינו מקבלים אילו התעלמנו מרכיבים אלה של המדרש.

רבי אבין יכול לבטא את הבנתו העדינה רק על ידי איזונם של רכיבי המשל כפי שאכן עשה.

בפתיחת פרק זה העלינו את הבעיה, המוצגת בשלושת המשלים שקדמו למשל הרב ותלמידו, כיצד יש להבין את טיבו של ניסיון אלוהי לאור היותו של האלוהים יודע כול. מדוע מנסה ה׳ אותנו – מדוע מנסה הוא את אברהם – אם יודע הוא, ומוכרח הוא לדעת, את תוצאתו של כל ניסיון? הפתיחתא, כעומדת בפני עצמה, מבקשת לומר שאין מקום לשאלה כזו, משום שהאלוהים הוא מלך, ובשל מעמדנו כלפיו אין לנו להציג שאלות על מעשיו. אם היה המדרש מסתיים בנקודה זו, היינו יוצאים כשבידנו תשובה ברורה לשאלתנו, אם כי לא בהכרח מספקת רגשית. תשובה זו הייתה עשויה גם לעורר שאלה חדשה, לאור הדגשת חכמינו את הרעיון של "אימיטטיו דֶאוּס" (הליכה בדרכי האל), ומתוך הבנתם של חז"ל שיחסינו עם ה׳ וסיפורי התנ"ך באים ללמדנו לקח כלשהו. השאלה הייתה: למה נכתב סיפור העקדה אם הוא מעבר להשגתנו ותפישתנו?

ברם, אין המדרש מסתיים לאחר הפתיחתא. לצורך התמודדות עם השאלה, מציע לנו רבי אבין דגם אחר – לא יחסי מלך-נתין, אלא יחסי רב-תלמיד. ביחסי רב-תלמיד, לשאלות יש לא רק מקום, הן גם חיוניות. עם זאת, נראים קשרי הרב-תלמיד במדרש זה מוזרים עד מאוד. התנהגותו של הרב בסיפור המשל מנוגדת להטפותיו, והקורא יודע שלפחות לחלק מהמקרים (עיוות סדרי משפט תקין) אין שום הצדקה מכל בחינה שהיא. מאידך גיסא, במצב הנתון, היינו מצפים לתגובות אחרות מצד התלמיד, קרי: שישאל יותר שאלות, ושאלות נוקבות יותר.

בשעה שמנסים אנו לערוך הקבלה בין יחסי הרב-תלמיד שבמשל ובין יחסינו אנו עם האלוהים, מבקש רבי אבין להביא לתודעתנו שלא נוכל לעשות זאת באופן מלא. כשהוא יוצר רכיבים במשל שאין להם מקבילות אפשריות לא בנמשל, לא בסיפור המקראי, ולא בחיים, מחדד רבי אבין את ההבדל שבין רב אנושי, שבתוקף היותו בשר ודם מסוגל להיות מושחת, ובין האלוהים, המורה העליון, שעל שלמותו

אין עוררין. במסגרת זו ישנן שאלות על אודות האלוהים שפשוט אינן קיימות, משום שהליכותיו של האלוהים, שלא כדרכיו של מורה אנושי, תואמות תמיד את ציוויו, ולעולם אינן סוטות מהצדק המוחלט, גם אם לעתים נדמה לנו שלא כך הדבר. בכל זאת, הדרך שבה בונה רבי אבין את המדרש, הופכת את השאלה שמעוררים התלמיד (במשל) וישראל (בנמשל) לשאלה הגיונית מצד עצמה, ולכזו שניתן לענות עליה, בתנאי שנשאלה בהקשר שהוגדר מראש.

הצגת שאלות על העקדה: הליכה על חבל דק

על ידי העמדת חלקי המדרש זה כנגד זה, יוצר רבי אבין אפקט נדנדה (עולה ויורדת). אפקט זה מסייע, בסופו של דבר, לתחום בבהירות את הגבולות שבמסגרתם נוכל להפיק תובנה כלשהי מעומק המסתורין של העקדה. הפסוק מתהלים המצוטט בשורה 2 (ששלושת המשלים הקודמים למדרש זה דשו בו רבות), בא לקבוע, שתהא סיבת העקדה אשר תהא, אין היא עונש או סימן לחוסר אהבה מצד האלוהים. אם כך, מהי אפוא תכלית העקדה? ובכן, אומר רבי אבין בפתיחתא, במישור מסוים, ה׳ הוא מלך, ואין מי שיכול לשאול על מעשיו. אלא שהשארת השאלה במישור הזה איננה מסַפקת, כיוון שאין ה׳ מלך בלבד; הוא גם מורה, ועלינו ללמוד ממנו. בהקשר של העקדה, איזו שאלה לא תיחשב לשאלת סרק? הווה אומר: שאלה הנובעת מן ההכרה שהאלוהים הוא מלך ומורה כאחד, לא "מורה" במובן האנושי הרגיל. אין לעצור אותנו מלשאול, אך בניסוח שאלותינו עלינו להכיר בכך שתפיסות ושאלות מסוימות שלנו אי אפשר שתחולנה על ה׳.

השאלה נשארת פתוחה

רבי אבין מאיץ בנו להפנים את המסר הזה, על ידי ציטוטם של שני הפסוקים בשתי השורות האחרונות של הקטע. הראשון הוא ציטוט חלקי מספר דברים (ו, טז): "לֹא תְנַסּוּ אֶת ה׳...". השני הוא מהפסוק

הפותח את סיפור העקדה: "...וְהָאֱלֹהִים נִסָּה אֶת אַבְרָהָם...". בקריאה ראשונה היינו יכולים לחשוב שרבי אבין מצביע על סתירה מהסוג שהיינו מצפים שהתלמיד שבסיפור המשל ישאל עליה. התורה מצווה עלינו לא לנסות את האלוהים. האם לא משתמע מכאן שמי שמנסה את אחרים עושה רע? מדוע, אפוא, מנסה האלוהים את אברהם?

התבוננות קצרה חושפת את הבעייתיות שבקושיה זו. דבר ראשון, הציטוט המלא מספר דברים נותן לנו את הקשרו. להקשר נודעת חשיבות מכרעת להבנה נכונה הן של הפסוק והן של השימוש שעושה בו המדרש. הפסוק המלא אומר: "לֹא תְנַסּוּ אֶת ה' אֱלֹהֵיכֶם כַּאֲשֶׁר נִסִּיתֶם בַּמַּסָּה". האירוע שאליו מְכַוון הכתוב מסופר בספר שמות יז, א-ז. עקב מחסור במים, מלין העם מרה על משה ועל ה'.[15] הניסיון במסה הוא חלק מסדרת תלונות והתנהגויות כפויות טובה המתחילה מייד לאחר הגאולה הנסית בים סוף ומגיעה לשיאה בחטא העגל. ברור שמדובר בניסיון מגונה, המצביע על חוסר אמונה באלוהים וחוסר אהבה כלפיו.[16] היש מקום להשוות את ניסיונם של ישראל את ה' בדרך זו, לניסיונו של ה' את אברהם בעקדה?

הפתיחתא מתהלים החוזרת ונשנית ("ה' צַדִּיק יִבְחָן...") מאשרת שאין ניסיונו של אברהם בעקדה יכול להצביע על משהו אחר חוץ מאהבת ה' אותו. משלו של רבי אלעזר על בעל הבית והפרות, במדרש הקודם, מרחיק לכת אף יותר, ומצביע על כך שבמעשה הניסיון שלו מפגין ה' את אמונו המלא ביכולתו של אברהם להוציא לפועל את

15. פעלים מהשורש נס"ה מופיעים פעמיים בשבעת פסוקי הסיפור, והניסיון מונצח בשם המקום שבו התרחש הסיפור. ראו פסוקים ב ו־ז.

16. ראו למשל את רש"י ורמב"ן לדברים ו, טז. שניהם מסבים את תשומת לבנו לנקודה המוארת בפסוקים שבספר שמות והיא, שבני ישראל רואים ביכולתו של האלוהים "לספק את הסחורה" – במקרה זה, מים – דרך להוכיח את נוכחותו בקרבם. כרגיל, קצרה יותר לשונו של רש"י מזו של רמב"ן, אך הנקודה ברורה: ניסיונם של ישראל את האלוהים במסה הוא חוצפה ברורה כלפי שמיא.

מה שחושב ה׳ שיש לבצע בעולם. קשה, אפוא, לראות באירוע במסה ובסיפור העקדה מצבים דומים בכלל.

עצם הסמכת הפסוקים מספר דברים ומהעקדה זה לזה מראה לנו כמה מופרכת ההשוואה בין שני המקרים. האלוהים בשמיים ממעל ואברהם בן אנוש בארץ מתחת. אין ספק שה׳ יכול לנסות את אברהם, כיוון שהוא המלך ו״דְּבַר מֶלֶךְ שִׁלְטוֹן״. בדיוק מסיבה זו, לנו, כמי שאינם אלא יצורי אנוש, אין זכות לנסות את ה׳.

אם אסור לנו לנסות את האלוהים, האם מותר לשאול על מעשיו? על פי משלו של רבי אבין על הרב והתלמיד התשובה חיובית. אלא שהדרך שבה בוחר רבי אבין לבנות את משלו רומזת ש״יחסי הרב-תלמיד״ שבינינו לה׳ אינם דומים במלואם ל״יחסי רב-תלמיד״ במישור האנושי. הרב האנושי עלול לטעות או לחטוא, אך לא כן ה׳. פירוש הדבר ששאלות מסוג מסוים פשוט אינן חלות על האלוהים.

הדיאלקטיקה הפנימית של מדרשו של רבי אבין, שנוצרת על ידי האיזון העדין בין חלקיו השונים, אומרת לנו איזו גישה מבקש רבי אבין שנאמץ כלפי העקדה. רבי אבין רוצה שנבחן את העקדה ונלמד ממנה, אך הוא רוצה ששאלותינו תנבענה מתוקף הבנתנו שה׳ הוא מלך, ועלינו לירוא מפניו. תפיסות מסוימות של העקדה נדחות על הסף. רבי אבין דוחה אפוא את האפשרות שהעקדה היא מעשה בלתי הוגן כלפי אברהם. לכן אין אנו מוצאים מקבילה להתנהגותו הבלתי מוסרית של הרב האנושי בסיפור המשל. על פי השקפתו, גם אין העקדה סימן שה׳ שונא את אברהם או מבקש להענישו. נקודה זו משתקפת מכך שהוא חוזר על הציטוט מתהלים. ייתכן גם שרבי אבין סובר שלעולם לא נוכל להבין את העקדה עד תום. בסופו של דבר, הרי אין הוא מציע הסבר משלו מדוע מנסה ה׳ את אברהם, ומעדיף תחת זאת להאיר רק את נקודת המבט שעלינו לאמץ בגשתנו אל העקדה.

עם כל האמור לעיל, מה מבקש רבי אבין שנעשה בסיפור העקדה? נראה שהמסר שלו הוא: שאל את שאלותיך ולמד, כי ה׳

הוא ה"רב" שלך ועליך ללכת בדרכיו. אולם עליך לגשת למסתורין של העקדה ולסוד נוכחותו של ה' בענווה המתבקשת, כיוון שה' הוא גם מלכך, ואתה אינך אלא בן אנוש.

פרק ז

כוחו הרגשי של משל:
אהרן "מטהר" את הקב"ה

(שמות רבה על שמות יב, א)

אמר ליה ההוא מינא לרבי אבהו: אלהיכם כהן הוא... כי קבריה למשה במאי טביל..? [מין אחד אמר לרבי אבהו: אלוהיכם כוהן הוא... לאחר שקבר את משה, במה טבל?] (סנהדרין לט ע"א).

המדרש הבא דן במה שנראה כבעיה מזערית בכתוב בפרק יב של ספר שמות. כפי שנראה, מספק המדרש פתרון לבעיה קטנה זו – משל המדמה את האלוהים לכוהן. דא עקא, הפתרון סבוך יותר מהשאלה שעליה בא לענות. המדרש מוביל אותנו לתוך מבוך תיאולוגי שבסופו של דבר משנה את הבנתנו כלפי אהבת ה' (את ישראל) מן הקצה אל הקצה.

הבעיה הפרשנית

פרק יב בשמות כולל תיאור מפורט של מצוות הפסח, את סיפור מכת בכורות ואת תחילתה הממשית של יציאת מצרים. הפרק נפתח במילים אלה (שמות יב, א): "וַיֹּאמֶר ה' אֶל מֹשֶׁה וְאֶל אַהֲרֹן בְּאֶרֶץ מִצְרַיִם לֵאמֹר".

הלשון "בארץ מצרים" קשה הן לבעלי המדרש והן למפרשים המאוחרים יותר. היות שכבר ידוע לקורא מקום הסיפור, וכיוון שבמאות הפסוקים מהסוג הזה אין מוזכרת זירת ההתרחשות, קרי: ארץ מצרים, יש לשאול מה משמעות מילים אלה כאן.

הפירוש המדרשי

שמות רבה טו, ה מפרש:

"בְּאֶרֶץ מִצְרַיִם"

1. אמר רבי שמעון גדולה חיבתן של ישראל
2. שנגלה הקדוש ברוך הוא במקום עבודת כוכבים ובמקום טינופת ובמקום טומאה בשביל לגאלן.
3. משל לכוהן
4. שנפלה תרומתו[1] לבית הקברות.
5. אומר: 'מה אעשה?
6. לטמא את עצמי אי אפשר,
7. ולהניח תרומתי אי אפשר.
8. מוטב לי לטמא את עצמי פעם אחת,
9. וחוזר ומיטהר

1. תרומה, כידוע, היא חלק היבול המופרש לכוהנים על ידי ישראלים. רק כוהנים, משפחותיהם ועבדיהם מותרים באכילת תרומה, ורק בהיותם טהורים.

10. ולא אאבד את תרומתי'.
11. כך אבותינו היו תרומתו של הקדוש ברוך הוא
12. שנאמר (ירמיהו ב, ג): "קֹדֶשׁ יִשְׂרָאֵל לַה', רֵאשִׁית תְּבוּאָתֹה..."
13. היו בין הקברות,
14. שנאמר (שמות יב, ל): "כִּי אֵין בַּיִת אֲשֶׁר אֵין שָׁם מֵת"
15. ואומר (במדבר לג, ד): "וּמִצְרַיִם מְקַבְּרִים אֵת אֲשֶׁר הִכָּה ה' בָּהֶם, כָּל בְּכוֹר".
16. אמר הקדוש ברוך הוא: 'היאך אני גואלן?
17. להניחן אי אפשר,
18. מוטב לירד ולהצילן'.
19. שנאמר (שמות ג, ח): "וָאֵרֵד לְהַצִּילוֹ מִיַּד מִצְרַיִם".
20. כשהוציא,
21. קרא לאהרן
22. וטיהר אותו,
23. שנאמר (ויקרא טז, לג): "וְכִפֶּר אֶת מִקְדַּשׁ הַקֹּדֶשׁ"
24. "וְכִפֶּר עַל הַקֹּדֶשׁ" (שם, טז).

מבנה המדרש

השלב הראשון בהבנת מדרש זה הוא לחלק את הקטע למרכיביו. שורות 1-2 מביאות בפנינו את דברי הפתיחה של רבי שמעון על חיבתו של האלוהים לישראל. המשל מופיע בשורות 3-10, והנמשל בשורות 11-24.

חלוקה ראשונית זו מדויקת, אך אינה מספיקה במקרה שלנו; מבט קרוב יותר אל הנמשל מגלה שיש בו בעצם שני חלקים. החלק הראשון, שבשורות 11-19, מקביל לחלק המשל המתאר את התלבטותו של הכוהן. החלק השני של הנמשל, שבשורות 20-24, מהווה הרחבה גדולה של שורה אחת במשל, שורה 9, שבה אומר הכוהן שיחזור וייטהר לאחר שיצא מבית הקברות.

חלוקה טובה יותר של המדרש היא אפוא:

א. דברי הפתיחה של רבי שמעון (שורות 1–2)
ב. המשל (שורות 3–10)
ג. חלקו הראשון של הנמשל (שורות 11–19)
ד. חלקו השני של הנמשל (שורות 20–24)

בעיות בנמשל

עריכת מבנה המדרש בדרך זו מבליטה לעין עד כמה מעורר חלקו השני של הנמשל תחושת אי־שקט, וזאת ממספר טעמים. האחד, הקשה יותר – חלק זה מציג בפנינו רעיון מרחיק לכת, בלתי נתפס כמעט, דהיינו שעל האלוהים להיטהר בצורה כלשהי לאחר ירידתו למצרים (ושטהרה זו מבוצעת בידי אדם – אהרן). הבעיה התיאולוגית ברורה מאוד, ושלא כהאנשות[2] אחרות שניתן לפרשן כדימויים, קשה לראות מה יכולה תמונה כזו לייצג. השני – לא ברורות כלל הסיבות שהביאו את רבי שמעון להרחיב את הנמשל בדרך זו. הואיל ואין המשל מראה לנו את הכוהן עובר בפועל טקס טהרה, אלא רק שוקל אפשרות כזו בדעתו, יכול היה רבי שמעון לבטח לסיים את המשל בשורה 19, בייחוד לאור העובדה שכבר מוכרת לנו, שבעלי המדרש משאירים פערים בנמשל. למה להשלים דווקא פער זה, ולמה בדרך מטרידה שכזו?

אופיו הבעייתי של נמשל זה מוביל אותנו, פעם נוספת, לשאלת המפתח שעלינו לשאול בבואנו להסביר כל משל שהוא: מה הצורך בכלל במשל? (למה לי?). רבי שמעון כבר אמר לנו שהופעתו של ה׳ במצרים היא אות לאהבתו אותנו, והנמשל רק יוצר יותר בעיות משהוא פותר. מדוע לא להסתפק בפשטות בדברי הפתיחה על אהבתו

2. אנתרופומורפיזמים בלעז – ייחוס תכונות אנושיות לה׳, לבעלי חיים ולעצמים דוממים (הערת המתרגם).

של האלוהים אלינו? נדמה שלא המשל ולא הנמשל תורמים תרומה מכרעת להבנתנו את הכתוב.

המשל כסיפור

משימתנו הבאה היא בחינת המשל כסיפור העומד בזכות עצמו. כוהן מגלה שתרומתו נפלה לבית קברות. התורה אוסרת עליו להיכנס לבית הקברות, כדי שלא ייטמא. לאחר שקילת האפשרויות, מחליט הכוהן להיכנס לבית הקברות, לקחת חזרה את תרומתו ואחר כך להיטהר, רק לא לאבד את תרומתו.

הסיפור נראה הגיוני עד לרגע שבו מגיעים למסקנה שהתנהגותו של הכוהן שבסיפור אינה תואמת לזו של שום כוהן נורמאלי. החלופות המוצגות בסיפור כבלתי מתקבלות על הדעת במידה שווה, כלומר, שהכוהן ייטמא או יאבד את תרומתו, אינן שקולות הלכתית זו לזו אפילו לא במקצת. צו התורה לכוהן לא להיטמא למת הוא איסור חמור.[3] עבירה בכוונה תחילה על איסור זה עונשה מלקות, ופוסלת את הכוהן מלעבוד במקדש כל ימי טומאתו. לעומת זאת, אין השארת תרומה שנפלה לבית הקברות במקומה בגדר עבירה על מצוות התורה.[4] יתר על כן, תרומה שנפלה לבית הקברות פחת ערכה לכוהן, מפני שאין הוא יכול עוד לאוכלה.[5]

הצד המשונה ביותר בהתנהגותו של הכוהן הוא העובדה שאין הוא שוקל את החלופה הפשוטה מכול. אם אסור לכוהן להיכנס בעצמו

3. לכוהן מותר לעבור על חוקי הטהרה ולהיטמא למת, רק בשתי מערכות נסיבות. האחת היא מותו של אחד מקרוביו הישירים: אשתו, הוריו, אחיו ואחיותיו (הבתולות) או ילדיו. השנייה היא מת מצווה, קרי: מת שאין שום אדם אחר מישראל שיכול לקוברו.
4. אמנם אסור, לכוהן ולישראל, לטמא תרומה בידיים (בכוונה תחילה), אך אין כל איסור להשאיר תרומה שנטמאה כבר, במקום טמא.
5. לתרומה שנטמאה יש עדיין ערך מסוים לכוהן, כיוון שביכולתו להשתמש בה כחומר בערה או למוכרה.

לפשוטו של מדרש

לבית הקברות, למה שלא ישלח מישהו אחר שאיננו כוהן לקחת את התרומה בשבילו? נראה שחששו הגדול של הכוהן שבמשל לתרומתו מטריד אותו עד כדי איבוד היכולת לחשיבה הגיונית.

זיהוי הרכיבים

השלב הבא בניתוח המדרש הוא זיהוי רכיבי המשל כדלקמן:

כוהן
תרומתו
נפילת התרומה לבית הקברות
בית הקברות
ההתלבטות שלו (שורה 5)
להיטמא
לאבד את תרומתו
ההחלטה שלו (שורה 8)
לחזור ולהיטהר

התאמת הרכיבים

לאחר מציאת רכיבי המשל, עלינו לערוך את ההתאמה בין המשל והנמשל כדלהלן:

כוהן	הקדוש ברוך הוא
תרומתו	אבותינו
נפילת התרומה לבית הקברות	-----
בית הקברות	ארץ מצרים
ההתלבטות שלו	'היאך אני גואלן?' (שורה 16)
להיטמא	-----

לאבד את תרומתו	׳להניחן אי אפשר׳ (שורה 17)
ההחלטה שלו	׳לירד ולהצילן׳
לחזור ולהיטהר	אהרן מטהר את האלוהים (שורות 20–24)

ליבון בעיות

ההתאמה בין המשל לנמשל, במקרה שלנו, אינה מסובכת מדיי, פרט לשני תחומים. על הראשון שבהם כבר עמדנו – תהליך ההיטהרות המרומז במשל הופך לסיפור מורחב וגדול בנמשל.

התחום השני הוא שני הפערים הנראים לעיל. במשל, מוצג לפנינו כוהן השוקל שתי חלופות, לטמא את עצמו או לוותר על תרומתו. בנמשל קיימת רק ה״אי־אפשרות״ של הנחת (נטישת) בני ישראל. ״היטמאות״ איננה מופיעה כבחירה בלתי אפשרית של האלוהים.

הפער השני

הרכיב השני חסר ההתאמה הוא ״נפילת התרומה לבית הקברות״. בדרך כלל היינו מצפים שלפרט חשוב כזה תימצא התאמה, לאור היותו נדבך עיקרי ברור של סיפור המשל. אולם במקרה המיוחד שלנו תהיה זו טעות לנסות למצוא לו התאמה בנמשל. מדרש זה אינו אלא אחד מתוך כמה משלים בשמות רבה העוסקים באלוהים הגואל את ישראל ממצרים ו/או ביחסו אליהם בהיותם בגלות. ברור שבכתיבת משלים המתייחסים לנושאים אלה, על בעלי המדרש לחמוק מהשאלה כיצד הגיעו בני ישראל למצרים, כיוון שהיה זה האלוהים עצמו ששלחם לשם לגלות ולעבדות. לכן מרמזים הם לעניין זה על ידי בדיית נסיבות מקריות ובלתי צפויות, כגון ״כוהן **שנפלה** תרומתו לבית הקברות״ או ״מלך שהיה בנו **הולך** למדינה אחת״.[6] כלים אלה מאפשרים לבעלי

6. ראו את המדרש בשמות רבה כ, ז.

המדרש להעלים עין מהקשר הסיבתי שבין הימצאותם של ישראל במצרים ובין העובדה שנשלחו לשם על ידי האלוהים. כך הם יכולים לבנות משלים העוסקים בנושאים אחרים, ולא בקשר הסיבתי הזה.

אם ננסה לכפות התאמה לפרטים אלה של הסיפור, נכניס את עצמנו לסבך השאלה מדוע מוצגת תכניתו של ה׳ להגלות את ישראל למצרים כמשהו שאין לו שליטה עליו. היות שאין זו נקודתו העיקרית של המשל, לא נותר לנו אלא להסיק ש״נפילת התרומה לבית הקברות״ איננה בעצם רכיב מרכזי של סיפור המשל, אלא רק אמצעי לטוויית העלילה שאין צורך לתרגמו למשהו אחר.

כפי שציינו בקריאת המדרש מתנחומא,[7] מהווה קביעת הרכיבים העיקריים של סיפור המשל שלב מכריע בניתוח משל. במקרה של המשל הזה, נוכל להתעלם מהפער שנוצר ביחס לרכיב שהגזמנו בטעות בחשיבותו. לפנינו דוגמה למכשלות האפשריות האורבות לפתחה של המתודולוגיה שלנו. חיפוש התאמה לרכיב שאיננו עיקרי במשל עלול להוביל לקריאת יתר או לקריאת חסר של מדרש.

הפסוקים המצוטטים במדרש

תחום נוסף במדרש שעלינו לבחון לפרטיו הוא השימוש שעושה הנמשל בראיות מפסוקי תנ״ך. הראיה הראשונה, מירמיהו (שורה 12), מובאת כחיזוק להצגתם של ישראל במשל כתרומתו של האלוהים. השתיים הבאות, מספר שמות (שורה 14) ומחומש במדבר (שורה 15), מאששות את תיאורה של ארץ מצרים כבית קברות. הראיה הרביעית, משמות (שורה 19), מסכמת את החלטתו של ה׳ ״לרדת״ ולהציל את ישראל, ושתי האחרונות מספר ויקרא (שורות 23-24) באות להוכיח שה׳ ״טוהר״ אחר כך בידי אהרן.

ניתוח של אופן השימוש בראיות אלה בנמשל מראה את אפקט ההגברה שיוצרים פסוקים אלה להאנשה שבנמשל – חיזוק משמעותה

7. ראו פרק ב.

המילולית – במקום להניח לנו להבין אותה כלשון סמלית בלבד. הפסוק מירמיהו (ב, ג), לדוגמה, "קֹדֶשׁ יִשְׂרָאֵל לַה', רֵאשִׁית תְּבוּאָתֹה..." (שורה 12), משמש בטקסט המקורי כדימוי. אלא שעל פי ההקשר בנמשל, נראה שבעל המדרש מייחס לדימוי משמעות מילולית. בצורה דומה, מתארים הפסוקים מספר שמות ומספר במדבר את מצרים, מילולית, כבית קברות, כתוצאה ממכת בכורות.[8] הציטוטים מספר ויקרא הם אולי הבולטים ביותר לענייננו. בהקשרם המקורי, מתארים הם את טקס טיהורם של הקודש וקודש הקודשים ("מקדש הקודש") בעבודת יום הכיפורים. ברם, תכליתו של טקס זה היא לטהר את אוהל מועד או את המקדש מטומאת **אדם**. אין כל אפשרות, ולו הקלושה ביותר, לקרוא פסוקים אלה, בהקשרם, כמכֻוונים ל"טומאתו" של האלוהים. למרות זאת, במסגרת הנמשל (שאינו אלא הרחבת הסיפור המקראי) נשמעים הכתובים כמציגים את האלוהים מיטהר בטרם יוכל להיכנס למשכנו הוא!

במדרש זה, בניגוד למדרשים אחרים שראינו, אין עיקר הקשיים שעלינו לפתור נעוץ בקשר שבין משל ונמשל. תחת זאת, נראה שהקשיים נובעים **מתוך** המשל כסיפור, **ומתוך** הנמשל כהרחבת הסיפור.

הסקת מסקנות

הבה נבדוק את האפקט שיוצר מדרש קשה זה. כפי שכבר העירונו, מציג בפנינו המשל כוהן הקשור בעבותות חזקים לתרומתו, עד כדי עיוות אופן חשיבתו. הנמשל נוטל תמונה זו של הכוהן, "מלביש"

8. קוראים ערניים ישימו ללא ספק את לבם לבעיית סדר הזמנים של ראיות אלה. האירוע המתואר בפסוק בשמות יב, שאותו בא רבי שמעון לפרש כאן, התרחש לפני מכת בכורות. איך יכול רבי שמעון "להוכיח" שמצרים היא בית קברות על סמך פסוקים המתארים את מה שטרם התרחש? זהו אחד מהקשיים הרבים שבהם נתקלים אנו בנסותנו להבין את שימושם של חז"ל בציטטות מקראיות במדרש. לדיון בנושא זה, ראו פרק ה.

אותה על ה׳, ומצייר אותו כמאוהב עמוקות בעמו, המוכן ״לבזות״ את עצמו כדי לגואלם. כמו הכוהן שבמשל, אין ה׳ שוקל לשלוח מישהו אחר מלבדו להשיב אליו את אוצרו היקר. אלא שבניגוד לכוהן, שמוכן לפחות לשקול את שתי החלופות העומדות לפניו, צופה ה׳ שבנמשל רק אפשרות אחת – הצלתם של בני ישראל, אפילו ב״מחיר״ מעמדו. הנמשל מעצים תמונה זו בשתי דרכים. הראשונה באה לידי ביטוי בשימוש מילולי שהוא עושה בדימויים המופיעים בראיות שהביא מן המקרא; השנייה, על ידי הצגת ״השפלתו״ של ה׳ את עצמו לא כדימוי בלבד. מציאות ממשית היא היא שמכריחה אותו להיטהר, בדיוק כשם שהיה כוהן נטהר בנסיבות דומות.

אהבה החוצה את גבולות השגתנו

רבי שמעון פותח באומרו שהופעתו של ה׳ במצרים היא אות לאהבתו הגדולה אותנו, אך המדרש מכה אותנו בתדהמה בתארו כיצד באה אהבה זו לידי מימוש בפועל. ללא משל הכוהן וההשוואה בין הכוהן לה׳, המציירת תמונה מוחשית ובולטת, לא היינו רואים כמה ״גדולה חיבתן של ישראל״. רבי שמעון מבקש שנקרא את שמות יב, א כך:

וַיֹּאמֶר ה׳ אֶל מֹשֶׁה וְאֶל אַהֲרֹן **בְּאֶרֶץ מִצְרַיִם!**

על פי קריאה זו, בא הפסוק להביע את הרעיון שעצם הופעתו של ה׳ בארץ מצרים למעננו היא ביטוי של אהבה גדולה לאין קץ, כמעט בלתי נתפסת.

כוח פירושו של רבי שמעון לשמות יב, א טמון בדיוק באותם תחומים שהתבררו לנו כבעייתיים ביותר. התנהגותו הבלתי הגיונית של הכוהן, השימוש המטריד בהאנשות, ואימוץ המשמעות המילולית של פסוקים, כל אלה מכריחים אותנו לחשוב מחדש על משמעותם של דברי הפתיחה של רבי שמעון. המשל מנער אותנו משלוותנו השכלית והרגשית, **משום שעלינו לחשוב עליו על מנת להבינו,**

שלא כדברי הפתיחה שאותם יכולים אנו לעכל בקלות יחסית. המשל מעורר אותנו לתפוס את עצמתם הרגשית של דברי רבי שמעון על שמות יב, א. פסוק זה, בדרך שבה קורא אותו רבי שמעון, מלמד אותנו דבר עמוק: אהבת ה׳ את ישראל גדולה עד כדי כך שהיא קוראת תיגר על הבנתנו.[9]

9. אין כוונתי לומר שהקריאה המוצעת כאן היא הדרך היחידה להבין מדרש מסובך וקשה זה. ברור שהמדרש נוגע ברעיונות קבליים המשתרעים מעבר לטווח הדיון של ספר זה. לא קשה לדמיין שקריאה קבלית של מדרש זה עשויה להוליד הבנה עמוקה הרבה יותר מזו שהוצגה כאן. אולם גם אם נקרא אותו כפרשנות לפסוק המקראי, יש למדרש זה הרבה מה להציע לנו.

פרק ח

הבנת הרחבת הסיפור המקראי

נחמה לייבוביץ אהבה לספר על שיעור שנתנה פעם לקבוצת קצינים בכירים בצה"ל. היא ביקשה מהם לפתוח את התנ"כים שלהם בפסוקים המתארים את אברהם שובר את פסילי אביו. אחד הקצינים דפדף שוב ושוב לפנים ולאחור עד שלבסוף קרא בייאוש: "איפה התנ"ך שממנו למדתי כשהייתי ילד?". נחמה הוכיחה את טענתה: רבים חושבים בטעות שסיפורים מדרשיים, ובייחוד אלה שלמדו בילדותם, הם חלק מהטקסט המקראי.

הספרות המדרשית כוללת בתוכה חלק המכונה בדרך כלל בפשטות סיפור מדרשי. ניתן לקרוא לחלק זה גם במונח הספרותי "הרחבת הסיפור המקראי" (או "הרחבת הסיפור"). שלא כמו המילה "משל", שכבר שימשה את חז"ל, "הרחבת הסיפור" היא מושג חדשני, מונח שימושי לסיפורים המדרשיים "המרחיבים" את הסיפר המקראי. רבים מזהים את המונח הכולל "מדרש" עם סיפורים אלה הקשורים לתנ"ך, שלמעשה אינם מופיעים בטקסט המקראי, אך משולבים לתוכו על ידי קוראים ומורים, בכוונה תחילה או שלא במודע.[1]

1. הקצין המתוסכל של נחמה הוא דוגמה טובה לקורא או ללומד הנוטה שלא במודע לשלב סיפורים מדרשיים בתוך הטקסט המקראי. אך ישנם מורים

כבר בתחילת חקירתנו את טיבה של הרחבת הסיפור, נמצא את עצמנו מתמודדים עם שאלות שאינן מתעוררות בדרך כלל בסוגת המשל. זאת משום ששתי הסוגות נבדלות זו מזו מכמה בחינות עקרוניות: המשל הוא סיפור שמטרתו הפרשנית מהווה חלק ברור של דרך עיצובו, וכך נבנה מלכתחילה, בעוד זיהוי תפקידה הפרשני של הרחבת הסיפור איננו קל.

סוגים של הרחבות סיפור

כדי להצליח בחקירתה של סוגה זו, עלינו להכיר בכך שהרחבת הסיפור היא תחום רחב מאוד. בתחום זה נכללים סוגים שונים של סיפורים שקשריהם לטקסט המקראי שונים מהותית אלה מאלה. היחס בין הרחבת הסיפור ובין הטקסט המקראי תלוי חלקית בסוג הטקסט המקראי שאליו צורפה.

פערים

במקרים של פערים בטקסט המקראי, לדוגמה, נועד להרחבת הסיפור תפקיד משלים. המחשה יפה לסוג נפוץ זה של הרחבת סיפור היא המדרש מילקוט שמעוני לספר יונה (ראו פרק ה). ספר יונה מתחיל בסיפור בריחתו של יונה מלפני ה׳, אך מותיר את סיבותיה של בריחה זו לוטים באפלה. המדרש מילקוט שמעוני משלים את הפער שבחוט העלילה, בספרו לנו מהם המניעים המסתתרים מאחורי מעשיו של יונה. ללא המידע שמספק ההסבר המדרשי היינו מתקשים עד מאוד למצוא היגיון בסיפור המקראי.

רבים המטשטשים ביודעין את הקו המבדיל בין הטקסט המקראי ובין הסיפור המדרשי, כחלק ממגמתם הכוללת. לדעתי, טשטוש קווים זה מהווה שגיאה פדגוגית חמורה.

סתירות ואי־התאמות

תפקיד מדרשי דומה ממלאות הרחבות סיפור המיישבות סתירות או אי־התאמות בטקסט המקראי. אחת הדוגמאות לכך היא הרחבת הסיפור המופיעה ביבמות עו ע"ב (המצוטטת ברש"י לשמואל א׳ יז, נה), ומסבירה את הדו־שיח התמוה בין שאול ואבנר בסוף סיפור דוד וגלית.[2] בשמואל א׳ טז מסופר שדוד הוזמן לנגן בכינור לפני שאול, וששאול מינה אותו לנושא כליו. שאול שולח לישי, אבי דוד, בקשה להרשות לדוד להישאר עמו. והנה שאול, שבנקודת זמן זו כבר מכיר בוודאי את דוד, שואל את אבנר, בפרק הבא, מיהו אביו של דוד. אבנר טוען שאינו יודע. אי־ידיעה זו מוזרה מאוד, כיוון שאבנר ודוד נמנים שניהם עם אנשי החצר של שאול. הרחבת הסיפור מיבמות משכתבת את הדו־שיח שבין שאול ואבנר על ידי חשיפת משמעותן הסמויה של המילים. לאור פירושן בהרחבת הסיפור, לא נראות יותר שאלתו של שאול ותשובתו של אבנר קשות להבנה.

ישנה תת־קבוצה של תחום הסתירות ואי־ההתאמות ובה כלולים מקרים שבהם אין סדר הזמנים שבטקסט המקראי ברור. דוגמה להרחבת סיפור העוסקת בבעיה מסוג זה תוכלו לראות בדיון על סדר הזמנים שבסיפור יוסף ויהודה (פרק יד).

פרשנות לדו־שיח מקראי

הרחבות סיפור באות לעתים גם על מנת לפרש דו־שיח מקראי, כמו המדרשים משמות רבה הדנים בדו־שיח שבין משה לה׳ בסנה (ראו פרקים יב ויג). על ידי הוספת פרטים לדו־שיח המקראי, יכולים החכמים בעלי המדרש לבטא קשת רחבה של דעות על משמעות חילופי הדברים שבין משה לה׳.

2. כדי להבין את הדוגמה, ראו שמואל א׳ טז, יד–כג ושמואל א׳ יז, נה–נח.

ביאור מילים

כמו כן, במקרים של מילה דו־משמעית או בלתי ברורה, יכול מדרש לשמש ככלי להבהרת משמעותה, על ידי בניית מסגרת סיפורית המסבירה אותה. דוגמה כזו נמצאת בבראשית כא, ט-י, שבה רואה שרה את ישמעאל "מצחק", ודורשת מאברהם לגרשו בשל כך. ההקשר מחייב לפרש את המילה; לנוכח תגובתה הקיצונית של שרה, לא ייתכן לייחס למילה את המשמעות הפשוטה של התנהגות תמימה המתלווה כרגיל לצחוק. בראשית רבה נג, יא מציע מגוון פירושים אפשריים למילה בצורת הרחבות סיפור קצרות.

"שכתוב" הסיפור המקראי

יש שמטרתה של הרחבת סיפור אינה ברורה וצמודה, בייחוד כשנראית היא סותרת את הסיפור המקראי או "משכתבת" אותו. לפחות בחלק ממקרים אלה, מנוצל הטקסט המקראי כדי לדרוש אותו בצורות שונות, יותר מאשר לפרשו במונחיו הוא. מקרה כזה הוא הדיון המדרשי בבראשית רבה ח, ג-ה. נקודת המוצא של הרחבות הסיפור שבמקור זה היא אמנם בעיה פרשנית בפסוק, אך למעשה אין הן פותרות אותה. תחת זאת, משתמשות הדעות השונות בקושי הפרשני שבפסוק כדי לדון במשמעויות הפילוסופיות של בריאת האדם.

סתירה לכאורה

במקרים אחרים, לעומת זאת, מגלה מבט מעמיק יותר במדרש הנראה כקשה, שמה שנדמה לכאורה כסתירה לטקסט המקראי, אינו אלא קריאה רגישה וקרובה של הכתוב.[3] מקרה אחד כזה הוא סדרת הרחבות

3. רשב"ם קורא לזה "עומק פשוטו של מקרא". ראו למשל את פירוש רשב"ם על בראשית לז, כח, ד"ה "ויעברו".

הסיפור של תפילת חנה המופיעה במסכת ברכות לא ע"א-ע"ב (ראו פרק טז).

הרחבות סיפור המעשירות את הטקסט המקראי

הרחבות סיפור רבות תופסות מקום באמצע הדרך שבין פרשנות לדרשנות. במקרים אלה, לא נראה הסיפור המדרשי הכרחי להבנתנו את הטקסט המקראי, אולם גם אינו עומד בסתירה אליו. מדרש מסוג זה מתאים לפסוקים שבהם הוא דן ומעשיר את קריאתנו אותם, אפילו שגם בלעדיהם לא היינו נתקלים בשום בעיה בהבנת פשוטו של הסיפור המקראי. הרחבה מוכרת מסוג זה היא הסיפור על אודות אברהם השובר את הפסילים, המופיע בבראשית רבה לח, יג (ראו פרק ט).

גבולותיה של מתודולוגיה

רשימת הקטגוריות שהובאה כאן איננה שלמה, אך די בה כדי להראות שהמבחר הרחב של טקסטים שאותו נוטים אנו לאגוד יחדיו כסוגה אחת תחת הכותרת "הרחבת סיפור" הוא בעצם מגוון למדיי. אך רשימה זו מטעה במקצת מבחינות מסוימות. ראשית, קיימות הרחבות סיפור רבות שניתן לשייכן לכמה קטגוריות. דוגמה לכך היא המדרש מיבמות שצוין לעיל תחת הכותרת "סתירות ואי־התאמות". נוכל לטעון שסיפור מדרשי זה הינו למעשה מקרה של "פרשנות לדו־שיח מקראי" או אפילו "שכתוב הסיפור המקראי". שנית, כמה מהמדרשים שהבאנו בדיוננו בסוגת המשל בנויים על גבי הרחבת סיפור. פירושו של דבר הוא שההתייחסות אליהם כמשלים אינה מדויקת לגמרי.

אין זה אומר שאין טעם בחלוקה כזאת. חלוקת מדרשים על פי סוגות אכן מסייעת בניתוחם, כפי שראינו. אלא שעם כל חשיבותה של הידיעה לאיזו קטגוריה או סוגה שייך סיפור מדרשי נתון, חשובה ממנה ההכרה בגבולותיה של מתודולוגיה. אכן, יכולים אנו להציע ולהשתמש בשלל כלים לניתוחו של מדרש נתון, אולם עלינו לזכור

שדברי חז"ל לא נוצרו בכפוף למתודולוגיה שלנו. יש לשמור על מידה רבה של ריחוק וענווה, ולא לדחוק מדרש שרירותית לתוך התא הצר שייעדנו לו, וגם להכיר בכך שגישתנו הטכנית עלולה לא פעם להכשילנו.

כשמגבלות המתודולוגיה עומדות לנגד עינינו, מתוודעים אנו לעומק ולמסתורין המאפיינים את לשונם של חז"ל. יש יותר מדרך אחת ללימוד מדרש, לא רק משום שהמתודולוגיה שלנו אינה קדושה, אלא מפני שדברי חז"ל כן. במקרה הטוב ביותר, יכולה המתודולוגיה שלנו לחשוף כמה מהרבדים שבהם פועל המדרש.

אני מעלה נקודה זו כאן כיוון שהמשך הדיון סובב סביב נושאים קשים, כמו העובדתיות של סיפורים מדרשיים, טבעו של הקשר שלהם לטקסט המקראי ומקורם. אנו עתידים לגלות שביכולתנו לקבוע הכללות רבות על מדרש, ואילו כדי להחליט כיצד לקרוא מדרש מסוים נחוצות ככל הנראה מיומנויות וגישות שלא כל כך קל לרכשן.

בעיות בהבנת סוגת הרחבת הסיפור

בעיית העובדתיות

אופן ההתייחסות לעובדתיות של הרחבות סיפור מסוימות הוא אולי הבעיה בעלת המשקל הכבד ביותר שעל לומדי מדרש רציניים להתמודד עמה. כפי שכבר ציינו, אין נושא זה מתעורר תכופות ביחס לסוגת המשל, מפני שמשל משמש בדרך כלל כפרשנות לטקסט אחר. ערכם של משלים אינו נמדד בעובדתיות שלהם, כיוון שתפקידם להאיר סיפור אחר או לימוד אחר. פעולתן של הרחבות סיפור, לעומת זאת, נראית כבניית תוספת לטקסט המקראי. יחד עם זאת, קשה לקבל כפשוטן הרחבות סיפור רבות משום שמתוארים בהן מאורעות בעלי אופי נסי או דמיוני. האם עלינו לקרוא סיפורים מסוג זה במובנם המילולי? אם לא, כיצד עלינו להתייחס אליהם?

גישת הרמב"ם לאגדה

הרמב"ם[4] דן בשאלה זו ב"הקדמה לפרק חלק",[5] שבה מונה הוא שלוש גישות ללימוד אגדה.[6] הקוראים המחזיקים בגישה הראשונה מבינים את כל ספרות האגדה במובנה המילולי, גם כאשר השכל הישר מחייב שלא ייתכן שהסיפור אכן התרחש כפי שמתואר. הרמב"ם מסביר שהמניע של קוראים אלה הוא יראת הרוממות שהם חשים כלפי חז"ל. הם סבורים בטעות שקבלת כל ספרות האגדה כפשוטה היא ביטוי לכבוד שהם רוחשים לחכמים. תחת זאת, אומר הרמב"ם, משפילים הם את חז"ל, בלי להיות מודעים לכך, בהורדת מאמרי חז"ל לדרגה של דברי סכלות.

גם חסידי הגישה השנייה מבינים את ספרות האגדה באופן מילולי לחלוטין. השוני ביניהם ובין קוראים מהסוג הראשון הוא ביחסם כלפי חז"ל, הנראים בעיני תומכי הגישה השנייה כמספרי סיפורים פרימיטיביים. הגישה הראשונה מאמינה בעובדתיות של טקסטים אגדיים, אפילו הרחוקים ביותר מן הדעת, בעוד השנייה טוענת שטקסטים אלה בדיוניים, אלא שחז"ל רואים בהם עובדות. הדבקים בגישה זו מגיעים למסקנה הבלתי נמנעת שחז"ל אינם מתוחכמים פילוסופית, ושסיפוריהם אינם אלא שטויות והבלים. הרמב"ם מגנה גישה זו בחריפות רבה יותר מהראשונה. קוראים מן הסוג השני, טוען הוא, החושבים עצמם ביקורתיים ופילוסופיים יותר, באמת משכילים ומתוחכמים הרבה פחות ממה שנדמה להם, והעומק והמורכבות של דברי חז"ל חסרים להם לגמרי.[7]

4. רבי משה בן מימון, שלהי המאה ה־12, ספרד.
5. הקדמות הרמב"ם למשנה, תרגום הרב י' קאפח (מוסד הרב קוק). ראו גם את הקדמת הרמב"ם למורה נבוכים.
6. מדרש אגדה הוא חלק מתחום האגדה. הרמב"ם מכוון לא רק למדרשים בעייתיים, אלא גם לכל חומר אגדי קשה להבנה.
7. הרמב"ם דוחה את שתי הגישות, אך ברור שהוא מבכר אמונה תמימה ופשוטה בחז"ל על פני דחייה מתנשאת שלהם. קורא מהסוג הראשון עושה טעות אינטלקטואלית שניתן לתקנה; הסוג השני מושחת דתית. העדפתו של הרמב"ם מתבררת בהעירו שטעותם האינטלקטואלית של הקוראים המכבדים את חז"ל

את הגישה השלישית לספרות האגדה מייצג הרמב"ם עצמו. היא מקבלת את יראת הרוממות המוחלטת כלפי חז"ל של הגישה הראשונה, אולם דוחה את אי ההבנה של המאמין הפשטן מזה ושל ה"פילוסוף" צר האופק מזה, הגורסת שעלינו להבין את לשון חז"ל כמילולית בכל תנאי. הרמב"ם קובע שחז"ל משתמשים הן בלשון סמלית והן בלשון מילולית. הם בוחרים ביודעין בדרך ביטוי סמלית מתוך מגמה מכוונת, כדי להביע רעיונות נשגבים בשפה המשתמעת לפנים רבות. על פי השקפת הרמב"ם, כשחז"ל מביאים סיפור הנוגד את חוקי ההיגיון, מאותתים הם לקורא המחוכם שיש לנתח את הסיפור כדי לחשוף את המסר החבוי מתחת לפני השטח. חז"ל אינם מצפים שקורא בעל השכלה מפותחת יבין סיפורים כאלה כפשוטם.

לשון הפילוסופים ולשון חז"ל

בהתקיפו את עמדתם של המתקראים פילוסופים, מסביר הרמב"ם את ההיגיון המסתתר מאחורי שימושם של חז"ל בשפה סמלית. חסידי הגישה ה"פילוסופית" נכשלים בהערכת אופן השיח של חז"ל, טוען הרמב"ם, כיוון שלהם עצמם חסרה היכולת "לכתוב דברים בעניינים אלוהיים וכיוצא בהם מן המדעים להמון ולחכמים", והם מתקשים "לסגל לעצמם את החלק המעשי של הפילוסופיה".

כוונת הרמב"ם כאן לומר שדברי חז"ל הם צורה "מעשית" של פילוסופיה, ואופן שימושם בלשון משקף זאת. מגמתם של כלל דברי חז"ל היא חינוכית בעליל; כל אחד ואחד יכול לבוא בקהל שומעי לקחם. אם היו חז"ל מביעים רעיונות מסובכים בשפה פילוסופית – כדרכם של פילוסופים – היו דבריהם נשארים נחלתם הבלעדית של בעלי הכישורים השכליים הגבוהים, משום שרק משכילים מסוגלים לעקוב אחר שיח פילוסופי. על ידי שימוש בשפה סמלית, פותחים חז"ל פתח לפרשנות ברבדים שונים. ילד השומע את הסיפור על עונשה

נובעת מאי־השתלמותם בפילוסופיה, ובאמרו שחסידי העמדה השנייה "יותר סכלים ויותר פתיים" מבעלי הגישה הראשונה.

של ושתי[8] ידמה בנפשו מלכה יפה שמצמיחה זנב. מבוגר מבין את המסר המדרשי: ושתי היא יצור אנושי שאינו טוב מבהמה. הפירוש הילדותי למדרש אמנם שגוי, אך הוא כולל את המסר בצורה עוברית, שבכוחה להתפתח להבנה שלמה יותר. כשמבשיל הילד ופוגש מחדש את המדרש, צומחת אתו גם הבנתו. אם יבוטא בלשון מבוגרים, יחמיץ הילד את המסר לחלוטין.

הרמב״ם מעלה שתי נקודות נוספות המחזקות את גישתו לפרשנות האגדה. ראשית, אומר הוא, שימושם של חז״ל בסיפורים ומשלים כדי ללמד רעיונות עמוקים אינו אלא חיקוי לסגנון התנ״כי. במיוחד מציין הרמב״ם את ספריו של שלמה המלך, החכם מכל אדם, שמשתמש רבות במשל, דימוי ואלגוריה במשלי, שיר השירים ובחלקים מקֹהלת. שנית, טוען הרמב״ם, הבנת אגדה בדרך סמלית מבטאת נאמנות לדרך שנקטו חז״ל בבואם לפרש חלקים מהתנ״ך.[9] לאחר שעיגן היטב את עמדתו בסגנון התנ״כי ובמתודולוגיה הפרשנית של חז״ל, נשמעת טענתו של הרמב״ם משכנעת: קריאה בלתי מילולית של ספרות אגדית מהווה המשך למסורת מבוססת היטב של צורת לימוד של טקסט יהודי. אכן, על פי השקפת הרמב״ם, ישנו חומר אגדי מסוג מסוים שהבנתו כפשוטו מסלפת את משמעותו האמתית באופן חמור, ופוגעת בכבודם של חז״ל.

אמת מול עובדתיות

הדרך שבה מתאר הרמב״ם את אופן השיח של חז״ל ניתנת בעצם לניסוח במילים אחרות כמתח שבין האמת והעובדתיות. כשאנשים שואלים על מדרש: ״האם זה אמתי?״ מתכוונים הם בדרך כלל לשאלה:

8. ראו מגילה יב ע״א וילקוט שמעוני על אסתר, רמז תתרמט ד״ה ״בית המלכות״. מקורות אלה מסבירים שושתי מסרבת לבוא אל המלך הקורא לה מפני שהמלאך גבריאל הצמיח לה זנב.
9. בין הדוגמאות שמביא הרמב״ם היא דעתו של חכם לא נודע שספר איוב משל היה (בבא בתרא טו ע״א), ודברי הגמרא בסנהדרין צב ע״ב שחזון העצמות היבשות משל הוא.

"האם זה באמת קרה?". אי היכולת להבחין בין שתי שאלות אלה משקפת בלבול בין אמת לעובדות. עובדות הן תמיד "אמתיות", אך יכולות להיות נטולות כל משמעות. אמתות אינן מבוססות תמיד על עובדות, ובכל זאת תישארנה אמתות. לדוגמה, ההיגד: "כל דבר בעולם הוא כחול או אינו כחול", הוא עובדה – אך ריק מכל משמעות. משלו של רבי עקיבא על הדגים והשועל,[10] לעומת זאת, מבטא אמת עמוקה, אפילו שהמתואר בו מעולם לא התרחש בפועל.

היחס בין הסיפור המדרשי והטקסט המקראי

הבה נפנה עתה לדון בקשר שבין הרחבות סיפור לטקסט המקראי. הרחבות סיפור נדמות לנו לעתים קרובות כסותרות זו את זו. אם אמורים אנו לראות בהן תוספות לסיפור המקראי, קשה להבין כיצד ניתן ליישב סתירות כאלה. באותה רוח, אם הרחבות סיפור הן אכן תוספות לסיפור המקראי, מדוע אין הן חלק מהטקסט של התנ"ך? ושאלה אחרונה, כיוון שאינם חלק מהתנ"ך, מה תכליתם של סיפורים אלה?

פרשנות, לא תוספת

בחלקו הראשון של פרק זה עמדנו על היקפה של סוגת הרחבת הסיפור. מספרן הגדול של הקטגוריות בתוך הסוגה מעיד שלא כל כך קל לקטלג בפשטות סיפור מדרשי בתור תוספת לטקסט המקראי. חלק מהסיפורים המדרשיים הם אמנם תוספות,[11] אך רבים אחרים יש להבינם, ליתר

10. ברכות סא ע"ב. רבי עקיבא משתמש במשל זה כתשובה לשאלה ששאל אותו פפוס בן יהודה, מדוע ממשיך הוא ללמד תורה, ואינו חושש לחייו מפני שלטונות רומא. רבי עקיבא מתאר שועל המביט בדגים שבנהר. השועל שואל את הדגים מפני מה הם בורחים, והדגים עונים שהם נמלטים מרשתות הדייגים. השועל מציע לדגים להצטרף אליו ליבשה, והדגים עונים שאם במקום חיותם (במים) מתייראים הם, במקום מיתתם (ביבשה) על אחת כמה וכמה. במשל זה, מייצגים המים את התורה, הדגים – את עם ישראל, ורשתות הדייגים הן גזרות רומא. פפוס הוא השועל, כמובן.

11. ראו, למשל, את דברי רבי נהוראי על רימונים הצומחים בים סוף שזה עתה

דיוק, **כפרשנות חז"ל** על התנ"ך. בראייה זו של סוגת הרחבת הסיפור, מתורצות מאליהן רוב השאלות שעוררנו.

כמו הפרשנויות השונות של הפרשנים הקלאסיים, אין עוד צורך ליישב את הסתירות הקיימות לכאורה בין כמה הרחבות סיפור, מפני שלא נדרשת ביניהן כל התאמה. רבי יהושע בן לוי ורבי נהוראי, למשל, כותבים מחדש, בנפרד, חלק מהדו־שיח בין ה' למשה בסנה; התוצאה: שתי גרסות שונות לגמרי זו מזו.[12] אם נראה בתיאורים השונים האלה של הדו־שיח תוספת לטקסט המקראי, נעמוד בפני בעיה. אך אם הרחבות אלה של הסיפור המקראי אינן אלא פרשנות, אין כל הכרח ליישב ביניהן, כשם שאין כל צורך וטעם ליישב את דעותיהם של הרמב"ן ואבן עזרא על פסוק בתנ"ך. כל הרחבת סיפור מציעה נקודת מבט שונה על הטקסט, וניתן ללמדה כפרשנות.

הבנה זו גם תסייע בידנו להסביר מדוע לא נשתמרו הרחבות סיפור בתנ"ך. הרחבות סיפור בעלות צביון פרשני אינן תוספות לטקסט המקראי, בדיוק כפי שפירוש רש"י איננו תוספת לטקסט. אין לצפות שהרחבות סיפור מסוג זה תיכללנה בטקסט של התנ"ך, כמו שאין לצפות שפירוש רש"י ייכלל בו.[13]

אם נצליח להשתחרר מהתפיסה שהרחבות סיפור מהוות תמיד תוספת לטקסט, ונתחיל לראות בהן פרשנות, תתברר לנו על נקלה

יבש (שמות רבה כא, י). למדרשים מסוג זה אין לכאורה היבט פרשני ברור, וגם אין הם נושאים אופי דרשני מובהק, משום שאינם נראים כמנצלים את הטקסט לשם הבעת רעיון שנקבע מראש. סביר יותר שמדרשים אלה משמרים מסורות שבעל פה שנקשרו לטקסט המקראי. אי הכללתם בטקסט המקראי היא חלק משאלה גדולה יותר הנמצאת מחוץ לטווח הדיון של ספר זה – מדוע חלקים מהמסורות נשתמרו בצורה כתובה, בעוד אחרים הועברו בעל פה.

12. ראו פרק יב.

13. כמו כן, אין לצפות שמדרשים דרשניים ישולבו בטקסט המקראי, כיוון שמדרשים מסוג זה אינם פרשניים ואינם תוספות לטקסט. מדרש מסוג זה מנצל את הפוטנציאל הטמון בטקסט המקראי כדי לדון ברעיונות שאמנם עשויה להיות להם זיקה קלושה לטקסט, אך אינם קשורים אורגנית לפסוקים שבהם משתמש המדרש. ראו את הדיון על פרשנות ודרשנות במבוא.

תכליתם של סיפורים מדרשיים אלה – הם מסייעים להבין את משמעות התנ"ך. אפילו להרחבות סיפור הנראות כתוספות לטקסט המקראי נוכל לעתים למצוא תפקיד פרשני. הדרך הטובה ביותר לקבוע מה תכליתם של סיפורים מדרשיים היא לבחון אותם אחד אחד. כל הרחבת סיפור מעבירה מסר ייחודי ומובהק אחד לפחות, שעל הקורא לחקרו.

מקורות הסיפורים המדרשיים

עניין חשוב נוסף הקשור לסוגת הרחבת הסיפור הוא מקורם של מדרשים אלה. שאלה זו אינה מתעוררת בדרך כלל בנוגע למשלים, משום היותם של אלה, מעצם הגדרתם, פרי הדמיון. אלא שזיהוי מקורותיהן של הרחבות סיפור אינו מן המלאכות הקלות.

מתוך השוואה למה שידוע לנו על חלקים אחרים של התורה שבעל פה, סביר להניח שכמה מהסיפורים המדרשיים נמסרו מדור לדור (מסורה) ואילו אחרים נגזרו מכוח השכל והחשיבה (סברה).[14] הקושי הוא לקבוע מה שייך למה.

קחו למשל את המדרש שהזכרנו לעיל, שמביא רש"י, על ישמעאל המצחק (בראשית רבה נג, יא). צייַנו שמדרש זה הוא דוגמה להרחבת סיפור שבאה להסביר את משמעותן של מילים. אפשר לטעון שכל אחת מהדעות המובאות בו מבוססת על מסורה. אולם, הפסוקים המצוטטים כראיה לכל דעה נותנים מקום להשערה ההגיונית יותר שמדובר כאן במדרש שנולד מן הסברה. המקורות השונים שהובאו כחיזוק לפירושים השונים מגדילים את סבירותה של האפשרות שכל אחד מהפירושים הוא פרי תבונתו העצמית של כל חכם, ואינו נשען על מסורת שקיבל.[15]

14. מקור אפשרי נוסף לסיפורים מדרשיים הוא השראה אלוהית כלשהי. חז"ל מתארים זאת כ"סוד ה' ליראיו". ראו למשל סוטה ד ע"ב וסוטה י ע"א, שבהם מופיע ביטוי זה לתיאור ידע שמקורו נראה קרוב לנִסי.

15. כמובן, מתקבל על הדעת גם שכל חכם מציג דעה יחד עם ראיה מפסוק, ואת

בניגוד לכך, קשה להעלות על הדעת שתיאורו של רבי חייא את אברהם שובר את הפסילים הוא סיפור הבנוי מתוך הטקסט המקראי או מעשייה שהוא עצמו ברא יש מאין. אין במדרש ובסיפור המקראי די פרטים משותפים העשויים לאשש את האפשרות הראשונה. יתר על כן, פרטים מהסיפור מופיעים גם בהקשרים אחרים בספרות חז"ל, על כן סביר להניח שהסיפור מבוסס על מסורת מפורסמת שבעל פה.[16] במקרה זה לפחות, נראה הרבה יותר הגיוני להניח שרבי חייא קיבל את הסיפור בדרך המסורת שבעל פה מאשר שבדה אותו מלבו הוא.

תנועה ועריכה במסורות שבעל פה:
אופיים המתהווה והמורכב של טקסטים מדרשיים

מסורת שבעל פה אין פירושה בהכרח העברת הדברים מילה במילה, כפי שקורה בדרך כלל בטקסטים הלכתיים. אכן, חלקן הגדול של המשנה והגמרא מוקדש לניסיונות השחזור של לשונם המקורית של דברי הלכה ו/או זיהוי הקשרם המקורי, כדי לקבוע את ההשלכות המשפטיות המדויקות של כל אחד מהם. לעומת זאת, בתחום האגדה, שהשפעתו המעשית על ההלכה נדירה למדיי, רק לעתים רחוקות נוכל למצוא מאמץ כזה של שחזור. אדרבה, חז"ל עושים שימוש חופשי בגרסות שונות של אגדות ומדרשים, ומשלבים אותן בכל הקשר מתאים.

ההנחה שהסיפור על אודות אברהם השובר את הפסילים מבוסס על מסורה, פירושה שהסיפור נולד קודם זמנה של הגרסה שהובאה על

שתיהן קיבל בדרך המסורה. בתשובה לשאלה האם מדרש נגזר ממסורה או סברה, יכולים אנו אפוא לספק ניחושים מושכלים בלבד.

16. ראו ערובין נג ע"א, שם מוזכר נמרוד כמי שהשליך את אברהם לכבשן האש, וגם פסחים קיח ע"א מזכיר את הסיפור.

יש לציין גם שהסיפור על אודות אברהם המלגלג על עובדי עבודה זרה תוך התייחסות לגילם מופיע בירושלמי (ברכות ט, ב; סנהדרין יא, ה) על דמויות מקראיות אחרות.

ידי רבי חייא, ואולי אפילו לפני הגרסה שהייתה בידי אלה שהעבירו את הסיפור לרבי חייא. הרחבת סיפור שהועברה בעל פה סופרה שוב ושוב במגוון רחב של הקשרים ולמטרות רבות ושונות. מדרש שסופר לתכלית אחת במעמד מסוים, סופר אולי שוב במקום אחר ובצורה שונה, על מנת לשרת מטרה חדשה. סיפורו של רבי חייא על אברהם השובר את הפסילים איננו אפוא נחלתו הבלעדית; זוהי יצירה מתהווה – שצוחצחה וחודדה בידי דורות של חכמים שהשתמשו בה בהקשרים רבים ושונים, והטביעו בה את חותמם.

יהיה זה בהחלט סביר להניח שבסַפרו את הסיפור פעם נוספת, עיצב אותו רבי חייא מחדש, כשם שעשו קודמיו, באופן שידגיש רעיונות מסוימים, תוך שימור עיקרי הסיפור. לאור צביונה של התורה שבעל פה, היינו מופתעים אם חומרים מדרשיים לא היו עוברים שינויים מסוימים במהלך מסירתם מדור לדור. לא אחת מוצאים אנו מספר גרסות להרחבת סיפור אחת; חז"ל השתדלו עד מאוד לשמר את הגרסות השונות, דבר המעיד על כך שהרחבות סיפור רבות מבוססות על מסורה. הגרסות השונות משקפות שינויי מסורות שנשתמרו למטרות פרשניות או דרשניות כלשהן.

ראינו כבר שעורכי הטקסטים המדרשיים משפיעים על הבנתנו את המדרש דרך ההקשר שבו בחרו להציב אותו.[17] לדורות של חכמים יש סמכות לערוך את דברי הדורות שקדמו להם. עובדה זו, הבאה לידי ביטוי בשינויים הדקים בגרסות המדרשים, משקפת מה רב כוחו של המדרש כתורה שבעל פה. אם מדובר במסורת אם בסברה פרשנית, אין המדרש נועד להישאר טקסט קפוא על מדף. הוא תורה חיה שיש ללמדה חזור ולמד, ולטוותה בהקשרים שונים מההקשר המקורי שבו לימדו אותה לראשונה.

17. ראו בפרק יב דוגמה לאפקט של עריכה.

כלים להבנת הרחבת הסיפור

המבנה כמפתח להבנה

מורכבותה של סוגה זו מקשה עלינו לנסח מתודולוגיה פשוטה ואחידה לניתוחה, כשם שעשינו לסוגת המשל. בכל זאת, ישנם כלים ועקרונות שימושיים מסוימים העשויים לעזור לנו לגשת לסיפור המדרשי.

אחד מהכלים האלה הוא בדיקת מבנה הסיפור. כפי שראינו בסוגת המשל, יכול מבנה המדרש להוביל אותנו בדרך להבנתו. הקושי שבסוגת הרחבת הסיפור הוא שלכל סיפור מדרשי מבנה ייחודי משלו; מבנה המשל, לעומתו, קל יותר לזיהוי, בגלל היסודות הקבועים המופיעים בו תמיד, גם אם לעתים מסתבכת התמונה על ידי יסודות אחרים. אולם למרות מורכבותה של סוגת הרחבת הסיפור, יכולה רגישות למבנה שלה לתת בידנו כלי רב ערך שיסייע לנו לעמוד על משמעות הסיפור המדרשי, כלי שכבר עזר לנו בסוגת המשל.

הבחנה בין אירועים לסיפורים

כלי רב ערך נוסף לניתוח הסיפור המדרשי הוא אופן אחר של השאלה "למה לי?", שבה עסקנו בדיוננו במשל. השאלה סובבת סביב ההבחנה בין אירועים לסיפורים. כדי להבין את חשיבותה של הבחנה זו להבנת מדרש, נתבונן באירוע דוגמת תאונת דרכים. אין ספק שסיקור עיתונאי של אירוע כזה יהיה שונה מעדויותיהם של עוברי דרך, שגם הן תהיינה שונות האחת מחברתה. אפילו אם אין פקפוק באשר ליושרם של כל הדוברים, וגם אם העדויות מחזקות זו את זו בכל הנקודות החשובות, ישמור כל סיפור על ייחודו הוא, משום שכל מספר עיצב את דיווחו, במודע או שלא במודע, בהתאם לדרך האישית המסוימת שבה תפס את האירוע.

כלומדי מדרש, עלינו להיות ערים לכך שתהליך דומה מתרחש בעת סיפורו של הסיפור המדרשי. אם מדובר באירוע שהתרחש בפועל ואם לא, יש למחברו/יו של סיפור מדרשי עניין להעביר מסרים

וערכים מסוימים על ידי שימוש במדרש.[18] להשגת מטרה זו מעצבים הם כל מדרש בדרך המפנה את תשומת לבנו ליסודות מסוימים ולא לאחרים, מסמיכים או מפרידים פרטים או רעיונות שונים כדי להכריח את הקורא לחשוב על עניינים מוגדרים בהיבט של היחס ההדדי שביניהם. אם ברצוננו לרדת לעומקו של המסר המדרשי עלינו לשים לב ליסודות המבניים והרטוריים של כל סיפור, ולשאול את עצמנו מדוע בחר מחבר הטקסט לספר את הסיפור בדרך זו בדיוק.

"טעימת" הטקסט

תהלים לד, ט מאיץ בנו: "טַעֲמוּ וּרְאוּ כִּי טוֹב ה'...". דבר דומה ניתן לומר על הדרך לחוות את הסיפור המדרשי. הרחבות סיפור רבות מוכרות לנו כסיפורי ילדות או מכלי שני, וזו הסיבה שרק מעטות מהן קראנו ולמדנו ברצינות הראויה להן. עלינו להאט ולהתענג על המילים, "לטעום" את הלשון והמבנה של הסיפור המדרשי ולחוש את יופיים. ירידה לעומקם של המסרים המסתתרים מאחורי לשונם הפשוטה לכאורה של חז"ל, פותחת לנו שער לבוא בקהל קבוצת הקוראים השלישית שתיאר הרמב"ם – אלה שמאמציהם להבין את המדרשים מוכיחים שהם אכן מכבדים את חז"ל.

18. עניין זה נראה בעליל כשבוחנים גרסות שונות של אותו מדרש. השוו, למשל, את שמות רבה א, יב לשמות רבה כג, ח. שני המדרשים מספרים למעשה את אותו סיפור, כיצד שרדו הילדים את גזרותיו של פרעה, אם כי מוצעים הם כפרשנות לחלקים שונים של הסיפר המקראי. הראשון מפורט יותר ומתמקד במעשיהן של האימהות, בעוד השני מתאר את ההשפעה על הילדים. שינויים אלה משקפים את העובדה שהמדרשים משמשים כפרשנות לחלקים שונים של הסיפר המקראי.

פרק ט

חקירה של סיפור מדרשי: אברהם שובר את הפסילים

וַיֹּאמֶר יְהוֹשֻׁעַ אֶל כָּל הָעָם: "כֹּה אָמַר ה' אֱלֹהֵי יִשְׂרָאֵל: בְּעֵבֶר הַנָּהָר יָשְׁבוּ אֲבוֹתֵיכֶם מֵעוֹלָם, תֶּרַח אֲבִי אַבְרָהָם וַאֲבִי נָחוֹר; וַיַּעַבְדוּ אֱלֹהִים אֲחֵרִים" (יהושע כד, ב).

כל בוגרי מערכת החינוך בארץ מכירים לפחות גרסה כלשהי של הסיפור על אברהם השובר את הפסילים. המדרש מופיע באינספור מהדורות של סיפורי תנ"ך לילדים, וללא ספק הטביע כבר חותם עמוק בנשמת העם היהודי. למעשה, ישנם כאלה שעבורם זהו "סיפור התנ"ך" היחיד שהם מכירים או זוכרים.

אך רק מעטים למדו מדרש זה בנוסחו המקורי. עקב זאת, רואים בו בטעות מעשיית ילדים הנושאת מוסר השכל פשוט, ואילו האמת היא שמדובר בדיון באושיות היהדות, נושאים מורכבים הזוכים כאן לניתוח באזמל חד.

עם כל היותו של מדרש זה מוכר וכמעט נדוש, ראוי הוא לשמש דוגמה התחלתית מאירת עיניים לבחינת אופיו של הסיפור המדרשי.

לפשוטו של מדרש

בניתוח שלהלן נראה כיצד יכולה תשומת לב למבנה ולתכונות הרטוריות לחשוף את משמעותו של מדרש, מה שאין בכוחה של קריאה שטחית לעשות.

אברהם שובר את הפסילים

פסוקי בראשית יא, כו-לב מהווים הקדמה לסיפורו של אברהם, שמתחיל למעשה בציוויו של האלוהים אליו בפרק יב.[1] בשבעה פסוקים אלה מספרת התורה, בין היתר, שהרן, אחיו הצעיר של אברהם, מת "על פני תרח אביו" (בראשית יא, כח). בראשית רבה לח, יג, הסיפור על אברהם השובר את הפסילים, לוקח פסוק זה כנקודת מוצא, ומשתמש בלשון המוזרה "וימת... על פני תרח אביו" כפתיחה לסיפור הבא:

> וַיָּמָת הָרָן עַל פְּנֵי תֶּרַח אָבִיו
> רבי חייא בר בריה דרב אדא דיפו: תרח עובד צלמים היה. חד זמן נפיק לאתר, הושיב לאברהם מוכר תחתיו. הווה אתי בר אינש בעי דיזבן, והוה אמר ליה: בר כמה שנין את? והווה אמר ליה: בר חמשין או שיתין, והווה אמר ליה: ווי ליה לההוא גברא, דהווה בר שיתין ובעי למסגד לבר יומי, והווה מתבייש והולך לו. חד זמן אתא איתתא טעינה בידה חדא פינך דסולת, אמרה ליה: הא לך קרב קודמיהון. קם נסב בוקסלא בידיה ותבריהון לכולהון פסיליא, ויהב בוקסלא בידא דרבה דהווה ביניהון. כיוון דאתא אבוה אמר ליה: מאן עביד להון כדין? אמר ליה: מה נכפר מינך? אתת חדא איתתא טעינה לה חדא פינך דסולת ואמרה לי: הא לך קריב קודמיהון, קריבת לקדמיהון הווה דין אמר: אנא איכול קדמאי, ודין אמר: אנא איכול קדמאי. קם הדין רבה דהווה ביניהון נסב בוקסלא ותברינון. אמר ליה: מה אתה

1. אנא קראו קטע זה של פרק יא ואת הפסוקים הראשונים של פרק יב של ספר בראשית.

מפלה בי? וידעין אינון? אמר ליה: ולא ישמעו אוזניך מה שפיך אומר? נסביה ומסריה לנמרוד. אמר ליה: נסגוד לנורא! אמר ליה אברהם: ונסגוד למיא דמטפין נורא. אמר ליה נמרוד: נסגוד למיא. אמר ליה: אם כן, נסגוד לעננא דטעין מיא. אמר ליה: נסגוד לעננא. אמר ליה: אם כן, נסגוד לרוחא דמבדר עננא. אמר ליה: נסגוד לרוחא. אמר ליה: ונסגוד לבר אינשא דסביל רוחא. אמר ליה: מילין את משתעי. אני איני משתחווה אלא לאור. הרי אני משליכך בתוכו, ויבוא אלוה שאתה משתחווה לו ויצילך הימנו. הווה תמן הרן, קאים פלוג. אמר: מה נפשך? אם נצח אברהם, אנא אמר: מן דאברהם אנא, ואם נצח נמרוד, אנא אמר דנמרוד אנא. כיוון שירד אברהם לכבשן האש וניצול, אמרין ליה: דמאן את? אמר להון: מן אברהם אנא. נטלוהו והשליכוהו לאור ונחמרו בני מעיו, ויצא ומת על פני תרח אביו. הדא הוא דאמר: "וַיָּמָת הָרָן עַל פְּנֵי תֶּרַח אָבִיו".

ובתרגום לעברית:

וַיָּמָת הָרָן עַל פְּנֵי תֶּרַח אָבִיו

1. רבי חייא בן בנו של רב אדא של יפו:
2. תרח עובד צלמים היה.
3. פעם אחת יצא למקום [אחר], הושיב את אברהם מוכר [צלמים] תחתיו.
4. היה בא בן אדם ורוצה לקנות, והיה [אברהם] אומר לו: "בן כמה שנים אתה?"
5. והיה [הקונה] אומר לו: "בן חמישים או ששים".
6. והיה אומר לו: "אוי לו לאותו אדם שהוא בן שישים ורוצה לסגוד ל[דבר] בן יומו".
7. והיה מתבייש והולך לו.
8. פעם אחת באה אישה אחת טוענת קערה אחת של סולת.

9. אמרה לו: "הא לך והקרב לפניהם".
10. קם, נטל מקל בידו ושבר את כל הפסילים, ונתן את המקל ביד הגדול שבהם.
11. כיוון שבא אביו אמר לו: "מי עשה להם כך?"
12. אמר לו [אברהם]: "המכסה אני ממך?
13. באה אישה אחת טוענת קערה אחת של סולת ואמרה לי: 'הא לך והקרב לפניהם'.
14. הקרבתי לפניהם. היה זה אומר: 'אני אוכַל תחילה', וזה אומר: 'אני אוכַל תחילה'.
15. קם זה הגדול שביניהם, נטל מקל ושבר אותם".
16. אמר לו: "מה אתה משטה בי? ויודעים הם?!" [האם יש להם דעת?]
17. אמר לו [אברהם]: "ולא ישמעו אוזניך מה שפיך אומר?"
18. נטלו [תרח] ומסרו לנמרוד.
19. אמר לו [נמרוד לאברהם]: "נסגוד לאש".
20. אמר לו אברהם: "ונסגוד למים שמכבים אש".
21. אמר לו נמרוד: "נסגוד למים".
22. אמר לו [אברהם]: "אם כן, נסגוד לענן שטוען (=נושא) מים".
23. אמר לו: "נסגוד לענן".
24. אמר לו: "אם כן, נסגוד לרוח שמפזר את הענן".
25. אמר לו: "נסגוד לרוח".
26. אמר לו: "ונסגוד לבן אדם שסובל רוח".
27. אמר לו: "מילים [של שטות] אתה מדבר, אני איני משתחווה אלא לאוּר. הרי אני משליכך בתוכו, ויבוא אלוה שאתה משתחווה לו ויצילך הימנו".
28. היה שם הרן עומד, חלוק (=חצוי).
29. אמר: "מה נפשך,[2] אם אברהם מנצח, אומַר: 'מִשל אברהם אני', ואם נמרוד מנצח, אומַר: 'משל נמרוד אני'".

2. פירוש ביטוי זה, על פי ההקשר, הוא "מה זה מְשַנֶּה?". הוא משמש בדיונים

30. כיוון שירד אברהם לכבשן האש וניצול, אמרו לו: "משל מי אתה?", אמר להם: "משל אברהם אני".
31. נטלוהו והשליכוהו לאור, ונחמרו (=נצרבו) בני מעיו
32. ויצא ומת על פני תרח אביו.
33. זהו שנאמר: "וַיָּמָת הָרָן עַל פְּנֵי תֶּרַח אָבִיו".

שימוש במבנה ככלי פרשני

לימוד המשל והדיון בסיפור המדרשי (פרק ח) הבהירו לנו עד כמה חשוב המבנה להבנת המסר של מדרש. אולם, בעוד צורת המשל מוגדרת היטב מבחינה מבנית, לכל הרחבת סיפור מבנה מיוחד משלה. עובדה זו מקשה על ההחלטה כיצד לחלק סיפור נתון.

אך במדרש זה מזדקר מייד אחד מיסודות המבנה – הסיפור מורכב, כמעט ללא יוצא מן הכלל, משיחות בין אברהם לדמויות האחרות, תכונה המאפשרת לנו לראות די בקלות כיצד הוא מאורגן.

בנוסף לכך, יש לסיפור ארוך ומפורט זה נקודת מפנה מוגדרת היטב: הרגע שבו מוסר תרח את אברהם לנמרוד, שליט אור כשדים (שורה 18). בשל היותה כה מכרעת, מסבה נקודת מפנה זו את תשומת לבנו לניגוד העצום בין חלקו הראשון של הסיפור לחלקו השני (אכן, רבים זוכרים סיפור זה כשני סיפורים שונים). הסביבה והאווירה של שני החצאים נבדלות זו מזו באופן חד: הסביבה הפרטית של חנותו של תרח בחציו הראשון של הסיפור לעומת המתחם הציבורי של ארמון נמרוד שבחצי השני. האווירה הקלילה של החלק הראשון אף היא עומדת בניגוד דרמטי לשיא האימתני בחלק השני. כוחו של מדרש זה נובע חלקית מהסמכת שני חצאי הסיפור זה לזה, ומהחיבור שנעשה ביניהם.

ההלכתיים שבתלמוד במובן של "תהא אשר תהא דעתך...", או "בכל מקרה...", ובדרך כלל עומד לפני טיעון בעל תבנית כזו: "תהא אשר תהא דעתך ביחס ל־א', היית בוודאי אומר ב'".

את הסיפור ניתן אפוא לחלק כך:

(שורות 2-3)	תרח משאיר את בנו אברהם אחראי על עסקיו, ומכשיר את הקרקע לבאות.
(שורות 4-7)	תיאור תמציתי ומסוגנן של דו־שיח אופייני בין אברהם ולקוחות אביו.[3]
(שורות 8-9)	מפגש אברהם והאישה.
(שורה 10)	אברהם שובר את הפסילים.
(שורות 11-17)	הדו־שיח של אברהם עם אביו (כולל הדו־שיח הבדוי בין הפסילים בשורות 14-15).
(שורה 18)	תרח מוסר את אברהם לנמרוד.
(שורות 19-27)	הדו־שיח בין אברהם לנמרוד.
(שורות 28-29)	הדו־שיח הפנימי של הרן.
(שורה 30)	המונולוג (חד־שיח) של הרן ותומכי נמרוד.
(שורות 31-32)	מות הרן "על פני תרח אביו".
(שורה 33)	חזרה לטקסט המקראי באמצעות הפסוק המקשר סיפור זה לתולדות אברהם.

דו־משמעות לשונית המשקפת דיסוננס קוגניטיבי[4]

השורה הראשונה של הסיפור (שורה 2) מכשירה את הקרקע לבאות, באומרה ש"תרח עובד צלמים היה". המילה "עובד", ששתל רבי חייא

3. מספר רמזים בטקסט מצביעים על כך שהדו־שיח הזה מייצג כמה שיחות כאלה, ולא חילוף דברים מסוים אחד. הראשון הוא השימוש בצורת התנאי ההיפותטי ("היה בא", "היה אומר"), תוך שימוש במילה "הווה" במקור הארמי, במקום שימוש בעבר רגיל. ראו גם את שורה 5 שלבטח אינה מענה של אדם אחד. ורמז אחרון, שימו לב שהמפגש של אברהם עם האישה נפתח במילים "פעם אחת", ללמדך שהמפגש עמה – בניגוד לאלה שקדמו לו – הוא ייחודי.
4. התחושה הנוצרת בנפשו של אדם המאמין בעמדה מסוימת אך פועל בצורה הסותרת עמדה זו (בעברית: צריר הכרני) (הערת המתרגם).

במקור, היא משחק מילים חכם שנוצר במעבר בין שפה אחת לחברתה. השורש עב"ד פירושו בעברית "עשיית מלאכה" או "פולחן דתי", אך בארמית פירושו "עשייה" או "יצירה" של דבר מה. בהקשר העברי של המשפט הראשון בסיפור, תרח הוא אפוא **עובד** אלילים, ואילו בהקשר הארמי של המשך הסיפור הוא **יצרן** של אלילים. ההיגיון המעוות שבעמדתו של תרח אינו אלא בבואה של הצריר ההכרני הכללי השולט בחברה המתוארת במדרש זה.

הדו־שיח הראשון: אברהם והקונים

דיסוננס קוגניטיבי זה בא לידי ביטוי עז בדו־שיח הטיפוסי שבין אברהם ובין לקוחותיו של אביו (שורות 4-7). אברהם מנסה לעורר את תודעתם לגיחוך שבמעשיהם; כיצד יכול אדם בעל ניסיון חיים של שנים רבות לסגוד לחפץ שנוצר רק אתמול? טיעון זה נשמע לנו הגיוני עד מאוד, ואכן, אין שום קונה המנסה להפריכו. נהפוך הוא, המדרש מספר שהאדם שעמו התווכח אברהם "היה מתבייש והולך לו" (שורה 7).

מרשימה ביותר העובדה, שרבי חייא בוחר לאפיין את תגובתו של הקונה במונחים של בושה דווקא. פירוש הדבר שאין אברהם מגלה ללקוחות אביו משהו שעד עתה לא ידעו. אם היה אברהם מחדש להם משהו, היינו מצפים לתגובה של הלם מצדם ("אני נדהם לשמוע דברים כאלה!"), או כעס ("איזו חוצפה! איזה חילול הקודש!"), או אולי של פליאה ("אתה יודע, אף פעם לא חשבתי על זה"), או אפילו של תודה ("אני מודה לך על הדברים המחכימים"). כל אחת מתשובות אלה היה בה כדי להעיד שהקונים הם אכן מאמינים אמתיים, שטיעונו של אברהם קורא תיגר על עבודת האלילים שלהם. דו־שיח זה חושף את האמת במערומיה – כל מי שהיה רוכש פסל היה מודע מראש לרמייה שבעבודת אלילים. מסתבר **שקוני** האלילים היו ממשיכים **לעבוד** אותם אך ורק מטעמים של שמירה על מוסכמות ו/או סיבות תועלתיות. קשה לעקור מלבם של לקוחות תרח את עבודת האלילים,

על אף שאינם מאמינים בה, אך אפשר ואפשר לבייש אותם, כפי שאכן עושה אברהם, על ידי חשיפת השקר החבוי מתחת להסדר חברתי נוח.

הדו־שיח השני: אברהם והאישה

הקטע הבא של המדרש (שורות 8–10) מציג בפנינו תמונה שונה לחלוטין. שלא כדו־שיח המורכב הקודם, האמור לייצג שיחות רבות כאלה, מפגש זה הוא ייחודי.[5] כנגד אברהם מתייצבת הפעם אישה, הדמות הנשית היחידה בסיפור. ולעומת אלה הבאים **לקנות** פסילים, נכנסת אישה זו לחנות במטרה ברורה **לעבוד** אותם. ולבסוף, שלא כמו רובו הגדול של הסיפור, אין מעמד זה כולל חילופי דברים.

חשיבותו המכרעת של מעמד זה ליתר הסיפור ברורה, לאור תגובתו של אברהם אליו. לאחר המפגש עם האישה שובר אברהם את הפסילים, מעשה קיצוני ביותר וחסר כל פשרות, המוביל להשלכתו של אברהם לכבשן האש על ידי נמרוד. מה קורה בפגישה של אברהם עם האישה שמחולל שינוי באווירת השכנוע ההגיוני ששררה בקטע הקודם של הסיפור?

דומני שהסיבה להיותו של המפגש בין אברהם לאישה כה דרמטי היא שזהו העימות הראשון שלו עם דמות בעלת אמונה אמתית באלילים. בניגוד ללקוחות של אביו, אין אישה זו מבקשת להחזיק בביתה אֵלים בשל היענות ל״צו האופנה״ השורר בחברה, אלא לעובדם כמעשה של הקרבה עצמית ואדיקות דתית. היא פועלת מתוך דחף שגוי שכלית, אך יש לה כוונות רוחניות טהורות ורגשות מוצדקים, המזכירים את התשוקה והמחויבות של אברהם עצמו כלפי ה׳. בתור הדמות הנשית היחידה בסיפור, מייצגת האישה רגש ודבקות טהורים, בניגוד קוטבי לשכלתנות ולדו־פרצופיות המאפיינות את לקוחותיו של תרח.

אברהם, כפי שהוא מוצג בידי רבי חייא, אינו עושה מצדו שום

5. ראו הערה 3.

ניסיון להתווכח עם האישה, כשם שעשה עם הקונים בדו־שיח הקודם, ויש לנו סיבות טובות להניח שלא שבר את הפסילים בנוכחות האישה. אם היה עושה כך, לא ייתכן שכמאמינה אמתית לא הייתה האישה מגיבה, ואכן, אין כל אזכור בסיפור לתגובה כזו. אולי, אין הסיפור מראה לנו ויכוח בין אברהם לאישה, כיוון שניסיון שכנוע שכלי של מאמין אמתי עשוי לעורר התנגדות וכעס, או עלול לשבור את רוחו של המאמין. אברהם מבין שהבעיה איננה שאיפתה של האישה לפולחן, אלא בכך שאין בחברה שבה היא חיה שום תכלית ראויה שאליה יכולה היא להפנות שאיפה זו. הפתרון היחיד הוא ניתוץ האלילים והכרזת מלחמה על הצביעות השולטת בעולמו של תרח אביו.

הדו־שיח השלישי: אברהם ותרח

תרח שב לביתו ומגלה את הנזק לסחורתו. בדו־שיח שמתפתח (שורות 17-11) מתגלה שנית הסתירה הטמונה בעמדתו. כבר משאֵלתו הראשונה, "מי עשה להם כך?" (שורה 11), ברור שאין הוא אפילו משתעשע ברעיון שיש לפסילים כוח לפעול, אף על פי שאברהם "שתל את הראיה" ביד הגדול שבהם.

תשובתו של אברהם (שורות 12-15) היא תוכחה מחוכמת ושנונה כלפי אביו. תוך ניצול המצב האמתי שדחף אותו לשבור את הפסילים, הוא בונה תרחיש דמיוני שבו רבים הפסילים על תקרובתה של האישה עד ששובר הגדול שבהם את כל השאר (שורות 13-15). סיפור זה משיג שני דברים. אברהם מתמרן את אביו לידי הודאה שהוא עצמו אינו מאמין בכוחם של האלילים: "מה אתה משטה בי? ויודעים הם?" (שורה 16). וחשוב עוד יותר, אברהם חושף כאן את אכזריותה של המערכת האלילית, המושתתת על ראיית האלים כיצורים תאוותניים, יריבים איש לרעהו, הנלחמים – כמוהם כבני האדם – זה בזה, וכל רוממותם יסודה בהפעלת כוח ואלימות. לאמתו של דבר, עשויים האלים של תרח "בצלמו של האדם". התמונה אינה יפה כלל.

ברוגזו, דוחה תרח את סיפורו הבדוי של אברהם מכול וכול. את תגובתו של אברהם לכך ניתן לקרוא כניסיון נואש לחדור מבעד לשריון ההונאה העצמית שעוטה אביו על עצמו מרצונו הוא: "ולא ישמעו אוזניך מה שפיך אומר?" (שורה 17). טענתו של אברהם ניצחת, ושתיקתו של תרח מוכיחה בעליל שאין עליה תשובה. אלא שלא כמו לקוחותיו, אין תרח יכול פשוט ללכת לו ולהימלט מהמצב. אברהם אוסר מלחמה על ערכי אביו, ומעשיו מהווים איום כה גדול, עד שתרח, כהורה, מבצע את מעשה הבגידה הגדול ביותר – הוא מוסר את אברהם לידי השלטונות (שורה 18).

מטרתו של תרח בהבאת אברהם לארמון נמרוד אינה ברורה לגמרי. האם הוא מנסה רק להפחיד את אברהם כדי להכניעו? האם ברצונו שאברהם ייענש? האם הוא מקווה שנמרוד, בעל סמכות גדולה ממנו, יצליח להביא את אברהם לידי הודאה בטעותו? תהא מטרתו אשר תהא, נוקט פה תרח צעד רציני שכזה משום שאינו רואה שום אפשרות אחרת; אין ביכולתו להתמודד לבד עם חתרן מסוכן כאברהם, ועל כן הוא מוסר אותו לנמרוד, למרות הכרתו בכוחו של המלך לחרוץ את גורל נתיניו לחיים ולמוות.

היינו מצפים מתרח לגלות אהבת אב בלתי אנוכית, אך לא אלה הם מניעיו למעשה זה. אדרבה, תגובתו נובעת מהשאיפה להגן על עצמו, על רכושו ועל מעמדו בחברה. אולם בבחירתו בדרך פעולה זו, מסכים תרח בלא יודעין להעמדתו לדין של אברהם: תרח מאמין שהכוח קובע ולא הצדק. האלים שלו הם התגלמות כל ערכי חברתו.

הדו־שיח הרביעי: אברהם ונמרוד

במבט ראשון, נראה הדו־שיח שבין אברהם לנמרוד (שורות 19-27) כחותר תחת ביקורתו החברתית של אברהם. תחילה, מופיע נמרוד כסובלני להפליא כלפי אברהם. כשנמרוד אומר לאברהם לסגוד לאש (האלוה האישי של נמרוד, כפי שמתברר) ואברהם מעלה הצעה הגיונית יותר לסגוד למים, משום שהם מכבים את האש, מסכים נמרוד להצעה.

חילופי דברים אלה פותחים שרשרת בנוסח ״חד גדיא״,[6] כשבכל חוליה מציע אברהם אלוה נוסף לסגוד לו, חזק יותר מהקודם, ונמרוד מקבלו ללא עוררין. עד שורתו האחרונה של הדו־שיח, שבה מודיע נמרוד לאברהם שהוא ישליך אותו לאש (שורה 27), נשמעת השיחה בין אברהם לנמרוד כהד לרוח ההיתולית של הדו־שיח בין אברהם ללקוחות אביו, ולתרחיש הלגלגני שהכין אברהם לאביו.

רבי חייא בונה את סיפורו על מנת להזמין את הקורא לצחוק על האי־עקביות והסתירות הפנימיות שבעבודת אלילים, המתגלות בשלוש השיחות הללו. אולם, חשוב לשים לב שרק בראשונה שבהן אכן קלילה האווירה; השיחות של אברהם עם לקוחות אביו נגמרות בקצת בושה שנקנתה ביושר, ולא במשהו גרוע יותר. לעומת זאת, נצבעת הרוח ההיתולית של הדיאלוגים עם תרח ונמרוד בגוונים קודרים, לנוכח סופם של מעמדים אלה. אברהם מנצח את אביו בדיבור, אך תרח גומל לאברהם בהבאתו למצב מסוכן מאוד. בדומה לכך, נראה נמרוד כהולך יד ביד עם אברהם המגחיך את מוסד האלילות עד עפר, אך אין לו כל כוונה אמתית להרשות לאברהם לנצח בוויכוח.

הצגת ההתנצחות בין אברהם לנמרוד בדרך זו מאפשרת לרבי חייא להמחיש לנגד עינינו את אגרוף הברזל הקפוץ הנתון בכפפה של משי של עבודת אלילים. נמרוד מגלה סובלנות לשיטת ״קח־מכל־הבא־ליד״ שמציע אברהם לבחירת אלוה, כיוון שפוליתיאיזם (ריבוי אֵלים) הוא השקפת עולם סובלנית, באופן עקרוני, לפחות מבחינות מסוימות. כל אחד יכול לבחור לו אל ממאגר בלתי נדלה כמעט, ולעבוד מספר גדול של אלים ככל שיחפוץ, בשל ריבוי הרָשויות המונח בבסיסו של הפוליתיאיזם. אלא שהאידיאולוגיה המצמיחה שפע אלים שכזה איננה חיובית במציאות, ואין היא מעודדת סובלנות אמתית; האלים מתוארים ככוחות אלימים השרויים במאבק נצחי זה עם זה, ואין ביחסם לאנושות אפילו קורטוב של נדיבות. חלק גדול

6. שקנה אבא, ונאכל בידי החתול, שנאכל אחר כך על ידי הכלב וכו׳.

מהמיתולוגיה (סיפורי אלים) של הדתות הפוליתיאיסטיות מתאר יחסי גומלין של נקמנות וקנאה בין האלים לבין עצמם ובינם לבין בני האדם, והפולחן של דתות אלה כולל בעיקר טקסי פיוס של האלים המסוכנים הללו. הדעה השלטת בעולם האלילי היא, שהעולם הוא מקום מסוכן, ששוררים בו כוחות גדולים ועצומים שיש לפייסם. כוח הוא אל.

הלך רוח אלילי חיוני לשמירת כוחו של נמרוד. הוא משתית את שלטונו על שימוש בכוח, לכן זקוק הוא לנתינים היראים מפני כוח והסוגדים לכוח.[7] כפי שמשתמע מהסכמתו של נמרוד להצעותיו השונות של אברהם בתחילת הדו־שיח, לא משנה לו איזה אל בוחר אברהם, בתנאי שאינו דוחה את יסודות הפוליתיאיזם. מונותיאיזם (אל אחד) הוא האיום היחיד על שלטונו של נמרוד, כיוון שהוא מצייר תמונת עולם החותרת תחת פולחן הכוח ותחת היראה מפני הכוח. אמונתו של אברהם באל אחד, נדיב, המתייחס לבני האדם על פי מעשיהם, מערערת מן היסוד את ערכיה של חברה המתנהלת על בסיס תחרותי והרואה בַּכוח ערך מוחלט ועליון.

נמרוד סובלני עד לנקודה שבה רומז אברהם שהוא מסרב לקבל את המסגרת ואת הנחות היסוד של האמונה המקובלת בחברתו. אברהם עושה זאת כשהוא סוגר את מעגל טענותיו במסקנה הבלתי נמנעת: "ונסגוד לבן אדם שסובל רוח" (שורה 26). כמו בדו־שיח עם תרח, מביע כאן אברהם שני רעיונות: ראשית כול, הוא חושף את העיוותים ההגיוניים של החשיבה הדתית הפוליתיאיסטית. שנית, וחשוב יותר, הוא אומר לנמרוד שכל היומרות הדתיות שלו אינן אלא אמתלה שמטרתה שמירה על מעמדו. בסופו של דבר, מרמז אברהם, אתה משתוקק לעבוד את עצמך, ועבודת אלילים מספקת לך אצטלה מושלמת למעשיך; כל הדת שלך מצטמצמת ל"עבודת האדם", ליתר דיוק, עבודת עצמך. כשם שכבר הראה אברהם לאביו

7. לאור זאת, אין פלא שהאש היא האלוה של נמרוד. מיומנות השימוש באש מסמנת את ראשית הטכנולוגיה האנושית ואת השליטה על סביבת המחיה.

שהאלים שלהם הוא סוגד, לא זו בלבד שאין בהם כוח, אלא שהם גם תמונת ראי של חברה אכזרית, כך מראה הוא עתה לנמרוד שהשקפתו הדתית היא הבל הבלים ושנמרוד עצמו מושחת. וכמו תרח, המגיב בכוח כשמעשיו של אברהם מאיימים על פרנסתו ומעמדו החברתי, מוצא נמרוד דרך פשוטה להגן על בסיס כוחו: להיפטר מאברהם – או לפחות לנסות לעשות כן.

דברי נמרוד לאברהם בנקודה זו משמעותיים ביותר: ״מילים [של שטות] אתה מדבר, אני איני משתחווה אלא לאוּר. הרי אני משליכך בתוכו, ויבוא אלוה שאתה משתחווה לו ויצילך הימנו״ (שורה 27). כמו בדו־שיח שבין תרח ואברהם, אין נמרוד מתאמץ לסתור את טיעוניו של אברהם על סמך ההיגיון, וגם אינו מנסה לפרוט על רגש האדיקות הדתית, או על נימת מסורת אבות, או אפילו על זכותו כמלך לצוות על נתיניו לכבדו. הציניות של נמרוד גדולה מזו, ואין פה כל ניסיון להסתירה, אפילו לא בכסות עלה תאנה. נמרוד בעצם אומר בפשטות: ״החרב חזקה מהחרט. היותך צודק אינה משנה מאומה, כי בידי הכוח להרוג אותך. לא הצלחתי לשכנע אותך, אך למי אכפת? הרי הכוח יענה את הכול״.

רבי חייא טווה את המדרש כך שהדו־שיח בין אברהם לנמרוד הוא הארוך ביותר בכל הסיפור, אולי מכיוון שבדו־שיח זה באה התפיסה האלילית לביטויה המלא ביותר, האלים ביותר, ובצורה המפורשת ביותר. אם הביא חלקו הראשון של הסיפור את הקורא לשגות באשליה שעבודת אלילים אינה אלא שגיאה מטופשת, בא חציו השני ומראה את עוצמתה ההרסנית.

המונולוג הפנימי של הרן

בשלושת הקטעים הבאים של הסיפור למדים אנו שחילופי הדברים בין אברהם לנמרוד נערכו בנוכחות קהל. הרן, אחיו של אברהם, נמצא שם, וכן תרח, וכמה מאנשיו של נמרוד (שורות 28–32).

כשמובל אברהם הכופר לשרפה בכבשן האש, ״היה שם הרן

עומד, חלוק" (שורה 28). יש להניח שמכל עדי הראייה לוויכוח של אברהם עם נמרוד, הוא היחיד המוכן לשקול את האפשרות שאולי אברהם צודק. מניעיו של הרן אינם ברורים. נאמנות לאחיו? סקרנות אינטלקטואלית? תשוקה לראות בתבוסתו של נמרוד? מכל מקום, הלשון שבה מבטא הוא את התחבטותו הפנימית משמעותית ביותר: "מה נפשך, אם אברהם **מנצח**, אומַר: 'מִשל אברהם אני', ואם נמרוד **מנצח**, אומַר: 'מִשל נמרוד אני'". ברור שאין הרן פועל מתוך אותו שכנוע עמוק המניע את אברהם. יתרה מזאת, בנפשו של הרן שולטים עדיין המושגים של כוח ותחרותיות השוררים בחברתו; אברהם צודק רק אם הוא מנצח, והרן יתייצב לצדו רק על בסיס זה. הרן אמנם רחוק מאוד מעמקותו הרוחנית ותעוזתו המוסרית הגדולה של אברהם, אולם ניתן לראות מידה מסוימת של עצמאות הרוח בנכונותו להעלות על דעתו רעיון שאף אחד אחר אינו מוכן בכלל לדמיין.

תגובת הצופים

החלק המרשים ביותר של הסיפור, כפי שטווה אותו רבי חייא, הוא אולי סופו (שורות 30–32). לא ייאמן, אך לא נראה שהעובדה שאברהם שורד במשפט האש שנגזר עליו משפיעה על מי מהצופים בארמון נמרוד. אפשר לראות זאת מתוך חקירתם את הרן, ומנכונותם להשליכו לאש כשתשובתו שמה אותו במחנה של אברהם. לא נראה שהתרשמו בכלל מהנס הגלוי שהתרחש לנגד עיניהם, וכן אין כל סימן לכך שחוששים הם מהילוך חוזר של התסריט בכיכובו של הרן.

מעניין שהנס, שהיה עשוי להיות מוצג כמוקד הסיפור, זוכה למילים ספורות בלבד מצד רבי חייא עצמו. השיחות של אברהם עם מתנגדיו השונים מתוארות בדקדקנות לפרטיהן, ואילו נס ההצלה שלו ממוות נורא מסופר במשפט קצר בן שש מילים המהווה פתיח של תיאור זמן/נסיבות לדו־שיח של הרן עם חוקריו (שורה 30). יתר על כן, תוך שמירה על סדר הזמנים של הטקסט המקראי, אין רבי חייא מכניס את נוכחות האלוהים לסיפור, אלא במשתמע בלבד. "האלוה

שאברהם משתחווה לו" בא ועומד לימינו, אולם אין הסיפור מספק לנו כל סיבה לחשוב שאברהם מצפה לכך.

מדוע אורג רבי חייא את הסיפור בדרך זו? אולי משום שרצה להפנות את תשומת לבנו לנס האמתי של הסיפור: לא ההתערבות משמיים שמצילה את אברהם ממוות בטוח, אלא האמונה, המעמידה את אברהם במסלול התנגשות עם חברתו, וגדולתו המוסרית, המביאה אותו לנכונות למות על אמונתו. תכונות אלה מבליטות את ייחודיותו של אברהם לעומת כל האחרים, כולל הרן. החברה כולה רואה בכוח את תכלית הטוב, ומעדיפה תועלתיות על פני עקרונות.

לאור זאת, לא קשה להבין מדוע אין הנס הגדול של הצלת אברהם סודק ולו במעט את מעטה הציניות של נמרוד ותומכיו. כפי שראינו אצל לקוחותיו של תרח, ואצל תרח עצמו, העובדה שדבר מה הוא אמתי או נכון חשובה בעיניהם של נמרוד ואנשיו כקליפת השום. צדקתו של אברהם ידועה להם עוד לפני התרחשות הנס; נמרוד, אחרי הכול, אינו מנסה להפריך את טיעוניו של אברהם משיקולי היגיון או אמונה. התערבותו הנסית של ה׳ לטובת אברהם איננה מלמדת את נמרוד ותומכיו משהו שלא ידעו קודם לכן. הם פשוט אינם רוצים לשנות את דעתם, משום שכדי לעשות זאת יהיה עליהם לבנות מחדש את חייהם ואת חברתם באופן שלא היו רוצים להתנסות בו. אין להם כל רצון להתמודד עם ההשלכות הנובעות מאמונתו של אברהם, לכן מתעלמים הם מההיגיון, מנאמנות משפחתית ומִנִּסים – מכל דבר המאיים על המצב הקיים והנוח. התעלמות זו משתקפת בשאלה שנשאל הרן: "משל מי אתה?". מה שחשוב בארמון נמרוד אינה דעתו של הרן על מה שקרה אלא למי שומר הוא אמונים: לאברהם המייצג את האמת הבלתי נוחה, או לזרם המרכזי של החברה.

מות הרן

הדרך שבה מת הרן מדגישה בפנינו את ההבדל התהומי שבין אברהם והרן: "נטלוהו והשליכוהו לאור, ונחמרו בני מעיר" (שורה 31). בהנחה

שהרן, כאברהם, מוכן להתייצב באומץ מול זעמה של החברה, עשוי הקורא לתמוה מדוע אין הרן זוכה להינצל בנס כאברהם. ברם, הדרך שבה מת הרן, כמו הדו־שיח הפנימי החושף בפנינו את תהליך קבלת ההחלטות שלו, מראים לנו שהרן רחוק ממעלתו הרוחנית של אברהם. שלא כמו אברהם, העשוי מקשה אחת, הרן "חלוק". במבט שטחי, נראה הוא אולי כאברהם, ואמנם גופו לא נשרף – הוא מסוגל לצאת מהכבשן ולמות "על פני תרח אביו". אולם, במבט פנימי, הרן מושחת והאש צורבת את קרביו. בחיי הרן, כשאר החברה, שולטת התועלתיות. מה שנראה תחילה כאומץ לב מוסרי אינו אלא השאיפה להיות לצדו של המנצח במאבק כוחות. מות הרן הוא תוצאה בלתי נמנעת של הדרך שבה חי את חייו.[8]

באותו אופן, מבין רבי חייא את מותו של הרן כתוצאה בלתי נמנעת של הדרך בה חי תרח את חייו. עבור תרח, מותו של הרן אינו רק האסון של אב הקובר את בנו. אובדנו של בן זה הוא גם תוכחה, כיוון שגורלו המר של הרן הוא סופו של תהליך שמּוּנָע על ידי צביעותו הדתית של תרח ועל ידי בגידתו בתפקידו כאב, כשהוא מוסר את אברהם לידי נמרוד. בשעה שמגיעים אנו למשפט הסוגר את הרחבת הסיפור הזו, קוראים אנו מחדש את הפסוק המקראי, ורואים אל מול עינינו את משמעותו בתמונה חיה ומפחידה: "נטלוהו והשליכוהו לאור, ונחמרו בני מעיו ויצא ומת על פני תרח אביו. **זהו שנאמר: 'וַיָּמָת הָרָן עַל פְּנֵי תֶּרַח אָבִיו'**".

היבטים פרשניים של הסיפור

על אף שיכולים אנו להבין את פשוטם של הפסוקים בבראשית יא, כו-לב מבלי להסתייע במדרש זה, קשור הוא אורגנית לטקסט המקראי. אין

8. הרן הוא אבי לוט. התיאור של הרן במדרש שלפנינו עושה כברת דרך ארוכה לקראת הסבר למה אין לוט יורש את אברהם. כמו אביו, גם חיי לוט נשלטים בידי התועלתיות ולא על ידי עקרונות.

בהרחבת הסיפור שום דבר הסותר את הסיפור המקראי, ופרטים רבים של הטקסט המקראי מתחברים יפה זה לזה בעזרתו. העיקרי שבהם הוא כמובן המילים המוזרות "עַל פְּנֵי תֶּרַח אָבִיו" (בראשית יא, כח). אך גם פרטים נוספים מתבהרים יותר לאורו של מדרש זה. לדוגמה, למה עוזב תרח את ביתו ויוצא לארץ כנען בתקופה היסטורית שבה היו הגברים שבחברה עוזבים את מקום הולדתם רק בשעות חירום כמו מלחמה ורעב? מדוע לוקח אתו אברהם את לוט, בנו של הרן, במסעו לארץ כנען, לאחר מות תרח, ולמה נראה לוט כמשתוקק ללוות אותו (בראשית יב, ד-ה)? דבר אחרון, זה אחד מהמדרשים הרבים הממלאים פער גדול בסיפורו של אברהם, קרי: מניעיו של ה׳ בבחירת אברהם לשאת את בשורת ה׳ לעולם. כפי שציינו בדיוננו במשל של עובר האורח והבירה (פרק ג), אין שום דבר בסיפור המקראי שבסוף פרק יא בבראשית המכין אותנו לקריאתו של ה׳ לאברהם בבראשית יב, א. בניגוד לנח, המזוהה כאיש צדיק שמצא חן בעיני ה׳, אברהם הוא בגדר חידה בתחילת סיפורו. בחירתו של ה׳ בנח כבונה התיבה מובנת לאור מה שסופר עליו; מה שידוע לנו על אברהם הוא רק מקומו בעץ המשפחתי, שהוא נשוי לאישה עקרה ששמה שרי, ושהוא מלווה את אביו במסע לכנען. מדרש זה מסייע לנו להבין מדוע בוחר ה׳ באברהם. אברהם של סיפורו של רבי חייא מפגין ללא ספק את היותו ראוי לבחירה, הן באמונתו הן באופיו.

פרק י

יישוב בעיה:
משה וקולו של אביו

באותה שעה [שניסתה אשת פוטיפר לפתות את יוסף]
באתה דיוקנו של אביו ונראתה לו בחלון...
(סוטה לו ע״ב).

תפילת העמידה פותחת בברכה שבה פונים אנו אל ״אלוהינו ואלוהי אבותינו״, מילים שמחברות את הקשר האישי שלנו עם ה׳ למסורת אבות. המנגנון המעביר התחייבות הנובעת ממורשת דורות למחויבות אישית אפוף מסתורין וקשה לתארו.

פרקים ג ו־ד של ספר שמות מספרים על הקדשתו של משה לנביא.[1] מפגשו של משה עם ה׳ בגיל שמונים בא לאחר שנים רבות של פרידה ממשפחתו, בעקבות בריחתו ממצרים בהיותו צעיר. שני

1. כדי להקל על הבנת הדיון המדרשי, אנא קראו את כל פרק ג בספר שמות.

המדרשים הבאים עומדים על הקשר בין מידת הכנתו של משה לנבואה ובין קולו של אביו.

הפירוש המדרשי:

וַיֹּאמֶר: "אָנֹכִי אֱלֹהֵי אָבִיךָ, אֱלֹהֵי אַבְרָהָם, אֱלֹהֵי יִצְחָק וֵאלֹהֵי יַעֲקֹב"; וַיַּסְתֵּר מֹשֶׁה פָּנָיו כִּי יָרֵא מֵהַבִּיט אֶל הָאֱלֹהִים (שמות ג, ו).

שמות רבה ג, א מפרש:

1. וַיֹּאמֶר: "אָנֹכִי אֱלֹהֵי אָבִיךָ..."
הדא הוא דכתיב: "פֶּתִי יַאֲמִין לְכָל דָּבָר..." (משלי יד, טו).
מהו פתי? נער.
שכן בערביא קורין לנער פתיא.
דבר אחר:
אין פתי אלא לשון פיתוי, כמה דתימא (= כמו שנאמר): "וְכִי יְפַתֶּה אִישׁ..." (שמות כב, טו).
אמר רבי יהושע הכהן בר נחמיה:
"בשעה שנגלה הקדוש ברוך הוא על משה, טירון היה משה לנבואה.
אמר הקדוש ברוך הוא:
'אם נגלה אני עליו בקול גדול, אני מבעתו (= מפחידו),
בקול נמוך, בוסֵר (= אדיש) הוא על הנבואה'.
מה עשה?
נגלה עליו בקולו של אביו.
אמר משה: 'הנני, מה אבא מבקש?'
אמר הקדוש ברוך הוא:
'איני אביך, אלא אלוהי אביך.
בפיתוי באתי אליך, כדי שלא תתיירא.
[אני] אלוהי אברהם, אלוהי יצחק, ואלוהי יעקב'.
שמח משה ואמר:

’הא! אבא נמנה עם האבות,
ולא עוד אלא שהוא גדול [שבהם], שנזכר תחילה!’”.

סופה של הרחבת סיפור זו מופיע, לאחר מספר פסקאות, בשמות רבה ג, ז:[2]

וַיֹּאמֶר עוֹד אֱלֹהִים אֶל מֹשֶׁה: ”כֹּה תֹאמַר אֶל בְּנֵי יִשְׂרָאֵל, ה׳, אֱלֹהֵי אֲבֹתֵיכֶם, אֱלֹהֵי אַבְרָהָם, אֱלֹהֵי יִצְחָק, וֵאלֹהֵי יַעֲקֹב שְׁלָחַנִי אֲלֵיכֶם; זֶה שְּׁמִי לְעֹלָם, וְזֶה זִכְרִי לְדֹר דֹּר” (שמות ג, טו).

1. [אמר ה׳ למשה:] ”לך ואמור להם,
2. בשמי שהוא מדת רחמים, בו אני מתנהג עמהם, בזכות אבותם.
3. ותדע, ש[כשאני מדבר על זכות אבותם] על אבות אברהם יצחק ויעקב אני אומר.
4. הדא הוא דכתיב: ’ה׳, אֱלֹהֵי אֲבֹתֵיכֶם, אֱלֹהֵי אַבְרָהָם, אֱלֹהֵי יִצְחָק, וֵאלֹהֵי יַעֲקֹב שְׁלָחַנִי אֲלֵיכֶם’”.
5. וכששמע משה כך, שלא הזכיר [ה׳ את] אביו כשם שעשה בתחילה,
6. אמר לפניו: ”ריבונו של עולם, יש חוטאים בשאול?”
7. אמר לו [ה׳]: ”לאו”.
8. אמר לפניו: ”לשעבר, אמרת שמך על אבי ועכשיו סילקת אותו”.
9. אמר לו [ה׳]: ”בתחילה, פיתוי פיתיתי אותך.
10. מכאן ואילך, דברי אמת אני מדבר עמך”.

2. היות שסדר הדברים בשמות רבה תואם למקרא, מופיעים פירושים מדרשיים רבים על הפסוקים המפרידים בין חלקה הראשון של הרחבת סיפור זו ובין סופה.

הקושי הפרשני

כפי שנראה מאוחר יותר,[3] ההקשר שבו קוראים אנו טקסט יכול להיות צר או רחב. את אותו הדבר ניתן לומר על בעיה טקסטואלית; מילה, קבוצת מילים, פסוק, או יחידה טקסטואלית עשויים להיות מובנים כשקוראים אותם בהקשרם המיידי, אך להיהפך לבעייתיים בהקשר הרחב יותר.

הפרשנים המדרשיים בשמות רבה קוראים את פרק ג של הספר ברגישות רבה הן להקשר המקומי (השימוש בביטוי מיוחד במינו בהקשר של פסוק) והן להקשר היותר כולל (היעדרו של אותו ביטוי במקום שהיינו מצפים לו בהמשך הפרק). הביטוי הנדון, ״אָנֹכִי אֱלֹהֵי אָבִיךָ״, שבו מזהה ה׳ את עצמו לפני משה בתחילת הדו־שיח הארוך ביניהם, מחייב פירוש משני טעמים. ראשית, זהו ביטוי יוצא דופן, המופיע ארבע פעמים בלבד בכל התנ״ך.[4] שנית, הביטוי, שמקדים בפסוק ו את תיאורו של ה׳ כאלוהי אברהם, יצחק ויעקב, חסר בפסוק טו, כשאומר ה׳ למשה: ״כֹּה תֹאמַר אֶל בְּנֵי יִשְׂרָאֵל, ה׳, אֱלֹהֵי אֲבֹתֵיכֶם, אֱלֹהֵי אַבְרָהָם, אֱלֹהֵי יִצְחָק, וֵאלֹהֵי יַעֲקֹב שְׁלָחַנִי אֲלֵיכֶם...״.

המדרש הראשון שהובא לעיל מציע הסבר למילים ״אָנֹכִי אֱלֹהֵי אָבִיךָ״ בצורת הרחבת סיפור. חלקו הראשון של המדרש (שורות 6-1) הוא הקדמה דמוית פתיחתא[5] המציעה ראיה מהכתובים וביסוס פסיכולוגי לסיפור הבא אחריה (שורות 7-21).

3. ראו פרק יב.
4. שתי הפעמים הראשונות שבהן מופיע הביטוי הן בספר בראשית. בבראשית מו, ג, כשאומר ה׳ ליעקב לרדת מצרימה ולא לפחד, הוא מציג את עצמו כ״אֱלֹהֵי אָבִיךָ״. בבראשית נ, יז אומרים אחי יוסף המבקשים את סליחתו לאחר מות אביהם: ״...וְעַתָּה שָׂא נָא לְפֶשַׁע עַבְדֵי אֱלֹהֵי אָבִיךָ״. האב שאליו מכוונים הדברים בשני מקרים אלה הוא אחד משלושת האבות. הפעם השלישית נדונה לעיל. המקום האחרון שבו משתמש הכתוב בביטוי זה הוא בדברי הימים א׳ כח, ט, כאשר פונה דוד לשלמה ואומר: ״וְאַתָּה שְׁלֹמֹה בְנִי דַּע אֶת אֱלֹהֵי אָבִיךָ...״, כשהאב, במקרה זה, אינו אלא דוד עצמו, כמובן.
5. פתיחתא היא פסוק מקראי המשמש הקדמה למדרש. דיון על הפתיחתא, ראו בפרק ג.

הפתיחתא: סלילת הדרך להרחבת הסיפור

שורה 2 אומרת לנו שהתוודעותו של ה׳ למשה כ״אֱלֹהֵי אָבִיךָ״ מדגימה את העיקרון הכתוב במשלי, דהיינו ש״פֶּתִי יַאֲמִין לְכָל דָּבָר״. המדרש ממשיך ומספק שתי הגדרות למושג ׳פתי׳: פתי הוא נער (שורה 3), או מישהו שפֻּתָּה (שורה 6). המדרש מביא חיזוק לכל אחד ממובנים אלה. האסמכתא למובן ׳נער׳ היא אטימולוגית (על פי מקור המילה) – בערביא נער נקרא פתיא (שורה 4). השורש העברי פת״י קשור לשורש פת״י המקביל לו בארמית,[6] בשינוי משמעות מ׳פתי׳ ל׳נער׳. למובן השני, פיתוי, מביא המדרש ראיה מהכתוב, המקשרת את המילה ׳פתי׳ לפסוק בשמות המתאר פיתוי (יְפַתֶּה) (שורה 6), בשל הצליל הדומה והשורש הזהה.

אמנם כל אחת מהגדרות אלה של פתי אפשרית, אם קוראים אותן ללא התייחסות לשאר המדרש, אך קריאה ראשונה של שורות 6-1 מעוררת מבוכה, ואף נראית פרובוקטיבית. במבט ראשון, קשה לראות כיצד יכול כל אחד ממובני המילה פתי שהוצעו להתייחס למשה. במפגשו עם ה׳ בסנה, משה בן שמונים שנה – רחוק מלהיות נער – ואין במפגש הזה כל פיתוי נראה לעין.

הרחבת הסיפור

חלקו השני של המדרש (שורות 7-21) פותר את השאלות שמעוררות שורות 6-1, ומיישב את ההבדלים שבין שני הפירושים שהוצעו שם למילה ׳פתי׳. חלק זה ניתן לחלוקה נוספת לשני חלקים: ״התלבטותו״ של ה׳ (שורות 8-11) ופתרונה (שורות 12-21).

6. באותה תקופה הייתה הארמית לשון ערביא, ולא ערבית. ראו הערך על הלשון הערבית (ערבית עתיקה) באנציקלופדיה יודאיקה. ראו גם בסנהדרין קי ע״ב את השימוש בלשון פתיא במובן של ינוקא (ילד). שימוש זה מיוחס שם ליושבי כרכי הים ולא לערבים.

"התלבטותו" של ה' מוצגת במילים אלה: "בשעה שנגלה הקדוש ברוך הוא על משה, טירון היה משה לנבואה" (שורה 8). משה הוא אמנם זקן במונחים של גיל, אולם 'נער' בכל הנוגע לניסיון נבואי. אם ירעים ה' על משה "בקול גדול", עלול משה להיבהל מאוד (שורה 10), ואם יתגלה אליו ה' "בקול נמוך", עשוי משה להתייחס לחוויית הנבואה שלא ברצינות הראויה (שורה 11). בשני המקרים יימצא משה מגיב כטיפש, שטיפשותו נובעת מהיותו חסר ניסיון כנער, ברוח הפירוש הראשון שנתן המדרש לפסוק במשלי.

כוח קולו של אבא

הפתרון ל"התלבטותו" של ה' הוא להתגלות למשה "בקולו של אביו" (שורה 13). קשה לטעות בזיהוי קולו של אב, ובלי לאיים, מצווה קול זה באחת: "כבדני", כיוון שקשור הוא לחוויות האהבה והציות הראשוניות ביותר שלנו. שמיעת קולו של עמרם אמורה למנוע שתי דרכים שליליות אפשריות שבהן עשוי משה להגיב לחוויה הנבואית הראשונה שלו: פחד או אדישות. ביחסי אהבה שבין אב לבנו, עשוי קולו של אב לעורר רגשות רבים, אך פחד ואדישות אינם חלק מהם. תשובתו האינסטינקטיבית של משה: "הנני, מה אבא מבקש?" (שורה 14) מוכיחה יותר מכל דבר אחר שקולו של עמרם מעורר בדיוק את אותם רגשות שביקש ה' שיחוש משה. רגשות אלה – אהבה וציות – כופים עלינו להפוך את הקשר לה' המעוגן במסורת אבות לתחושה אישית. משה מקבל עליו את עול הנבואה באופן בלתי מודע, ברגע שהוא מתחיל לקשר בין קולו של אביו לקולו של ה'.

לעובדה שעמרם מת זמן רב קודם לכן אין כל השפעה על תגובתו האינסטינקטיבית של משה. קולו של הורה הוא כה ייחודי ונטוע בעומקי הלא־מודע, ותגובתנו אליו איננה ברובד ההיגיון. דמיינו, למשל, את עצמכם שומעים פתאום את קול אימכם שנפטרה מזמן בוקע מהקלטה ישנה. קול זה עשוי לעורר בכם תגובה אוטומטית

לענות מייד, עוד בטרם תופסים אתם שהקול ששמעתם אינו יכול להיות של אדם חי.

קריאה חוזרת של הטקסט המקראי לאור הרחבת הסיפור

הרחבת הסיפור קוראת את הפסוקים א-ו בשמות ג ברגישות רבה, ופותרת יפה קושי המרומז בטקסט. רצף האירועים המתואר בכתוב הוא זה: משה רואה את הסנה בוער באש (פסוק ב) וסר להתבונן בו מקרוב (פסוק ג). בפסוק ד קורא ה׳ למשה מתוך הסנה ומשה עונה ב"הנני", המופת להכנעה מיידית. ה׳ מצווה על משה להסיר את נעליו, כי המקום שעליו הוא עומד אדמת קודש הוא (פסוק ה), ובפסוק ו מתגלה אליו ה׳ סוף סוף כ"אֱלֹהֵי אָבִיךָ, אֱלֹהֵי אַבְרָהָם, אֱלֹהֵי יִצְחָק וֵאלֹהֵי יַעֲקֹב...". רק אז מספר לנו הכתוב: "וַיַּסְתֵּר מֹשֶׁה פָּנָיו כִּי יָרֵא מֵהַבִּיט אֶל הָאֱלֹהִים".

אם ה׳ מדבר אל משה מתחילת הפרק, מדוע מסתיר משה את פניו רק עתה? על פי המדרש, ברור לגמרי שאין משה מכיר שהקול שדיבר אליו עד עתה הוא קולו של ה׳. הקול שהוא שומע **אינו** זר לו, הוא מוכר לו היטב; אנו רואים זאת מתוך הציות האינסטינקטיבי שלו: "הנני" (שהמדרש מבין כ"הנני, מה אבא מבקש?", שורה 14). טענת המדרש שמשה שמע את קולו של אביו משתלבת היטב ברצף האירועים שבפסוקים, ומסבירה מדוע מזדהה ה׳ רק בפסוק ו. רק לאחר שנענה משה ב"הנני", ואותת בכך שעשה את המעבר הנדרש למצב נפשי של קשב, יכול האלוהים להתגלות לפניו, ורק אז מבין משה שניצב הוא נוכח האלוהים ומסתיר את פניו.

ה"הנני" של משה גורר את תשובתו של ה׳ שאין הוא אביו אלא אלוהי אביו וכי "**בפיתוי באתי אליך, כדי שלא תתיירא.** [אני] אלוהי אברהם אלוהי יצחק ואלוהי יעקב" (שורות 16-18). הודעתו של ה׳ למשה שהוא אלוהי עמרם מספקת למשה את הזיהוי הדרוש לו כדי לקשר בין הנוכחות האלוהית הפונה אליו ובין האל מורשת אבותיו.

הקורא שהוזהר מראש על ידי קטע הפתיחה של המדרש על

הפתי המתפתה בקלות (שורה 6), ישים לב לאזהרה המרומזת במילים "בפיתוי באתי אליך" (שורה 17). הפיתוי שאליו מתכוון ה' הוא, כמובן, השימוש בביטוי "אָנֹכִי **אֱלֹהֵי אָבִיךָ**" (פסוק ו), הפותח פתח לפרשנותו השגויה של משה שאביו נמנה עם האבות (אם אין דבר זה מובן מייד, הוא הופך ברור לגמרי, בראייה לאחור, כשקוראים את סיום המדרש). שלא במפתיע, מניח משה שהפיתוי אינו אלא השימוש בקולו של אביו כדי לקרוא לו, ולמרבה האירוניה נראה הוא נופל לעומק הפיתוי ומניח בשמחה: "הא! אבא נמנה עם האבות, ולא עוד אלא שהוא גדול [שבהם], שנזכר תחילה!" (שורות 20–21).

עם כל היותו של עמרם צדיק, שום צופה בלתי משוחד לא היה מסיק שהגיע למדרגתם של האבות. תגובתו של משה ממחישה לנו בבירור שאחד משורשי הטיפשות הוא הנכונות להתפתות, כפי שאכן מבהיר לנו ההסבר השני של המושג "פתי".[7]

המדרש המסיים

בפסוקים המפרידים בין פסוק ו לפסוק טו של פרק ג בשמות, אומר ה' למשה ללכת למצרים ולהוציא את בני ישראל (פסוקים ז–י), ומשה מנסה להתחמק מהשליחות שמבקש ה' להטיל עליו (פסוק יא).[8] ה' משיב להתנגדותו של משה (פסוק יב), ואז אומר משה: "הִנֵּה אָנֹכִי בָא אֶל בְּנֵי יִשְׂרָאֵל וְאָמַרְתִּי לָהֶם: 'אֱלֹהֵי אֲבוֹתֵיכֶם שְׁלָחַנִי אֲלֵיכֶם'. וְאָמְרוּ לִי: 'מַה שְּׁמוֹ?' מָה אֹמַר אֲלֵהֶם?" (פסוק יג). האלוהים מציע שלוש תשובות לשאלת משה,[9] ששיאן הוא: "כֹּה תֹאמַר אֶל בְּנֵי יִשְׂרָאֵל, ה'

7. תשוקתו של משה להאמין שאביו נמנה עם האבות טבעית עד מאוד, כשלוקחים בחשבון את משוא הפנים שיש לבן – בכל גיל – כלפי אביו. במקרה של משה, יש בתשוקה זו עניין מיוחד על רקע הנסיבות המיוחדות שבהן גדל בבית פרעה ולא בביתו הוא.
8. ראו פרק יב.
9. ראו פרק יג.

אֱלֹהֵי אֲבֹתֵיכֶם, אֱלֹהֵי אַבְרָהָם, אֱלֹהֵי יִצְחָק, וֵאלֹהֵי יַעֲקֹב שְׁלָחַנִי אֲלֵיכֶם; זֶה שְּׁמִי לְעֹלָם, וְזֶה זִכְרִי לְדֹר דֹּר" (פסוק טו).

על פי תיאור זה, שם משה לב – בדיוק כמו בעל המדרש המסיים הזה – להיעדרו של ביטוי שהופיע בתחילת שיחתו עם ה' בפסוק ו. משה מצפה לשמוע שהשם שבו אמור הוא לזהות את האלוהים לבני ישראל יהיה קשור לשמו של אביו, ולא רק לשמם של האבות אברהם, יצחק ויעקב. המדרש עומד על כך שהיעדרו של ביטוי זה בולט ומכוון, על ידי פיתוח דבריו של ה' למשה בפסוק טו: "לך ואמור להם, בשמי... בו אני מתנהג עמהם, בזכות אבותם. ותדע ש[כשאני מדבר על זכות אבותם] על אבות – אברהם יצחק ויעקב – אני אומר" (שורות 1-3).

משה מבין ששמו של אביו הושמט משֵם האלוהים שבו עליו לזהותו לפני בני ישראל. הוא תמה על היעדר זה: "ריבונו של עולם, יש חוטאים בשאול?" (שורה 6). זו דרכו של משה לשאול אם מאז מיתתו של עמרם שינה משהו את מדרגתו הרוחנית. כיוון שמשה בוודאי יודע שאין חוטאים בשאול, אמורה שאלתו להיות האשמה מרומזת, שהופכת למפורשת בשורה 8: "לשעבר, אמרת שמך על אבי ועכשיו סילקת אותו".

תשובת ה' ישירה ואינה משתמעת לשתי פנים: "**בתחילה, פיתוי פיתיתי אותך**. מכאן ואילך, דברי אמת אני מדבר עמך" (שורות 9-10). מילים אלה מחזירות אותנו לשורה 17 של המדרש הראשון: "בפיתוי באתי אליך, כדי שלא תתיירא", מילים שמצלצלות כעת בצורה שונה לחלוטין הן לקורא והן למשה. עתה מבין משה שלא השימוש בקולו של אביו היה הפיתוי האמתי, אלא השימוש בביטוי "**אָנֹכִי אֱלֹהֵי אָבִיךָ**".

פיתוי ואמת

שני המדרשים שבחנו כאן קשורים, כאמור, זה לזה, ונבנו בדייקנות כדי להציע לנו קריאה רבת דקויות של שמות ג ו-טו, והסבר מתקבל

על הדעת של סיפור הקדשתו של משה לנביא. בד בבד מספקים לנו מדרשים אלה הסבר ל'טיפשות' האנושית, הבנה שכוחה יפה הרבה מעבר לתחום המצומצם של סיפור משה במעמד הסנה. סיפור זה משמש לבעלי מדרש שמות רבה כלקח הממחיש ש'טיפשות'[10] נובעת לפעמים מחוסר ניסיון ו/או מקושי לעמוד בפני פיתוי – קרי: המילים פתי, פתיא ופיתוי קרובות זו לזו דקדוקית ומושגית כאחד. טעותו של משה אינה מעידה על היעדר חכמה, אלא על היותו טירון ביחסיו עם ה', ועל רצונו – המובן למדיי – להאמין שאביו עומד במדרגה אחת עם האבות. הפתרון לשתי בעיות אלה בא עם הודעתו של ה' למשה שהקדשתו/חניכתו לנביא עברה, ועם כל נוחותו של הפיתוי רק האמת תקפה: "**בתחילה**, פיתוי פיתיתי אותך. **מכאן ואילך**, דברי אמת אני מדבר עמך" (שורות 9–10). ה' אומר למשה, בעצם, שחוסר ניסיונו ונכונותו להתפתות היו מדרגות הכרחיות בדרך העולה אל המעמד שהגיע אליו זה עתה. כעת על משה להשליך חולשות אלה מאחור, כיוון שנכנס כבר לדו־שיח עם ה' ואין לו עוד צורך בהן. הלקח המוסרי של מילים אלה אמור להיות תמרור דרך לקורא ולמשה גם יחד.

10. בדרך כלל, אין המונחים 'פתי' ו'חכם', המופיעים בספר משלי (או בכל מקום אחר בתנ"ך), באים לבטא יכולת שכלית, אלא ללמד על האינטליגנציה המוסרית של האדם. מִסיבה זו מוחלפים ה'חכם' וה'צדיק' של משלי זה בזה, ועומדים פעמים רבות בהנגדה ל'רשע', וכן גם ל'פתי', ל'כסיל' ול'אוויל'. באותו אופן, גם המונחים 'רשע', 'פתי', 'כסיל' ו'אוויל' מתחלפים זה בזה במשלי.

פרק יא

בירור משמעותה של תנועת גוף: משה מסתיר את פניו

ויש הבדל בין ראייה להבטה, שהראייה הוא בחוש הראות וההבטה הוא שימת לב על הדבר ואינו בא [רק] על ראות העין... (פירוש המלבי"ם לתורה, שמות ג, ו).

כשפוגש משה את האלוהים בסנה הבוער, בלי לחשוב הולך הוא לראות "את המראה הגדול הזה" (שמות ג, ג). כאשר מזהה ה' את עצמו, עושה משה תנועה להסתרת פניו: "וַיֹּאמֶר: 'אָנֹכִי אֱלֹהֵי אָבִיךָ, אֱלֹהֵי אַבְרָהָם, אֱלֹהֵי יִצְחָק וֵאלֹהֵי יַעֲקֹב'; וַיַּסְתֵּר מֹשֶׁה פָּנָיו כִּי יָרֵא מֵהַבִּיט אֶל הָאֱלֹהִים" (שמות ג, ו).

מה משמעותה של הסתרת פנים זו? שמות רבה ג, א בוחן את המשמעויות הרוחניות של תגובת משה לנוכחותו של ה'.

הפירוש המדרשי... וַיַּסְתֵּר מֹשֶׁה פָּנָיו...

אמר: "אלוהי אבי עומד כאן ואיני מסתיר פני?"
[מחלוקת] רבי יהושע בן קרחה ורבי הושעיא:

אחד מהן אומר: ״לא יפה עשה משה כשהסתיר פניו,
שאילולי לא הסתיר פניו גילה לו הקדוש ברוך הוא למשה מה למעלה ומה למטה, ומה שהיה ומה שעתיד להיות.
ובסוף ביקש לראות,
שנאמר: ׳הַרְאֵנִי נָא אֶת כְּבֹדֶךָ׳ (שמות לג, יח).
אמר הקדוש ברוך הוא למשה:
׳אני באתי להראות לך [מה שמבקש אתה לראות עכשיו], והסתרת פניך.
עכשיו אני אומר לך: ׳כִּי לֹא יִרְאַנִי הָאָדָם וָחָי׳ (שמות לג, כ).
כשביקשתי [להראות לך], לא ביקשת [לראות]׳״.
ואמר רבי יהושע דסכנין בשם רבי לוי:
״אף על פי כן הראה לו.
בשכר ׳וַיַּסְתֵּר מֹשֶׁה פָּנָיו׳ [נאמר אחר כך]: ׳וְדִבֶּר ה׳ אֶל מֹשֶׁה פָּנִים אֶל פָּנִים׳ (שמות לג, יא).
ובשכר ׳כִּי יָרֵא׳ [נאמר אחר כך]: ׳וַיִּירְאוּ מִגֶּשֶׁת אֵלָיו׳ (שמות לה, ל).
ובשכר ׳מֵהַבִּיט׳ [נאמר אחר כך]: ׳וּתְמֻנַת ה׳ יַבִּיט׳ (במדבר יב, ח)״.[1]
ורבי הושעיא רבה אמר:
״יפה עשה [משה] שהסתיר פניו.
אמר לו הקדוש ברוך הוא:
׳אני באתי להראות לך פנים וחלקת לי כבוד והסתרת פניך.
חייך שאתה עתיד להיות אצלי בהר ארבעים יום וארבעים לילה לא לאכול ולא לשתות, ואתה עתיד ליהנות מזיו השכינה׳,
שנאמר: ׳וּמֹשֶׁה לֹא יָדַע כִּי קָרַן עוֹר פָּנָיו׳ (שמות לד, כט).
אבל נדב ואביהוא פרעו ראשיהן וזנו עיניהן מזיו השכינה,
שנאמר: ׳וְאֶל אֲצִילֵי בְּנֵי יִשְׂרָאֵל לֹא שָׁלַח יָדוֹ...׳ (שמות כד, יא),
והם לא קיבלו [עונש] על מה שעשו?״

1. בכל אחת מהראיות שמביא רבי יהושע דסכנין, קיימת התאמה לשונית חזקה בין הפסוקים שצוטטו כשכרו של משה ובין המילים המופיעות בפסוק בשמות ג, ו.

מבנה המדרש

במבט ראשון נראה מבנה מדרש זה פשוט לגמרי – מחלוקת בין רבי יהושע בן קרחה לרבי הושעיא רבה על משמעותה של הסתרת משה את פניו לנוכח ה'. שורה 3 מכינה אותנו בעצם לצַפות בדיוק למבנה פשוט כזה. אך בקריאת המדרש שמים לב לפירושו של רבי יהושע דסכנין ששורבב בין דבריהם של רבי יהושע בן קרחה ורבי הושעיא רבה, ואין תפקידו של פירוש זה מתברר בקלות. כדי לפתור קושי זה, עלינו לנתח את מבנה הקטע כולו.

חלוקה ראשונית של מדרש זה היא:

א. הדיבור המתחיל (שורה 1)
ב. הרחבת סיפור של המילים "וַיַּסְתֵּר מֹשֶׁה פָּנָיו" (שורה 2)
ג. הערת עורכי מדרש רבה על המבנה (שורה 3)
ד. פרשנותו של רבי יהושע בן קרחה למילים "וַיַּסְתֵּר מֹשֶׁה פָּנָיו" (שורות 4-11)
ה. פירושו של רבי יהושע דסכנין (שורות 12-16)
ו. פרשנותו של רבי הושעיא רבה למילים "וַיַּסְתֵּר מֹשֶׁה פָּנָיו" (שורות 17-25)

"יָרֵא": פחד או יראת כבוד?

בשמות ג, ו נאמר: "וַיַּסְתֵּר מֹשֶׁה פָּנָיו כִּי יָרֵא מֵהַבִּיט אֶל הָאֱלֹהִים". אם הפסוק התנ"כי מספר לנו למה מסתיר משה את פניו, האם אין די בכך כדי לחסוך מאתנו את הצורך לתת הסבר למחווה זו? אלא שהפסוק עשוי להתפרש בכמה דרכים; בעברית המקראית יכולה משמעות השורש "יָרֵא" להיות "פחד" או "יראת הרוממות". שורה 2 של המדרש מציגה את משה חושב בקול, ובכך מפרשת את יראתו: "אלוהי אבי עומד כאן ואיני מסתיר פני?". התחושה המובעת בניסוח זה של תגובת משה מתאימה יותר ל'יראת כבוד' מאשר ל'פחד'.

בנקודה זו עלינו לשאול מדוע מעדיף המדרש לתת משמעות זו ליראתו של משה על פני האפשרות השנייה. אחרי הכול, אין שום דבר בפסוק שעשוי לגרום לנו להעדיף פרשנות זו על פני חברתה. בהקשר זה של הסנה הבוער, בהחלט סביר שתגובתו של משה נובעת מאינסטינקט של פחד במובן הגופני.

פרשנותו של רבי יהושע בן קרחה

כדי לענות על שאלה זו, עלינו לראות כיצד עולה פרשנות זו של מחוות משה בקנה אחד עם המסגרת הכללית של המדרש. נקודת המוצא שלנו היא קביעתו של רבי יהושע בן קרחה: "לא יפה עשה משה כשהסתיר פניו" (שורה 4). התגלותו של ה' למשה נראית בעיני רבי יהושע בן קרחה כמין הזמנה, ומשה נוהג שלא כשורה בסירובו לקבלה. אם לא היה נרתע, היה הקדוש ברוך הוא מגלה למשה "מה למעלה ומה למטה, ומה שהיה ומה שעתיד להיות" (שורה 5). על פי רבי יהושע בן קרחה, ההוכחה שמשה פעל שלא כראוי היא שלימים, כשביקש משה מה' "הַרְאֵנִי נָא אֶת כְּבֹדֶךָ" הוא נתקל בסירובו של ה' (שורות 6–11). רבי יהושע בן קרחה סבור שזו דרכו של ה' להראות למשה, מידה כנגד מידה, שטעה כשהסתיר את פניו במפגשו הראשון עם ה'.[2]

פרשנותו של רבי יהושע דסכנין לשמות לג

דברי רבי יהושע דסכנין, הבאים לאחר דעתו של רבי יהושע בן קרחה, אינם מכוונים ישירות לפירוש משמעותה הרוחנית של תנועת הגוף של משה במעמד הסנה, אלא באים לחלוק על הפרשנות שנתן רבי

2. אני מהססת להשתמש במילה 'עונש' לתיאור הבנתו של רבי יהושע בן קרחה את הדו־שיח שבין ה' למשה בשמות לג. ניתן אולי לתאר זאת טוב יותר אם נאמר שעל פי רבי יהושע בן קרחה, בשמות לג מתמודד משה בעל כורחו עם המִשגה שעשה במעמד הסנה.

יהושע בן קרחה לדו־שיח שבין ה׳ למשה בשמות לג. רבי יהושע בן קרחה מנסה להוכיח שמשה לא עשה יפה על סמך טענתו: ״ובסוף ביקש לראות״ (שורה 6) ונדחה; ואילו רבי יהושע דסכנין חולק על הוכחה זו בקובעו: ״אף על פי כן הראה לו״ (שורה 13).

רבי יהושע דסכנין מציע קריאה אחרת של האירועים המתוארים בשמות ג ו־לג, ומעמיד מילים משמות ג, ו מול פסוקים משמות ומבמדבר, השוואה השופכת אור שונה, חיובי מאוד, על הסתרת הפנים של משה (שורות 14–16). לדוגמה, אליבא דרבי יהושע דסכנין, זוכה משה שה׳ ידבר עמו **פנים אל פנים** לבסוף, בשכר זה שהסתיר את **פניו** בתחילה (שורה 14). כל אחד משלושת הפסוקים שמביא רבי יהושע דסכנין כראיות לדבריו מתאר בעצם את דרגתה הגבוהה של נבואת משה ואת הקרבה הגדולה המאפיינת את יחסיו עם ה׳. המשמעות ברורה: אתה, רבי יהושע בן קרחה, מבסס את עמדתך שמשה טעה במעמד הסנה על סירובו של ה׳, לאחר זמן, להראות לו את פניו. אני, רבי יהושע דסכנין, אינני יכול לקבל את עמדתך. אני סבור שבסופו של דבר הראה ה׳ למשה את כל מה שרשאי אדם בן תמותה כלשהו לראות מאלוהים.[3] רבי יהושע דסכנין סותר אפוא את הוכחתו של רבי יהושע בן קרחה, ולאור זאת נוכל להסיק שאין הוא מסכים לאופן שבו רואה רבי יהושע בן קרחה את מעשהו של משה בסנה, אף על פי שאין הוא אומר זאת במפורש.

פרשנותו של רבי הושעיא רבה

לאחר ״הערות הביניים״ של רבי יהושע דסכנין, באה פרשנותו של רבי הושעיא רבה ודוחה מפורשות ובשתי ידיים את עמדת רבי יהושע בן קרחה: ״יפה עשה [משה] שהסתיר פניו״ (שורה 18). רבי הושעיא רבה

3. אמנם אין רבי יהושע דסכנין אומר זאת מפורשות, אך ה׳ בכבודו ובעצמו מבהיר למשה דבר זה בסרבו להראות לו את פניו: ״וַיֹּאמֶר: ׳לֹא תוּכַל לִרְאֹת אֶת פָּנָי, **כִּי לֹא יִרְאַנִי הָאָדָם וָחָי**׳״ (שמות לג, כ). אולי בחר רבי יהושע דסכנין שלא להביא פסוק זה, כיוון שכלולה בו המילה ״פנים״, וניתן להשתמש בו כמשקל נגדי לציטוט החיובי ״פנים אל פנים״, מפסוק יא של אותו פרק.

מבין את שפת הגוף של משה כביטוי מוחשי והולם של כבוד. אף על פי שרוצה ה׳ "להראות [למשה] פנים", וקרוב לוודאי היה מרשה למשה לפגשו גם ללא הסתרת פנים, יהיה זה מתאים וראוי לכל שבח שמשה יפגין ענווה והכנעה על ידי הסתרת פניו לנוכח ה׳ (שורות 19-20).

רבי הושעיא רבה מביא שתי ראיות לעמדתו ומציג כל אחת מהן בלבוש שונה. הראשונה משולבת בתוך הרחבת הסיפור שלו לפסוק (שמות ג, ו) כדי לתאר את תגובתו החיובית של ה׳ לתנועת הגוף שעשה משה: "אמר לו הקדוש ברוך הוא: 'אני באתי להראות לך פנים וחלקת לי כבוד והסתרת פניך. **חייך שאתה עתיד להיות אצלי בהר ארבעים יום וארבעים לילה לא לאכול ולא לשתות, ואתה עתיד ליהנות מזיו השכינה**' (שורות 19-21). למעשה, אין המקרא בשמות ג, ו כותב את תגובת ה׳ למחוותו של משה, אולם רבי הושעיא רבה, כרבי יהושע דסכנין לפניו, מניח שדרגת הקרבה יוצאת הדופן אל ה׳ שאליה הגיע משה בהמשך חייו, מהווה ראיה לכך שהסתרת הפנים עושה נחת רוח לה׳ ולא ההפך. אך במקום המאמצים המרובים שמשקיע רבי יהושע דסכנין בהשוואת הלשון בפסוקי הראיות שלו עם המילים בשמות ג, ו (שורות 14-16), מציג רבי הושעיא רבה את התעלות הרוח הגדולה של משה בהר סיני כראיה לכך שנהג משה נכונה בהסתירו את פניו (בכל זאת, מן הראוי לשים לב שהפסוק שמצטט רבי הושעיא (שמות לד, כט) מציין אף הוא את פני משה: "וּמֹשֶׁה לֹא יָדַע כִּי קָרַן עוֹר פָּנָיו").

הראיה השנייה שמציג רבי הושעיא להגנה על עמדתו מופנית ישירות לקורא בשורות 23-25: "אבל נדב ואביהוא פרעו ראשיהן וזנו עיניהן מזיו השכינה, שנאמר: 'וְאֶל אֲצִילֵי בְּנֵי יִשְׂרָאֵל לֹא שָׁלַח יָדוֹ...' והם לא קיבלו [עונש] על מה שעשו?".

נדב ואביהוא

רבי הושעיא רבה רומז לשני אירועים שבהם משחקים נדב ואביהוא, בניו של אהרן, תפקיד ראשי. הראשון מתרחש בסופו של סיפור

ההתגלות בסיני (שמות כד, א–יח).[4] ה׳ אומר למשה שהוא לבדו ייגש אל ה׳, ואילו אהרן, נדב, אביהוא ושבעים הזקנים (המכונים "אצילי בני ישראל" בפסוק יא) יעמדו מרחוק (פסוקים א–ב). בהמשך הדברים מסופר (פסוקים ט–יא): "וַיַּעַל מֹשֶׁה וְאַהֲרֹן, נָדָב וַאֲבִיהוּא וְשִׁבְעִים מִזִּקְנֵי יִשְׂרָאֵל. וַיִּרְאוּ אֵת אֱלֹהֵי יִשְׂרָאֵל... וְאֶל אֲצִילֵי בְּנֵי יִשְׂרָאֵל **לֹא שָׁלַח יָדוֹ**, וַיֶּחֱזוּ אֶת הָאֱלֹהִים, **וַיֹּאכְלוּ וַיִּשְׁתּוּ**".

מספר מקורות בחז"ל ובפרשנות המקראית הבינו פסוקים אלו כביקורת כלפי נדב ואביהוא ושבעים הזקנים. הביקורת משתמעת משני צירופי מילים בפסוק יא. הראשון, "וְאֶל אֲצִילֵי בְּנֵי יִשְׂרָאֵל לֹא שָׁלַח יָדוֹ", מתפרש על פי דעה זו כך: מצד הדין, היה על ה׳ להעניש את האצילים, כיוון שראייתם את האלוהים מהווה חציית הגבולות שהוצבו להם,[5] אך הוא נמנע מלהמיתם כדי לא להשבית את שמחת מתן תורה. בכל אופן, על ידי השימוש בצירוף מילים זה נחקקה לדורות בתורה העובדה שהם היו ראויים לעונש. צירוף המילים השני שעליו נשענת הפרשנות הביקורתית הוא "וַיֹּאכְלוּ וַיִּשְׁתּוּ", שמשמעו, על פי הבנה זו, שחוויית הראייה כמעט שלא עוררה בהם יראת כבוד, וברוב חוצפתם אכלו ושתו אפילו לאחר שחוו את התגלות כבוד ה׳, שלא היו ראויים לה.

ברור למדיי שגם רבי הושעיא רבה שותף להבנה זו של המאורע בשמות כד, וקושר בין מקרה זה לאירוע השני שבו

4. אנא קראו קטע זה בשלמותו. פרשני התורה חלוקים בשאלת זמנו של סיפור זה, כשהבעיה העיקרית היא האם הוא חלק של סיפור ההתגלות בסיני, או המשך הסיפור של "אחרי ההתגלות". ראו את רש"י המייצג את הדעה שאירוע זה קודם למתן תורה (רש"י לשמות כד, א). הרמב"ן (על אתר) סבור שהסיפור מתאר את שאירע לאחר ההתגלות בסיני.

בכל מקרה עומד בתוקפו השימוש שעושה רבי הושעיא רבה במקרה הזה כהוכחה לעמדתו, משום שהנקודה העיקרית מבחינתו היא שנדב ואביהוא ראו יותר ממה שאמורים היו להרשות לעצמם לראות, ללא קשר לזמן התרחשותו של האירוע.

5. ראו פסיקתא דרב כהנא (אחרי מות), תנחומא בהעלתך טז (מהדורות רגילות), וויקרא רבה כ, ז–י. רש"י ורמב"ן, בפירושם לפסוק יא, מביעים עמדה הפוכה.

משחקים נדב ואביהוא תפקיד ראשי: הם מקריבים אש זרה לפני ה׳, מעשה שמביא למותם (ויקרא י, א-ז). שני סיפורים אלה נתפסים כמאפיינים את נכונותם של נדב ואביהוא לעבור את גבולות המותר בהתקרבות לה׳, ועל כן ניתן לראות את התנהגותם כניגוד שלילי להיסוס הראוי שמגלה משה בעומדו לנוכח ה׳ המדבר אליו מתוך הסנה הבוער.

פרשנותם של עורכי המדרש

לאחר שהבנו את הסברו של רבי הושעיא רבה לשפת הגוף של משה, נוכל לחזור לשאלה ששאלנו קודם לכן: מדוע מעדיפים עורכי שמות רבה את הפרשנות התופסת את מחוותו של משה כביטוי של יראת כבוד לנוכחות ה׳ ואינם רואים בה פעולה בלתי רצונית של פחד? כפי שכבר ציינו, אין שום עדות, לא בפסוק עצמו ולא בהקשר המיידי, לטובת אחת הפרשנויות.

העורכים מוצאים כנראה שהאופן שבו רואה רבי הושעיא רבה את התנהגותו של משה, משכנע יותר, ו/או שהוא משקף עמדה רוחנית נכונה יותר מזו של רבי יהושע בן קרחה. גישה זו באה לידי ביטוי בולט בדרך שבה בונים הם את הפִסקה, בהטיית כף המאזניים לטובת פרשנותו של רבי הושעיא רבה, ובהחלשה במקביל של טיעוני רבי יהושע בן קרחה. אחת הדרכים שבה משיגים העורכים הטיה זו היא על ידי סגירת עמדתו של רבי יהושע בן קרחה בסוגריים: הסוגר מלפנים הוא הרחבת הסיפור של שורה 2 ("אלוהי אבי עומד כאן ואיני מסתיר פני?"), והסוגר מאחור מביא בשורה 13 את טיעונו של רבי יהושע דסכנין המנוגד לעמדתו של רבי יהושע בן קרחה ("אף על פי כן הראה לו").

פירוש מחוותו של משה כביטוי של יראת כבוד תואם יותר, בעליל, את עמדתו של רבי הושעיא, מאשר את זו של רבי יהושע בן קרחה. אחרי הכול, אם הפחד הוא המניע את משה להסתיר את פניו, ולא יראת הכבוד, מעידה שפת הגוף שלו על מורך לב יותר מאשר על בחירה מוסרית מודעת. רבי יהושע בן קרחה רואה את מעשהו של משה כתגובה בלתי

ראויה של ביישנות לנוכח רצונו של ה׳ שמשה יתקרב אליו. עמדה זו אינה מצטלצלת היטב עם פירוש תנועת הגוף כ׳יראת כבוד׳.

יתרה מזאת, ראינו שעמדתו של רבי יהושע בן קרחה נשענת בעיקר על הטיעון שסירובו של ה׳ להראות למשה את פניו לאחר חטא העגל משקף את אי שביעות רצונו מכך שמשה הסתיר את פניו במעמד הסנה. עורכי שמות רבה בחרו לשים את טענת הנגד של רבי יהושע דסכנין למסקנה זו של רבי יהושע בן קרחה, מייד לאחר פירוט עמדתו של האחרון. מעשה עריכה זה מערער קשות את אושיות פרשנותו לתנועת הגוף של משה. בקיצור, עורכי שמות רבה אמנם מציגים את שתי העמדות, אך נוטים בבירור לאחד הצדדים. הם מכריעים את הכף לטובת רבי הושעיא רבה.

הצגת שתי העמדות

מדוע אפוא מציגים עורכי שמות רבה את שתי העמדות? היכרות עם ספרות חז״ל יכולה לספק תשובה משכנעת לשאלה זו. מעשה עריכה זה קשור לסגנונו של שיח חכמינו ולתהליך השקלא וטריא המאפיין אותו. מסקנתו של ויכוח חשובה עד מאוד, אך לחז״ל חשוב לא פחות התהליך המוביל אל המסקנה. הסיבה לכך היא אולי שדעה המוצגת בפני עצמה לעולם איננה משכנעת או חזקה כדעה שהגיעו אליה לאחר שקילת אפשרויות אחרות. אולם חשוב אף יותר, חז״ל רואים את לימוד התורה כקדוש, ומכירים בעובדה ששבעים פנים לתורה שבכתב ולתורה שבעל פה. לכן, יש ערך פנימי רב לכל חקירה של פרשנות הכתוב.

יחד עם זאת, חייבים לציין שדעתו של רבי יהושע בן קרחה מוצגת מסיבות בלתי תלויות בטבעו של שיח חז״ל. המחלוקת בין רבי הושעיא רבה לרבי יהושע בן קרחה עמוקה בזכות עצמה, ומופיעה גם במקומות אחרים במחשבת חז״ל.[6] ניתן לתאר אותה, אולי, כוויכוח

6. הבדלי הדעות צפים ועולים גם בזרמים מאוחרים יותר של מחשבת היהדות, והם משתקפים בגישות שונות למיסטיקה היהודית החל מימי הביניים ואילך.

בשאלת התזמון, הגבולות וההזדמנות ביחסים שבין ה׳ ובין אלה השואפים לחוויות התגלות עמו.

אמנם רבי יהושע בן קרחה אינו אומר זאת מפורשות, אבל השקפתו על תנועת הגוף של משה במעמד הסנה תואמת את ההכרה העמוקה שעל האדם להשתדל להגיע להתגלות האלוהית הגדולה ביותר האפשרית, לנצל כל הזדמנות של חוויית התגלות, ואולי אף להסתכן בפריצת המחסומים המציבים גבולות בפני חוויות כאלה. לשונו של רבי יהושע בן קרחה נראית כמכוונת בדיוק להשקפה כזו: ״לא יפה עשה משה כשהסתיר פניו, שאילולי לא הסתיר פניו, **גילה לו הקדוש ברוך הוא למשה מה למעלה ומה למטה, ומה שהיה ומה שעתיד להיות**״ (שורות 4-5). בין מילים אלה חבויה התפיסה שידיעת דברים אלה עומדת למעלה מכל הידיעות, וכפי שרבי יהושע בן קרחה ממשיך ואומר, משה מתאווה עד מאוד לדעת דברים אלה, אפילו לאחר שהותו בהר סיני במחיצתו של ה׳ ארבעים יום וארבעים לילה. השתדלותם של נדב ואביהוא להתקרב אל ה׳ אפילו מעבר למותר להם עשויה להיראות, על פי דעה זו, כמעט כמעשה גבורה.

השקפתו של רבי הושעיא רבה שעל כל אדם לקבל את הגבולות שנקבעו על ידי ה׳, היא כמובן העמדה השקולה יותר, ובסופו של דבר גם המקובלת יותר. עורכי שמות רבה מסכימים בשתיקה לעמדתו של רבי הושעיא רבה, ובכך מאותתים הם שזו הדרך ללכת בה. אך בהביאם את פרשנותו של רבי יהושע בן קרחה, עם כל ערעור יסודותיה, מצביעים עורכי שמות רבה שגם פרשנות זו מבטאת אמת שיש לשַמרה ולהגות בה כדרך אפשרית להתעלות רוחנית בעולמה של היהדות.[7]

7. הרב שלום כרמי הפנה אותי לניתוח מעמיק של מדרש זה במאמרו של הרב י״ד סולובייצ׳יק, ״היהודי משול לספר תורה״, בתוך ״בית יוסף שאול״, כרך רביעי, עמ׳ 68-100 (המאמר תועתק ביידיש על ידי הלל זיידמן; התרגום העברי הוא מאת הרב שלום כרמי). הרב סולובייצ׳יק דן במיוחד בסיבה שבגללה בוחר משה שלא לראות את מה שמבקש ה׳ לגלות לו.

פרק יב

פרשנות של דו־שיח א:
משה מסרב למלא את שליחותו

וְהָאִישׁ מֹשֶׁה עָנָו מְאֹד, מִכֹּל הָאָדָם אֲשֶׁר עַל פְּנֵי הָאֲדָמָה (במדבר יב, ג).

התנ״ך מציג לפנינו את סיפורם של כמה נביאים המהססים למלא את שליחותם, אך דומה שמשה הוא הסרבן הגדול מכולם. מאמצים מרובים נאלץ ה׳ להשקיע על מנת לשכנע את משה לקבל עליו את התפקיד להיות מנהיגם של ישראל, החל מהפקת מופע הפירוטכניקה המרהיב של הסנה הבוער ועד ניהול ויכוח ארוך עם משה על כל פרטי שליחותו.

פרקים ג-ד של ספר שמות מגוללים את סיפור הקדשתו של משה לנביא, ומתארים את הדו־שיח בין ה׳ ומשה הספקן בפירוט יוצא דופן. אחרי שה׳ מסביר מהי השליחות שהוא מבקש ממשה ליטול על עצמו (שמות ג, ו-י) עונה משה בקצרה: ״מִי אָנֹכִי, כִּי אֵלֵךְ אֶל פַּרְעֹה, וְכִי אוֹצִיא אֶת בְּנֵי יִשְׂרָאֵל מִמִּצְרָיִם?״ (פסוק יא).[1]

1. קראו נא את שמות ג, א-יג לשם הבנה מעמיקה יותר של הדיון המדרשי.

הבעיה הפרשנית

תשובת משה מתאימה להקשר של חילופי הדברים בינו ובין ה׳. אין בדבריו שום דבר הבולט במוזרותו, ואף אין מזדקרת לעין כל בעיה דקדוקית במילים. ובכל זאת יש קושי. ה׳ לבטח מבין בדיוק את כוונת משה בשאלתו הרטורית, אך הקורא אובד עצות במידה מסוימת, בשל עמימות הפסוק; התשובה שענה משה לה׳ ניתנת להבנה בכמה אופנים. לְמה בדיוק מתכוון משה במילים "מי אנכי...", ומדוע חושב הוא ששאלה/תמיהה זו מספקת לו סיבה משכנעת לסירובו לקבל את המינוי שמייעד לו ה׳?

הפירוש המדרשי משמות רבה (ג, ד) המצוטט להלן, מציע שלוש דרכים לקריאת הפסוק.[2] כפי שנראה, מבינה כל אחת מהדרכים את ההקשר של תשובת משה בצורה אחרת, וכל אחת מפרשת את הפסוק באופן שונה – פרשנות הגוררת פיסוק אחר של הכתוב.

הפירוש המדרשי

וַיֹּאמֶר מֹשֶׁה אֶל הָאֱלֹהִים: "מִי אָנֹכִי?"

1. אמר רבי יהושע בן לוי: "משל למלך שהשיא את בתו
2. ופסק ליתן לה מדינה ושפחה אחת מטרונית,[3]
3. ו[תחת זאת] נתן לה שפחה כושית.[4]
4. אמר לו חתנו: 'לא שפחה מטרונית פסקת ליתן לי?'
5. כך אמר משה לפני הקדוש ברוך הוא:
6. "ריבון העולמים, כשירד יעקב למצרים, לא כך אמרת לו:

2. בקטע זה של שמות רבה מובא הסבר נוסף שלא ציטטתי, משום שאינו פרשני אלא דרשני.
3. מיוחסת, משהו כמו מלַוות מלכה או נערה משרתת.
4. שפחה פשוטה.

7. ׳אָנֹכִי אֵרֵד עִמְּךָ מִצְרַיְמָה, וְאָנֹכִי אַעַלְךָ גַם עָלֹה׳? (בראשית מו, ד)
8. ועכשיו אתה אומר לי: ׳לְכָה וְאֶשְׁלָחֲךָ אֶל פַּרְעֹה׳.
9. לא אנוכי הוא ש[עליו] אמרת לו: ׳וְאָנֹכִי אַעַלְךָ גַם עָלֹה׳״.
10. דבר אחר:
11. ״מִי אָנֹכִי״ רבי נהוראי אומר: ״אמר משה לפני הקדוש ברוך הוא:
12. ׳אתה אומר לי: ״לך והוצא את ישראל״.
13. היכן אני משכינם בקיץ מפני החמה ובחורף מפני הצינה?
14. מנין לי לספק [להם] במאכל ובמשתה?
15. כמה חיות[5] יש בהן?
16. כמה מעוברות יש בהן?
17. כמה תינוקות יש בהן?
18. כמה מיני מזונות התקנת להם להחיות (=לחיות) שבהן?
19. כמה מיני ריכוכין[6] התקנת למעוברות?
20. כמה קליות ואגוזין התקנת לתינוקות?׳
21. והיכן פירושו של דבר זה?
22. בשיר השירים, שנאמר: ״הַגִּידָה לִּי, שֶׁאָהֲבָה נַפְשִׁי...״ (שיר השירים א, ז).
23. אמר לו הקדוש ברוך הוא:
24. ׳מן חררה שהיא יוצאת עמהן ממצרים[7] מספיק להן שלשים יום; אתה יודע איך אני עתיד להנהיגם׳״.
25. דבר אחר:
26. ״מִי אָנֹכִי״ אמר [משה] לפניו:
27. ׳ריבונו של עולם, היאך אני יכול ליכנס למקום לסטים, ולמקום הורגי נפשות?׳; הווי: ״מִי אָנֹכִי, כִּי אֵלֵךְ אֶל פַּרְעֹה?״

5. נשים בתהליך לידה או כאלה שילדו לאחרונה.
6. מאכלים רכים וטעימים (הערת המתרגם).
7. כלומר: מצה.

28. "וְכִי אוֹצִיא אֶת בְּנֵי יִשְׂרָאֵל" – 'מה זכות יש בידם שאוכל להוציאם?'
29. אמר לו הקדוש ברוך הוא: "כִּי אֶהְיֶה עִמָּךְ".
30. אין אומר "אֶהְיֶה עִמָּךְ" אלא למי שהוא מתיירא.
31. "וְזֶה לְּךָ הָאוֹת כִּי אָנֹכִי שְׁלַחְתִּיךָ" – 'ובדבר הזה תהיה ניכר שאתה שלוחי,
32. לפי שאהיה עמך, וכל מה שתרצה, אעשה אני'.
33. "בְּהוֹצִיאֲךָ אֶת הָעָם מִמִּצְרַיִם תַּעַבְדוּן אֶת הָאֱלֹהִים עַל הָהָר הַזֶּה" – 'מה שאמרת: באיזה זכות אוציאם ממצרים? הווי יודע שבזכות התורה שהן עתידים לקבל על ידך בהר הזה הם יוצאים משם'.

הבנתם של חז"ל את הדו־שיח המקראי

אפילו קריאה שטחית של שלושת הפירושים הללו מבליטה את ההנחה המשותפת לכולם בנוגע לאופיו של הדו־שיח התנ"כי: דו־שיח מקראי איננו דיווח מילה במילה של שיחה שלמה, אלא תמצית מסוגננת היטב של חילופי דברים רחבים יותר שרק חלקם זכו להיכלל בטקסט. הנחה זו אינה נחלתם הבלעדית של שלושת בני הסמכא שצוטטו כאן. מתוך השימוש הנרחב בהרחבות סיפור, כמו גם מן התלמוד והמדרש, עולה המסקנה שכך ראו חז"ל את הדו־שיח התנ"כי, וזו הייתה גם השקפתם ביחס לחלקים אחרים של הסיפור המקראי.[8] השקפה כזו על הדו־שיח המקראי **מסמיכה** את חז"ל לפרש את הטקסט ובו זמנית גם **מחייבת** אותם לעשות זאת, משום שאין די בקריאה פשוטה של המילים הכתובות כדי להבין אל נכון את משמעותן.

8. אין ברצוני לומר שחז"ל ראו את הדו־שיח המקראי או פרטים אחרים של הסיפור המקראי כמפוברקים. נהפוך הוא, הם התייחסו לטקסט המקראי כדיווח של העובדות, ש**בכוונה תחילה** איננו שלם.

פירושו של רבי יהושע בן לוי

פרשנותו של רבי יהושע בן לוי לתשובת משה לה׳ (שורות 1-9) בנויה בצורת משל (שורות 1-4) שהנמשל שלו (שורות 5-9) הוא הרחבת סיפור. עקביים למתודולוגיה לניתוח משל שהתווינו בחלקו הראשון של ספר זה,[9] נתבונן תחילה במשל כסיפור העומד בזכות עצמו.

המשל מתאר מלך שמשיא את בתו. בהסכם הנישואין מבטיח המלך לתת לבתו מדינה ושפחה מטרונית, דהיינו משרתת מיוחסת ומנוסה. (סביר מאוד להניח שמשרתת כזו עולה כסף רב, ואולי גם אינה קלה כל כך להשגה. כמו כן, יש להניח שלבת מלך אכן דרושה משרתת כזו. אם אין אביה מספק לה אחת כזו, יצטרך בעלה לעשות זאת). אולם המלך אינו נותן לבתו את המשרתת המובטחת. שלא במפתיע מתנגד חתן המלך, ומוחה לפני המלך על כך שאינו מכבד את תנאי ההסכם.

כקטע עצמאי שאינו קשור לנמשל, נראה סיפור המשל ברור למדיי. העובדה שהמלך אינו ממלא את חלקו בהסכם אינה בעיה עקרונית של הסיפור, כיוון שאי כיבוד התחייבויות איננו מקרה כל כך נדיר. חשוב יותר לענייננו, אין בתוך התחום הצר של הסיפור שום דבר בלתי הגיוני או סתום במיוחד, ואין בו סתירות פנימיות. נראה אפוא שהמפתח למדרש זה לא יימצא פה.

זיהוי רכיבי המשל

השלב הבא הוא זיהוי רכיבי המשל:

מלך
בת המלך
הבטחת המלך

9. ראו פרק ב.

מדינה
שפחה מטרונית
שפחה כושית
חתן המלך
מחאתו של חתן המלך

התאמת הרכיבים

הצעד הבא הוא מציאת התאמות בין רכיבי המשל והנמשל:

מלך	הקדוש ברוך הוא
בת המלך	יעקב / בני ישראל
הבטחת המלך	'וְאָנֹכִי אַעַלְךָ גַם עָלֹה'
מדינה	---
שפחה מטרונית	ה'
שפחה כושית	משה כשליחו של ה'
חתן המלך	משה
מחאתו של חתן המלך	'מִי אָנֹכִי?'

כפל תפקידים

סידור הרכיבים בדרך זו מעורר את תשומת הלב לכך שהשחקנים הראשיים בנמשל – ה' ומשה – משחקים, כל אחד, יותר מתפקיד אחד במשל. וכך, ה' הוא המלך במשל, וגם השפחה המטרונית; משה הוא חתן המלך וגם השפחה הכושית. מלבד ההשוואה הנועזת של ה' לשפחה, שאליה עוד נשוב, עלינו לשאול מדוע בנוי המשל בדרך זו. יש לשים לב גם שבמקביל לה' ומשה המשחקים, כל אחד, תפקיד כפול במשל, יש לבת המלך שתי התאמות בנמשל, קרי: יעקב ובני ישראל.

את הפער בנמשל ניתן להשלים די בקלות; ה"מדינה" במשל היא קרוב לוודאי ארץ ישראל, ובכל מקרה אינה בעלת חשיבות מכרעת להבנת המשל.

מסגרות זמן

אם נחזור אל כפל התפקידים, מתברר שתכונה זו היא תוצאה של מסגרת הזמן של הנמשל יחסית למשל. סיפור המשל מתרחש במסגרת רצופה אחת של זמן, בעוד הנמשל משתרע על פני שתי תקופות בהיסטוריה של עם ישראל. ה׳ (המלך) הבטיח ליעקב (בת המלך, במסגרת הזמן המוקדמת), ״אָנֹכִי אֵרֵד עִמְּךָ מִצְרַיְמָה, וְאָנֹכִי אַעַלְךָ גַם עָלֹה״ (בראשית מו, ד); ארבעה דורות לאחר מכן מגיע זמן פירעונה של הבטחה זו. כשאומר ה׳ למשה ללכת לגאול את בני ישראל (בת המלך, במסגרת הזמן המאוחרת), מוחה משה (חתן המלך); הוא סבור שה׳ משנה את תנאי ההסכם. אם אלוהים בכבודו ובעצמו (השפחה המטרונית) מלווה את בני ישראל, ההסכם מתקיים; אם משה (השפחה הכושית) הולך, כשליחו של ה׳, ההסכם מופר.

הבנת משמעותו של המשל

רבי יהושע בן לוי מציג לפנינו הבנה מסוימת של הפסוק. מה מוסיף המשל להבנה זו? ראשית, על פי רבי יהושע בן לוי, יש למשה טענה חזקה באשר לטיבה של התחייבותו של ה׳ ליעקב בפרט, ולצאצאיו בכלל. ההבטחה שניתנה ליעקב ״...וְאָנֹכִי אַעַלְךָ גַם עָלֹה״ שמה את ה׳ במעמד של ״שפחה מטרונית״ ביחס לישראל בזמן יציאת מצרים. זוהי השוואה קיצונית ורבת עוצמה. לו הסתפק רבי יהושע בן לוי בהרחבת הסיפור הכלולה בנמשל היינו יודעים רק שיש לה׳ התחייבות כלפי בני ישראל בהסתמך על ההבטחה שניתנה ליעקב. המשל מחזק את **כוחה** של טענת משה בשם עם ישראל, כוח שמחייב תשובה מצדו של ה׳. יתר על כן, מסגרת המשל מאפשרת לרבי יהושע בן לוי להציג בבת אחת שתי השקפות מנוגדות על ה׳: ה׳ הוא גם מלך/אב ביחסו ליעקב ולבני ישראל, וגם ״שפחה מטרונית״, מכוח התחייבותו להם. שתי הדמויות משקפות בדייקנות את מורכבותו של הקשר שבין ה׳ לעם ישראל.[10]

10. הקשר מסובך במיוחד כשמתבוננים בבעיה המרכזית של גלות בני ישראל

מסגרת המשל מוסיפה גם כוח רטורי לעיצוב דמותו של משה כסנגורם של ישראל, בסירובו העקשני למלא את המשימה שמבקש ה' להטיל עליו. האירוניה בולטת מאוד – משה, החתן של סיפור המשל, "נשוי" לבני ישראל, על אף ניסיונו לברוח מהתפקיד הזה.

קריאת הפסוק על פי פירושו של רבי יהושע בן לוי משנה את מובנו. רבי יהושע בן לוי קורא את המילים בפיסוק אחר: "מִי 'אָנֹכִי'?". ליתר דיוק: "מיהו 'אנוכי'?" [בוודאי לא אני, משה!], או "מיהו הָ'אנוכי' של ההבטחה שניתנה ליעקב, אתה [ה'] או אני [משה]?".

הֶקשר וקונוטציה[11] כגורמים בפרשנות

בטרם נדחה פירוש זה כרחוק מפשוטו של מקרא, הבה ננסה לחשוב מה יכול היה להביא את רבי יהושע בן לוי לקרוא את הפסוק בדרך זו.[12] הסימן הראשון המרמז לכך שאין לקרוא את המילים "מִי אָנֹכִי?" בפשטותן המילולית הוא השימוש במילה "אנוכי" ולא במילה "אני", החלופה העברית הרגילה יותר לתיאור גוף ראשון. המילה "אנוכי" טומנת בחובה הוראת לוואי (קונוטציה) של רשמיות/טקסיות, ומהווה תחליף ל"אני" בדברי שירה או במשלב (רגיסטר) לשוני גבוה יותר.[13] אם משה מבקש להביע כאן סירוב צנוע, היה עליו לבטאו במילים "מי אני", ולא לומר "מִי אָנֹכִי". שימוש ב"אני" במקום ב"אנוכי" היה משתלב באופן טוב יותר עם התיאור הקודם, המציג את משה מסתיר את פניו ברגע שהבין שמדבר הוא עם ה' (פסוק ו).[14] שמא, אפוא,

למצרים ויציאתם ממנה – ה' הוא בעת ובעונה אחת הגואל שלהם, וגם מי שמלכתחילה שלח אותם לרדת מצרימה.

11. הוראת לוואי.
12. שחזור תהליך חשיבתו של אדם אחר – במיוחד זה של אחד מגדולי התנאים – יש בו הרבה מן הספקולציה. עצם הרעיון שהצלחנו לעשות כן ברמת ודאות כלשהי, הוא טיעון שיש בו יוהרה רבה. למרות זאת, התייחסות רצינית לפירושו של רבי יהושע בן לוי מחייבת אותנו לחפש נימוקים הגיוניים לעמדתו.
13. שימו לב שבפרק זה, בבואו לזהות את עצמו לפני משה, משתמש ה' ב"אנוכי" ולא ב"אני" (פסוק ו).
14. כעבור זמן, מתארת התורה את משה כ"עָנָו מְאֹד מִכֹּל הָאָדָם אֲשֶׁר עַל פְּנֵי הָאֲדָמָה" (במדבר יב, ג).

משתמש משה במילה ״אנוכי״ לא ביחס לעצמו אלא כדי לרמוז על מישהו אחר. כיוון שמילה זו מתאימה יותר לשימושו של ה׳, אין זה בלתי הגיוני כל כך להניח שמשה אומר בעצם לה׳: ״הַרשה לי לצטט בפניך את עצמך״.

הרחבת ההקשר

מה בעצם מצטט משה? כדי לענות על שאלה זו עלינו לבחון את מושג ההקשר, עיקרון שולט בקריאת טקסטים מקראיים. כלומדי תנ״ך, רואים רובנו את המונח הקשר במובנו היותר צר. כדי לקבוע את משמעותם של מילה, קבוצת מילים או פסוק, מתבוננים אנו בדרך כלל על הקשרם המיידי או המקומי, דהיינו הפסוק שבו מופיע אותו רכיב לשון, או כמה מהפסוקים שבסביבתו. לפעמים ברור לחלוטין שכדי להבין בעיה מסוימת עלינו להרחיב את שדה הראייה, להקשר של הנושא הראשי או של הפרק כולו. אלא שרבי יהושע בן לוי תופס את מושג ההקשר במובן רחב עד מאוד, כוללני עוד יותר.[15] הקשרו של פסוק מקראי יכול להיות אפילו התנ״ך כולו. רבי יהושע בן לוי סבור שכדי להבין את הדו־שיח שבין ה׳ למשה, עלינו לקרוא אותו בהקשר של מה שקדם לו, הווה אומר, הפרקים האחרונים של ספר בראשית, וההבטחה שניתנה שם ליעקב.

הסתכלות רק על הקשרן המקומי של המילים ״מִי אָנֹכִי״, קרי: הפסוק עצמו, לא תאפשר לנו ככל הנראה לקרוא כפי שעושה זאת רבי יהושע בן לוי. גם במסגרת קצת יותר רחבה, כגון הפסוקים הקרובים ביותר, או אפילו כל הפרק, קשה לראות לאן חותר רבי יהושע בן לוי. אולם המילים מצלצלות לרבי יהושע בן לוי אחרת מאשר לנו, בגלל הרגישות שבה קורא הוא את הטקסט (תוך עמידה על ההבדל הדק שבין ״אנוכי״ ל״אני״), ובשל ההקשר הכוללני יותר של קריאתו.

15. תפיסה זו של הֶקשר אינה ייחודית בשום אופן לרבי יהושע בן לוי. היא מאפיינת מאוד את המדרש בכלל.

קריאה חוזרת של הטקסט לאור הפירוש

מעניין שלאחר שהטמענו את פירושו של רבי יהושע בן לוי, רואים אנו את תשובתו של ה׳ למשה בפסוק יב כעולה היטב בקנה אחד עם הבנה זו של פסוק יא. אליבא דרבי יהושע בן לוי שואל משה: "מִיהוּ ׳אנוכי׳?", ורומז לכך שמי שעליו לגאול את ישראל איננו הוא, משה, אלא ה׳ בכבודו ובעצמו. בפסוק יב דוחה ה׳ התנגדות זו באומרו למשה: "כִּי אֶהְיֶה עִמָּךְ...". סביר מאוד שמובנה של תשובה זו הוא שה׳ עצמו מתכוון לגאול את ישראל, אלא שדורש הוא את השתתפותו של משה. פירושו של רבי יהושע בן לוי עובר אפוא את מבחן הקריאה החוזרת של הטקסט לאורו. כמו כן, מספק הפירוש הסבר אפשרי הגיוני לתשובת משה לה׳.

פירושו של רבי נהוראי

הפירוש השני שמציע קטע זה של שמות רבה, מוצג על ידי רבי נהוראי, והוא מהווה הרחבת סיפור טהורה. שלא כרבי יהושע בן לוי, המשתמש במשל ככלי להבהרת פירושו, מסביר רבי נהוראי את דברי משה על ידי הרחבה של משפט אחד קצר לנאום ארוך שמשמעותו מתבררת היטב מכוח ירידתו לפרטים. על פי פירושו של רבי נהוראי, יש אולי לפסק את "מִי אָנֹכִי" כך: "מִי? אָנֹכִי?!". הרחבת סיפור זו מתארת את משה המום מעצם המחשבה על הבעיות הלוגיסטיות הצפויות לו אם ייטול על עצמו את המשימה להוציא את ישראל ממצרים. רבי נהוראי מפרט בעיות אלה: לספק קורת גג לאוכלוסייה כה גדולה בתנאי מזג אוויר קשים (שורה 13), להמציא מזון שיהיה בו כדי להשביע המוני בני אדם (שורה 14), ולדאוג למספרם הגדול של הנשים והילדים בעלי הצרכים המיוחדים המצויים בקרב צבאות העם שאמור משה להנהיג (שורות 15-20). פירוש זה מציג את משה כאומר בעצם: "איך יכול אני, אדם אחד בלבד, לקבל על עצמי אחריות עצומה כזאת?".

במבט ראשון, נראית קריאה זו של פסוק יא קרובה יותר לפשוטו של מקרא, אולי מפני שאינה מצריכה אותנו להצטייד במנה גדושה של

מידע מוקדם על מנת להבין את הפסוק. לפירוש זה היגיון פסיכולוגי רב וקל למדיי להזדהות אתו. אחרי הכול, רק מעטים מאתנו יכולים לדמיין את עצמם מטיחים ביקורת בפני האלוהים, אך רובנו מסוגלים לחוש את הפחד שבו היינו נתקפים לנוכח משימה בלתי אפשרית כמעט. בכל אופן, יש מקום לשאול מדוע תופס רבי נהוראי את דברי משה באופן זה, ולא, אולי, כביטוי פשוט של ענווה.

מה הביא את רבי נהוראי לפירושו?

בחינה נוספת של הנאום ששם רבי נהוראי בפי משה, מראה שהוא מבין את הפסוק בהקשר של שני הפרקים הראשונים של ספר שמות. פרק א של ספר שמות מתאר התפוצצות אוכלוסין של בני ישראל בקנה מידה בל ישוער, שעמה מנסה פרעה להתמודד על ידי שורה של גזרות אכזריות. פרק ב, המתאר את לידתו של משה, מציג אף הוא את השפעתן של גזרות אלה על חיי היומיום של עם ישראל. בתשובתו של משה לה׳, על פי גרסתו של רבי נהוראי, מהווים צורכיהן של הנשים ההרות והיולדות סיבות כבדות משקל לתחושתו של משה שאין ביכולתו לקבל על עצמו את השליחות להוציא את בני ישראל ממצרים (שורות 15–20). לאור קריאת הפסוק בהקשר זה, סביר מאוד לראות את "מִי אָנֹכִי" כזעקת סירוב הבוקעת מפי משה המבוהל מכובד המשימה הניצבת בפניו.

לחיזוק פירושו זה על "מִי אָנֹכִי", מביא רבי נהוראי ראיה מפסוק בשיר השירים (שורות 21–22).[16] רבי נהוראי מצטט את שיר השירים א, ז כגרסה אלגורית של תלונת משה לה׳. בפסוק, כפי שמציג אותו רבי נהוראי, פונה הרעיה (משה) אל המלך שלמה (ה׳) ומדברת על

16. בדרך כלל, מפרשים חז"ל את שיר השירים כציור אלגורי של היחסים בין ה׳ לעם ישראל. בין האירועים בתולדות עם ישראל תופסים הגלות למצרים, היציאה ממנה ומתן תורה מקום נכבד בפירושים אלה. אנא קראו את שיר השירים א, א–ח, כדי לראות את הפסוק במלואו וכדי להבין את ההקשר.

הטיפול בצאנה: ״הַגִּידָה לִּי, שֶׁאָהֲבָה נַפְשִׁי, אֵיכָה תִרְעֶה, אֵיכָה תַּרְבִּיץ [את צאנך] בַּצָּהֳרָיִם; שַׁלָּמָה אֶהְיֶה כְּעֹטְיָה (= אבלה) עַל עֶדְרֵי חֲבֵרֶיךָ״.[17]

ראיה מפסוק כגורם בפרשנות

אכן, בהקשר של הרחבת הסיפור של רבי נהוראי, מצלצל הציטוט משיר השירים בדיוק כפי שהוא התכוון. ניתן לומר שנאומו של משה, כפי שהוא מוצג במדרש, מהווה למעשה תעקיף (פרפראזה) מורחב של הפסוק משיר השירים; שניהם מציינים את האכלתם ואת שיכונם של אלה הנמסרים להשגחתו של אפוטרופוס. נשאלת אפוא השאלה מה קדם למה: האם הבנתו של רבי נהוראי את הכתוב בשיר השירים היא שהולידה את פירושו לפסוק בשמות, או שמא גרם לו הפסוק בשמות לפרש את הכתוב בשיר השירים א, ז בדרך שפירש?

הפרשנות כמעשה בלתי מודע

תשובה אפשרית לשאלה היא שהקשר שבין שני הפסוקים, כפי שהם מופיעים במדרש זה, מורכב יותר מקשר סיבתי. כדי לעמוד על טיבו של יחס זה, עלינו לשאול את עצמנו מה קורה לנו בעצם בשעת קריאה, וכיצד מגיעים אנו לפירושינו על טקסטים. בדרך כלל, אין מעשה הפרשנות מעשה מודע של שקילת אפשרויות. משמעותם של הדברים שקוראים אנו נראית לרובנו מובנת מאליה. כשמתבקשים אנו להגן על פרשנות של טקסט מסוים, יכולים אנו לנמקה בדרך כלל בהסבר כלשהו, אך בעשותנו זאת מבצעים אנו למעשה שחזור מודע של תהליך שהוא במידה רבה בלתי מודע. בעת הקריאה, אין אנו חושבים על הסיבות לפירושינו – אנו פשוט מבינים את מה שאנו קוראים.

כדי לשחזר מה הביא את רבי נהוראי לפרש את הפסוק בשמות כפי שפירש, נוכל להניח בסבירות גבוהה שהוא מבין את ״מִי אָנֹכִי״ בדרך שהבין, בשל הסיבות שצוינו לעיל: קשיי המשימה שמטיל ה׳ על משה, ומקומו של הפסוק (שמות ג, יא) בהקשר של הפרקים א

17. ראו רש״י על אתר.

ו־ב של ספר שמות. הבנת "מִי אָנֹכִי" בדרך זו שופכת לרבי נהוראי אור חדש על הפסוק בשיר השירים, ומציגה אותו כאלגוריה לתלונת משה. לאחר שהובן באור חדש זה, הופך שיר השירים א, ז בחזרה לתנא דמסייע לפירושו של רבי נהוראי ל"מִי אָנֹכִי", והפסוק אף עשוי להשפיע על הצורה שלבש פירושו של רבי נהוראי. ובכן, בעוד שמות ג, יא עוזר לרבי נהוראי להבין את שיר השירים א, ז כפי שהוא מבין, מחזק הפסוק בשיר השירים את פירושו של רבי נהוראי לפסוק בשמות, וגם מעצב את הסיפור שבאמצעותו מעביר רבי נהוראי את פירושו לשומעיו. היחס בין הפסוקים והדרך שבה משתמש בהם רבי נהוראי הם אפוא מעגליים, יותר מאשר ליניאריים.

קריאה חוזרת של הטקסט לאור הפירוש

אם נשוב לתוכן פירושו של רבי נהוראי ל"מִי אָנֹכִי", צריכה שאלתנו הבאה להיות: האם משתלב הפירוש עם הטקסט המקראי? קריאת המילים הראשונות של פסוק יב מראה לנו שהוא אכן משתלב, כיוון שתשובת ה' למשה היא "כִּי אֶהְיֶה עִמָּךְ", שנוכל לפרשהּ שאין ה' מצפה שמשה ימלא את שליחותו מרובת הקשיים לבדו. עם זאת, מעניין לציין שרבי נהוראי נראה מוטרד במקצת מהיחס שבין שאלת משה לתשובת ה'. אנו רואים זאת מתוך העובדה שהוא מציג תשובה של ה' השונה מזו שמופיעה בטקסט המקראי. מבלי לצטט למעשה את פסוק יב, מרחיב אותו רבי נהוראי, והופכו לתגובה מפורשת לדאגותיו של משה: "אמר לו הקדוש ברוך הוא: 'מן חררה שהיא יוצאת עמהן ממצרים מספיק להן שלשים יום; אתה יודע איך אני עתיד להנהיגם'" (שורות 23–24).

בעיה לפירושו של רבי נהוראי

מדוע מוסיף רבי נהוראי מילים לפסוק יב? במבט ראשון נראה הפסוק כעומד היטב למדיי בכוחות עצמו, אך בבחינה מדוקדקת יותר חשים אנו שכיחידה שלמה מעמיד הפסוק את פירושו של רבי נהוראי בפני בעיה. לשון הפסוק היא: "וַיֹּאמֶר: 'כִּי אֶהְיֶה עִמָּךְ; וְזֶה לְּךָ הָאוֹת כִּי אָנֹכִי שְׁלַחְתִּיךָ; בְּהוֹצִיאֲךָ אֶת הָעָם מִמִּצְרַיִם תַּעַבְדוּן אֶת הָאֱלֹהִים עַל הָהָר

הַזֶּה" (שמות ג, יב). הקושי העיקרי בפסוק זה נמצא במילים: "**וְזֶה לְּךָ הָאוֹת כִּי אָנֹכִי שְׁלַחְתִּיךָ**". לְמה מרמזת המילה '**זה**'? איזהו הסימן שיעיד שה' הוא ששלח את משה? יתרה מזאת, כפי שכבר אמרנו לעיל, מהווה חלקו הראשון של הפסוק ("כִּי אֶהְיֶה עִמָּךְ") תשובה מתאימה ויפה לנאום משה (בעניין בעיות המזון והדיור). אולם חלקו השני נראה, על פי פירושו של רבי נהוראי, שלא במקום.

העמדת פירושים זה מול זה

אם נשווה את גישתו של רבי נהוראי לבעיה עם זו של רבי יהושע בן לוי, נראה שרבי יהושע בן לוי אינו מצטט את תשובת ה' למשה שבפסוק יב ואינו מתייחס אליה כלל, שלא כרבי נהוראי המשכתב אותה חלקית. רבי יהושע בן לוי מתחמק אפוא מהבעיה שמציב פסוק יב בפני פירושו ל'מִי אָנֹכִי'.

ייתכן שרבי יהושע בן לוי אינו רואה כל צורך לעסוק במרומז הנעלם של פסוק יב, משום שהוא חושב שרק חלקו הראשון של הפסוק מהווה את תשובת ה' למשה, ואילו חלקו השני אינו קשור אליה. ניסיון לשחזר את הדרך שבה מבין רבי יהושע בן לוי את פסוק יב עשוי להיראות בערך כך: "וַיֹּאמֶר [ה', בתשובה לשאלת למשה 'מִי אָנֹכִי']: 'כִּי אֶהְיֶה עִמָּךְ; וְ[ועתה, משה, נעבור לנושא הבא], זֶה לְּךָ הָאוֹת כִּי אָנֹכִי שְׁלַחְתִּיךָ; בְּהוֹצִיאֲךָ אֶת הָעָם מִמִּצְרַיִם תַּעַבְדוּן אֶת הָאֱלֹהִים עַל הָהָר הַזֶּה'".

לעומת זאת, נראה שרבי נהוראי רואה את פסוק יב כולו כמתייחס ל'מִי אָנֹכִי', ולכן, שלא במפתיע, נתקל בקשיים. כיצד נפתרת בעיה זו על ידי הרחבת הסיפור שלו לפסוק יב? על פי רבי נהוראי, תשובת ה' למשה היא: "מן חררה שהיא יוצאת עמהן ממצרים מספיק להן שלשים יום; אתה יודע איך אני עתיד להנהיגם" (שורה 24). קשה לראות במילים אלה פרפראזה של חלקו הראשון של הפסוק, "כִּי אֶהְיֶה עִמָּךְ", מפני שאין חלק זה זקוק כלל להרחבה נוספת או לביאור מיוחד על מנת שישמש כתשובה לשאלתו של

משה כפי שמבין אותה רבי נהוראי. באותה מידה, אי אפשר להבין דברים אלה כתעקיף לחלקו האחרון של הפסוק, "בְּהוֹצִיאֲךָ אֶת הָעָם מִמִּצְרַיִם תַּעַבְדוּן אֶת הָאֱלֹהִים עַל הָהָר הַזֶּה", כיוון שאין להם כל קשר אליו. בעל כורחנו עלינו לומר, אפוא, ששורה 24 אינה אלא פתרונו של רבי נהוראי לתעלומת המרומז במילה 'זה' שבפסוק יב. אליבא דרבי נהוראי, עתיד משה לדעת שהאלוהים עמו והוא זה אשר שלחו, כשיראה שהמצה שייקחו עמם בני ישראל ביציאתם ממצרים תספיק להשביעם במשך חודש ימים.

ביאורו של רבי נהוראי לפסוקים יא-יב הוא אפוא זה: זעקתו של משה "מִי אָנֹכִי...?" שבפסוק יא מבטאת את הפחד שאין באפשרותו וביכולתו למלא את השליחות שמטיל עליו ה'. תשובת ה' למשה בפסוק יב היא: "כִּי אֶהְיֶה עִמָּךְ [וכך הדאגה לצורכי העם לא תיפול על כתפיך בלבד], וְ[כיוון שמִן חררה שהיא יוצאת עמהן ממצרים מספיק להן שלשים יום] **זֶה** לְּךָ הָאוֹת כִּי אָנֹכִי שְׁלַחְתִּיךָ [ואנוכי עמך]. [ועתה, משה, נעבור לנושא הבא:] בְּהוֹצִיאֲךָ אֶת הָעָם מִמִּצְרַיִם תַּעַבְדוּן אֶת הָאֱלֹהִים עַל הָהָר הַזֶּה".

הפירוש השלישי

הפירוש השלישי שמציע שמות רבה (שורות 25-33) שונה בתכלית משני קודמיו. ראשית, דעה זו מתמקדת בפסוק כולו, ולא רק במילים 'מִי אָנֹכִי'. שנית, כפי שנראה להלן, דעה זו נובעת מהֶקשר מקומי טהור, לעומת הדעות הראשונות.

על פי דעה זו, שואל משה בעצם שתי שאלות, המופיעות בפסוק יא. הראשונה, "מִי אָנֹכִי, כִּי אֵלֵךְ אֶל פַּרְעֹה?", היא ביטוי לחששו של משה לביטחונו האישי (שורה 27). השנייה, "וְכִי אוֹצִיא אֶת בְּנֵי יִשְׂרָאֵל", מביעה את הספק אם בכלל ראויים בני ישראל להיגאל (שורה 28).

פירוש זה עשוי להיראות בתחילה כמאולץ, בגלל הדגש שהוא שם על המילים "כִּי אֵלֵךְ אֶל פַּרְעֹה" במקום על 'מִי אָנֹכִי', ומשום

שהוא כופה עלינו לחלק לשתיים מה שנראה כשאלה אחת. כמו כן, יש להוסיף מילים לטקסט התנ"כי על מנת להפוך הסבר זה למתקבל על הדעת. מהו אפוא המניע לפירוש זה?

בניגוד לשתי הפרשנויות הקודמות שניתנו לפסוק, מלווה פירוש זה בהסבר ברור של ההיגיון העומד מאחורי חלק ממנו: "אין אומר 'אֶהְיֶה עִמָּךְ' אלא למי שהוא מתיירא" (שורה 30). על כן נראה שפירוש זה מבוסס על ההקשר המקומי בלבד, דהיינו, על תשובת ה' למשה בפסוק יב.

בחינה נוספת של פסוק יב מנקודת המבט של פירוש זה, עשויה בעצם להעניק לפירוש זה חיזוק משמעותי.[18] בהחלט סביר לקרוא את חלקו הראשון של הפסוק כפי שמציע הפרשן: כשמשה אומר 'מִי אָנֹכִי' כוונתו לומר שהוא מפחד ותשובת ה' אליו מוכיחה זאת ("אמר לו הקדוש ברוך הוא: 'כִּי אֶהְיֶה עִמָּךְ'. **אין אומר 'אֶהְיֶה עִמָּךְ' אלא למי שהוא מתיירא**" שורות 29–30). אמנם אין קריאה זו נסמכת על סיפור בריחת משה ממצרים לאחר הריגת הנוגש המצרי (שמות ב, יא-טו), אך היא משתלבת היטב בסיפור זה. משה ברח ממצרים בשל סכנת החיים שריחפה על ראשו, וסירובו לשוב עתה "למקום לסטים, ולמקום הורגי נפשות" (שורה 27), מובן לגמרי.

עוד יותר משכנעת העובדה שפירוש זה מציע את הפתרון השלם ביותר לקשיי הפרשנות שמעמיד בפנינו המשך פסוק יב: "וְזֶה לְּךָ הָאוֹת כִּי אָנֹכִי שְׁלַחְתִּיךָ; בְּהוֹצִיאֲךָ אֶת הָעָם מִמִּצְרַיִם, תַּעַבְדוּן אֶת הָאֱלֹהִים עַל הָהָר הַזֶּה". שתי הבעיות, כפי שצוינו לעיל, הן לְמה מרמזות המילים "וְזֶה לְּךָ הָאוֹת כִּי אָנֹכִי שְׁלַחְתִּיךָ", וחוסר הקשר, לכאורה, בין סופו של הפסוק ("בְּהוֹצִיאֲךָ אֶת הָעָם מִמִּצְרַיִם...") ובין שאלת משה 'מִי אָנֹכִי'. פירוש זה פותר את הבעיה הראשונה בכך שהוא מבין את '**זה**' כמתייחס לחלקו הראשון של הפסוק ("כִּי אֶהְיֶה עִמָּךְ"): האות המצביע על כך שמשה נשלח על ידי האלוהים הוא

18. עיינו ברש"י לשמות ג, יא-יב ותיווכחו שאין כל ספק שגם הוא נוקט עמדה זו.

שה׳ יהיה עמו, כלומר: ״כל מה שתרצה, [משה,] אעשה אני׳ (שורות 31-32).

הבעיה השנייה יכולה להיפתר אם נשתחרר מן ההנחה שבפסוק יא מוצגת שאלה אחת בלבד, ואכן, אין הפירוש השלישי שותף להנחה זו. על פי פירוש זה של פסוק יא, **אין** חלקו האחרון של פסוק יב (״בְּהוֹצִיאֲךָ אֶת הָעָם מִמִּצְרַיִם תַּעַבְדוּן אֶת הָאֱלֹהִים עַל הָהָר הַזֶּה״) התשובה ל׳מִי אָנֹכִי׳; זוהי התשובה לשאלת משה האם ראויים בני ישראל להיגאל. על פי הסבר זה, אין חלקו האחרון של פסוק יב נראה עוד כלל וכלל כבלתי משתלב בדו־שיח: ״מה שאמרת: ׳באיזה זכות אוציאם ממצרים?׳ הווי יודע שבזכות התורה שהן עתידים לקבל על ידך בהר הזה הם יוצאים משם״ (שורה 33).

עריכה כחלק מפרשנות

מכל הפירושים האפשריים ל׳מִי אָנֹכִי׳ שהיינו מעלים על לבנו, בוררים העורכים של שמות רבה את שלושת אלה, ובוחרים להציגם בסדר המופיע במדרש. כמובן, ביכולתנו רק להעלות השערות באשר לסיבות שהביאו לברירה זו ולסדר הזה, אולם מן הראוי לציין שכל אחת מהדעות שהובאו מתמודדת עם קושי טקסטואלי שונה מזווית שונה.

אם נשוב ונקרא את הפסוקים יא ו־יב מתוך שדה הראייה הרחב שפורשים לעינינו שלושת הפירושים האלה, נוכחים אנו לדעת שפסוקים אלה מסובכים הרבה יותר ממה שנראו לנו בקריאה ראשונה. ראשית, כל אחד מהפירושים מוסיף מילים או מידע קודם כדי לאפשר קריאה רצופה ועקבית של הפסוקים. העובדה שכל פירוש מתמודד רק עם חלק מהקשיים שבשני הפסוקים ולא עם כולם, היא שהניעה ככל הנראה את עורכי שמות רבה לכלול את כל שלוש הדעות, כדי לצייר בפנינו תמונה מקיפה וכוללת יותר.

שנית, ייתכן שסידורם של מדרשים אלה בעל משמעות משל עצמו. סדר זה מצביע אולי על האופן שבו ביקשו עורכי שמות רבה להבהיר לנו את משמעויותיהם ומשקלם היחסיים של המדרשים.

אפשרות אחת היא שהם רצו להסב את תשומת לבנו להבדלים המתודולוגיים שבין שלושת הפירושים. מכל השלושה, מרחיב רבי יהושע בן לוי את ההקשר בשיעור הגדול ביותר כדי להבין את פסוק יא, ובמידה רבה משאיר את פסוק יב בצד. רבי נהוראי, המֵצֵר את ההקשר, מנסה להתמודד עם חלק מהקשיים של פסוק יב, אבל מתמקד בעיקר בפסוק יא. הדעה האחרונה, של פרשן עלום שם, יוצאת מתוך ההקשר המקומי, הצר ביותר, ובונה את המשמעות של פסוק יא מתוך השתקפותה בפסוק יב. סידור המדרשים בידי עורכי שמות רבה מבטא, אפוא, אולי את התנועה מנקודת מבט כוללנית מאוד אל זו הצרה והמקומית.[19]

מי הוא בעצם משה?

אך עוד חשוב מזאת, כל אחד מהפירושים האלה מצייר אחרת את דמותו של משה כפי שהיא נראית בתחילת דרכו כמנהיג. כולם הולכים בעקבות פשוטו של מקרא ומבינים את היסוסיו של משה לקבל על עצמו את השליחות שמבקש האלוהים להטיל עליו, אך מתארים את מניעיו של משה מנקודות מבט שונות.

רבי יהושע בן לוי רואה במשה את סנגורם של ישראל עוד בטרם הסכים משה ליטול על עצמו תפקיד זה. משה מזכיר לה׳ את הבטחתו ליעקב, ובמידה רבה ניתן לראות בכך תמרון שמטרתו להשתמט ממשימה שאינו מוכן לקחת על עצמו. בכל זאת, מתוך אומץ לב

19. בהערה 2 ציינתי שעורכי שמות רבה מציעים פירוש נוסף שלא הבאתי כאן, משום שאיננו נושא צביון פרשני. הפירוש שהשמטתי משתמש בחזרתה המהדהדת של המילה ״אנוכי״ כדי לקשור בין הגלות והגאולה הראשונות ובין הגאולה האחרונה. ייתכן שעורכי שמות רבה שמו את הפירוש הדרשני הזה בסוף הקטע הנוכחי כדי להזכיר לנו שאמנם יכולים אנו להבין את פסוקים יא ו־יב מתוך השקפה כוללנית יותר או מקומית יותר, אך פסוקים אלה עצמם עשויים גם לספק הקשר לפירושם של פסוקים אחרים בתנ״ך, או להבנתם של מאורעות בהיסטוריה היהודית.

גדול, דורש משה מה׳ למלא את התחייבותו לעם ישראל. תפקיד זה עתיד משה למלא שוב ושוב במשך ארבעים שנות מנהיגותו. התמונה של משה, כפי שמתווה אותה רבי יהושע בן לוי, היא אפוא מוכרת לנו. את התכונות שרואים אנו כאן, עתידים אנו לראות גם בהמשך.

רבי נהוראי מציג את משה כהמום לנוכח כובד המשא העצום המוטל עליו, דווקא משום שמשה מבין היטב את כל הכרוך בנטל זה. ההתבוננות על משה בדרך זו מזכירה לנו שעוד בטרם הפך למנהיג היה משה רועה – אדם הטרוד בהשגחה על צאן.[20] עליית המדרגה מצאן כבשים לצאן אדם מפחידה את משה עד מאוד, והוא מנסה בכל כוחו להימנע ממנה. הדרך שבה מתבונן רבי נהוראי על משה אינה מוכרת לנו פחות מזו של רבי יהושע בן לוי, אם כי מתמקדת היא בהיבט אחר. כשם שרואים אנו פה את משה דואג לרווחתם של בעלי הצרכים המיוחדים הנתונים להשגחתו, כך נראה אותו דואג פעם אחר פעם לעמו במדבר, להבטיח את שלומו, לספק את מזונו ולתת לו קורת גג.

הפירוש השלישי מצייר משה שונה בתכלית, אדם החושש לעצמו, וספקן גדול באשר לזכותם של ישראל להיגאל. באופן פרדוקסאלי, תמונה זו של משה היא היותר מרגשת, שכן מציגה היא בפנינו איש בעל חולשות אנושיות אמתיות. דעה זו מתארת את משה מלא פחדים, ממוקד בעצמו, ורחוק למדיי מלהתאהב בעם ישראל. סירובו למלא את שליחותו אינו מעוגן ברצונו שהאלוהים יקיים את הבטחתו, וגם הבעיות הלוגיסטיות של עם עבדים מדוכא אינן מטרידות אותו. הוא פשוט אינו רוצה ללכת. ועם כל זאת, יתפתח משה חלש ואנושי זה ויהיה לדמות מופת של אב חזק ואוהב, המוכן להקריב את חייו למען עמו.

20. זו גם התמונה המצוירת בפסוק שמצטט רבי נהוראי משיר השירים.

פרק יג

פרשנות של דו־שיח ב: מה שמו של אלוהים?

לְךָ דֻמִיָּה תְהִלָּה... (תהלים סה, ב).

על פי המחשבה היהודית, גלומה סתירה פנימית במאמץ למצוא דרך לפנות אל האלוהים. אכן, אמונה השוללת מה׳ כל תכונה אנושית הופכת למעשה כל ניסיון לקרוא לו בשמות לאפשרות בלתי הגיונית. אף על פי כן, אין אלוהי ישראל מופשט לחלוטין. אנו מחויבים להתפלל אליו, ונקראים לחוש את התערבותו בחיינו ובהיסטוריה של עמנו.

משה נתקל ישירות בנושא זה כשהוא מבקש מהאלוהים שם שישמש לזיהוי האל ששולח אותו לבני ישראל (שמות ג, יג). כפי שנראה, אפופה תשובת ה׳ למשה (שמות ג, יד-טו) סוד ומסתורין. המדרש שבו נתעמק להלן מתמודד עם הבעייתיות שמעוררת תשובתו של ה׳, תוך כדי פירוש הדו־שיח שבין ה׳ למשה, ובוחן את המשמעות שיש לדו־שיח זה על קריאת שמות לאלוהים.

המדרש מבוסס על הדו־שיח הבא:[1]

(פסוק יג) וַיֹּאמֶר מֹשֶׁה אֶל הָאֱלֹהִים: ״הִנֵּה אָנֹכִי בָא אֶל בְּנֵי יִשְׂרָאֵל, וְאָמַרְתִּי לָהֶם: ׳אֱלֹהֵי אֲבוֹתֵיכֶם שְׁלָחַנִי אֲלֵיכֶם׳, וְאָמְרוּ לִי: ׳מַה שְּׁמוֹ?׳ מָה אֹמַר אֲלֵהֶם?״ (פסוק יד) וַיֹּאמֶר אֱלֹהִים אֶל מֹשֶׁה: ״אֶהְיֶה אֲשֶׁר אֶהְיֶה״; וַיֹּאמֶר: ״כֹּה תֹאמַר לִבְנֵי יִשְׂרָאֵל: ׳אֶהְיֶה שְׁלָחַנִי אֲלֵיכֶם׳״. (פסוק טו) וַיֹּאמֶר עוֹד אֱלֹהִים אֶל מֹשֶׁה: ״כֹּה תֹאמַר אֶל בְּנֵי יִשְׂרָאֵל: ׳ה׳ אֱלֹהֵי אֲבֹתֵיכֶם, אֱלֹהֵי אַבְרָהָם, אֱלֹהֵי יִצְחָק, וֵאלֹהֵי יַעֲקֹב שְׁלָחַנִי אֲלֵיכֶם׳; זֶה שְּׁמִי לְעֹלָם, וְזֶה זִכְרִי לְדֹר דֹּר״.

הגדרת הבעיה הפרשנית

קל להבין את שאלתו של משה. תשובתו של ה׳, לעומת זאת, היא בגדר חידה. ראשית, נראה כאילו ה׳ מציע שלוש תשובות לשאלתו היחידה של משה, מה שאינו פותר כלל את בעייתו של משה: איזה משלושת הדברים שאומר האלוהים הוא התשובה לשאלתו של משה? האם מצפה ה׳ ממשה לחזור על כל שלושת הדברים באוזני בני ישראל? בהסתמך על מילות הכתוב, כיצד על משה לדעת זאת? יתרה מזאת, שתי התשובות הראשונות (שבפסוק יד) סתומות. כיצד אמור משה להבין אמירה כמו ״אֶהְיֶה אֲשֶׁר אֶהְיֶה״?

שמות רבה ג, ו קורא קריאה צמודה את שמות ג, יג–טו כדי להתמודד עם שאלות אלה. כל אחד מהפירושים המוצעים מובע בצורת הרחבת דו־שיח המבהירה כיצד הבין החכם את חילופי הדברים שבין ה׳ למשה.

הפירוש המדרשי

להלן הפירוש מתוך שמות רבה:

1. אנא קראו את כל פרק ג בשמות לשם הבנה טובה יותר של הדיון המדרשי.

וַיֹּאמֶר אֱלֹהִים אֶל מֹשֶׁה:

1. אמר רבי אבא בר ממל:
2. "אמר ליה הקדוש ברוך הוא למשה:
3. 'שמי אתה מבקש לידע?
4. לפי מעשי אני נקרא.
5. פעמים שאני נקרא באל שדי, בצבאות, באלוהים, בה'.
6. כשאני דן את הבריות, אני נקרא אלוהים.
7. וכשאני עושה מלחמה ברשעים אני נקרא צבאות,
8. וכשאני תולה [משפט] על חטאיו של אדם, אני נקרא אל שדי.
9. וכשאני מרחם על עולמי, אני נקרא ה'",
10. שאין ה' אלא מדת רחמים,
11. שנאמר 'ה', ה', אֵל רַחוּם וְחַנּוּן...' (שמות לד, ו).
12. הווי 'אֶהְיֶה אֲשֶׁר אֶהְיֶה':
13. 'אני נקרא לפי מעשי'".
14. רבי יצחק אומר:
15. "אמר לו הקדוש ברוך הוא למשה:
16. 'אמור להם:
17. "אני שהייתי, ואני הוא עכשיו, ואני הוא לעתיד לבא"'.
18. לכך כתיב 'אֶהְיֶה' שלושה פעמים".
19. דבר אחר, "אֶהְיֶה אֲשֶׁר אֶהְיֶה",
20. רבי יעקב ברבי אבינא בשם רב הונא דציפורן אמר:
21. "אמר הקדוש ברוך הוא למשה:
22. 'אמור להם:
23. "בשעבוד זה אהיה עמם,
24. ובשעבוד הן הולכין [בעתיד] ואהיה עמם"'.
25. אמר [משה] לפניו:
26. 'וכך אומר אני להם? דיה לצרה בשעתה!'
27. אמר לו [אלוהים]:
28. 'לאו, כה תאמר לבני ישראל: "אֶהְיֶה שְׁלָחַנִי אֲלֵיכֶם".

29. לך אני מודיע, להם איני מודיע״.
30. דבר אחר, ״אֶהְיֶה״,
31. רבי יצחק בשם רבי אמי אמר:
32. ״בטיט ובלבנים הן עומדים, ולטיט ולבנים הן הולכים.
33. וכן בדניאל: ׳וַאֲנִי, דָנִיֵּאל, נִהְיֵיתִי וְנֶחֱלֵיתִי׳ (דניאל ח, כז)[2]
34. אמר [משה] לפניו: ׳וכך אני אומר להן?׳
35. אמר לו [אלוהים]: ׳לאו, אלא [אמור להם]: ״אֶהְיֶה שְׁלָחַנִי אֲלֵיכֶם״׳״.
36. אמר רבי יוחנן:
37. ״׳אהיה לאשר אהיה, ביחידים,
38. אבל במרובים, על כרחם, שלא בטובתם, כשהן משוברות שיניהן, מולך אני עליהם׳,
39. שנאמר: ׳חַי אָנִי, נְאֻם ה׳ אֱלֹהִים, אִם לֹא בְּיָד חֲזָקָה וּבִזְרוֹעַ נְטוּיָה וּבְחֵמָה שְׁפוּכָה, אֶמְלוֹךְ עֲלֵיכֶם׳ (יחזקאל כ, לג)״.
40. דבר אחר, דאמר רבי ענניאל בר רבי ששון:
41. ״אמר הקדוש ברוך הוא:
42. ׳לכשאני מבקש, אחד מן המלאכים שהוא אחד משלישו של עולם [בגודלו], פושט ידו מן השמים ומגעת לארץ׳,
43. שנאמר: ׳וַיִּשְׁלַח תַּבְנִית יָד וַיִּקָּחֵנִי בְּצִיצִת רֹאשִׁי׳ (יחזקאל ח, ג).
44. וכשביקשתי, שלשה מהן עשיתים יושבים תחת האילן,
45. שנאמר: ׳...וְהִשָּׁעֲנוּ תַּחַת הָעֵץ׳ (בראשית יח, ד).
46. ׳וכשאני מבקש, כבודו מלא כל העולם׳,
47. שנאמר: ׳הֲלוֹא אֶת הַשָּׁמַיִם וְאֶת הָאָרֶץ אֲנִי מָלֵא, נְאֻם ה׳״ (ירמיהו כג, כד).
48. ׳וכשביקשתי, דיברתי עם איוב מן הסערה׳,
49. שנאמר: ״וַיַּעַן ה׳ אֶת אִיּוֹב מִן הַסְּעָרָה (כתיב: מנהסערה)״ (איוב לח, א).

2. ראו רש״י לפסוק זה.

50. ׳וכאשר אני מבקש [אני מדבר] מתוך הסנה׳״.

הבעיה של ״וַיֹּאמֶר וַיֹּאמֶר״: חריגה מסגנון המקרא

כפי שכבר ציינו במקום אחר,[3] מניחים חז״ל שדו־שיח מקראי אינו אלא תיעוד חלקי של שיחות המתקיימות בתנ״ך. אחד מתפקידיו של הפירוש המדרשי הוא לעבות את הדו־שיח באופן שיבהיר את משמעויותיהם של אותם קטעי שיחות. גישה זו לדו־שיח מקבלת חשיבות מיוחדת בשלושת הפסוקים שבוחנים אנו כאן, בשל מה שניתן אולי לכנות הבעיה של ״וַיֹּאמֶר וַיֹּאמֶר״.[4] בעיה זו מתוארת במדרש בניסוח הכוללני הבא: ״אמר רבי יוחנן: ׳כל מקום שנאמר ״וַיֹּאמֶר וַיֹּאמֶר״ צריך [הכתוב] לידרש׳״.[5]

השימוש במילה ״וַיֹּאמֶר״ כהקדמה לדיבור ישיר הוא אחד מהמאפיינים הנפוצים ביותר של הסגנון המקראי. בדרך כלל, כשמקדים הכתוב למילותיו של דובר אחד את המילה ״וַיֹּאמֶר״, לא תופיע מילה זו שוב ביחס לאותו דובר, אלא אם כן הייתה התערבות כלשהי, דהיינו, פעולה מסוימת שהתרחשה בסיפור, או אמירה של דובר אחר. אם חוזרת המילה ״וַיֹּאמֶר״ ביחס לדובר שכבר צוין בטקסט, ללא התערבות של תיאור או דיבור, אזי ״צריך [הכתוב] לידרש״. ההנחה היא שבמקרה זה מופנית תשומת לבנו לפעולה או תגובה כלשהי, מילולית או אחרת, שאינה מוזכרת במפורש בטקסט.

בפסוקים שדנים אנו בהם (שמות ג, יג–טו), מופיעה המילה ״וַיֹּאמֶר״, ביחס לה׳, שלוש פעמים ברציפות ללא התערבות של דיבור או פעולה מצדו של משה (או התערבות של פעולה מצדו של ה׳). לאור השקפתו של המדרש על חריגה זו מסגנון המקרא, עלינו

3. פרק יב.
4. התוודעתי לראשונה לבעיה טקסטואלית זו בשיעור תורה שבועי למורים שניתן על ידי נחמה לייבוביץ.
5. ילקוט שמעוני, מלכים א׳ רכ. ראו גם תנחומא אמור ג; מגילה טז ע״א: ״וַיֹּאמֶר וַיֹּאמֶר למה לי?״; ויקרא רבה כו, ח.

להניח שמשהו חסר בטקסט. יתר על כן, כפי שכבר אמרנו, אפילו ללא הבעיה של "וַיֹּאמֶר וַיֹּאמֶר", מעורר הדו־שיח בין האלוהים למשה, בפסוקים יג-טו, בעיות. משה שאל שאלה, והדרך שבה בוחר ה' לענות עליה נראית לנו בלתי מובנת. כיצד עלינו לפרש את דברי ה'?

מבנה הקטע

עורכי שמות רבה מציעים שישה פירושים אפשריים לתשובת ה' למשה:

1. פירושו של רבי אבא בר ממל (שורות 1-13)
2. פירושו של רבי יצחק (שורות 14-18)
3. פירושו של רבי יעקב ברבי אבינא (שורות 19-29)
4. פירושו של רבי יצחק בשם רבי אמי (שורות 30-35)
5. פירושו של רבי יוחנן (שורות 36-39)
6. פירושו של רבי ענניאל בר רבי ששון (שורות 40-50)

פירושו של רבי אבא בר ממל

רבי אבא בר ממל מתמודד עם בעיה זו כשהוא קורא את "אֶהְיֶה אֲשֶׁר אֶהְיֶה" לא כאחד משמותיו של האלוהים – דהיינו לא כתשובה למשה – אלא כתיקון לשאלתו של משה, או אולי אפילו כנזיפה עליה. משה מבקש מהאלוהים שם שאותו יעביר לבני ישראל. במילים "אֶהְיֶה אֲשֶׁר אֶהְיֶה" מעיר האלוהים למשה ששאל את השאלה הלא נכונה: "שמי אתה מבקש לידע? לפי מעשי אני נקרא" (שורות 3-4). בטרם ימסור האלוהים למשה את השם שייתן תוקף לשליחותו אל עם ישראל, מבקש האלוהים לוודא שמשה מבין את הקשר שבין שמו של האלוהים למהותו. לאלוהים שמות רבים (שורות 5-11), אך אף לא אחד מהם עונה על השאלה מיהו האלוהים. חשוב שמשה לא יבלבל בין **שם** האלוהים ובין **ההיות** שמייצג השם.

קריאה חוזרת של הטקסט המקראי לאור פירושו של רבי אבא

בר ממל מראה שהפירוש פותר חלק מהבעיה שלנו. אם אין המילים ״אֶהְיֶה אֲשֶׁר אֶהְיֶה״ אמורות להיות תשובה לשאלתו של משה מה לומר לבני ישראל, אזי בכך מוסברות הן משמעות המילים עצמן, והן חזרתה הנוספת של המילה ״וַיֹּאמֶר״ בפסוק יד. ב״אֶהְיֶה אֲשֶׁר אֶהְיֶה״ מעיר האלוהים למשה ששאלתו מעידה על אי הבנה. בתגובה לכך, ככל הנראה, מסמן משה, במילה או במחווה, שהוא מבין את תיקונו של האלוהים. לכן נדרשת חזרה על המילה ״וַיֹּאמֶר״, כדי ללמדנו שהייתה התערבות.

בעיות בפירושו של רבי אבא בר ממל

אלא שעל פי חוט מחשבתו של רבי אבא בר ממל נותרות עדיין שתי בעיות. האחת, כיצד עלינו להבין את חלקו השני של פסוק יד, ״כֹּה תֹאמַר לִבְנֵי יִשְׂרָאֵל: ׳אֶהְיֶה שְׁלָחַנִי אֲלֵיכֶם׳״? האם אכן אמור משה לומר לעם ישראל ״אֶהְיֶה שְׁלָחַנִי אֲלֵיכֶם״? אם כן, מדוע ממשיך האלוהים, בפסוק טו, לתת הוראות מפורטות לשימוש בשם אחר: ״כֹּה תֹאמַר אֶל בְּנֵי יִשְׂרָאֵל: ׳ה׳ אֱלֹהֵי אֲבֹתֵיכֶם, אֱלֹהֵי אַבְרָהָם, אֱלֹהֵי יִצְחָק, וֵאלֹהֵי יַעֲקֹב שְׁלָחַנִי אֲלֵיכֶם...׳״?[6] הבעיה השנייה היא, מה עלינו לעשות בחזרה השלישית ברציפות של המילה ״וַיֹּאמֶר״, ביחס לדברי האלוהים, בפתיחת פסוק טו?

פרשנותו של רבי אבא בר ממל אינה מתמודדת עם בעיות אלה. נדמה שהוא מתרכז אך ורק בהבנת המילים ״אֶהְיֶה אֲשֶׁר אֶהְיֶה״. פירושו למילים אלה נראה אמנם סביר טקסטואלית ועמוק תיאולוגית,

6. אחת הדרכים לקבוע כיצד הבין משה את דברי ה׳ בפסוקים יד ו־טו היא לבדוק את פגישתו הראשונה של משה עם בני ישראל, ולראות באיזה שם, או באילו שמות של ה׳ משתמש משה בפועל בהעבירו להם את המסר של ה׳. הבעיה היא שפגישתו הראשונה של משה עם בני ישראל, המופיעה בשמות ד, כט-לא, מתוארת בצורה תמציתית ובגוף שלישי, ללא דיבור ישיר. הנושא של שמות האלוהים נעדר לחלוטין מפסוקים אלה.

אך הוא פותר את הבעיה הפרשנית המקומית, ולא את הבעיות הפרשניות הכלליות יותר שציַינו.[7]

פירושו של רבי יצחק

הפרשנות השנייה המוצעת על ידי עורכי שמות רבה היא של רבי יצחק (שורות 14-18). פירוש זה רחב יותר, במובן מסוים, מקודמו, שכן מתייחס הוא לפסוק יד כולו. בניגוד לרבי אבא בר ממל, קורא רבי יצחק את "אֶהְיֶה אֲשֶׁר אֶהְיֶה" יחד עם חלקו השני של הפסוק: "אֶהְיֶה שְׁלָחַנִי אֲלֵיכֶם", כחלק מתשובתו של ה' למשה, ולא כתיקון של השאלה. למעשה, קורא הוא את כל פסוק יד כמסר אחד שאותו מבקש האלוהים ממשה להעביר לישראל: "אמור להם: 'אני שהייתי, ואני הוא עכשיו, ואני הוא לעתיד לבא'" (שורות 16-17).[8] רבי יצחק עצמו, בשורה 18, תולה את פירושו בשלוש הפעמים שחוזרת המילה "אֶהְיֶה" בפסוק.

בהתייחסו ל"אֶהְיֶה אֲשֶׁר אֶהְיֶה" כתשובה לשאלתו של משה, מציג רבי יצחק הבנה שונה מזו של רבי אבא בר ממל, שראה במילים אלה קריאת תיגר על שאלתו של משה. בנוסף לכך, מציע רבי יצחק פירוש גם לחציו השני של הפסוק ("אֶהְיֶה שְׁלָחַנִי אֲלֵיכֶם"), כי הוא קורא את שני ההיגדים כמסר אחד ארוך. חסרונה של פרשנות זו הוא בהתעלמותה מחזרתה של המילה "וַיֹּאמֶר" בפסוק יד ובתחילת טו, ובכך שאין היא מתייחסת לפסוק טו עצמו, שבו מופיעה תגובתו של אלוהים לבקשת משה לשם שאותו יציג לפני בני ישראל. ברור לכול, שתיאולוגית, אין פרשנותו של רבי יצחק עמוקה פחות מפירושו

7. ראו דיון בפרק יב על פרשנות מקומית (לוקאלית) לעומת פרשנות כוללת (גלובאלית).

8. ניתן לטעון שבניגוד לרבי אבא בר ממל, קורא רבי יצחק את המילה "אֶהְיֶה" כשמו של אלוהים ורואה בחזרתו של שם זה שלוש פעמים מסר שאת משמעותו אמור משה להעביר לבני ישראל. אינני נוטה לפרשנות זו, כיוון שבפסוק טו עונה אלוהים לשאלתו של משה תשובה שהיא ללא כל ספק מתן שם.

של רבי אבא בר ממל, אך לעומת זאת, התמודדותה עם הסתירות הטקסטואליות שבפסוק יד פחות מוצלחת, מבחינה מסוימת. רבי אבא בר ממל פשוט אינו מציע פירוש לפסוק יד כולו, ואילו רבי יצחק כן עושה זאת. בכל מקרה, נותרו שאלותינו בעינן.

כמובן, יכול להיות שאין רבי יצחק מחזיק בדעה ש"כל מקום שנאמר 'וַיֹּאמֶר וַיֹּאמֶר' צריך [הכתוב] לידרש". במקרה זה, מוצדקת בהחלט הדרך שבה קורא הוא את כל דברי ה' שבפסוק יד כרצף אחד. מכל מקום, לא נראה שפירושו של רבי יצחק השביע את רצונם של עורכי שמות רבה במידה כזו שתמנע את הצורך בפירושים נוספים.

פירושו של רבי יעקב ברבי אבינא

רבי יעקב ברבי אבינא (בשם רב הונא דציפורן, שורות 19–29) פותר את הבעיה של "וַיֹּאמֶר וַיֹּאמֶר" ואת אופיים הסתום של דברי ה' בפסוק יד על ידי הפיכת הפסוק לדו־שיח. על פי פירושו, מקבלות המילים "אֶהְיֶה אֲשֶׁר אֶהְיֶה" את המשמעות "אהיה **עמם** עתה, כשם שאהיה **עמם** בעתיד" (על פי הנאמר בשורות 23–24).

רבי יעקב משכתב את פסוק יד באופן הבא: בתגובה לבקשתו של משה לשם שאותו יביא לפני בני ישראל, אומר ה' "אֶהְיֶה אֲשֶׁר אֶהְיֶה", שפירושו: "אמור להם: 'בשעבוד זה אהיה עמם, ובשעבוד הן הולכין [בעתיד] ואהיה עמם" (שורות 22–24). משה מזועזע מכך שעליו לבשר לעבדים, שלאחר גאולתם ישועבדו צאצאיהם שוב, ועונה: "וכך אומר אני להם? דיה לצרה בשעתה!" (שורה 26). על כך עונה האלוהים שעל משה לומר לבני ישראל: "אֶהְיֶה שְׁלָחַנִי אֲלֵיכֶם", שפירושו הוא ככל הנראה: "האחד שיהיה עמכם בשעבודכם שלח אותי אליכם". האלוהים מספר למשה את כל הסיפור, אך אינו רוצה שמשה יספר לבני ישראל הסובלים יותר מעבר למה שצריכים הם לדעת כעת (שורות 28–29).

פירושו של רבי יעקב מבוסס על קריאה מדוקדקת של הכתוב, ומספק פתרון נאה לבעיה של "וַיֹּאמֶר וַיֹּאמֶר". כמו שתי הדעות

הקודמות, אין רבי יעקב קורא את "אֶהְיֶה אֲשֶׁר אֶהְיֶה" או את "אֶהְיֶה" כשמות של אלוהים, וכמוהן גם הוא רואה במילים אלה מסר שיש לפרשו. אלא שלא כמותן, על ידי עיצוב מחדש של פסוק יד כדו־שיח, הופך רבי יעקב את שרבובה של המילה "וַיֹּאמֶר" באמצע פסוק יד לטבעי והגיוני. יש כאן הפרעה (התנגדותו של משה), שאמנם אינה נזכרת בכתוב, אך בכל זאת אמתית. כדי לציין זאת, מקדים הכתוב את המילה "וַיֹּאמֶר" לדבריו של ה'.

יש לשים לב לכך שפירושו של רבי יעקב מצריך הוספת מילים לטקסט,[9] אך דבר זה נכון לכל הפירושים המובאים במדרש זה. עובדה זו מאפיינת בעצם את דרכם של מדרשים מסוג זה. השיטה שבה בוחרים חכמי המדרש השונים לפרש דו־שיח מקראי היא, כמעט ללא יוצא מן הכלל, הרחבת סיפור.

האם מסתדר פירושו של רבי יעקב עם המשך הדברים שבפסוק טו? מצד אחד נראה כאילו אין רבי יעקב מתמודד עם שאלה זו, אך מצד שני ניתן לטעון שכן. אמנם הדו־שיח של ה' עם משה בפסוק יד, כפי שמציג אותו רבי יעקב, קשור לדיון הרחב יותר על שליחותו של משה, אולם בעצם לא נתן ה' למשה תשובה על שאלתו, איזה שם לומר לבני ישראל. המילה "וַיֹּאמֶר" המקדימה את דברי ה' שהוא בוחר להזדהות כאלוהי האבות, עשויה אכן להצביע על כך שמשה חזר על שאלתו המקורית, ואז, בפסוק טו, קיבל תשובה. אין בפירושו של רבי יעקב דבר העשוי להפריך קריאה כזו. התייחסותו לפסוק יד כאל דו־שיח יש בה משום מתן סיוע עקיף להבנה כזו של פסוק טו.

9. ניתן לטעון שאופן התנסחותו של ה' בתשובתו הוא הוא המחייב אותנו בעצם להוסיף מילים, בשל אופיו הפתוח של הפועל "היה". למעשה, קורא רבי יעקב את "אֶהְיֶה" כ"אֶהְיֶה...".

פירושו של רבי יצחק

פרשנותו של רבי יצחק (בשם רבי אמי), המופיעה לאחר זו של רבי יעקב (שורות 30-35), נראית קרובה אליה, אך דומה שהוא מגיע אליה בדרך אחרת. רבי יצחק קורא את "אֶהְיֶה" כמילה שנגזרה מהשורש הו"ה, במובן של צרה או רעה (ולא כשאר הפרשנויות הרואות את "אֶהְיֶה" כגזור מהשורש הי"ה). הראיה לעמדה זו (שורה 33) באה מספר דניאל (ח, כז), שם ככל הנראה יש לפרש את המילה "נִהְיֵיתִי" כ"נשברתי".

למעשה, שומע רבי יצחק במילה "אֶהְיֶה" את שני המובנים האפשריים בו זמנית. את דברי ה' למשה הוא מבין כך: "בטיט ובלבנים הן עומדים, ולטיט ולבנים הן הולכים" (שורה 32). מילים אלה, המהוות תיאור חי של הסבל הגופני שעובר על בני ישראל, מתאימות היטב למובן ה"שבר" העולה מהראיה מדניאל. כשקוראים אנו מילים אלה מייד לאחר פירושו של רבי יעקב – "בשעבוד זה אהיה עמם..." – נוכחים אנו לדעת שרבי יצחק מפרש את "אֶהְיֶה אֲשֶׁר אֶהְיֶה" באופן הבא: "אני, אלוהים, עמם בשבר ("בטיט ובלבנים") שבו נתונים הם עתה, ואהיה עמם גם בשעבוד בעתיד". על פי הבנה זו של הרחבת הסיפור שלפנינו, מרכיב רבי יצחק את המובן של "שבר" על גבי המובן של "היות". הרכבה זו מבהירה לנו שפירושו של רבי יצחק ל"אֶהְיֶה אֲשֶׁר אֶהְיֶה" אינו אלא גרסת העצמה לפירושו של רבי יעקב שקדם לו.

כמו רבי יעקב, גם רבי יצחק פותר את הבעיה של "וַיֹּאמֶר וַיֹּאמֶר" על ידי הפיכת פסוק יד לדו־שיח, וכמו רבי יעקב, מסיק רבי יצחק שמשה איננו אמור להגיד לעם ישראל יותר ממה שיכול הוא לסבול עתה. שורות 34-35 מהוות בעצם תימוכין לטענה שעלינו לקרוא את "אֶהְיֶה אֲשֶׁר אֶהְיֶה" בשני המובנים, של "שבר" ושל "היות": "אמר [משה] לפניו: 'וכך אני אומר להן?' אמר לו [ה']: 'לאו, אלא [אמור להם]: "אֶהְיֶה שְׁלָחַנִי אֲלֵיכֶם"'". לפחות מתוך שורה 35 (סוף הדברים), עולה

בבירור שאין עלינו לקרוא את ״אֶהְיֶה״ במובן של ״שבר״ בלבד, אלא: אמור להם **שאהיה עמם** בשברם ובצרתם״.

טשטוש הקווים בין פרשנות לדרשנות

קוראים שאינם מצויים בסגנון המדרשי ירגישו אולי צורך לשאול בנקודה זו מדוע אין רבי יצחק אומר את דבריו בצורה ברורה יותר, ומצביע במילים מפורשות שהוא קורא את ״אֶהְיֶה אֲשֶׁר אֶהְיֶה״ בשני המובנים כאחד. תשובה טכנית פשוטה היא שלמעשה, אין פירושו של רבי יצחק תואם את הדקדוק. יהא מובנו של השורש אשר יהא, ״אֶהְיֶה״ הוא נטיית גוף ראשון בעתיד של הי״ה או הו״ה, ופירושו המדויק הוא ״אהיה״ או ״אהיה שבור״. על פי פירושו של רבי יצחק, מיוחס מובן ה״שבר״ לבני ישראל, ולא לה׳ (״בטיט ובלבנים הן עומדים...״), אף על פי שצורתו הדקדוקית של הפועל והקשרו הטקסטואלי מעידים בבירור שאין הוא יכול להיות מכוון אלא לה׳, ולא לעם ישראל.

מדוע אפוא אין רבי יצחק מקשר מפורשות את מובן השבר לה׳, כדי להתאים את פירושו לדקדוק? הוא היה יכול, למשל, לומר: ״אני שבור (בצרה) עמהם בשעבוד זה, כשם שאהיה בשעבודים שלעתיד לבוא״. ככל הנראה, אין רבי יצחק רוצה להרחיב את הסיפור בדרך זו כדי להימנע מהקשיים התיאולוגיים העלולים להתעורר מתיאור בעייתי של ה׳. החולשה שהיו המילים ״אני שבור...״ מייחסות לה׳ עלולה ליצור סיבוכים פרשניים חדשים בפסוק יד, קשים יותר מהבעיות שפותר הפירוש.

אולם בנוסף לכך, הקושי הגדול ביותר בפירושו של רבי יצחק, מנקודת המבט של פשוטו של מקרא, הוא שהפירוש בעצם פחות פרשני מקודמיו. ציינו כבר שפרשנויותיהם של רבי יצחק ורבי יעקב לפסוק יד קרובות זו לזו. ההבדל העיקרי בין שני חכמים אלה הוא בשיטה שבה מגיע כל אחד מהם לפירושו, ובהבנה הדו־משמעית שמייחס רבי יצחק למילה ״אהיה״. שני הבדלים אלה כוללים ייחוס שורש לא כל כך טבעי למילה ״אֶהְיֶה״ (קרי: הו״ה). אך יתרון פירושו של רבי יצחק הוא בכך שהרחבת סיפור זו מאפשרת לו להעמיק את

הרושם הרגשי של פסוק יד, בצורה שאין בכוחו של הסבר פרשני טהור לעשות. גרסת רבי יצחק מביעה, אמנם בעקיפין, עד כמה הדוק הקשר בין ה׳ לעם ישראל בשעת סבלו.

פירושו של רבי יוחנן

פירושו של רבי יוחנן (שורות 36-39), הבא לאחר זה של רבי יצחק, חוזר לקרוא את המילה ״אֶהְיֶה״ כגזורה מהשורש הי״ה, כמו שראינו קודם, אולם מבין בדרך שונה לחלוטין את המסר של הכתוב. הוא קורא את ״אֶהְיֶה אֲשֶׁר אֶהְיֶה״ כ״אֶהְיֶה לַאֲשֶׁר אֶהְיֶה״, או ״אהיה לאלה אשר אהיה״.

רבי יוחנן קורא את פסוק יד כך: כשה׳ אומר ״אֶהְיֶה אֲשֶׁר אֶהְיֶה״, הוא אומר למשה: ״אהיה לאלה אשר אהיה, ביחידים״, דהיינו, יחסו של ה׳ ליחידים ייקבע פרטנית על פי יחסם של אותם יחידים אליו (במילים אחרות, בידי יחידים היכולת לבחור אם לקבל את שלטון האל אם לאו). אך כשה׳ אומר: ״כֹּה תֹאמַר לִבְנֵי יִשְׂרָאֵל: ׳אֶהְיֶה שְׁלָחַנִי אֲלֵיכֶם׳״, הוא מבקש ממשה להבהיר לבני ישראל (״להמונים״) ש״על כרחם, שלא בטובתם, כשהן משוברות שיניהן, מולך אני עליהם״. רבי יוחנן מביא אסמכתא לפירושו מכתוב המתאר מצב דומה שבו כופה ה׳ את מלכותו על עם ישראל בעל כורחם.[10]

אם צדקנו בהבנתנו את הרחבת הסיפור של רבי יוחנן כפירוש לפסוק יד כולו, ולא רק של המילים ״אֶהְיֶה אֲשֶׁר אֶהְיֶה״, רואים אנו בקלות כיצד פותר פירושו של רבי יוחנן את הבעיות הטקסטואליות שהעירונו עליהן. ככל הפרשנויות הקודמות,[11] מבין גם רבי יוחנן את דברי ה׳ למשה בפסוק יד כמסר, ולא כשמו של ה׳. ועל אף שאין הוא קורא את פסוק יד כדו־שיח – בהביאו לנו רק צד אחד של

10. על מנת לעמוד על מלוא כוחה של ראָייתו של רבי יוחנן ראו אותה בהקשרה: יחזקאל כ, לג-לח.

11. להוציא, אולי, את זה של רבי יצחק (פירוש (2) לעיל, ראו הערה 8).

השיחה – ברור שפירושו פותר את הבעיה של "וַיֹּאמֶר וַיֹּאמֶר" על ידי הצגת מסר המורכב משני חלקים. החלק הראשון: "אהיה לאלה אשר אהיה, ביחידים", מסור למשה בלבד; את החלק השני: "על כרחם, שלא בטובתם, כשהן משוברות שיניהן, מולך אני עליהם" על משה למסור הלאה לבני ישראל. "וַיֹּאמֶר" השני שבפסוק יד מורה שמשה הגיב למסר הראשון. בתשובה עונה לו ה' שרק חלקו השני של המסר נועד לבני ישראל.

שינוי בַטון

פירושו של רבי יוחנן מסמן שינוי חד בטון בהשוואה לפרשנויות הקודמות שהובאו לפסוק יד. במילים "אֶהְיֶה אֲשֶׁר אֶהְיֶה" רואה רבי אבא בר ממל את ה' מנסח מחדש את הנחות היסוד של שאלת משה. יחד עם חלקו השני של פסוק יד, קורא רבי יצחק מילים אלה כהיגד על טבעו של האלוהים, שגם נותן מענה חלקי לבקשתו של משה לשם שאותו יציג בפני העם. רבי יעקב ורבי יצחק (בשם רבי אמי) רואים ב"אֶהְיֶה אֲשֶׁר אֶהְיֶה" מסר בדבר נכונותו של ה' להיות עִם ישראל בסבלותיהם הן בעבדותם הנוכחית והן בשעבוד שעוד עתיד לבוא אליהם. לעומת אלה, נושא פסוק יד, על פי פירושו של רבי יוחנן, בשורה קשה לבני ישראל, במיוחד כשמדובר במסר ראשון לעם, ולאור צרתם הגדולה.

ההיגיון המכֻוון את פירושו של רבי יוחנן נמצא אולי בשאלתו של משה בפסוק יג: "הִנֵּה אָנֹכִי בָא אֶל בְּנֵי יִשְׂרָאֵל, וְאָמַרְתִּי לָהֶם: 'אֱלֹהֵי אֲבוֹתֵיכֶם שְׁלָחַנִי אֲלֵיכֶם', וְאָמְרוּ לִי: 'מַה שְּׁמוֹ?' מָה אֹמַר אֲלֵהֶם?". משאֵלה זו נובע אולי שמשה רואה את שליחותו הקרובה כתחילתו של משא ומתן בין ה' לעם ישראל בדבר קבלת מלכותו של ה' עליהם. למעשה, יש לדו־שיח המתנהל לאורך כל פרק ג של שמות סממנים עזים של משא ומתן, בייחוד לנוכח התמקחותו של משה המנסה להשתמט מהמשימה שמבקש ה' להטיל עליו. ייתכן אפוא שבפרשנותו מתייחס רבי יוחנן להיבט זה של שמות ג. פירושו לפסוק יד אומר

שה׳ מבקש לכפות את התנאים בינו לבין עם ישראל באופן ברור כבר בראשית הדרך. משה עצמו יכול אולי ליהנות מהחופש לשאת ולתת על תנאי יחסיו עם האלוהים, כיוון שליחידים, לפחות, אלוהים ״יהיה לאשר יהיה״. אולם לגבי בני ישראל, תהיינה שאלותיהם אשר תהיינה, ויהא השם שימסור להם משה אשר יהא, ״על כרחם, שלא בטובתם, כשהן משוברות שיניהן, מולך אני עליהם״.

פירושו של רבי ענניאל

הפרשנות האחרונה שמציעים עורכי שמות רבה, זו של רבי ענניאל בר רבי ששון (שורות 40–50), סוגרת מעגל ומחזירה אותנו שוב לתחילת הקטע. הרושם הראשון הוא שפירושו של רבי ענניאל זהה בעיקרו לזה של רבי אבא בר ממל. אלא שבחינה מדוקדקת יותר מגלה לנו שרבי אבא בר ממל מתבונן ב״אֶהְיֶה אֲשֶׁר אֶהְיֶה״ דרך מעשיו של ה׳, בעוד רבי ענניאל עושה זאת דרך אופני ״התגלותו״ – הצורות שבהן בוחר האלוהים להיראות לבני האדם. פירושו של רבי ענניאל הוא הקרוב ביותר, מבחינה זו, למשמעותו המילולית של הכתוב, שכן ככל הנראה קורא הוא את ״אֶהְיֶה אֲשֶׁר אֶהְיֶה״ ללא כל תוספת של מילים או אותיות שימוש לכתוב (להבדיל מ״אהיה **עמם**״ של רבי יעקב, ו״אֶהְיֶה לַאֲשֶׁר אֶהְיֶה״ של רבי יוחנן, למשל).

רבי אבא בר ממל סבור שבקשתו של משה לשמו של האלוהים שגויה, שכן ידיעת אלוהים מושגת רק דרך הכרת מעשיו; שמותיו השונים של האלוהים אינם אלא תוויות המשקפות את פעולותיו. כמו פירושו של רבי אבא בר ממל ל״אֶהְיֶה אֲשֶׁר אֶהְיֶה״, גם הרחבת הסיפור של רבי ענניאל מעידה שהוא מבין את בקשתו של משה לשם שאותו יגיד לבני ישראל כשאלה מוסווית מיהו האלוהים. אולם התשובה, כפי שרבי ענניאל תופס אותה, היא שאת האלוהים ניתן לראות רק דרך אופני ההתגלות שבהם בחר ״להראות״ את עצמו. המילים ״כשאני מבקש״ או ״כשביקשתי״ חוזרות חמש פעמים במהלך פירושו של רבי ענניאל, ומצביעות בבירור על כך שהוא מבין סוג זה של התגלות

עצמית כביטוי של רצון ה׳, משהו שביכולתם של בני אנוש לראות, אך לא משהו הנתון להשפעתם.

הדוגמאות שבחר רבי ענניאל מציגות קשת רחבה של התגלויות אלוהיות. הדוגמה הראשונה לקוחה מחזונו הנבואי של יחזקאל (שורה 43) שבו רואה הנביא דמות כמראה אש השולחת מן השמים תבנית יד ולוקחת אותו בציצית ראשו אל המקדש בירושלים. רבי ענניאל מדגיש את ממדיו העצומים של חיזיון זה על ידי הצגת המראה כ"אחד מן המלאכים שהוא אחד משלישו של עולם [בגודלו] פושט ידו מן השמים ומגעת לארץ" (שורה 42). הדוגמה השנייה, הופעת המלאכים לאברהם בבראשית יח, מראה לנו את שליחי האל שהתלבשו בדמות בשר ודם; דבר זה עולה מן העובדה שאברהם רואה אותם בתחילה כאנשים ומזמין אותם: "וְהִשָּׁעֲנוּ תַּחַת הָעֵץ" (שורות 44-45). בשתי דוגמאות אלה מוצגים מלאכים – שלוחי ה׳ – כ"התגשמותה" של התגלות אלוהית, אך בין שני המקרים קיימים הבדלים מהותיים. ידו של המלאך, בדוגמה הראשונה (על פי ביאורו של רבי ענניאל לפסוק ביחזקאל), מפחידה בגודלה העצום, אולם היא חלק מחזון; העברת הנביא לירושלים איננה מתרחשת בפועל במציאות הגשמית. במקרה השני, מתגלים המלאכים בממדים אנושיים, דמויות ממשיות מהמציאות הגשמית המוכרת לאברהם.[12] אמנם ניתן לשייך שתי דוגמאות אלה לתחום ההתגלות על ידי שליח, אך דומה שקשה למצוא דוגמאות שונות זו מזו מן הקצה אל הקצה יותר מאלה.

בדוגמה השלישית של רבי ענניאל מובאת התגלות אלוהית בשיא גודלה, המתוארת במונחים ישירים, ולא בתיווכם של שליחים משמיים, מפני שכאשר רוצה האלוהים, אזי "כבודו מלא כל העולם" (שורה 46). כראיה לדוגמה זו, מצטט רבי ענניאל פסוק מירמיהו כג (שורה 47). ראיה זו מתחזקת יותר כשקוראים את פסוק כד יחד

12. שלא כדעת הרמב"ם. ראו רש"י לפסוקים אלה ואת הרמב"ן הסותר את טענתו של הרמב"ם שביקור המלאכים את אברהם היה חזון ולא התרחש במציאות הגשמית.

עם הפסוק שלפניו. מההקשר עולה שהנביא מדבר על כוחו של ה׳ המתגלה לא רק בטווח מרחק קצר, אלא גם ממרחק גדול. אין איש יכול להיסתר מפניי כיוון ש״אֶת הַשָּׁמַיִם וְאֶת הָאָרֶץ אֲנִי מָלֵא״, אומר ה׳ בפי הנביא. אופן השימוש בראיה זו יעיל במיוחד, כיוון שהוא יוצר ניגוד חזק לשתי הדוגמאות הבאות של התגלות אלוהית, שתיהן חוויות ישירות של נוכחותו האימננטית (המוטבעת) של האלוהים.

בראשונה מבין השתיים מדבר ה׳ אל איוב ישירות ״מן הסערה״, ומתייחס לחיבוטי נפשו ומחשבות לבו של איוב על פשר סבלותיו (גם אם אינו עונה עליהם לחלוטין).[13] בשנייה, קורא ה׳ אל משה מתוך הסנה. סערה היא פחות גשמית ומוחשית מסנה, אולם בשני המקרים פונה ה׳ אל חווי התגלותו בדיבור, ומשוחח עמם. בניגוד לכך, כבוד ה׳ הממלא את העולם כולו, בדוגמה הקודמת לסערה ולסנה, הוא התגלות מתרחבת ומתפשטת שאיננה מכוונת לאדם מסוים אחד. הדוגמאות שבוחר רבי ענניאל להצגת ״התגלויותיו״ של ה׳ מקיפות אפוא מגוון רחב של התנסויות.

סידור דעות כחלק מפרשנות

כאן עלינו לשאול מה מביא את רבי ענניאל לפרש את ״אֶהְיֶה אֲשֶׁר אֶהְיֶה״ בצורה כה דומה, לכאורה, לפירושו של רבי אבא בר ממל, ובכל זאת כה שונה. בדומה לכך, עלינו לחקור מדוע בוחרים עורכי שמות רבה להכליל את שני הפירושים למרות הדמיון ביניהם, ולמה

13. פרשנויות מדרשיות אחרות של התגלות זו קוראות ״שׂערה״ במקום ״סערה״, כלומר ״שיער״ במקום ״סופה״. ראו בראשית רבה ד, ד: ״פעמים שהוא [אלוהים] מדבר עם האדם מבין שערות ראשו, הדא הוא דכתיב (איוב לח): ׳וַיַּעַן ה׳ אֶת אִיּוֹב מִן הַסְּעָרָה׳ וגו׳ – **מבין שערות ראשו**״. באופן דומה, ראו גם בבא בתרא טז ע״א ונידה נב ע״א-ע״ב (ובשני המקומות את הערות רש״י למילים ״מִן הַסְּעָרָה״).

פירוש זה למענה ה׳ לאיוב ״מִן הַסְּעָרָה״ אינו מפחית, אלא אדרבה מעצים בעליל את תחושת האינטימיות המובעת בדוגמה זו.

פותחים הם את הדיון באחד ומסיימים בחברו. לשאלות אלה מקום מיוחד במדרש זה לאור קיומם של שני פירושים דומים אחרים, של רבי יעקב ורבי יצחק (בשם רבי אמי), הערוכים זה לצד זה, ולא בנפרד זה מזה. תשובה לשאלות אלה חייבת להביא בחשבון את השוני שבין פירושיהם של רבי אבא בר ממל ורבי ענניאל ל"אֶהְיֶה אֲשֶׁר אֶהְיֶה", הן בהיקף והן בתוכן.

ראוי לציין שפרק ג בשמות מתאפיין בחילופים תדירים של שם ה'. תופעה זו בולטת מאוד בפסוקים המתארים את התגלות ה' למשה בסנה (שמות ג, א–ד):

> וּמֹשֶׁה הָיָה רֹעֶה אֶת צֹאן יִתְרוֹ חֹתְנוֹ, כֹּהֵן מִדְיָן, וַיִּנְהַג אֶת הַצֹּאן אַחַר הַמִּדְבָּר, וַיָּבֹא אֶל הַר **הָאֱלֹהִים** חֹרֵבָה. **וַיֵּרָא מַלְאַךְ י־ה־וָ־ה אֵלָיו**, בְּלַבַּת אֵשׁ מִתּוֹךְ הַסְּנֶה, וַיַּרְא, וְהִנֵּה הַסְּנֶה בֹּעֵר בָּאֵשׁ, וְהַסְּנֶה אֵינֶנּוּ אֻכָּל. וַיֹּאמֶר מֹשֶׁה: "אָסֻרָה נָּא וְאֶרְאֶה אֶת הַמַּרְאֶה הַגָּדֹל הַזֶּה, מַדּוּעַ לֹא יִבְעַר הַסְּנֶה". וַיַּרְא **י־ה־וָ־ה**, כִּי סָר לִרְאוֹת; וַיִּקְרָא אֵלָיו **אֱלֹהִים** מִתּוֹךְ הַסְּנֶה, וַיֹּאמֶר: "מֹשֶׁה, מֹשֶׁה", וַיֹּאמֶר: "הִנֵּנִי".

פסוק ב, במיוחד, מעורר שאלות רבות. כיצד נראה "מלאך י־ה־ו־ה" אל משה? לא נראה שמדובר בישות נפרדת מהסנה, כמו המלאך בחזון יחזקאל או המלאכים בסיפור אברהם, שהובאו כראיה על ידי רבי ענניאל; ואכן, ממשיך הכתוב לספר שמשה רואה את הסנה בוער באש ואיננו אוכל, ואינו אומר שמשה רואה את מלאך י־ה־ו־ה. (אם ראה משה דמות מלאך, היינו מצפים שהכתוב יספר זאת. היינו גם מצפים שמשה יפנה אל המלאך.) פסוק ד מגדיל את מבוכתנו באומרו ש**י־ה־ו־ה** הוא הרואה את משה סר לחקור את מראה הסנה הבוער, בעוד **אלוהים** הוא זה שקורא אליו.

מפסוקים אלה עולה באופן ברור למדיי שאלוהים מתגלה למשה ומדבר אליו מתוך הסנה הבוער. **הדרך** שבה עושה זאת אלוהים נשארת עלומה. שמותיו של אלוהים המופיעים בפסוקים אלה מסבכים את התמונה יותר מאשר מבהירים אותה. לאור זאת, כשמבקש משה לאחר

מכן שם שבעזרתו יזהו בני ישראל את האלוהים, נוכל אכן להסיק, כפי שאכן עושה רבי אבא בר ממל, שידיעת אלוהים שלמה איננה ניתנת להשגה דרך שמותיו.

סביר אפוא להניח שהבנתו של רבי ענניאל את "אֶהְיֶה אֲשֶׁר אֶהְיֶה" מושפעת מפסוקים אלה, והוא קורא את פסוק יד מתוך ההקשר הרחב יותר של כל הפרק. רבי ענניאל מונה את דיבורו של אלוהים אל משה מתוך הסנה כאחת מדוגמותיו להתגלות של האלוהים. את פירושו של רבי ענניאל ל"אֶהְיֶה אֲשֶׁר אֶהְיֶה" נוכל לנסח במילים אחרות כמסר למשה (וגם לקורא) כך: "אתה, משה, חווית את נוכחותי בדרך מסוימת, אך זו אינה אלא ביטוי לרצוני ברגע מסוים זה. כשאני מבקש, מתגלה אני בדרכים אחרות. שאלת על שמי, אבל אני 'אֶהְיֶה אֲשֶׁר אֶהְיֶה'. אל תשאל לשמי. שאל כיצד מתגלה אני".

גם רבי אבא בר ממל וגם רבי ענניאל רואים ב"אֶהְיֶה אֲשֶׁר אֶהְיֶה" אזהרה למשה שכאשר שואל הוא לשמו של האלוהים שאותו יביא לפני בני ישראל, לא נכונה הוא שואל. רבי אבא בר ממל חושש ששמותיו של האלוהים עלולים להטעות, כיוון ששמות מתארים רק מעשים, ולא את מהותו של האלוהים, שאין שם יכול להגדירה. אליבא דרבי ענניאל, גם צורות של התגלות אלוהית עשויות להטעות, מפני שגם הן משתנות וכפופות לרצונו של האלוהים, וגם בהן אין משום ביטוי למהותו.

שתי פרשנויות אלה באות ממקומות שונים. כפי שציינו קודם לכן, נראה שרבי אבא בר ממל קורא את "אֶהְיֶה אֲשֶׁר אֶהְיֶה" מתוך ההקשר הצר של שאלתו של משה, ואפילו איננו מנסה לפרש את כל פסוק יד. לעומת זאת, נדמה שרבי ענניאל מחזיר את שאלתו של משה בפסוק יג להתרחשות הפותחת של הפרק (מפגשו של משה עם האלוהים בסנה הבוער), ומציע כנראה קשר אפשרי בין השניים.

הקו המבדיל בין שתי השקפות אלה דק, אך מהותי. עורכי שמות רבה משמרים את השוני בין עמדות אלה על ידי המבנה שבו עיצבו את הקטע. בהרחיקם את שתי הדעות, מכריחים הם אותנו לקרוא אותן בנפרד זו מזו, ולהתמקד במסר הטמון בכל אחת מהן לחוד. בה בעת,

מספקים הם לנו סיבה טובה להשוות את שתי ההשקפות, בהחזירם אותנו לראש הקטע, דווקא כשנדמה לנו שהגענו לסיומו. הסמכת דעות אלה זו לזו עלולה הייתה לגרום לנו לראות בהן, בטעות, שתי וריאציות של פירוש אחד, כמו דעותיהם של רבי יעקב ורבי יצחק (בשם רבי אמי), המוצגות זו לצד זו.

בהתבוננות על מבנהו הכללי של צרור פירושים זה, יש לשים לב שאף לא אחת מהדעות שהובאו בקטע זה פותרת את כל הקשיים הטקסטואליים והתיאולוגיים שמעמידים בפנינו פסוקים יג-טו. כל אחת מהדעות מתמודדת עם אחת או עם כמה מבעיות אלה מנקודת מוצא אחרת, וכל אחת מציעה פתרון חלקי בלבד. אפילו כולן יחדיו אינן עונות לכל שאלותינו. בעובדה זו יש אולי כדי לספק הסבר נוסף לכך שעורכי שמות רבה פתחו בפירושו של רבי אבא בר ממל וסיימו בזה של רבי ענניאל. שתי דעות אלה מעלות על נס, כל אחת בדרכה היא, שאין ידיעת אלוהים ניתנת להשגה במלוא אמיתותה. הפסוקים יג-טו בפרק ג של שמות נכתבו באופן המעורר שאלות בדבר פשר המילים "אֶהְיֶה אֲשֶׁר אֶהְיֶה", שלא לכולן נוכל למצוא מענה. עורכי שמות רבה מבקשים שנבין זאת. הפירוש המדרשי שהם מציעים משקף אפוא את המסתורין הגדול של הקטע המקראי, יותר מאשר מנסה לפענח אותו, בכך שהוא סוגר מעגל ומחזיר אותנו לנקודת ההתחלה של חקירתנו.

פרק יד

משמעותה של בעיה כרונולוגית:[1] קישור יהודה ליוסף

שבטים היו עסוקין במכירתו של יוסף, ויוסף היה עסוק בשקו ובתעניתו, ראובן היה עסוק בשקו ובתעניתו, ויעקב היה עסוק בשקו ובתעניתו, ויהודה היה עסוק ליקח לו אישה, והקדוש ברוך הוא היה עוסק בורא אורו של מלך המשיח
(בראשית רבה פה, א).

מה הופך רצף אירועים אקראי לבעל משמעות? כיצד בוחר המקרא לספר על אירועים, ומדוע? המדרש שלהלן משתמש בסיפורו של יוסף – מסכת עלילתית סבוכה של חוטים ארוגים זה בזה – כדי להתמודד עם שאלות אלה.

1. של סדר זמנים (הערת המתרגם).

הגדרת הבעיה הפרשנית

ישנו קושי טקסטואלי בולט לעין המציין את סיפור יוסף – שרבובו של מעשה יהודה ותמר ברגע המכריע של תיאור מכירת יוסף לעבדות. המקרא מגולל את המאורעות שהובילו למכירתו החל מבראשית לז, יב.[2] הקטע לז, יט-כח מתאר את תכניתם הראשונית של האחים להרוג את יוסף, ואת הדיון שמוביל אותם תחילה להשליכו לבור, ובהמשך לקבלת ההחלטה הסופית למכרו. הפסוקים כט-לה מתארים את שאירע בעקבות החלטה גורלית זו, ובייחוד את תגובתם של ראובן ושל יעקב. פסוק לו מסיים את הפסקה[3] במילים: "וְהַמְּדָנִים מָכְרוּ אֹתוֹ אֶל מִצְרָיִם, לְפוֹטִיפַר סְרִיס פַּרְעֹה, שַׂר הַטַּבָּחִים".

בנקודה זו היינו מצפים שהסיפור ימשיך בהצגת חייו של יוסף במצרים, אולם פרק לח פותח בפסוק: "וַיְהִי בָּעֵת הַהִוא, וַיֵּרֶד יְהוּדָה מֵאֵת אֶחָיו, וַיֵּט עַד אִישׁ עֲדֻלָּמִי וּשְׁמוֹ חִירָה", הנראה כבלתי שייך לעניין. הפרק כולו מפרט את סיפור תמר ויהודה, והכתוב חוזר לעלילות יוסף רק בפסוק הראשון של פרק לט.

הבעיה הפרשנית ברורה לגמרי. מדוע נקטע חוט הסיפור של יוסף, לבטח הסיפור הראשי, בנקודה מכריעה זו, על ידי סיפור שנראה כבלתי קשור אליו? מתי בעצם אירע מעשה יהודה ותמר, ביחס לסיפור יוסף? בהתחשב בכך ששני הסיפורים מתרחשים על פני מספר שנים, מה משמעות המילים: "וַיְהִי בָּעֵת הַהִוא..." (בראשית לח,

2. אנא, קראו את בראשית לז, יב – לט, א, כדי להבין את הדיון המדרשי בשלמותו.

3. למרבה המזל, בפרקים לז-לט שוררת תמימות דעים בין החלוקה המסורתית היהודית של הטקסט המקראי (על פי פרשיות פתוחות וסגורות, המסומנת על ידי רווחים בתוך שורות הכתיבה שבקלף) ובין החלוקה הנוצרית המאוחרת יותר (המסומנת על ידי מספור של פרקים ופסוקים).

המספור הנוצרי של פרקים ופסוקים מהווה בעצם כלי שימושי לסידור התנ"ך בכל רחבי העולם היהודי. בשלושת הפרקים הללו לפחות, משקפת החלוקה לפרקים את המסורת היהודית, ומקלה עלינו לראות את הבעיה הפרשנית הנוצרת מהכנסתו של מעשה תמר ויהודה לתוך סיפורו של יוסף.

א)? האם יהודה נושא אישה מייד לאחר שיזם את מכירת יוסף, או שהסיפור מתחיל בנקודה מוקדמת יותר בחיי יהודה, כפי שטוענים כמה מפרשים?[4] גם אם נישואי יהודה קרו מייד לאחר מכירת יוסף בידי אחיו,[5] מדוע נקטע מהלך העלילה של סיפור יוסף באופן חד כל כך על ידי מעשה זה, כשאפשר היה בקלות לעצור את הסיפור במקום טבעי יותר, ולשלב שם את המעשה?

הפירוש המדרשי

בראשית רבה פה, ב דן בבעיה זו:

1. "וַיְהִי בָּעֵת הַהִוא..."
2. ולא היה צריך קרייה למימר (= ולא היה הכתוב צריך לומר) אלא "וְיוֹסֵף הוּרַד מִצְרָיְמָה"?
3. ומפני מה הסמיך פרשה זו [יהודה ותמר] לזו [מכירת יוסף לעבדות]?
4. רבי אלעזר ורבי יוחנן [כל אחד מהם עונה על שאלה זו].
5. רבי אלעזר אמר:
6. "כדי לסמוך ירידה לירידה".
7. רבי יוחנן אמר:
8. "כדי לסמוך 'הַכֶּר' ל'הַכֶּר'".
9. רבי שמואל בר נחמן אמר:
10. "כדי לסמוך מעשה תמר למעשה אשתו של פוטיפר;
11. מה זו [נתכוונה] לשם שמים אף זו [נתכוונה] לשם שמים,
12. דאמר רבי יהושע בן לוי:
13. 'רואה הייתה [אשת פוטיפר] באסטרולוגין שלה שהיא עתידה להעמיד ממנו (= מיוסף) בן

4. ראו, למשל, את אבן עזרא לפסוק זה.
5. בין הפרשנים שנוקטים עמדה זו נמנים רש"י וספורנו.

14. ולא הייתה יודעת אם ממנה אם מבתה׳.
15. הדא הוא דכתיב (= וזו כוונת הכתוב):
16. ׳מוֹדִעִים לֶחֳדָשִׁים מֵאֲשֶׁר יָבֹאוּ עָלָיִךְ׳ (ישעיהו מז, יג).
17. רבי איבו אמר:
18. ׳מאשר [יבואו עלייך], ולא כל אשר [יבואו עלייך]׳״.
19. ודכוותה (= ובדומה לכך) [כתוב]:
20. ״...וְלֹא יִתְבֹּשָׁשׁוּ״ (בראשית ב, כה)[6]
21. ״וְהַנָּחָשׁ הָיָה עָרוּם״ (בראשית ג, א)[7]
22. לא היה צריך קרייה למימר (= לא היה הכתוב צריך לומר)
אלא: ״וַיַּעַשׂ ה׳ אֱלֹהִים לְאָדָם וּלְאִשְׁתּוֹ כָּתְנוֹת עוֹר וַיַּלְבִּשֵׁם״ (בראשית ג, כא)?
23. רבי יהושע בן קרחה אמר:
24. ״להודיעך מאיזה חטא[8] קפץ עליהם אותו רשע,
25. מתוך שראה אותן מתעסקין בדרך ארץ[9] נתאווה להם״.
26. אמר רבי יעקב דכפר חנין:
27. ״שלא להפסיק [את הסיפור] בפרשתו של נחש״.
28. ודכוותה (= ובדומה לכך) [כתוב]:

6. הציטוט המלא הוא: ״וַיִּהְיוּ שְׁנֵיהֶם עֲרוּמִּים הָאָדָם וְאִשְׁתּוֹ וְלֹא יִתְבֹּשָׁשׁוּ״.
7. הציטוט המלא הוא: ״וְהַנָּחָשׁ הָיָה עָרוּם מִכֹּל חַיַּת הַשָּׂדֶה אֲשֶׁר עָשָׂה ה׳ אֱלֹהִים, וַיֹּאמֶר אֶל הָאִשָּׁה: ׳אַף כִּי אָמַר אֱלֹהִים: ״לֹא תֹאכְלוּ מִכֹּל עֵץ הַגָּן?״׳״.
8. השימוש במונח ״חטא״ כאן אנכרוניסטי במידה מסוימת, כיוון שמושג החטא המיני חל רק לאחר שאכלו אדם וחוה מעץ הדעת טוב ורע. בגרסה אחרת של מדרש זה (בראשית רבה יח, ו) אין המילה ״חטא״ מופיעה. במקומה משמש המונח ״חטיא״. ראו את הסברו של ״ידי משה״ למונח זה שם. ראו גם את פירושו של המהרז״ו על בראשית רבה יח, ו ד״ה: ״מתעסקין בדרך ארץ״ (״מתנות כהונה״ נוקט עמדה הפוכה, ראו שם בד״ה: ״מאיזה חטיא״. יסטרוב מצדד בהשקפתו של ״מתנות כהונה״ למונח זה). יש לציין גם שבבראשית רבה יח, ו כתוב: ״שראה אותן מתעסקין בדרך ארץ נתאווה לה״ (לא ״להם״).
9. הכוונה בדרך כלל לדרכי ההתנהגות המוסכמות בין בני אדם. במדרש זה, זוהי לשון נקייה ליחסי מין.

29. "...וְדִי מַהְלְכִין בְּגֵוָה יָכִל לְהַשְׁפָּלָה" (= והמהלכים בגאווה יכול להשפיל, דניאל ד, לד)[10]

30. "בֵּלְשַׁאצַּר מַלְכָּא..." (דניאל ה, א)[11]

31. "וְדָרְיָוֶשׁ מָדָאָה (כתיב: מדיא)" (דניאל ו, א)[12]

32. והיכן הוא אויל מרדך?

33. רבי אלעזר אמר:

34. "כדי לסמוך רשע אל רשע, קוצץ לקוצץ, גיותן (= גאוותן) לגיותן".

35. רבי שמואל בר נחמן אמר:

36. "כדי לסמוך הפסק מלכות להפסק מלכות".

37. ודכוותה (= ובדומה לכך) [כתוב]:

38. "בֵּהּ בְּלֵילְיָא קְטִיל בֵּלְאשַׁצַּר מַלְכָּא כַשְׂדָּאָה (כתיב: כשדיא)" (= בו בלילה נהרג בלשצאר המלך הכשדי; דניאל ה, ל)

39. "וְדָרְיָוֶשׁ מָדָאָה (כתיב: מדיא)" (דניאל ו, א)

40. והן (= והיכן) הוא [הפסוק]: "בִּשְׁנַת שָׁלוֹשׁ לְמַלְכוּת בֵּלְאשַׁצַּר הַמֶּלֶךְ" (דניאל ח, א)?

41. רב הונא אמר:

42. "שלא יאמרו דברי פיוטין הם;

10. הציטוט המלא הוא: "כְּעַן אֲנָה נְבֻכַדְנֶצַּר, מְשַׁבַּח וּמְרוֹמֵם וּמְהַדַּר לְמֶלֶךְ שְׁמַיָּא, דִּי כָל מַעֲבָדוֹהִי קְשֹׁט, וְאֹרְחָתֵהּ דִּין; וְדִי מַהְלְכִין בְּגֵוָה, יָכִל לְהַשְׁפָּלָה" (= עתה אני, נבוכדנצר, משבח ומרומם ומהדר את מלך השמיים, אשר כל מעשיו אמת, ודרכיו משפט, והמהלכים בגאווה יכול להשפיל. הערת המתרגם בתרגום לעברית של פסוקי דניאל על פי פירוש "דעת מקרא" לספר דניאל, מוסד הרב קוק, ירושלים, תשנ"ד). פסוק זה מסיים את התיאור כיצד קטעה תקופה של שיגעון את מלכות נבוכדנצר.

11. הציטוט המלא הוא: "בֵּלְשַׁאצַּר מַלְכָּא עֲבַד לְחֶם רַב לְרַבְרְבָנוֹהִי אֲלַף; וְלָקֳבֵל אַלְפָּא חַמְרָא שָׁתֵה" (= בלשאצר המלך עשה משתה גדול לאלף גדוליו, ולעומת (מול) האלף את היין שותה). פסוק זה פותח את תיאור הלילה האחרון של מלכות בלשאצר.

12. הציטוט המלא הוא: "וְדָרְיָוֶשׁ מָדָאָה (כתיב: מדיא) קַבֵּל מַלְכוּתָא כְּבַר שְׁנִין שִׁתִּין וְתַרְתֵּין" (= ודריוש המָדִי קיבל את המלכות כבן שישים ושתיים שנה). פסוק זה מתאר את תחילתה של מלכות דריוש.

43. כדי שידעו הכול שאמרו [דניאל] ברוח הקודש".
44. רבנן אמרי (= חכמים אומרים):
45. "כדי לסרג על הספר כולו שאמרו ברוח הקודש".
46. אף הכא נמי מתבעי מימר (= גם כאן צריך לומר):
47. "וְיוֹסֵף הוּרַד מִצְרָיְמָה"
48. וכתיב: "וַיֵּרֶד יְהוּדָה מֵאֵת אֶחָיו".
49. אמר [יהודה]: "בואו ונפזר עצמנו,
50. שכל זמן שאנו מכונסין השטר מצוי להיגבות".
51. אמר להם הקב"ה:
52. "עשרה בני אדם שנמצאו בגנבה, אין אחד נתפס ע"י כולם?"[13]
53. וכיוון שנמצאו בגביע [של יוסף]
54. אמרו: "הָאֱלֹהִים מָצָא אֶת עֲוֹן עֲבָדֶיךָ..." (בראשית מד, טז).
55. אמר רבי יצחק:
56. "מצא בעל חוב מקום לגבות שטר חובו".[14]
57. אמר רבי לוי:
58. "כזה שהוא ממצה את החבית ומעמיד אותה על שמריה".
59. רבנן אמרי (= חכמים אומרים):
60. "[אמרו האחים:] 'בואו ונפרנס (= ונדאג ל) עצמנו.
61. לשעבר, היה זקוק [אבינו] להשיאנו נשים.
62. ועכשיו הוא עסוק בשקו ובתעניתו, אינו בדין שיהא עסוק להשיאנו נשים'.
63. אמרו לו ליהודה: "ולא את הוא הראש של כולנו?
64. עמוד אתה ופרנס את עצמך (= דאג לעצמך לאישה)'".
65. מיד: "וַיֵּרֶד יְהוּדָה..."
66. ירידה היא לו שנשא לגויה.
67. ירידה היא לו שקבר את אשתו ובניו.

13. אם ייתפס גנב אחד מתוך חבורת גנבים, ייענש הוא על חלקו, אפילו אם כל השאר לא ייתפסו וייענשו.
14. זאת אומרת, לבעל החוב יש עתה הזדמנות לגבות את חובו.

מבנה המדרש

השלב הראשון בניתוח המדרש הוא חלוקתו למרכיביו. אפילו קריאה שטחית של הקטע מגלה שמבנהו מורכב, והקשרים בין חלקיו השונים אינם מתבררים בקלות. העורכים פותחים בדיבור המתחיל ובשאלה שהוא מעורר (שורות 1-3). בעקבות השאלה באות שלוש תשובות אפשריות: של רבי אלעזר (שורות 5-6), של רבי יוחנן (שורות 7-8), ושל רבי שמואל בר נחמן (שורות 9-18). לאחר מכן מביא המדרש שלוש דוגמאות נוספות מהתנ"ך של סמיכות פרשיות בעייתית מבחינה כרונולוגית, אחת מבראשית ושתיים מדניאל. בכל אחד מהמקרים מוצגת שאלה וניתנות תשובות (שורות 19-45). שורות 46-48 מחזירות אותנו לנקודת המוצא שלנו (קטיעת סיפור יוסף על ידי מעשה יהודה ותמר). אחר כך באות שתי הרחבות סיפור מורכבות של הפסוק "וַיֵּרֶד יְהוּדָה מֵאֵת אֶחָיו" (שורות 49-58 ושורות 59-67).

להלן מיפוי מפורט של הקטע:

1. דיבור המתחיל (שורה 1)
2. הבעיה/השאלה הפרשנית (שורות 2-3)
3. פירוט שמות החכמים המציעים תשובה לשאלה זו (שורה 4)
4. תשובתו של רבי אלעזר (שורות 5-6)
5. תשובתו של רבי יוחנן (שורות 7-8)
6. תשובתו של רבי שמואל בר נחמן (שורות 9-18), הכוללת את (7) ו־(8) שלהלן
7. פירושו של רבי יהושע בן לוי לסיפור אשת פוטיפר (שורות 12-16)
8. פירושו של רבי איבו לפסוק מישעיהו שציטט רבי יהושע בן לוי (שורות 17-18)
9. הבעיה הכרונולוגית בבראשית ב (שורות 19-22)
10. תשובתו של רבי יהושע בן קרחה לבעיה (שורות 23-25)
11. תשובתו של רבי יעקב מכפר חנין לבעיה (שורות 26-27)

12. הבעיה הכרונולוגית הראשונה בדניאל (שורות 28-32)
13. תשובתו של רבי אלעזר לבעיה (שורות 33-34)
14. תשובתו של רבי שמואל בר נחמן לבעיה (שורות 35-36)
15. הבעיה הכרונולוגית השנייה בדניאל (שורות 37-40)
16. תשובתו של רב הונא לבעיה (שורות 41-43)
17. תשובתם של חכמים לבעיה (שורות 44-45)
18. הקשר למקרה הראשון שלנו, דהיינו פרקים לח ולט בבראשית (שורות 46-48) (שורה 48 מהווה גם דיבור המתחיל לשתי הרחבות הסיפור שבאות אחריה.)
19. הרחבת הסיפור הראשונה של "וַיֵּרֶד יְהוּדָה..." (שורות 49-54)
20. הערתו של רבי יצחק על הרחבת הסיפור (שורות 55-56)
21. הערתו של רבי לוי על הרחבת הסיפור (שורות 57-58)
22. הרחבת הסיפור השנייה של "וַיֵּרֶד יְהוּדָה..." (שורות 59-65)
23. פירוש להרחבת הסיפור (שורות 66-67)

שלוש דעות, רק שתיים צוינו מראש: משמעותה של שורה 4

שלוש השורות הראשונות של המדרש מציגות במפורש את הקושי הפרשני שתיארנו לעיל: מדוע קוטעת התורה את שטף סיפורו של יוסף על ידי מעשה יהודה ותמר? שורה 4 מודיעה לנו שיש שתי תשובות לשאלה זו, שניתנו על ידי רבי אלעזר ורבי יוחנן.[15] אלא שבהמשך הקריאה מגלים אנו שבעצם מציג המדרש שלוש תשובות לשאלה זו, ולא שתיים. משום מה, אין המדרש מונה את דעתו של רבי שמואל בר נחמן יחד עם דעותיהם של רבי אלעזר ורבי יוחנן,

15. זהו עוד אחד מהסממנים המאפיינים את ספרות חז"ל הן בהלכה והן באגדה. כשמופיעות המילים "רבי א ורבי ב" לפני ציטוט של מאמר חכמים, פירוש הדבר שתוצגנה בעקבותיו שתי דעות.

כחלק מהערותיו המקדימות. כדי להבין זאת, עלינו לבחון כל אחת מהדעות ולהשוות ביניהן.

תשובתו של רבי אלעזר לשאלת המדרש (שורות 5–6)

בקריאה רגישה האופיינית לחז"ל, שם רבי אלעזר את לבו לכך שסיפור יהודה ותמר פותח בירידת יהודה מאת אחיו, בדיוק כשם שהֲחזרה לסיפור יוסף בפרק הבא פותחת בירידת יוסף לעבדות במצרים. רבי אלעזר טוען שסיפור יוסף נקטע על ידי מעשה יהודה ותמר, שאיננו שייך אליו לכאורה, כדי להסב את תשומת לבנו לקשר בין שתי הירידות.[16]

רבי אלעזר איננו מפתח את משמעות הקשר שיצר, ולפיכך עלינו לבחון מחדש את הפסוקים הנדונים כדי לעמוד על מובנה של ההקבלה ביניהם.[17] ירידת יהודה מתוארת בבראשית לח, א: "וַיְהִי בָּעֵת הַהִוא, וַיֵּרֶד יְהוּדָה מֵאֵת אֶחָיו". ירידת יוסף מופיעה בבראשית לט, א: "וְיוֹסֵף הוּרַד מִצְרָיְמָה...".

בהעמדת שני הפסוקים זה מול זה מזדקרים לעינינו שני דברים. ראשית, את ירידת יהודה מתאר הכתוב על ידי שימוש בבניין פעיל (קל, "וַיֵּרֶד יְהוּדָה"), ואילו ירידת יוסף מתוארת על ידי אותו שורש בבניין סביל (הופעל, "וְיוֹסֵף הוּרַד"). הטעם לכך ברור לחלוטין. ליהודה שליטה על המתרחש, בניגוד ליוסף, שהעבדות נכפית עליו שלא מרצונו. ברם, ישנו הבדל נוסף, מטריד יותר, בין שתי הירידות. ירידתו של יוסף היא גופנית, בעוד זו של יהודה רוחנית. עובדה זו עולה הן מרצף האירועים שבטקסט המקראי הן משתי השורות האחרונות של המדרש. הפסוקים הבאים לאחר "וַיֵּרֶד יְהוּדָה מֵאֵת

16. הוא כנראה אומר זאת משום ששתי מילות הירידה מופיעות בפסוק **הראשון** של כל אחד מהסיפורים, מה שמבליט אותן באופן שלא היה קורה אילו היו הסיפורים מסודרים אחרת. ראו הערה 3.
17. זו דוגמה נוספת לטכניקות חביבות על חז"ל שמטרתן להגביר את מעורבותו של הקורא בפירוש שהציעו ובטקסט המקראי.

אֶחָיו", מספרים לנו על נישואיו לגויה, על מות שני בניו, ומתארים לנו את התנהגותו הבלתי מכובדת כלפי כלתו. אמנם יהודה גואל את עצמו בחשיפה עצמית נועזת ובחרטה אמיצה, אך אין ספק שהכתוב מגולל כאן את סיפור ירידתו הרוחנית של אדם גדול, שנמשכה מספר שנים.[18] המדרש, בדרכו התמציתית האופיינית, מצייר תמונה חלקית של מצבו של יהודה, בשתי שורות הסיכום האחרונות שלו: "ירידה היא לו שנשא לגויה. ירידה היא לו שקבר את אשתו ובניו" (שורות 66-67).

בניגוד ליהודה, רואים אנו כיצד יוסף, לאחר ש"הוּרַד מִצְרָיְמָה", מגלה גדלות רוחנית ומוסרית וממאן לפיתוייה של אשת פוטיפר. התנהגותו זו מרשימה ביותר, אם רק נזכור שמדובר באדם צעיר, עבד, ובעובדת היותו לבד במצרים, ללא הדרכה ותמיכה. לאור הבדלים ממשיים אלה בין הידרדרותו של יהודה לירידתו של יוסף, איזה קשר מוצא רבי אלעזר ביניהן?

תשובה אפשרית לשאלה זו היא שרבי אלעזר מבקש שנבצע בדיוק את התרגיל שכרגע השלמנו, כיוון שהנגדה מהווה אף היא סוג מסוים של קשר: השוואת דברים מסייעת להחליט מה משותף להם ובמה שונים הם זה מזה. יהודה ויוסף משחקים, כל אחד בזכות עצמו, תפקיד מכריע בסיפור שעוד יבוא. לשם הבנת האירועים הבאים, עלינו לבחון בזהירות את המעשים המעצבים אישים אלה ומכינים אותם לקראת המפגש הדרמטי ביניהם בשיאו של הסיפור. יוסף מגיע למפגש זה עם יהודה מעמדה של סבל – שאיננו מעשה ידיו – שממנה נסק לרום המעלה; יהודה מגיע לאותו מפגש מצויד בעומק רוחני שרכש מתוך המודעות העצמית שהשיג בהתנסותו במעשה תמר.

18. יש לציין גם שירידתו הרוחנית של יהודה מגיעה, כך נדמה, אל קִצה, בנישואיו לתמר ובלידת בניהם, שני האירועים המסיימים את פרק לח. כשחוזר יהודה ומופיע שוב בסיפור (בפרק מג), הוא הופך למנהיגם הבלתי מעורער של אחיו, אדם בעל אומץ לב מוסרי ופיזי כאחד.

תשובה אפשרית נוספת היא שרבי אלעזר מבקש למצוא קשר של "מידה כנגד מידה"[19] בין שתי הירידות. על פי הבנה זו, הסיבה לירידתו של יהודה היא משום היותו כלי שרת שגרם להורדתו של יוסף. נפילתו של יהודה היא אפוא עונש על חלקו בהפיכת יוסף לעבד, או תוצאה טבעית מכך שבמוכרו את אחיו הוריד הוא עצמו את רמתו הרוחנית.

חשוב לציין, שאף על פי שרבי אלעזר מעורר את תשומת לבנו לקשר שבין שני הסיפורים, אין הוא אומר מפורשות כיצד היה מבקש שנבין קשר זה. הוא מבסס את פירושו על לשון הכתוב, ובכך מעניק לו תשתית פרשנית מוצקת. אולם, ביצירת הקשר מבלי להסבירו במלואו, פותח הוא לפנינו יותר מנתיב פרשני אחד, ומחייב אותנו לעבות בעצמנו את הרעיון שהעלה.

תשובתו של רבי יוחנן לשאלת המדרש (שורות 7–8)

רבי יוחנן מציע תשובה אחרת לשאלה מדוע נקטע סיפור יוסף על ידי מעשה יהודה ותמר. בעוד רבי אלעזר טוען שהטקסט המקראי מקשר את הפרקים לח ולט (דהיינו, את סיפור יהודה ותמר להמשך סיפור יוסף), סבור רבי יוחנן שנעשה כאן חיבור בין פרקים לז ולח (כלומר, בין התיאור כיצד רימו האחים את יעקב אביהם ובין סיפור יהודה ותמר).

טיעונו של רבי יוחנן מתמקד בשימוש שעושה הכתוב באותה מילה בשני הקשרים שונים בסיפור יוסף המורחב. המקום הראשון שבו מופיעה מילה זו הוא כאשר מודיעים האחים ליעקב על "מותו" של יוסף. למעשה, אין הם מספרים ליעקב שיוסף נהרג. תחת זאת קוראים אנו: "וַיְשַׁלְּחוּ אֶת כְּתֹנֶת הַפַּסִּים וַיָּבִיאוּ אֶל אֲבִיהֶם, וַיֹּאמְרוּ: 'זֹאת מָצָאנוּ. **הַכֶּר** נָא, הַכְּתֹנֶת בִּנְךָ הִוא אִם לֹא?'" (בראשית לז, לב).

19. חז"ל משתמשים בביטוי "מידה כנגד מידה" כדי לתאר מצב של צדק פואטי, כלומר, השתלשלות אירועים שבה נראית בעליל התאמה מופלאה בין העונש לחטא. ראו, למשל, סנהדרין צ ע"א.

הפעם השנייה שבה משתמש הכתוב במילה זו היא כשתמר, המוּצאת לשרפה על "חטאה", "...שָׁלְחָה אֶל חָמִיהָ לֵאמֹר: 'לְאִישׁ אֲשֶׁר אֵלֶּה לּוֹ, אָנֹכִי הָרָה'; וַתֹּאמֶר: 'הַכֶּר נָא, לְמִי הַחֹתֶמֶת וְהַפְּתִילִים וְהַמַּטֶּה הָאֵלֶּה'" (בראשית לח, כה).[20]

באמצעות הקשר שיצר, מאיר לנו רבי יוחנן מקרה ברור של הרמזה בסיפור המקראי.[21] הנקודה המכרעת במעשה תמר ויהודה, שבה מוכרח יהודה, בתוקף הנסיבות, להתייצב מול צדדי אישיותו המכוערים ביותר, מנוסחת על ידי התורה באותה לשון שבה השתמשו האחים כדי לרמות את אביהם על אודות יוסף. המסר ברור; במגעו עם תמר, נענש יהודה על התפקיד המוביל שמילא במכירת אחיו ובבגידתו באביו. יחד עם אֶחיו, "בישל" ראיות כדי להביא את אביו ל"הכרה" כוזבת. סופו שהוא עצמו ישמע את אותן מילים יוצאות מפי תמר כהאשמה שייאלץ להודות בה.[22] שרבוב סיפור יהודה ותמר בפרשת דרכים בלתי צפויה זו של סיפור יוסף מכריח אותנו לשים לב לקשר חשוב זה. לו נמשך תיאור עלילות יוסף ללא הפרעה, היינו עשויים להחמיץ נקודה זו.

רבי אלעזר ורבי יוחנן לעומת רבי שמואל בר נחמן

הן רבי יוחנן והן רבי אלעזר תולים את פירושיהם ברמזים **לשוניים** שנשתלו בטקסט. במקרה של רבי יוחנן הרמזים מפורשים, משום שצירוף המילים החוזר "הַכֶּר נָא" זהה בדיוק בשני הפסוקים. במקרה של רבי אלעזר ההתאמה בולטת קצת פחות, כיוון שרק השורש הלשוני

20. ההקבלה בין הפסוקים אינה מסתיימת במילה "הַכֶּר" הכתובה בשניהם. צירוף המילים שבו מופיעה המילה בשני הפסוקים זהה: "הַכֶּר נָא", וכן בשני הסיפורים **משולחים/נשלחים** החפצים העומדים לזיהוי אל האדם האמור להכירם.
21. ראו בבראשית רבה פה, יא גרסה מפורשת יותר של עמדת רבי יוחנן (ד"ה: "הַכֶּר נָא").
22. מעניין לציין שנושא ההכרה חוזר שוב בסיפור יוסף בשלב מאוחר יותר. ראו בבראשית מב, ז-ח.

חוזר ולא אותן מילים ממש, אך עדיין הקשר משכנע עד מאוד. בניגוד לכך, תשובתו של רבי שמואל בר נחמן לשאלה מדוע נקטע סיפור יוסף על ידי מעשה יהודה ותמר שונה לחלוטין מגישה זו. הוא מוצא קשר **נושאי** בין הפרקים לח ולט בקרבה שהוא מגלה בין מעשיהן ומניעיהן של תמר ושל אשת פוטיפר. את פרשנותו של רבי שמואל בר נחמן מעוררים קווים סיפוריים דומים ולא רמזים לשוניים.

אפילו בטרם נבחן את משמעות פרשנותו של רבי שמואל בר נחמן, נוכל להבין מדוע בחרו עורכי מדרש בראשית רבה להפרידה מפירושיהם של רבי אלעזר ורבי יוחנן. על ידי השמטת שמו של רבי שמואל בר נחמן משורה 4, באים בעלי המדרש ללמדנו שישנו הבדל איכותי בין פירושיהם של רבי אלעזר ורבי יוחנן מחד גיסא, ובין פרשנותו של רבי שמואל בר נחמן מאידך גיסא.

תשובתו של רבי שמואל בר נחמן לשאלת המדרש

רבי שמואל בר נחמן טוען שבקטיעתו של סיפור יוסף על ידי מעשה יהודה ותמר מתכוון הכתוב לעורר את תשומת לבנו לדמיון שבין תמר (בראשית לח) ובין אשת פוטיפר (בראשית לט). הוא מבסס את פירושו על מסורת שהועברה מפי רבי יהושע בן לוי, שֶׁמה שהניע את אשת פוטיפר לפתות את יוסף הייתה אמונתה – על סמך תחזית אסטרולוגית – שממנו עתידים להיות לה בנים (שורות 12–16). רבי יהושע בן לוי מצביע על כך שכיוון שאין האסטרולוגיה מדע מדויק, לא ידעה אשת פוטיפר בוודאות אם יבואו בני יוסף ממנה או מבתה.

כראיה לנקודה זו מצטט הוא את ישעיהו (מז, יג) ואת פירושו של רבי איבו לכתוב זה. הפסוק מוכיח את עם ישראל על הישענותו על אסטרולוגים, שאליהם פונה הוא לאישור העתיד לבוא. הפסוק במלואו אומר: "נִלְאֵית בְּרֹב עֲצָתָיִךְ יַעַמְדוּ נָא וְיוֹשִׁיעֻךְ הֹבְרֵי (כתיב: הברו) שָׁמַיִם (= אסטרולוגים), הַחֹזִים בַּכּוֹכָבִים, מוֹדִעִים לֶחֳדָשִׁים מֵאֲשֶׁר יָבֹאוּ עָלָיִךְ", והוא מוסבר על ידי פרשני המקרא על אתר בשתי דרכים שונות. הפירוש הראשון, המתאים יותר לפשוטו של מקרא

על פי ההקשר בפרק מז של ישעיהו, מעביר את המילה "וְיוֹשִׁיעֻךָ" להמשך הכתוב ומצמיד אותה למילים "מֵאֲשֶׁר יָבֹאוּ עָלָיִךְ" המופיעות בסוף הפסוק, וקורא אותו כך: "נִלְאֵית בְּרֹב עֲצָתָיִךְ יַעַמְדוּ נָא הֹבְרֵי (כתיב: הברו) שָׁמַיִם, הַחֹזִים בַּכּוֹכָבִים, מוֹדִעִים לֶחֳדָשִׁים (= מדי חודש בחודשו), וְיוֹשִׁיעֻךְ מֵאֲשֶׁר יָבֹאוּ עָלָיִךְ".[23]

הפירוש השני, המתאים להקשר של המדרש שלנו, מסביר את המילים "מוֹדִעִים לֶחֳדָשִׁים מֵאֲשֶׁר יָבֹאוּ עָלָיִךְ" כ"מודיעים לחודשים (= בהתחדש הלבנה) משהו (מקצת) ממה שיבוא עלייך".[24] רבי איבו אומר שמי שעורך תחזיות כאלה יכול רק לִצפות "מאשר יבואו עלייך, ולא **כל** אשר יבואו עלייך" (שורות 17-18). הראיה מישעיהו באה לומר שאשת פוטיפר טועה בחישוביה משום שתולה היא את בטחונה בקריאתה בכוכבים. היא מחליטה כיצד לפעול על בסיס "מדע" דטרמיניסטי ובלתי אמין, במקום לקבל החלטות על יסודות המוסר.

דברי רבי יהושע בן לוי – המהווים את הבסיס לפירושו של רבי שמואל בר נחמן – עשויים להיראות לנו כמשונים, אך יש לציין שהם מקבלים חיזוק, אמנם עקיף, מכמה מקורות מדרשיים אחרים. בראשית רבה פז, ד, למשל, מספר לנו שאשת פוטיפר אימצה לעצמה את מנהג התקופה לקבל ייעוץ אסטרולוגי בנוגע לרכישת עבדים, ופנתה לעצת אסטרולוג בקשר ליוסף. בראשית רבה פו, ב מזהה את פוטיפר, אדוני יוסף, עם פוטיפרע, אביה של אסנת ההופכת לאשת יוסף (בראשית מא מה). בראשית רבה פט, ב חוזר על מסורת זו.

בעיות בפירושו של רבי שמואל בר נחמן

למרות חיזוקים מדרשיים אלה, נראה הקשר שעושה רבי שמואל בר נחמן בין בראשית לח ולט מנוגד לתחושה הפנימית, ואפילו מקומם. ראשית, פירוש זה הופך את אשת פוטיפר למוקד פרק לט, במקום את יוסף. שנית, ההשוואה בין גבורת תמר המשליכה את נפשה מנגד,

23. כך קוראים זאת רד"ק ואבן עזרא.
24. רש"י ורבי ישעיהו מיטראני מפרשים את הפסוק בדרך זו.

ובין עריצותה של אשת פוטיפר הממיטה אסון על יוסף, אינה מתקבלת בכלל על הדעת. פשוטם של הפסוקים בבראשית לט נראה כמפריך גישה מדרשית זו, כיוון שלשון הכתוב בפרק אינה מרמזת על כל מניע למעשי אשת פוטיפר זולת תשוקה מינית.[25] לבסוף, לא ברור מדוע יש לסרס את הסדר הכרונולוגי בטקסט המקראי רק כדי ללמד זכות כלשהי על אשת פוטיפר. פירושיהם של רבי אלעזר ורבי יוחנן כאחד מדגימים לנו יפה כיצד ניתן להעניק לקטיעת רצף הסיפור משמעות מוסרית עמוקה. קשה לראות את פירושו של רבי שמואל בר נחמן באור דומה.

הקושי בפירושו של רבי שמואל בר נחמן מחמיר עוד יותר אם משווים את דבריו כאן עם מה שיש לו לומר על אשת פוטיפר בבראשית רבה פז, ד:

> "וַתֹּאמֶר: 'שִׁכְבָה עִמִּי'" (בראשית לט, ז)
> אמר רבי שמואל בר נחמן: "ארורים הם הרשעים.
> להלן [כתוב]: 'וּפָרַשְׂתָּ כְנָפֶךָ עַל אֲמָתְךָ' (רות ג, ט),
> אבל זו [דיברה] כבהמה, [ככתוב]: "וַתֹּאמֶר: 'שִׁכְבָה עִמִּי'"".

בפירוש מדרשי זה מעמת רבי שמואל בר נחמן את התנהגותן של רות ושל אשת פוטיפר, לרעתה של האחרונה. בפרק ג של מגילת רות, מהנדסת נעמי מפגש בין בעז לרות, בתקווה לעודד את בעז לשאת את רות לאישה ולפעול לגאולת אדמותיו של בעלה המנוח. אף על פי שאין המצב מחייב עדינות – בעז ורות לבדם בגורן נידח – מביעה רות את רחשי לבה ברגישות גדולה ובענווה רבה, ומשתמשת בלשון נקייה כדי לבטא מה מבקשת היא שבעז יעשה בעבורה. בניגוד אליה, כפי שמצביע רבי שמואל בר נחמן, משתמשת אשת פוטיפר בלשון בוטה ומפורשת בפתותה את יוסף.

אילו הייתה זו הערתו היחידה של רבי שמואל בר נחמן על אשת

25. ראו בייחוד את פסוקים ו-ז.

פוטיפר, לא היינו ניצבים בפני שום קושי. אולם נוכח הערותיו לעיל, נשארים אנו בסתירה המחייבת פתרון.

מה הביא את רבי שמואל בר נחמן לפירושו?

כדי להבין את פירושו של רבי שמואל בר נחמן, עלינו לבדוק תחילה מה מניע אותו לפרש כך. כפי שכבר ראינו, מושפעת הפרשנות מגורמים רבים, וביניהם הגדרת מושג ההקשר על ידי הפרשן, ונקודת המבט שלו על הטקסט.

בחינת פרשנותו של רבי שמואל בר נחמן למספר סיפורים תנ"כיים מראה על נטייתו להבין את חטאיהם של אישי המקרא הצדיקים מתוך הנחה שהתנ"ך מתאר חטאים אלה באור שלילי יותר מהמוצדק על פי האירועים עצמם.[26] אף על פי שקשה לקבוע בפסקנות כיצד מגיע רבי שמואל בר נחמן לעמדתו זו, בכל זאת ניתן למצוא רמזים בציטוטים של שיטתו המופיעים במסכת שבת נה ע"ב – נו ע"ב. ראשית, בכל אחד מהמקרים הנדונים שם, מביא רבי שמואל בר נחמן את דבריו בשם סמכות רבנית אחרת (רבי יונתן), כלומר, מעגן את עמדתו במסורת חכמים קיימת. שנית, רבי שמואל בר נחמן מבסס את הגנתו על גיבורי תנ"ך חוטאים על חוסר עקביות לכאורה המתגלה בתיאור המקראי של דמויות אלה. לדוגמה, בהגנו על דוד, שואל רבי שמואל בר נחמן רטורית: "אפשר חטא בא לידו ושכינה עמו [כמו שנאמר בספר שמואל]?" רבי שמואל בר נחמן סובר, כנראה, ששרטוט דמויות אלה כחוטאות מנוגד לא רק למסורת שקיבלנו מרבותינו – זוהי גם בעיה **טקסטואלית**.

מתוך ניתוח שלנו לאותם סיפורים מקראיים, יכולים אנו שלא להסכים עם הדרך שבה הבין רבי שמואל בר נחמן את תיאור גיבורי התנ"ך כחוטאים; אפשר להתווכח עמו על יסוד מספר נימוקים. למשל, בתגובה להישענותו על מסורת קודמת, ניתן לציין מקורות

26. ראו את פירושיו על ראובן, בני עלי, בני שמואל, דוד, שלמה ויאשיהו, במסכת שבת נה ע"ב – נו ע"ב.

אחרים בחז"ל המבקרים קשות את חטאיהם של גיבורי המקרא, עד כדי העצמתם, במקום הניסיון למזער אותם. אפשר אפילו לטעון שהשקפתו של רבי שמואל בר נחמן סבירה פחות מבחינה פסיכולוגית, מגישתם היותר ביקורתית של חכמים אחרים. חרף זאת, עלינו להכיר בכך שאין גישתו של רבי שמואל בר נחמן שרירותית. היא נובעת מתוך נקודת השקפה שאיננה נחלת הכול, אך יש בה על כל פנים עקביות פנימית.

בהנחה שהבנו נכונה את השקפתו של רבי שמואל בר נחמן, נוכל לנסות לשחזר את ההיגיון המסתתר מאחורי פירושו לסיפור אשת פוטיפר. ראינו שרבי שמואל בר נחמן נוטה לבנות רקע חיובי לחטאיהם של גיבורים תנ"כיים. אמנם אשת פוטיפר ראויה בקושי לבוא בקהלם של הצדיקים במקרא, אבל עתידה היא לשחק תפקיד חשוב בחיי יוסף. אכן, אין אשת פוטיפר אמם של בני יוסף, אולם היא אם אשתו. ייתכן אפוא שאין רבי שמואל בר נחמן מסוגל להעלות על דעתו שאשת יוסף, אמם של אפרים ומנשה, עשויה הייתה לצמוח מאישה נעדרת כל תכונה חיובית. בנוסף לכך, מוצא רבי שמואל בר נחמן תנא דמסייע במסורת המייחסת למעשיה של אשת פוטיפר מניע חיובי, גם אם הוא אינו במקומו. ואחרון אחרון, רבי שמואל בר נחמן שם לבו לכך שמעשה תמר ויהודה משורבב לתוך סיפור יוסף בצומת בלתי צפוי, על כן נראה סביר מאוד בעיניו, שמטרתו של סידור דברים מלאכותי זה אינה אלא כדי להסמיך את סיפורן של תמר ושל אשת פוטיפר זה לזה.

הניסיון להבין את ההיגיון החבוי מאחורי עמדתו של רבי שמואל בר נחמן מלמד אותנו שניתן למצוא טעמים לעמדתו. אלא שעדיין נשארים אנו עם שתי בעיות. הראשונה, האם המטרה ללמד זכות כלשהי על אשת פוטיפר, ולומר שבעצם איננה כל כך רעה כפי שנדמה לנו, אכן מצדיקה שינוי סדר כרונולוגי בסיפר המקראי? בהשוואה לתשובות שמציעים רבי אלעזר ורבי יוחנן לבעיה הכרונולוגית, נראית זו של רבי שמואל בר נחמן חסרת תכלית כמעט. הבעיה השנייה היא, כיצד נוכל ליישב את האופן שבו מתאר רבי שמואל בר נחמן את אשת פוטיפר כאן עם הוקעתו הנחרצת אותה בבראשית רבה פז, ד?

תמר ואשת פוטיפר

את התשובה לשאלות אלה נמצא אולי בבחינה מחודשת של ההשוואה שעורך רבי שמואל בר נחמן בין תמר ובין אשת פוטיפר. תחילה הנחנו שהערתו של רבי שמואל בר נחמן מבטאת את הסכמתו עם אשת פוטיפר. הנחה זו נראתה הגיונית למדי, משום שהטקסט המקראי והפירוש המדרשי גם יחד קושרים לראשה של תמר את כל כתרי השבח, ורבי שמואל בר נחמן משווה את אשת פוטיפר לתמר. ברם, בחינה קפדנית יותר של ההשוואה מראה שהיא איננה כה פשוטה כפי שנדמה לנו. אכן, יש כאן השוואה לטובה בין **מניעיהן** של תמר ואשת פוטיפר, אולם הדרך שבה שופטים התורה והמדרש כאחד את **מעשיהן** של השתיים שונה בתכלית. תמר מוצגת כאישה אמיצה, בלתי אנוכית וענווה, בעוד רבי שמואל בר נחמן עצמו משווה את אשת פוטיפר לבהמה.

כפי שראינו בדיוננו בפירושו של רבי אלעזר לעיל, השוואה בין דברים כוללת גם את הנגדתם. מבט מעמיק יותר באופן שבו מנתח רבי שמואל בר נחמן את סיפור אשת פוטיפר, מגלה שהוא מבקש לא רק להשוות את תמר עם אשת פוטיפר, אלא גם להראות לנו את ההבדלים שביניהן. המסר העולה מעימות דמויותיהן של שתי הנשים הוא אפוא מורכב ורב ערך הרבה יותר ממה שציפינו, קרי: כדי להעריך את מידת מוסריותה של פעולה מסוימת לא די בבדיקת הכוונה.

תמר ואשת פוטיפר אמנם התכוונו, כל אחת, לפעול "לשם שמים", אך מעשיהן שונים זה מזה מבחינה מוסרית. תמר אינה מתייעצת עם איש, ופועלת מכוח החלטתה בלבד, על בסיס הבחנתה היא בין טוב לרע. היא מקבלת אחריות מלאה על מעשיה, אפילו במחיר סיכון חייה, ובלבד שלא לחשוף את יהודה בעל כורחו. אשת פוטיפר, מצד שני, משתמטת מאחריות אישית ושמה מבטחה באסטרולוגיה, למרות ידיעתה שמדובר בכלי בעל אמינות חלקית. בנוסף לכך, מתעלמת היא מהסכנה הגדולה האורבת, כתוצאה מהתנהגותה, לפתחו של יוסף, עבד חסר הגנה הנתון לחסדי אדונו. וכשהיא נדחית בבוז,

מפלילה היא את יוסף על לא עוול בכפו, על אף שברור לה שהסגרה זו תוביל, כמעט בוודאות, להוצאתו להורג.

באוֹר זה נראה פירושו של רבי שמואל בר נחמן לסיפור אשת פוטיפר מלא משמעות. התמקדותו באשת פוטיפר מתקבלת על הדעת ברגע שמבינים שכל כוונת הפירוש היא להפנות את הזרקור אחורנית אל הפרק הקודם, לעבר **תמר**, ולמשמעותם של מעשיה. אחרי הכול, היא דמות מרכזית בחלק ההוא של הסיפור, והתנהגותה מצדיקה מבט קפדני ובוחן שכזה. ואם אמנם נראית לנו השוואתו של רבי שמואל בר נחמן בין אשת פוטיפר לתמר כסטייה מפשוטו של מקרא, לא נוכל לטעון שאין מגמתו פרשנית. אולי נוטה לבנו יותר אחר פרשנותם הלשונית של רבי אלעזר ורבי יוחנן, מאשר אחרי השקפתו של רבי שמואל בר נחמן על טבע האדם, אך אין להכחיש שהשקפה זו מתוחכמת ורבת דקויות הרבה יותר מכפי שנראתה לנו מלכתחילה.

הבעיה הכרונולוגית בסיפור יוסף כחלק מדפוס מקראי

לאחר שהציגו בפנינו שלוש תשובות אפשריות לשאלה מפני מה הסמיכה התורה "פרשה זו [יהודה ותמר] לזו [מכירת יוסף לעבדות]" (שורה 3), משלימים עורכי בראשית רבה את התמונה על ידי התבוננות במקרה פרטי זה בהקשר הרחב יותר של התנ"ך כולו. הם מתארים שלושה מקרים אחרים של קושי כרונולוגי, הדומים למקרה שלנו, ומביאים מספר פתרונות פרשניים לבעיות שמעוררים מקרים אלה. המילה הפותחת את תיאורו של כל אחד ממקרים אלה, "ודכוותה" (= ובדומה לכך) (שורות 19, 28 ו־37), מציינת שקושי פרשני מסוג זה איננו ייחודי לסיפור יוסף.[27]

27. במקומות אחרים מנוסחת תפיסה זו במילים "אין מוקדם ומאוחר בתורה" (כלומר, סדר כרונולוגי איננו בהכרח מחייב את הסיפר המקראי). ראו פסחים ו ע"ב. נוסחה זו מופיעה במקומות רבים בספרות המדרשית, ורבים מפרשני המקרא מצטטים אותה.

הדוגמה מבראשית ב–ג

הדוגמה הראשונה (שורות 19–22) לקוחה מתחילת ספר בראשית.[28] בראשית ב, כה מספר לנו: "וַיִּהְיוּ שְׁנֵיהֶם עֲרוּמִּים, הָאָדָם וְאִשְׁתּוֹ, וְלֹא יִתְבֹּשָׁשׁוּ". עורכי בראשית רבה טוענים שהאירוע שקרה לאחר תיאור זה הוא הלבשתם של אדם וחוה בידי ה' (בראשית ג, כא), ושֶרק אחרי הלבשה זו ניגש הנחש אל חוה (בראשית ג, א). לדעתם, סדר האירועים **שנכתב** בפרקים ב ו־ג של בראשית אינו תואם את סדר **התרחשותם** בפועל: מה שמתואר בפסוקים א–כ של פרק ג בבראשית (חטאם ועונשם של אדם וחוה) מקומו בעצם לאחר בראשית ג, כא (הלבשתם של אדם וחוה), ולא לפניו.[29]

מדוע כותבת התורה את האירועים שלא לפי סדר התרחשותם? עורכי בראשית רבה מביאים שני הסברים לכך, אחד של רבי יהושע בן קרחה ואחד של רבי יעקב דכפר חנין. רבי יהושע בן קרחה סבור ששינוי סדר האירועים מסביר מה הניע את הנחש לגשת אל חוה ולפתות אותה להפר את צו האלוהים. רבי יהושע מרחיב את הסיפור המקראי, ומסביר שהמראה של אדם וחוה ה"מתעסקין בדרך ארץ" הוא שהביא את הנחש "להתאוות להם" (שורות 23–25). אם לא היה הכתוב מקשר בין התקרבותו של הנחש אל חוה ובין העירום של אדם וחוה – עם כל המשמעות של עירום זה – לא היינו מבינים מה עורר את הדו־שיח שבין הנחש לחוה.[30]

28. כדי לעקוב אחרי הדיון, אנא קראו את בראשית ב, כא – ג, כא.
29. רש"י הולך בעקבות דעה זו. אחרים סבורים שאין סדר האירועים בסיפור זה הפוך, ושהלבשתם של אדם וחוה נעשית רק לאחר שהם חוטאים ונענשים. ראו, למשל, את ספורנו ורד"ק. אף על פי שהדעה האחרונה עשויה להתקבל על דעתנו יותר מהראשונה, אין בכך כדי לערער את הגישה המדרשית הננקטת כאן, כיוון שהמדרש מציג מפורשות את הנחותיו בדבר סידור הטקסט, ועובד על סמך הנחות אלה.
30. אין בכוונתי לערוך דיון מעמיק על הרחבת סיפור זו, כיוון שמשימה כזו מצריכה ניתוח ארוך ומפורט של שלושת הפרקים הראשונים של ספר בראשית, דבר שהוא מחוץ לתחומו של ספר זה. אף על פי כן, בכל הנוגע להסברו של רבי

רבי יעקב דכפר חנין מציע הסבר פשוט יותר להקדמת המאוחר המופיעה בבראשית ב ו־ג (שורות 26–27). הוא בדעה שמטרת שינוי סדר האירועים בטקסט היא כדי לא לסיים את סיפור גן עדן בטון צורם. לו נשמר הסדר הכרונולוגי, היה הסיפור נגמר בעונשם של אדם וחוה, אכן סוף מר. אולם בדרך שבה נכתב, מסתיים הסיפור בתמונה מעודדת יותר – מתוך אהבת חסד, מלביש ה׳ את אדם וחוה אף על פי שחטאו כלפיו. על פי רבי יעקב דכפר חנין, הייתה עלולה שמירת הסדר הכרונולוגי בכתוב להשאיר את הקורא בספק באשר להמשך יחסיהם של אדם וחוה עם ה׳. הטקסט הקיים משאיר את הקורא בתחושה שה׳ עדיין אוהב אותם למרות חטאם.

דוגמאות מספר דניאל

לדוגמאות מספר דניאל חשיבות מיוחדת כיוון שהן עוסקות בנושאים היסטוריים מובהקים. עובדה זו מבדילה אותם מהמקרה של סיפור אדם וחוה בבראשית, שבו אין הפרת הסדר הכרונולוגי ברורה כל כך.

יהושע בן קרחה ולסיפור שבו הוא דן, דבר אחד מובן מאליו: הנחש המופיע בפרק ג של בראשית איננו נחש רגיל, והיחס המתואר כאן בין נחש לבני אדם איננו משהו שניתן להבנה מחוץ למסגרת הייחודית של סיפור מקראי זה. פרשנים מוקדמים ומאוחרים כאחד של בראשית ג סוברים שדמות הנחש מייצגת החצנה של היצר הרע. בדומה לכך, פעולת האכילה מפרי עץ הדעת טוב ורע אינה אלא הפנמה של היצר הרע בתוך נפש האדם.

לאור זאת, המסקנה ההגיונית היחידה היא שרבי יהושע בן קרחה נוקט לשון ציורית באמרו שהנחש "התאווה" לאדם וחוה, כי ראה אותם "מתעסקין בדרך ארץ". אחת האפשרויות לתרגם מילים אלה לשפה בת זמננו היא לומר שְמיניוּת הופכת את האדם פגיע ליצר הרע. פרשנותו של רבי יהושע בן קרחה מבקשת להציע שהכרונולוגיה של הטקסט המקראי שונתה כדי להבליט נקודה זו. כמובן, הסיכום הקצר שהוצע פה מפשט מאוד את כל המורכבויות של הדיונים השונים הקיימים בסיפור גן עדן, ואין בו בשום אופן כל כוונה שהיא להקיף את כל הפרשנויות השונות שנכתבו על נושא סבוך זה.

הדוגמה הראשונה

בדוגמה הראשונה מספר דניאל (שורות 36-28) מביא המדרש שלושה פסוקים המתייחסים לשלושה מלכים. הציטוט הראשון, מדניאל ה, לד (שורה 29), מסיים את תקופת מלכותו של נבוכדנצר; הציטוט השני, מדניאל ה, א (שורה 30), מתאר את תחילת מלכותו של בלשאצר; והשלישי, מדניאל ו, א (שורה 31), פותח את תחילת מלכותו של דריוש. אחר כך באה שאלת המדרש: "והיכן הוא אויל מרדך?" (שורה 32). השאלה מתעוררת משום שהסדר ההיסטורי של מלכי בבל הוא נבוכדנצר, לאחר מכן אויל מרדך, ואחריו בלשאצר, המלך הבבלי האחרון בשושלת.[31] לאחר מות בלשאצר מתפצלת האימפריה שעליה מלך בין פרס למדי, ודריוש המדי משתלט על חלק מהאימפריה הבבלית.[32] אויל מרדך מוזכר במלכים ב׳ כה, כז ובירמיהו נב, לא, כיורשו של נבוכדנצר, ושם מתארים הפסוקים את התנהגותו המיטיבה כלפי יהויכין מלך יהודה הכלוא. אולם בספר דניאל אין מוזכרת מלכותו של אויל מרדך כלל, וזו סטייה כרונולוגית שיש להתייחס אליה.

המדרש מציע שתי סיבות להשמטה זו. רבי אלעזר מסביר (שורות 34-33) שאויל מרדך הוצא מחוץ לרצף הסיפור על מנת להדגיש את הקשר בין נבוכדנצר לבלשאצר: "כדי לסמוך רשע אל רשע, קוצץ לקוצץ, גיותן (= גאוותן) לגיותן" (שורה 34). מטרת סיפור זה, אליבא דרבי אלעזר, איננה רישום קורותיהם של מלכי בבל, אלא ללמדנו את הלקח המוסרי המסתתר מאחורי אירועים היסטוריים. תקופת מלכותו של אויל מרדך מושמטת מספר דניאל משום שכאדם צדיק, אין הוא יכול להשתלב בתולדותיהם של מלכים רשעים.[33] הדמיון בין נבוכדנצר הרשע, המחריב (קוצץ) והגאוותן ובין

31. אויל מרדך ובלשאצר היו שניהם בניו של נבוכדנצר.
32. באשר למידע זה, שעורכי בראשית רבה מניחים שאנו יודעים, ראו את רש״י ומהרז״ו לפסקה זו.
33. ראו את פרשנותם של "מתנות כהונה" ומהרז״ו לדברי רבי אלעזר.

בלשאצר המרבה להרשיע כמוהו, הוא חוט השני הקושר ומאחד סיפור זה, ולא הרצף הטהור של המאורעות.

רבי שמואל בר נחמן נותן הסבר דומה (שורות 35-36). גם הוא סבור שמטרת אי הכללתו של אויל מרדך בטקסט היא יצירת קשר בין נבוכדנצר ובין בלשאצר, אולם הוא מבין את ההקבלה בין שני מלכים אלה בדרך שונה במקצת. הכתוב מדלג על מלכותו של אויל מרדך "כדי לסמוך הפסק מלכות להפסק מלכות" (שורה 36). מלכותו של בלשאצר נגמרת באלימות, וזו של נבוכדנצר מסתיימת בפתאומיות. פסוקים כו-לד של דניאל פרק ד מתארים כיצד נטרפת דעתו של נבוכדנצר, והשיגעון מביא אותו להתנהג כחיית השדה.[34] פרק ה של דניאל מתאר את ליל נפילתו ורציחתו של בלשאצר. בשני המקרים מציג הכתוב את קטיעת תקופת שלטונם של מלכים אלה כעונש על גאוותם ועל אי יראתם את ה'.

הדמיון בין גישותיהם של רבי אלעזר ורבי שמואל בר נחמן לבעיה הכרונולוגית שבטקסט ברור. שניהם בדעה שהשמטתו של אויל מרדך מן הסיפור באה להסב את תשומת לבנו לקשר בין נבוכדנצר לבלשאצר, ושניהם רואים מלכים אלה באור שלילי. חשוב עוד יותר מכך, כל אחד מהם סובר שמטרתו העיקרית של ספר דניאל מוסרית ורוחנית, יותר מאשר היסטורית. אך בעוד רבי אלעזר מתמקד בהקבלה בין תכונות האופי של נבוכדנצר ובלשאצר, מבקש רבי שמואל בר נחמן להעמידנו על הדמיון בין גורלם. רבי שמואל בר נחמן שם את הדגש על כך שאנשים כמו נבוכדנצר ובלשאצר אינם יוצאים פטורים בלא עונש על חטאיהם, ושהאלוהים לבדו, ולא שום מלך, הוא האוחז בידו את מושכות ההיסטוריה.

הדוגמה השנייה

הדוגמה השנייה מִספר דניאל (שורות 37-40) היא מקרה אמתי של פגיעה בסדר הכרונולוגי, ולא השמטה. פרק ה בדניאל נגמר במותו של

34. אולם שבע שנים אחר כך מושב נבוכדנצר לכיסאו. ראו דניאל ד, לא-לד.

בלשאצר, ופרק ו פותח במלכות דריוש שהשתלט על חלק מהאימפריה של בלשאצר. בפרקים ז ו־ח, הבאים אחר כך, חוזר הסיפור לתקופת מלכותו של בלשאצר (אם כי המדרש מציין רק את פרק ח). כאן משתבש הרצף ההיסטורי לחלוטין. למה, שואל המדרש, מופיעה השנה השלישית למלכות בלשאצר (דניאל ח, א) הרחק לאחר תיאור מותו (בדניאל ה, ל)?

המלאכותיות של סדר כרונולוגי

התשובה הראשונה הניתנת על ידי עורכי בראשית רבה מפתיעה, בלשון המעטה: "רב הונא אמר: 'שלא יאמרו דברי פיוטין הם; כדי שידעו הכול שאמרו [דניאל] ברוח הקודש'" (שורות 41–43). במילים אחרות, בלבול הסדר הכרונולוגי בספר דניאל מוכיח, אליבא דרב הונא, את אמיתות הכתוב בו. אמירה מפתיעה זו מקבלת חיזוק על ידי הערתם של חכמים, שאי השמירה על רצף זמנים בסיפור באה "כדי לסרג על הספר כולו שאמרו ברוח הקודש" (שורה 45). רש"י מבין שכוונת דברי חכמים היא ששילובם של שיבושים כרונולוגיים לאורך הטקסט מעיד על מקורו האלוהי של כל הספר, ולא רק של הפרקים שבהם מצויה סטייה כרונולוגית.[35]

דברים אלה מביכים, בלשון המעטה. אנו נוטים לראות בשמירת הסדר הכרונולוגי בתיאור היסטורי אות ועדות לנכונותו, ולא להפך. כיוון שתופסים אנו את האירועים כְּבאים זה אחר זה בממד הזמן, נראה לנו טבעי והגיוני לתאר אותם על פי סדר התרחשותם. אלא שרב הונא וחכמים אינם מסכימים עם השקפה זו, עם כל היותה תואמת, לכאורה, את השכל הישר. הם טוענים שדבקות מוחלטת בסדר כרונולוגי מאפיינת סיפורים בדיוניים, ואיננה סממן של סיפור אמתי.

35. הבאתי רק חלק מטיעונו של רש"י. ראו את הדיון במלואו ברש"י בד"ה "גיותן לגיותן" ובד"ה "כדי לסרג על הספר כולו...". עיינו גם בפירושו של "מתנות כהונה" ד"ה "פיוטין" וד"ה "לסרג".

בפירושו למדרש זה[36] מנסח מהרז"ו טענה זו כך: "[מחבריהם של סיפורים בדיוניים] נזהרים שיהיו דבריהם בסידור בקדימה ואיחור (=לפי סדר כרונולוגי). אך דברי רוח הקודש אינם שומרים הסידור [הכרונולוגי] לטעמים (= מְטעמים) עמוקים...".

הערתו הקצרה של מהרז"ו מאירה את משמעות דבריהם של רב הונא וחכמים בכמה דרכים. ראשית, חבויה בדבריו המודעות שסדר כרונולוגי הוא מבנה מלאכותי, תוצאה של התפיסה האנושית, ולא עובדה הקיימת בזכות עצמה. סידור דברים על פי זמן התרחשותם הוא כלי שבו משתמשים אנו כדי להעניק מובן לאירועים שנתפסים בתודעתנו בעולם שסביבנו, לעתים מתוך זניחה של דרכים משמעותיות יותר לקישור בין מאורעות, כגון סיבתיות או חשיבות רוחנית ומוסרית. הזמן הוא רק אחד הממדים שבאמצעותו חווים אנו את העולם. ייתכן אפוא שאין לייחס חשיבות גדולה מדיי לסדר שבו קורים האירועים. כל מאורע שהוא ניתן לקישור עם התרחשויות שקדמו לו או עם אלה שבאו אחריו, בדרכים שקשה להסבירן אם מסתמכים אך ורק על שיטת ארגון האירועים על ציר הזמן. סידור כזה עלול אפוא לטשטש רבדים אחרים של הבנה שהיה בידם לסייע לנו לתפוס משמעויות עמוקות יותר של סיפור.

סידור על ציר הזמן מהווה כלי ארגוני יעיל, ובדיוק בשל כך יכול הוא לשמש, ואכן משמש, מכשיר בידם של כותבי סיפורת לְטוויית סיפורים בדיוניים. אך לשיטתם של רב הונא וחכמים, האמתיות למראית עין הנוצרת על ידי הקפדה על סדר כרונולוגי, מצביעה למעשה על ההפך הגמור, דהיינו, היא מעידה על כך שלפנינו סיפור מלאכותי, ולא אמתי. רק דבר מלאכותי, מעשה ידי אדם, ניתן להקיפו בעזרת תיאור המאורגן כולו על הציר הקשיח של הזמן. המציאות לעולם איננה עד כדי כך חד־ממדית, בלתי מורכבת וסדורה. סיפור שמקורו אלוהי אינו יכול להיות כבול לעיקרון ארגוני כה מגביל.

36. ראו בד"ה "דברי פיוטין".

בחירת דוגמאות

בנקודה זו עלינו לברר כיצד בחרו עורכי בראשית רבה את הדוגמאות שבהן ביקשו לבסס את טענתם בדבר גמישותו הכרונולוגית של התנ"ך. התופעה של שיבושים כרונולוגיים שכיחה למדי בתנ"ך, ולא ברור, אפוא, מה אילץ את בעלי המדרש לבחור דווקא בדוגמאות אלה. שאלה זו מתחדדת לאור העובדה, שצוינה כבר קודם לכן, שרק בדוגמה השלישית קיים דמיון מבני לבעיה הכרונולוגית שבסיפור יוסף (הדוגמה הראשונה, בראשית ב-ג, איננה המחשה מובהקת של שיבוש כרונולוגי, ובדוגמה השנייה, דניאל ד-ו, מדובר בהשמטה, יותר מאשר בקטיעת רצף).

"כדי לסרג על הספר כולו..."

בחינה נוספת של הטקסטים שנבחרו בידי עורכי בראשית רבה מראה לנו שאין הם דוגמאות של שינוי סדר כרונולוגי בלבד. לכל דוגמה מאפיינים משלה התורמים לחיזוק הטענה שמעלה המדרש. ראשית, הדוגמאות נבחרו מבראשית ומדניאל – דהיינו מהספר הראשון של התנ"ך ומאחד הספרים האחרונים שבו. המסורת היהודית משייכת ספרים אלו לשני חלקי תנ"ך בעלי דרגות קדושה שונות. לחלק הראשון, התורה (או החומש), מַדרגה של "מפי הגבורה" (דברי האלוהים ככתבם וכלשונם); לַשֵּׁנִי, נביאים, מדרגה של "נבואה" (תוכנם של חזונות נבואיים); על השלישי, כתובים, אומרים רבותינו, שנכתב ב"רוח הקודש", הדרגה הנמוכה ביותר של התגלות אלוהית. בראשית הוא הראשון בחמשת ספרי התורה, ואילו בספר דניאל יש מקדושת הנביאים והכתובים גם יחד. מסורת כתבי הקודש שמה אותו בכתובים,[37] אם כי לפחות זרם אחד בחז"ל מחשיב את דניאל, מחבר הספר, לנביא.[38] הבאת דוגמאות של

37. ראו בבא בתרא יד ע"ב.

38. ראו, למשל, מכילתא דרבי ישמעאל, פרשת בא, ד"ה: "בארץ מצרים", החל מהמילים "אם תאמר דן אני את הנביאים...". ראו גם ילקוט שמעוני על ישעיהו, רמז שפה. עמדה הפוכה מובעת במגילה ג ע"א, וראו ברש"י על אתר. הרב שלום כרמי סבור שהקושי לקטלג את ספר דניאל נובע מכך ששת

שיבושים כרונולוגיים מספרים התוחמים את התנ"ך בתחילתו ובסופו, ומייצגים כל אחד מחלקיו, יש בה משום אמירה על התנ"ך כולו, הרבה מעבר למקרים מסוימים אלה. אם נשתמש בדברי חכמים על ספר דניאל, מביא המדרש המחשות מבראשית ומדניאל "כדי לסרג על התנ"ך כולו", שאין סדר רציף וקפדני של זמנים שולט בו.

קשרים נושאיים

בין הדוגמאות שנבחרו על ידי עורכי בראשית רבה ובין סיפורי יוסף ותמר ויהודה קיים גם קשר נושאי. בשני הסיפורים שולטים יסוד המלכות ונושא עבירות המין שליטה מהותית. עיקרו של סיפור יוסף הוא תיאור עלייתו לשררה. גדולה זו הייתה תוכן חזיונות נעוריו, ונתגשמה בהמשך חייו. מעשה אשת פוטיפר, שבו עומד יוסף בפיתויי המיניים, מהווה חלק משרשרת האירועים שהובילה את יוסף למעמד הרם של משנה למלך פרעה. בדומה לכך, סיפור תמר ויהודה מתאר את ייסוד שושלת המלוכה בישראל, והתפתחות העלילה נשענת בעיקר על עבירות המין של בני יהודה, ועל בחירתו האומללה של יהודה בשותפה לחיים, דהיינו, בת שוע.

גם הטקסטים מתחילת בראשית ומדניאל נוגעים בנושאים אלה. הדוגמה מבראשית ב-ג, בייחוד על פי הבנתו של רבי יהושע בן קרחה, עוסקת בהשפעת המיניות על תהליך קבלת ההחלטות של בני אנוש. הדוגמאות מדניאל מתארות את עלייתם ונפילתם של מלכים כתוצאה מרמתם המוסרית. מקרים אלה, שנבחרו בידי עורכי בראשית רבה, הם אפוא ראי לסיפור יוסף, הן במבנה והן בתוכן. עניין זה מאיר בדקות רבה את הרעיון שסדר כרונולוגי איננו בהכרח הקשר המנהיר ביותר שניתן לטוות בין סיפורים. קרבה לשונית או נושאים משותפים, אם

הפרקים האחרונים של הספר מתארים את נבואות דניאל, בעוד ששת הפרקים הראשונים (החלק הסיפורי של הספר) כוללים חזיונות של מלכים לא יהודים ואת פתרונותיו של דניאל לחלומות אלה.

למנות שניים מני רבים, עשויים להיות קישורים מעוררי חשיבה ושאר רוח במידה רבה יותר.

ההשלכות על גישת חז"ל לפרשנות

רב הונא וחכמים מראים לנו בבירור שהתנ"ך איננו כבול בעקרונות הארגון של טקסטים היסטוריים. עורכי בראשית רבה מחזירים אותנו עתה לנקודה שבה השאירו אותנו: "**אף הכא נמי** מתבעי מימר (= גם **כאן** צריך לומר): 'וְיוֹסֵף הוּרַד מִצְרָיְמָה' וכתיב: 'וַיֵּרֶד יְהוּדָה מֵאֵת אֶחָיו'" (שורות 46-48). המדרש שם את שילוב מעשה יהודה ותמר בסיפור יוסף בהקשר התנ"כי הכולל. הבעיה הפרשנית שבה התחלנו – כיצד להסביר את החריגה מהסדר הכרונולוגי המופיעה בפרקים אלה – נראית עתה כהמחשה של גמישות כרונולוגית, סממן אופייני ומהותי של הסגנון המקראי. הגמישות ביחס לסדר הכרונולוגי (בין שאר הסממנים של הסגנון המקראי) נותנת מקום לפרשנות הכתובים, או ליתר דיוק, **כופה** עלינו לחפש פרשנות. אם אין סדר כרונולוגי קפדני מהווה עיקרון מנחה מוחלט למבנה התנ"ך, ואין בכוחו לספק הבנה מלאה של האירועים הכתובים בו, אזי עלינו מוטלת האחריות למצוא את המשמעויות החבויות ואת הקשרים המהותיים המתיכים את הטקסט המקראי למקשה אחת.

בהמחישם זאת, מצדיקים עורכי בראשית רבה את המפעל הפרשני שלהם עצמם. עתה יכולים הם לשוב למלאכת ניתוח הקשר שבין סיפור יוסף כולו ובין החלק שתופס מעשה יהודה ותמר בסיפור.

חזרה למלאכת הפרשנות

בשורות 46-48 שב המדרש אל הפסוקים שבהם החל:[39] "וְיוֹסֵף הוּרַד מִצְרָיְמָה" (בראשית לט, א) ו"וַיֵּרֶד יְהוּדָה מֵאֵת אֶחָיו" (בראשית לח,

39. יש לשים לב שבהחזירם אותנו לפסוקים שאותם התחילו להסביר, מחזירים

א).[40] בהמשך המדרש מוצגות שתי השקפות נוספות בדבר הקשר בין פסוקים אלה.

בחלק זה של המדרש מופיע הפירוש בצורת שתי הרחבות סיפור המציעות מניעים שונים לפרידתו של יהודה מאחיו, המעשה הפותח את סיפור יהודה ותמר. הטקסט המקראי איננו נותן כל הסבר למעשהו של יהודה. הכתוב מספר על הליכתו, אך איננו מנמק אותה. במילים אחרות, אין התורה מבהירה את משמעות התנהגותו של יהודה, ואת הקשר שלה לְמה שקדם לה או לְמה שבא אחריה. הרחבות הסיפור הבאות בהמשך מדרש זה שופכות אור על משמעות היפרדותו של יהודה מאחיו, על ידי הוספת דו־שיח המסביר את הטקסט. שני הסיפורים גורסים שפרידת יהודה מאחיו התרחשה לאחר מכירת יוסף, ושניהם רואים קשר סיבתי בין מכירה זו להיפרדות. אולם הרחבות סיפור אלה מציירות את מצבם הנפשי של אחי יוסף, בעקבות המעשה הקשה של מכירת אחיהם, בשתי תמונות רחוקות זו מזו עד מאוד.

הרחבת הסיפור הראשונה

בהרחבת הסיפור הראשונה (שורות 49-54) אומר יהודה לאחיו: ״בואו ונפזר עצמנו, שכל זמן שאנו מכונסין השטר מצוי להיגבות״ (שורות 49-54). לאחר שמכרו את יוסף, מגיע יהודה, מנהיגם של אחיו, להכרה שעשו רע שעליו ייאלצו לשלם מחיר גבוה. הוא יודע שהם ראויים לעונש, ובתקווה לחמוק ממנו מציע יהודה לאחיו להתפזר, כך שלא ניתן יהיה לגבות את ״השטר״, כיוון שאין ״בעלי החוב״ נמצאים עוד ביחד.

בתגובה לדבריו אלה של יהודה, אומר ה׳ לעצמו: ״עשרה בני

אותנו עורכי המדרש בעצם לפירוש המדרשי הראשון בדבר היחס בין שני הסיפורים, קרי: לדבריו של רבי אלעזר המסביר שהסיפורים נכתבו זה לצד זה כדי לסמוך ירידה לירידה.

40. המדרש הופך פה את סדר הפסוקים, ושם את הפסוק מבראשית לט לפני הפסוק מבראשית לח. אולי יש בכך עוד רמז דק הבא להזכיר לנו שכתיבת דברים כסדרם איננה תמיד הדרך החשובה ביותר לקישור בין מאורעות.

אדם שנמצאו בגנבה, אין אחד נתפס ע"י כולם?" (שורה 52). ה' דוחה את הדימוי של יהודה המתאר את מכירת יוסף כנטילת הלוואה קבוצתית, וקורא לה בשמה הנכון: גנבה.[41] תהליכי הענישה של גנבים אינם זהים לאלה של ענישת בעלי חוב. גם אם ניתן ללכוד רק אחד מתוך חבורת גנבים, ייענש הוא על חלקו בפשע.

המדרש מסביר שהאחים עצמם באים לידי הבנה שהאירועים שקורים להם אחר כך במצרים הם העונש שלהם על מכירת יוסף: "וכיון שנמצאו בגביע [של יוסף] אמרו: 'הָאֱלֹהִים מָצָא אֶת עֲוֹן עֲבָדֶיךָ...' (בראשית מד, טז)" (שורות 53-54). העוון שאליו מתכוונים האחים איננו גנבת גביע, אלא משהו שהאחים אינם מאמינים ששליט מצרי זה יכול בכלל לדעת עליו – מכירת אחיהם, שאר בשרם, לעבדות. "האלוהים" הוא ש"מצא את העוון", ולא השליט בן התמותה שלפניו ניצבים הם ומואשמים, שלא בצדק, בעוון גנבה.

תיאור מדרשי זה של יהודה ואחיו טוען שרגשות האשמה שלהם, שבוטאו מאוחר יותר על ידם לנוכח חוויותיהם הקשות במצרים, מתחילים מייד לאחר שביצעו את הפשע. הרעיון להתפזר הוא אמנם יזמתו של יהודה, אך בהימנעותו מציון תגובתם של האחים אומר המדרש בעצם שהם מסכימים להצעה גופה וכן לסיבותיה.[42] המניע המפורש להתפזרות הוא הרצון לחמוק מעונש – סימן ברור לרגשי האשם שחשים יהודה ואחיו על מה שעשו. אולם הסבר נוסף להתפזרות זו יכול להיות תחושת הבושה הבלתי מודעת של האחים. ייתכן שהמעשה שעשו טורד את מנוחתם של יהודה ואחיו עד כדי כך שאין הם מסוגלים עוד לסבול איש את חברת רעהו.

יהיו מניעי ההתפזרות אשר יהיו, ברור שאין יהודה מוכן להביט נכוחה על מה שקרה. הדבר בא לידי ביטוי בניסיונו להמעיט בחשיבותו של הפשע על ידי תיאורו כנטילת הלוואה. תגובת ה'

41. במקורות הקדומים נקראת חטיפת אדם בשם "גנבת נפשות", דהיינו אנשים.
42. שתיקה כהודאה (בבא מציעא לז ע"ב).

לתיאור זה מלמדת אותנו שאין יהודה מכיר בגודל חטאו. אך האחים עצמם מגיעים לידי הבנה זו מאוחר הרבה יותר. רק במצרים רואים אנו סימנים ראשונים של רגשי חרטה מצדם. המדרש, כפי שעולה מכל חלקיו, מתאר את יהודה ואחיו כמי שחשים רגשות אשמה עמומים, אבל אינם מרשים לעצמם לרדת לעומקם.

עיון חוזר בטקסט המקראי לאור הפירוש

הרחבת הסיפור שבה דנו בונה גשר איתן בין הפרקים לח ו־מד של ספר בראשית. פירוש מדרשי זה מצייר, כאמור לעיל, את רגשי האשם המקננים בלב האחים זמן קצר מאוד לאחר מכירתם את יוסף, הגם שתחושות אלה אינן בבחינת חרטה מודעת ומלאה. תיאור זה של האחים מספק הסבר הגיוני מאוד לכך שהם תופסים מייד את הקשר שבין אכזריותם כלפי אחיהם ובין הניסיונות המרים שהם חווים במצרים. מודעותם זו לא צצה פתאום יש מאין; היא הלכה וצמחה מאז ביצעו את הפשע. באופן דומה, יכולה הרחבת הסיפור להסביר את הידרדרותו של יהודה מטה מטה, כה רחוק וכל כך מהר, בבראשית לח. לאחר שמכר את יוסף, מספר לנו המדרש, נותר יהודה אדם במצב רוחני בלתי יציב. מתרוצצת בקרבו תחושה לא קלה על חלקו המכריע בחטא שטרם הודה בו בינו לבין עצמו, ובמצב כזה קשה לצַפות ממנו שיפעל מתוך שיקול דעת מעמיק.

הרחבת סיפור זו מתיישבת יפה עם פשוטם של פרקים לח ו־מד של בראשית, אך עלינו לשים לב לשתי נקודות. ראשית, את הדברים ״הָאֱלֹהִים מָצָא אֶת עֲוֹן עֲבָדֶיךָ...״ אומר בעצם יהודה, ואולם המדרש מייחס אותם לכל האחים (שורות 53-54). שימת דברי יהודה בפיהם של כל האחים היא כלי נוסף המאפשר למדרש לטעון שכל האחים, ולא רק יהודה, חשים שלא במודע רגשי אשמה לאחר שמכרו את יוסף. אין לראות במעשה זה של המדרש חריגה קיצונית מפשוטו של בראשית מד, כיוון שהחל מ-מג, טו ועד מד, יח, שם מדַבר יהודה לבדו, מתאר הכתוב את האחים כפועלים ומדברים כאיש אחד.

חשיבות ה"מציאה"

שנית, עיון נוסף במדרש, בהקשר של הסיפור המקראי, מעמיד אותנו על כך שהפרשן המדרשי נתלה בחזרתו של השורש מצ"א בבראשית מד. על ידי הענקת תפקיד נכבד לשורש זה בפירושו, מסב המדרש את תשומת לבנו למקומו של יסוד זה בכתוב. השורש מצ"א מופיע בפרק בפסוקים ח, ט, י, יב, טז, ו־יז; באחד מפסוקים אלה (טז) מופיע השורש יותר מפעם אחת. במדרש חוזר שורש זה בכמה צורות (שורות 50, 52 ו־54) בהרחבת הסיפור, ובהערה הראשונה, מתוך שתיים, הבאה לאחר הרחבת הסיפור (שורה 56). גם ההערה השנייה, שאיננה משתמשת בצורה הגזורה מהשורש מצ"א, נשענת על משחק מילים המבוסס על שורש זה (שורה 58).

בהערתו, מהדק רבי יצחק את הקשר שבין הרחבת הסיפור ובין בראשית מד, בכך שהוא מזכיר לנו את דבריו של יהודה בהצעתו להתפזרות האחים כדי ש"השטר" לא יהיה "מצוי להיגבות" (שורות 50–49). אם מכירת יוסף היא חוב, לא ניתן לגבות חוב זה שלא בנוכחות כל בעלי החוב. ברם עתה, כשכולם מכונסים במצרים ונתונים לחסדיו של "אלוהים" מצרי כל יכול, אומרים האחים: "הָאֱלֹהִים מָצָא אֶת עֲוֹן עֲבָדֶיךָ..." (בראשית מד, טז). בדיוק כפי ש"מאבחן" רבי יצחק באירוניה, נוצר מצב שבו "מצא בעל חוב מקום לגבות שטר חובו" (שורה 56).

"אבחנתו" של רבי לוי עוקצנית עוד יותר. על סמך הדמיון הצלילי בין השורש מצ"א והשורש מצ"ה, מעיר רבי לוי שהאלוהים "מצא" את עוון האחים "כזה שהוא ממצה את החבית ומעמיד אותה על שמריה" (שורה 58). התמונה מכוערת למדיי – עוון האחים מתגלה לעיני כול, כמשקע שבתחתית החבית.

שתי הערות אלה מעניקות משנה תוקף למשמעותם של דברי יהודה על ה' ש"מצא" את עוון האחים. לומר שמשהו "נמצא" או "נתגלה" פירושו שהוא אבד או היה נסתר. האחים מקווים, כמובן, שמכירתם את יוסף נשכחה או נסתרה איכשהו, אם כי בלבם פנימה יודעים הם בוודאי שאין נסתר מלפני האל. את זאת רואים אנו

בסתירה החבויה בדברי יהודה: ״בואו ונפזר עצמנו, שכל זמן שאנו מכונסין השטר מצוי להיגבות״ (שורות 49–50). כפי שראינו, מעדיף יהודה לראות את מכירת יוסף כחוב שלא שולם – עבירה פעוטה יחסית – אך הדחף שלו להתפזרות האחים מוכיח שהוא מפחד, ושפחדו מוּנָע על ידי רגשי אשמה. המדרש מביא את דברי ה׳ המשווה, שלא כיהודה, את מכירת יוסף לגנבה. כך ממחיש לנו המדרש שהעוון מעולם לא ״אבד״ או נתכסה, לפחות לא מעיניו של ה׳. אם אין ה׳ מעניש את האחים עד לשעה זו, אין זה אלא משום שיש לו תכניות אחרות.

הערותיהם של רבי יצחק ושל רבי לוי מטעימות שה׳ מעולם לא ״שכח״ את חטאם של האחים, ושהעוון אף פעם לא ״אבד״. רבי יצחק אומר לנו שההזדמנות המתאימה ״לגביית השטר״ טרם הגיעה. במילים אחרות, העדר התגובה, לכאורה, מצד ה׳ למכירת יוסף היה רק שאלה של עיתוי. ״אבחנתו״ של רבי לוי בוטה יותר. הוא אומר לנו שהחטא היה שם כל הזמן, אלא שהיה מכוסה, כשמָרים שבתחתית החבית. כל אחד יודע שהמשקע מצוי בתחתית החבית, אך הוא נגלה לעיני כול רק לאחר שרוקנו את היין.

הרחבת הסיפור השנייה

הרחבת הסיפור השנייה מציגה תמונה שונה מאוד מהראשונה. האחים, בתקופה שלאחר ״החורבן״ של מכירת יוסף לעבדות, מצוירים בידי חכמים כמי שאינם מוטרדים כלל ממה שעשו. נהפוך הוא, יגונו העמוק ואבלו הכבד של אביהם – הבאים כתוצאה מאותו מעשה – נתפסים בעיניהם כאי־נוחות המונעת מיעקב לדאוג לנישואיהם. עליהם יהיה ״לפרנס את עצמם״ משום שיעקב ״עסוק בשקו ובתעניתו״, ולכן ״אינו בדין שיהא עסוק להשיאנו נשים״ (שורות 60–62). שלא כמו בהרחבת הסיפור הראשונה, שבה יוזם יהודה את ההתפזרות, על פי התיאור הנוכחי נוטלים האחים את המנהיגות ומאיצים ביהודה להיפרד מהם כדי למצוא אישה: ״ולא את הוא הראש של כולנו? עמוד אתה ופרנס את עצמך (= דאג לעצמך לאישה)״ (שורות 63–64). ״מיד״, מספר

המדרש, אכן "יורד" יהודה ונושא אישה כנענית, מעשה שמתחיל את הידרדרותו.

על פי פרשנות זו, משוכנעים האחים לחלוטין שלא עשו כל רע במכרם את יוסף, עד כדי כך שאינם מגלים שום סימני חרטה לאחר המעשה הנורא. בראש מעייניהם עומדת דאגה מעשית: כיצד ימצאו נשים ללא עזרת אביהם? יוצא אפוא שלפי גרסה זו של המאורעות, רק במצרים מגיעים האחים להכרה בגודל הפשע שעשו כלפי אחיהם. הכרה פתאומית ודרמטית מביאה אותם להודות באשמתם – לא בריגול שטופל עליהם השליט המצרי, אלא באכזריותם לאחיהם.[43]

חשוב לציין שמכירת יוסף מסמנת שינוי בהתנהגות האחים כלפי אביהם. הם מעמידים אותו בצל, וחדלים לראות בו סמכות משפיעה ומעצבת בחייהם. לאחר שהטביעו את אביהם ביגון עמוק, יודעים הם שעתה עליהם "לפרנס את עצמם", אלא שאין הם מודעים לבעיות שייתקלו בהן כשילכו בדרך זו. כשהכתוב חושף את התנהגותם המקולקלת של הבנים שנולדו מנישואיו של יהודה, רואים אנו את התוצאות הרות האסון של נישואים של מי שבחר "לפרנס את עצמו".

אולי היינו מצפים לחיזוק מעמדו של יהודה משעה שנחלש תפקודו של יעקב כראש המשפחה, אך בהרחבת סיפור זו לפחות נראית דמותו של יהודה מעוטת ערך. הוא אינו יוצא ביוזמה ומציע שיישא אישה, או שאחיו יעשו כך. גם מהצורה שבה פונים אחיו אליו משתמע שחדל ליטול אחריות: "ולא את הוא הראש של כולנו?" (שורה 63). אם אכן הוא הראש שלהם, כפי שטוענים האחים, מוזר הדבר שיש להזכיר לו זאת. נראה שהבגידה ביוסף הקהתה את תחושת המנהיגות של יהודה.

תמונה זו של יהודה משתלבת יפה במה שקורה לו אחר כך. כמו שאומרות הערות הסיום של המדרש: "ירידה היא לו שנשא לגויה.

43. אפשר שפרשנות זו נגזרת בחלקה מהלשון המוזרה המופיעה בפסוק שבו מבטאים האחים לראשונה את רגשי האשמה שלהם: "אֲבָל אֲשֵׁמִים אֲנַחְנוּ עַל אָחִינוּ..." (בראשית מב, כא).

ירידה היא לו שקבר את אשתו ובניו" (שורות 66-67). מתברר שירידה זו מתחילה בתפקיד המכריע שמילא במכירת יוסף. יש כאן קשר של סיבה ותוצאה ולא רק עניין של סדר כרונולוגי.

פרשנות והֶקשר

בחנו כאן בפרוטרוט את חלקיו השונים של מדרש מיוחד במינו. עתה, כדאי שנתבונן במדרש זה בכללותו, כדי ללמוד על תפקודו כפירוש לטקסט המקראי. את כוחו הפרשני של מדרש זה ניתן לייחס חלקית להקשר הרחב שבו דן כל חלק מחלקיו בקשיים הפרשניים שבהם הוא נתקל. במקום להסביר מילים יחידות, קבוצות מילים, או אפילו פסוקים שלמים, מעמתת כל אחת מהדעות את הטקסט עם חלק אחר של התנ"ך, ומצביעה על המקשר ועל המפריד שביניהם. בחלקו האמצעי (שורות 19-45), מרחיק המדרש לכת ומשקיף על סיפור יוסף בהקשר הכללי של התנ"ך כולו.

דרך פרשנית זו ממחישה לנו קודם כול, שחז"ל ראו את התנ"ך כמכלול שלם בעל קשרים פנימיים. אך מעבר לכך, מתבררת כאן השקפת רבותינו על יכולתם של קישור, השוואה והנגדה לשפוך אור על מהות הכתוב. ניתן לראות זאת גם בדרך שבה מארגנים עורכי ספרי המדרש השונים את הדעות שהם מצטטים. כפי שכבר ראינו במקום אחר, על ידי הסמכה זו לזו של דעות מנוגדות, או סידורן ההיראֹרכי, יוצרים עורכי המדרש מובנים ופירושים חדשים בעזרת אבני הבניין של הפרשנויות השונות. אופן עריכה זה מביא את הקורא החושב לבחון שוב ושוב את הטקסט המדרשי ואת הטקסט המקראי עצמו.

פרק טו

דיוקן של דמות מקראית: חקירת סערת לבו של דוד בעקבות חטא

וְלִבִּי חָלַל בְּקִרְבִּי (תהלים קיט, כב).

חטאו של מלך צדיק

הכישלון האמתי היחיד בחייו של דוד המלך הוא כנראה חטא יחסיו האסורים עם בת שבע.[1] פרשה נוראה זה, שהמיטה על דוד שרשרת של אסונות אישיים, היא גם אחת החידות של ספר שמואל. רצף האירועים בשמואל ב׳ פרק יא מתואר אמנם בבהירות על ידי הכתוב, אך החטא נראה כצומח לפתע, ומתרחש במהירות מסחררת. מתוך העובדות הבסיסיות של הסיפור קשה להבין כיצד מלך כדוד – בחיר

1. כחומר רקע, אנא קראו את פרקים יא ו־יב בשמואל ב.

ה׳, נעים זמירות ישראל שחיבר את ספר תהלים, ואשר נכסף לבנות את בית המקדש – חָטא חטא כבד כל כך.

בדיון המדרשי על ספר יונה[2] כבר ראינו שהטקסט התנ״כי מותיר לעתים קרובות את מחשבותיהם ומניעיהם של גיבוריו מחוץ לסיפר. כך הדבר גם בסיפור דוד ובת שבע. להשלמת פער זה מגוללת הגמרא בסנהדרין קז ע״א-ע״ב דיון מדרשי ארוך במאורעות שהביאו לחטאו של דוד, ובאלה שקרו בעקבותיו. דיון זה מציג בפנינו ניתוח מלא דקויות החושף לעינינו את הרקע הרגשי והרוחני לחטאו של דוד.[3]

הפירוש המדרשי

1. אמר רב יהודה אמר רב:
2. ״לעולם אל יביא אדם עצמו לידי ניסיון
3. שהרי דוד מלך ישראל הביא עצמו לידי ניסיון ונכשל.
4. אמר [דוד] לפניו:
5. ׳ריבונו של עולם, מפני מה אומרים:[4] ״אלוהי אברהם אלוהי יצחק ואלוהי יעקב״,
6. ואין אומרים: ״אלוהי דוד״?׳
7. אמר [הקב״ה]: ׳אינהו מינסו לי ואת לא מינסית לי׳ (= [כי] אותם ניסיתי, ואותך לא ניסיתי).
8. אמר [דוד] לפניו: ׳ריבונו של עולם, בחנני ונסני׳,
9. שנאמר: ׳בְּחָנֵנִי ה׳ וְנַסֵּנִי...׳ (תהלים כו, ב).
10. אמר [הקב״ה]: ׳מינסנא לך (= אנסה אותך),
11. ועבידנא מילתא בהדך (= ואעשה לך משהו [שלא עשיתי להם]).

2. ראו פרק ה.
3. דיון טכני על טיב חטאו של דוד ניתן למצוא בשבת נו ע״א. הדברים שם נתפרשו מתוך שתי גישות שונות על ידי אברבנאל ומלבי״ם.
4. בתפילת עמידה.

12. דלדידהו לא הודעתינהו (= שלהם לא הודעתי [מה יהיה הניסיון]),
13. ואילו אנא קא מודענא לך דמנסינא לך בדבר ערווה (= ואילו לך מודיע אני שאנסה אותך בדבר ערווה)".
14. מיד:
15. "וַיְהִי לְעֵת הָעֶרֶב, וַיָּקָם דָּוִד מֵעַל מִשְׁכָּבוֹ..." (שמואל ב׳ יא, ב)
16. אמר רב יהודה: "[מכאן,] שהפך משכבו של לילה למשכבו של יום,
17. ונתעלמה ממנו הלכה:
18. 'איבר קטן יש באדם.
19. משׂביעו רעב ומרעיבו שבע'".
20. '...וַיִּתְהַלֵּךְ עַל גַּג בֵּית הַמֶּלֶךְ, וַיַּרְא אִשָּׁה רֹחֶצֶת מֵעַל הַגָּג [של ביתה]; וְהָאִשָּׁה טוֹבַת מַרְאֶה מְאֹד' (שמואל ב׳ יא, ב).
21. בת שבע הווה קא חייפא רישא תותי חלתא (= בת שבע חפפה את ראשה מתחת לכוורת[5]).
22. אתא שטן אידמי ליה כציפרתא (= בא שטן, נדמה לו [לדוד] כציפור).
23. פתק ביה גירא פתקה לחלתא (= ירה [דוד] בו [בשטן] חץ, [אך] פגע בכוורת [ופער בה חור]),
24. איגליה וחזייה (= גילה [את בת שבע] וראה אותה).
25. מיד:
26. 'וַיִּשְׁלַח דָּוִד, וַיִּדְרֹשׁ לָאִשָּׁה, וַיֹּאמֶר [מי שנשאל]: "הֲלוֹא זֹאת בת שֶׁבַע בַּת אֱלִיעָם, אֵשֶׁת אוּרִיָּה הַחִתִּי". וַיִּשְׁלַח דָּוִד מַלְאָכִים וַיִּקָּחֶהָ, וַתָּבוֹא אֵלָיו, וַיִּשְׁכַּב עִמָּהּ, וְהִיא מִתְקַדֶּשֶׁת מִטֻּמְאָתָהּ, וַתָּשָׁב אֶל בֵּיתָהּ' (שמואל ב׳ יא, ג-ד).
27. והיינו דכתיב (= וזהו שֶׁכתוב):

5. תרגום זה (חלתא = כוורת) הוא בעקבות רש"י. יסטרוב מתרגם זאת כ"מקלעת נצרים בלתי צפופה המשמשת לעשיית כוורות... מחיצות וכד'", וסבור שכאן מדובר במחיצה. העדפת תרגומו של רש"י תתברר בדיון.

28. ׳בָּחַנְתָּ לִבִּי; פָּקַדְתָּ לַּיְלָה; צְרַפְתַּנִי בַל תִּמְצָא; זַמֹּתִי בַּל יַעֲבָר פִּי׳ (תהלים יז, ג).

29. אמר [דוד]: ׳איכו זוממא נפל בפומיה דמאן דסני לי ולא אמר כי הא מילתא!׳״ (= הלוואי שזמם היה בא לפיו של מי ששונא אותי, ולא היה אומר כדבר הזה!).

30. דרש (=פירש[6]) רבא:

31. ״מאי דכתיב (= מהו שֶׁכתוב): ׳לַמְנַצֵּחַ, לְדָוִד: בַּה׳ חָסִיתִי; אֵיךְ תֹּאמְרוּ לְנַפְשִׁי: ״נוּדִי (כתיב: נודו) הַרְכֶם צִפּוֹר״׳ (תהלים יא, א)?

32. אמר דוד לפני הקב״ה:

33. ׳ריבונו של עולם, מחול לי על אותו עוון, שלא יאמרו: ״הר שבכם – צפור נדדתו״׳״.

34. דרש (= פירש) רבא:

35. ״מאי דכתיב (= מהו שֶׁכתוב): ׳לְךָ לְבַדְּךָ חָטָאתִי, וְהָרַע בְּעֵינֶיךָ עָשִׂיתִי, לְמַעַן תִּצְדַּק בְּדָבְרֶךָ, תִּזְכֶּה בְשָׁפְטֶךָ׳ (תהלים נא, ו)?

36. אמר דוד לפני הקב״ה:

37. ׳גליא וידיעא קמך דאי בעיא למכפייה ליצרי הוה כייפינא (= גלוי וידוע לפניך, שאילו רציתי לכבוש את יצרי, הייתי כובש),

38. אלא אמינא, דלא לימרו: ״עבדא זכי למריה״ (= אלא אמרתי, שלא יאמרו: ׳העבד ניצח את רבו׳)׳״.

39. דרש (= פירש) רבא:

40. ״מאי דכתיב (= מהו שֶׁכתוב): ׳כִּי אֲנִי לְצֶלַע נָכוֹן, וּמַכְאוֹבִי נֶגְדִּי תָמִיד׳ (תהלים לח, יח)?

41. [כי] ראויה הייתה בת שבע בת אליעם לדוד מששת ימי בראשית, אלא שבאה אליו במכאוב״.

6. אופיים של הפירושים הניתנים פה לטקסטים הללו הוא דרשני, יותר מאשר פרשני. עוד נראה זאת בדיונינו על פירושים אלה. למרות זאת בחרתי לתרגם את המילה ״דרש״ כ״פירש״, כיוון שהאפקט של דרושים אלה הוא בכל אופן פרשני, כי בכל הנוגע לספר שמואל משלימות הדרשות הללו את החסר בטקסט, ובכך מסייעות לנו להבין את סיפור דוד ובת שבע.

42. וכן תנא דבי רבי ישמעאל:
43. "ראויה הייתה לדוד בת שבע בת אליעם, אלא שאכלה [כ]פגה".
44. דרש (= פירש) רבא:
45. "מאי דכתיב (= מהו שֶׁכתוב): 'וּבְצַלְעִי שָׂמְחוּ וְנֶאֱסָפוּ; נֶאֶסְפוּ עָלַי נֵכִים וְלֹא יָדַעְתִּי; קָרְעוּ וְלֹא דָמּוּ' (תהלים לה, טו)?
46. אמר דוד לפני הקב"ה:
47. 'ריבונו של עולם, גלוי וידוע לפניך שאם היו קורעין בשרי, לא היה דמי שותת.
48. ולא עוד, אלא בשעה שהם עוסקין בארבע מיתות ב"ד, פוסקין ממשנתן ואומרים לי:
49. "דוד, הבא על אשת איש, מיתתו במה (= באיזו מבין הארבע)?"
50. אמרתי להם: "הבא על אשת איש מיתתו בחנק ויש לו חלק לעולם הבא,
51. אבל המלבין פני חברו ברבים אין לו חלק לעולם הבא"'".
52. אמר רב יהודה אמר רב:
53. "אפילו בשעת חוליו של דוד קיים שמונה עשרה עונות, שנאמר:
54. 'יָגַעְתִּי בְּאַנְחָתִי; אַשְׂחֶה בְכָל לַיְלָה מִטָּתִי; בְּדִמְעָתִי עַרְשִׂי אַמְסֶה' (תהלים ו, ז)".
55. ואמר רב יהודה אמר רב:
56. "ביקש דוד לעבוד עבודה זרה, שנאמר:
57. 'וַיְהִי דָוִד בָּא עַד הָרֹאשׁ, אֲשֶׁר יִשְׁתַּחֲוֶה שָׁם לֵאלֹהִים...' (שמואל ב' טו, לב),
58. ואין 'ראש' אלא עבודה זרה, שנאמר:
59. 'הוּא צַלְמָא רֵאשֵׁהּ דִּי דְהַב טָב...' (= הצלם ההוא ראשו זהב טוב,[7] דניאל ב, לב).

7. הערת המתרגם בתרגום לעברית על פי פירוש "דעת מקרא" לספר דניאל, מוסד הרב קוק, ירושלים, תשנ"ד.

60. '...וְהִנֵּה לִקְרָאתוֹ חוּשַׁי הָאַרְכִּי, קָרוּעַ כֻּתָּנְתּוֹ, וַאֲדָמָה עַל רֹאשׁוֹ' (שמואל ב' טו, לב).

61. אמר לו לדוד: 'יאמרו מלך שכמותך יעבוד עבודה זרה?!'

62. אמר לו: 'מלך שכמותי – יהרגנו בנו?!

63. מוטב יעבוד עבודה זרה, ואל יתחלל שם שמים בפרהסיא'.

64. אמר: 'מאי טעמא קנסיבת (= מה הסיבה שנשאת) "יפת תואר"?'

65. אמר לו: '"יפת תואר" רחמנא שרייה' (= התורה מתירה).

66. אמר לו: 'לא דרשת סימוכין?

67. דסמיך ליה (= שסמוך לו) [לאחר הפסוקים המתירים "יפת תואר" כתוב]: "כִּי יִהְיֶה לְאִישׁ בֵּן סוֹרֵר וּמוֹרֶה" (דברים כא, יח).

68. כל הנושא "יפת תואר" יש לו בן סורר ומורה"'.

69. דרש (= פירש) ר' דוסתאי דמן בירי:

70. "למה דוד דומה?

71. לסוחר כותי.

72. אמר דוד לפני הקב"ה:

73. 'ריבונו של עולם, "שְׁגִיאוֹת מִי יָבִין..." (תהלים יט, יג)?'

74. [אמר לו:] 'שביקי לך' (מחולים הם לך).

75. [אמר לו דוד:] '...מִנִּסְתָּרוֹת נַקֵּנִי' (שם)

76. [אמר לו:] 'שביקי לך' (מחולים הם לך).

77. [אמר לו דוד:] 'גַּם מִזֵּדִים חֲשֹׂךְ עַבְדֶּךָ...' (תהלים יט, יד)

78. [אמר לו:] 'שביקי לך' (מחולים הם לך).

79. [אמר לו דוד:] '"...אַל יִמְשְׁלוּ בִי אָז אֵיתָם..." (שם),

80. דלא לישתעו בי רבנן' (= שלא ידברו עלי חכמים).

81. [אמר לו:] 'שביקי לך' (מחולים הם לך).

82. [אמר לו דוד:] '"...וְנִקֵּיתִי מִפֶּשַׁע רָב" (שם),

83. שלא ייכתב "סירחוני"'.

84. אמר לו: 'אי אפשר,

85. ומה יו"ד שנטלתי משרי עומד וצווח כמה שנים עד שבא יהושע והוספתי לו, שנאמר:

86. "...וַיִּקְרָא מֹשֶׁה לְהוֹשֵׁעַ בִּן נוּן 'יְהוֹשֻׁעַ'" (במדבר יג, טז)
87. כל הפרשה כולה על אחת כמה וכמה'.
88. '...וְנִקֵּיתִי מִפֶּשַׁע רָב' (תהלים יט, יד)
89. אמר לפניו: 'ריבונו של עולם, מחול לי על אותו עוון כולו'.
90. אמר: 'כבר עתיד שלמה בנך לומר בחכמתו:
91. "הֲיַחְתֶּה אִישׁ אֵשׁ בְּחֵיקוֹ וּבְגָדָיו לֹא תִשָּׂרַפְנָה? אִם יְהַלֵּךְ אִישׁ עַל הַגֶּחָלִים וְרַגְלָיו לֹא תִכָּוֶינָה? כֵּן הַבָּא אֶל אֵשֶׁת רֵעֵהוּ; לֹא יִנָּקֶה כָּל הַנֹּגֵעַ בָּהּ" (משלי ו, כז-כט)'.
92. אמר לו: 'כל הכי נטרד ההוא גברא?' (= כל כך יוטרד האיש ההוא?)
93. אמר לו: 'קבל עליך ייסורין'.
94. קיבל עליו".
95. אמר רב יהודה אמר רב:
96. "שישה חודשים נצטרע דוד, ונסתלקה הימנו שכינה, ופירשו ממנו סנהדרין.
97. נצטרע [מנַיין לנו?] דכתיב (= שנאמר):
98. 'תְּחַטְּאֵנִי בְאֵזוֹב וְאֶטְהָר; תְּכַבְּסֵנִי וּמִשֶּׁלֶג אַלְבִּין' (תהלים נא, ט).
99. נסתלקה הימנו שכינה [מנַיין לנו?] דכתיב (= שנאמר):
100. 'הָשִׁיבָה לִּי שְׂשׂוֹן יִשְׁעֶךָ, וְרוּחַ נְדִיבָה תִסְמְכֵנִי' (תהלים נא, יד).
101. ופירשו ממנו סנהדרין [מנַיין לנו?] דכתיב (= שנאמר):
102. 'יָשׁוּבוּ לִי יְרֵאֶיךָ...' (תהלים קיט, עט).
103. שישה חודשים מנלן? (= מנַיין לנו?) דכתיב (= שנאמר):
104. 'וְהַיָּמִים אֲשֶׁר מָלַךְ דָּוִד עַל יִשְׂרָאֵל אַרְבָּעִים שָׁנָה; בְּחֶבְרוֹן מָלַךְ שֶׁבַע שָׁנִים, וּבִירוּשָׁלַ‍ִם מָלַךְ שְׁלֹשִׁים וְשָׁלֹשׁ שָׁנִים' (מלכים א' ב, יא).
105. וכתיב (= וכתוב): 'בְּחֶבְרוֹן מָלַךְ עַל יְהוּדָה שֶׁבַע שָׁנִים וְשִׁשָּׁה חֳדָשִׁים...' (שמואל ב' ה, ה)
106. והני ששה חדשים לא קחשיב (= ושישה חודשים אלה לא הובאו בחשבון).
107. שמע מינה (= משמע מכאן ש)נצטרע.

108. אמר לפניו: 'ריבונו של עולם, מחול לי על אותו עוון'.
109. [אמר לו הקב"ה:] 'מחול לך'.
110. [אמר:] 'עֲשֵׂה עִמִּי אוֹת לְטוֹבָה, וְיִרְאוּ שֹׂנְאַי וְיֵבֹשׁוּ, כִּי אַתָּה ה' עֲזַרְתַּנִי וְנִחַמְתָּנִי' (תהלים פו, יז)
111. אמר לו: 'בחייך איני מודיע,
112. אבל אני מודיע בחיי שלמה בנך'.
113. בשעה שבנה שלמה את בית המקדש,
114. ביקש להכניס ארון לבית קדשי הקדשים,
115. [אך] דבקו שערים זה בזה.
116. אמר עשרים וארבעה רננות ולא נענה.
117. אמר: 'שְׂאוּ שְׁעָרִים רָאשֵׁיכֶם, וְהִנָּשְׂאוּ פִּתְחֵי עוֹלָם, וְיָבוֹא מֶלֶךְ הַכָּבוֹד. מִי זֶה מֶלֶךְ הַכָּבוֹד? ה' עִזּוּז וְגִבּוֹר, ה' גִּבּוֹר מִלְחָמָה' (תהלים כד, ז-ח).
118. ונאמר: 'שְׂאוּ שְׁעָרִים רָאשֵׁיכֶם, וּשְׂאוּ פִּתְחֵי עוֹלָם, וְיָבֹא מֶלֶךְ הַכָּבוֹד' (תהלים כד, ט),
119. ולא נענה.
120. כיון שאמר: 'ה' אֱלֹהִים אַל תָּשֵׁב פְּנֵי מְשִׁיחֶךָ, זָכְרָה לְחַסְדֵי דָּוִיד עַבְדֶּךָ' (דברי הימים ב' ו, מב),
121. מיד נענה.
122. באותה שעה נהפכו פני שונאי דוד [שחורים] כשולי קדרה,
123. וידעו כל ישראל שמחל לו הקב"ה על אותו העוון".

מבנה המדרש

קביעת מבנה המדרש איננה פשוטה, בשל אורכו הרב של הטקסט. כצעד ראשון, אפשר לראות שניתן לחלק את המדרש באופן הגיוני לשלוש חטיבות גדולות, תוך הבנה שכל אחת מחטיבות אלה כוללת חלקי משנה.

החטיבה הגדולה הראשונה כוללת את השורות 1-29, ובה מוצאים אנו את הרחבת הסיפור של רב יהודה בשם רב, לשמואל ב' יא, ב-ה, ואת פירושו של רב יהודה להרחבה זו. בשורות 30-68

נמצאת החטיבה השנייה, המביאה כמה הרחבות סיפור המבוססות ברובן על פסוקים מתהלים. הרחבות אלה נותנות תוספת ביאור לסיפור. החטיבה האחרונה, המשתרעת על פני השורות 123-69, מגוללת תיאור של סערת הנפש של דוד בעקבות חטאו. התיאור מהווה בעצם הרחבת סיפור של שמואל ב׳ פרק יב.

החטיבה הראשונה ניתנת לחלוקה נוספת כדלהלן:

א. הקדמתו של רב יהודה (בשם רב) לסיפור (שורות 1-3)
ב. חלקה הראשון של הרחבת הסיפור: הדו־שיח שבין דוד לה׳ לפני החטא (שורות 4-13)
ג. פירושו של רב יהודה על חלקו הראשון של פסוק ב בשמואל ב׳ יא (שורות 14-19)
ד. חלקה השני של הרחבת הסיפור לשמואל ב׳ יב, ב-ה (שורות 20-26)
ה. חלקה השלישי של הרחבת הסיפור, המתאר את הרהורי החרטה של דוד לאחר שלקח את בת שבע (שורות 27-29)

החטיבה השנייה ניתנת לחלוקה נוספת כדלהלן:

א. פירושו של רבא לתהלים יא, א (שורות 30-33)
ב. פירושו של רבא לתהלים נא, ו (שורות 34-38)
ג. פירושו של רבא לתהלים לח, יח (שורות 39-41)
ד. ציטוט דעת תנא דבי רבי ישמעאל על נקודה זו (שורות 42-43)
ה. פירושו של רבא לתהלים לה, טו (שורות 44-51)
ו. פירושו של רב יהודה (בשם רב) לתהלים ו, ז (שורות 52-54)
ז. פירושו של רב יהודה (בשם רב) לשמואל ב׳ טו, לב (שורות 55-68)

החטיבה השלישית ניתנת לחלוקה נוספת כדלהלן:

א. פירושו של רבי דוסתאי לתהלים יט, יב-יג (שורות 69-94)
ב. תיאורו של רב יהודה (בשם רב) את סבלותיו של דוד (שורות 95-107)
ג. סיומו של הדו־שיח של דוד עם ה׳ (שורות 108-112)
ד. קיום הבטחת ה׳ לדוד בימי שלמה בנו (שורות 113-123)

החטיבה הראשונה

הקדמתו של רב יהודה

רב יהודה (בשם רב) פותח את הרחבת הסיפור שלו לשמואל ב׳ פרק יא בדברי התראה מפני הסכנה האורבת לפתחו של מי שמביא את עצמו לידי ניסיון. אפילו דוד מלך ישראל, הוא מזהיר אותנו, נכשל כשהביא את עצמו לידי ניסיון (שורות 1-3). הרחבת הסיפור הבאה לאחר מכן מראה לנו איך הביא דוד את עצמו לידי ניסיון וכיצד נכשל.

שאלת דוד: טעות החושפת חולשה נפשית

הדו־שיח הפותח את הרחבת הסיפור מתחיל בשאלת דוד: ״ריבונו של עולם, מפני מה אומרים: ׳אלוהי אברהם אלוהי יצחק ואלוהי יעקב׳, ואין אומרים: ׳אלוהי דוד׳?״ (שורות 5-6). שאלה זו נראית שרירותית. מדוע מעלה דוד בדעתו **שמחויבים** אנו לומר בתפילותינו ׳אלוהי דוד׳? האבות מהווים יחידה טבעית, הן מבחינה היסטורית והן מבחינה רוחנית; שום גיבור רוח יהודי, גדול ככל שיהא, כולל דוד עצמו, איננו ראוי להשתייך ליחידה זו. דבר זה ברור לנו כשם שאמור היה להיות ברור גם לדוד. אחרי הכול, גם אין אומרים אנו בתפילותינו ׳אלוהי יוסף׳, או ׳אלוהי משה׳, או ׳אלוהי שמואל׳. אין נראה שדוד חשב בכלל על הפרכה חותכת כזאת של שאלתו. יתרה מזאת, קשה להבין מה מניע את דוד לשאול שאלה כזו. מדוע חש הוא צורך ששם אלוהים יקושר אל שמו בתפילות?

חשוב שנשים לבנו לכך שדוד מביע משאלה זו במהלך דו־שיח

בינו ובין ה׳, שלפניו אין העמדת פנים. על כן, מוכרחים אנו לראות את שאלת דוד כרצינית; הוא מבקש תשובה אמתית. עבור דוד, אין מדובר פה על עניין תיאורטי בלבד; אנו רואים זאת בבירור מתוך העובדה שהוא דבק בשאלתו. הוא איננו מסתפק בקבלת הסבר מה׳. בקשתו מה׳ לנסותו מוכיחה שהוא אכן משתדל להיות כמו האבות. דוד מוצג כאן כמי שכלל אינו מודע ולחלוטין איננו ער לאופיים הבעייתי של דבריו, או לרושם הרברבני שהם מותירים. מִסיבה זו ניתן לומר, ששאלתו של דוד חושפת מאוד את מצבו הנפשי בתקופה הקודמת לפגישתו עם בת שבע.

כוונתו של הדו־שיח הפותח הרחבת סיפור זו היא, ככל הנראה, להראות לנו אדם שאיננו שלם עם עצמו ו/או אינו מרוצה מהתפקיד שבו מוצא הוא את עצמו. מתוך שאלתו של דוד, ומתוך התעקשותו להוציא לפועל את תרחיש הניסיון, עולה שמבקש הוא לעצב מחדש את יחסיו עם ה׳ כך שידמו לאלה ששררו, כך חושב הוא, בין ה׳ לאבות. כשהוא שואל מדוע אין שמו נקשר בתפילה בשמו של ה׳, כמותם, שואל דוד בעצם למה איננו יכול להיות מישהו אחר, מישהו כמו אברהם, יצחק, או יעקב.

שאלתו של דוד הייתה במקומה אילו באה בפשטות לבטא תחושה של הערצה כלפי האבות, או משאלה מובנת להיות צדיק כמותם. הבעיה היא שהשאלה מבטאת למעשה חוסר שביעות רצון מעצמו ומיחסיו עם ה׳; אנו רואים זאת מתוך מה שהוא אומר בסוף החטיבה הראשונה של המדרש: ״איכו זממא נפל בפומיה **דמאן דסני לי** ולא אמר כי הא מילתא!״ (= הלוואי וזמם היה בא לפיו של **מי ששונא אותי**, ולא היה אומר כדבר הזה!) (שורה 29). ״מי ששונא אותי״ הוא כמובן דוד עצמו, והדבר שהלוואי ולא היה אומר הוא הבקשה לניסיון. לאחר הפזיזות הנמהרת שבה ביצע את חטאו החמור, יכול דוד להביט אחורה ולראות שמעשיו נבעו מרגשי שנאה עצמית. דוד נוכח לדעת, מתוך חרטה עמוקה, שהוא היה האויב הגדול של עצמו.

תשובת ה׳: אזהרה

ברובד האחד, ניתן להבין את מענהו של ה׳ לשאלתו של דוד כמסירת מידע בתשובה לשאלה תיאורטית: דוד, אם יש את נפשך לדעת מדוע קשור שמם של האבות לשמי בתפילה, הרי זה מפני ש״אינהו מינסו לי ואת לא מינסית לי״ (= [כי] אותם ניסיתי, ואותך לא ניסיתי) (שורה 7). על פי הבנה זו, מהווה מענהו של ה׳ הסבר על אודות דמותם של האבות ומעמדם המיוחד. אלא שבעיני דוד, אין מטרתה הנחרצת של שאלתו איסוף מידע היסטורי, ואלוהים לבטח יודע זאת. לאור זאת, עלינו לומר שתשובתו של ה׳ היא בעצם אזהרה: אם שואל אתה, דוד, שאלה זו בשל רצונך להיות כמו האבות, עליך להבין שחלק ממה שאפיין אותם היה העובדה שניסיתי אותם. אותך בחרתי שלא לנסות, משום היותך שונה מהם, ועל כן יחסיי עמך שונים מיחסיי עמם.

אנו, שקראנו מראש את דברי ההתראה הכלולים בהקדמתו של רב יהודה, מבינים שיש כאן אזהרה כלפי דוד. אולם דוד מתמקד בהשגת המטרה ששמו יקושר בתפילה לשמו של ה׳, ואינו מודע עדיין לדחף הבעייתי המניע אותו. לכן, מפרש דוד את תשובתו של ה׳ כאתגר, ועונה עליה בבקשה שה׳ ינסה גם אותו, כדי שיוכל לבוא בקהלם של האבות (שורות 8–9).

בנקודה זו שולח ה׳ אזהרה נוספת: ״מינסנא לך, ועבידנא מילתא בהדך. **דלדידהו לא הודעתינהו, ואילו אנא קא מודענא לך** דמנסינא לך בדבר ערווה״ (=אנסה אותך, ואעשה לך משהו [שלא עשיתי להם]. **שלהם לא הודעתי** [מה יהיה הניסיון], **ואילו לך מודיע אני שאנסה אותך בדבר ערווה**) (שורות 10–13). ה׳ מודיע לדוד שיקטין מגודל הניסיון, לטובתו של דוד, מה שלא עשה לאבות. בכך אומר ה׳ לדוד שתהיה זו טיפשות מצדו לבקש ניסיון. ה׳ העמיד את האבות בניסיונות שצמחו באופן טבעי מתוך חייהם, בהתאם לאופיים ולמקומם בהיסטוריה, ולכן לא ידעו הם מתי מנסה אותם ה׳. דוד לא נוסה באותה צורה כמו האבות, כיוון שהאתגרים שבהם עליו לעמוד אינם דומים לאלה של האבות. מזגו שונה מזה של האבות, והוא ממלא תפקיד אחר בהיסטוריה. גם אם ינסה אותו ה׳, כפי שביקש,

יהיה הניסיון שונה באיכותו מזה של האבות, בדיוק משום שדוד הוא זה שביקש להתנסות. באופן דומה, על דוד להיות ער לכך, שהעובדה שהוזהר מראש על טיב הניסיון שלו, גורמת לכך שאפילו עמידה בו לא תביא אותו בקהל האבות, בגלל התנאים השונים של ניסיונו. גודל ניסיונו יקטן, כיוון שהוא יודע עליו מראש.

ישנה אזהרה נוספת בתיאורו של ה׳ את אופי הניסיון שעל דוד לעמוד בו: ״מנסינא לך **בדבר ערווה**״ (אנסה אותך **בדבר ערווה**). בנקודה זו על דוד לשאול את עצמו מדוע מנסה אותו ה׳ בדרך זו ולא באחרת. כדי שניסיון ייחשב משמעותי, עליו לאתגר ו״למתוח״ את קווי האופי הבונים את אישיותו של האדם המנוסה. האבות הועמדו בניסיונות של אמונה וביטחון בה׳. לעומתם, דוד ייבחן בניסיון המצריך שליטה עצמית, תכונה שונה מאוד מזו שנדרשה לאבות בניסיונות שלהם. דוד יתקשה לעמוד בניסיון מיני בשל התשוקה הלוהטת הטבועה עמוקות בנפשו. תכונה זו היא היא המגדירה את דמותו. עוצמת הרגשות שלו מזינה את אהבתו העזה לה׳, והיא זו שגם עלולה לסחוף אותו להרפתקאות מיניות. התשוקה המשרה על דוד את הרוח לכתיבת השירה הדתית הנלהבת של תהלים, מוטב לה שלא תועמד בניסיון בתחום המיני; טבעו של רגש התשוקה שהוא אימפולסיבי (פרצני), חזק וקשה לשליטה.

ההכנות לניסיון

״מיד״, ממשיך המדרש לספר לנו, בסיום הדו־שיח של דוד עם ה׳, ״וַיְהִי לְעֵת הָעֶרֶב, וַיָּקָם דָּוִד מֵעַל מִשְׁכָּבוֹ...״ (שמואל ב׳ יא, ב) (שורות 14-15). כוונת השימוש במילה ״מיד״ היא לתאר קשר סיבתי ורצף של זמן בין האירועים; הדו־שיח של דוד עם ה׳ מחולל שינוי בחייו של דוד. רב יהודה אומר שלאור הידיעה שקיבל בדבר טבעו של הניסיון הצפוי לו, ״הפך משכבו של לילה למשכבו של יום...״ (שורה 16). רש״י מסביר שכוונת רב יהודה היא שדוד מתחיל לקיים יחסים עם נשותיו ביום (ולא בלילה) ״כדי שיהא שבע מתשמיש ולא יהרהר [הרהורי חטא] אחר אישה כל היום״.

דוד משנה את מנהגו הרגיל כדי להתכונן לניסיון שעליו הוזהר מראש, בסברו ששובע מיני ימנע ממנו נפילה בפח הפיתיון. על ידי הפיכת "משכב של לילה למשכב של יום" מבקש דוד ליצור נסיבות שיגנו עליו מפני כישלון. אך טכסיס זה טומן בחובו שתי בעיות.

ראשית, במאמציו לסבב את התוצאות לטובתו, מנסה דוד בעצם לעקוף את הניסיון במקום לעמוד בו. אם היה טכסיסו נוחל הצלחה, לא היה זה מפני שבא לידו פיתוי מיני והתגבר עליו, אלא משום שלא הרשה לעצמו לחוות פיתוי כזה בפועל. במקרה כזה היה הוא מצליח **לחמוק** מהניסיון ולא לעמוד בו. אם מבקש דוד להיות כמו האבות, דרך זו של התמודדות מול ניסיון לא תוביל אותו לכך. במקום לקדם אותו לקראת הגשמת מטרתו, חושף טכסיסו השגוי את תחושת חוסר הביטחון שלו בכל הנוגע ליכולתו לעמוד בניסיון. דוד, למעשה, משתדל ככל יכולתו להשתמט מן הניסיון שגלגל על עצמו, כיוון שהוא חרד ממנו עד למאוד.

הבעיה השנייה בטכסיסו של דוד היא היותו נדון מראש לכישלון.[8] רב יהודה בוחר לבטא זאת באמרו: "ונתעלמה ממנו הלכה: 'איבר קטן יש באדם. משׂביעו רעב ומרעיבו שבע'" (שורות 19-17). רש"י מסביר זאת "שהמשביע אברו בתשמיש רעב ומרבה תאווה" (= יחסי מין רק מגדילים את הרעב המיני, יותר מאשר משביעים אותו). במילים אחרות, הדרך להשקטת הדחף המיני היא הרעבתו ולא השבעתו. דוד משנה את חיי המין שלו בניסיון שגוי

8. ראו את ניתוחו של הרב שרגא סילברסטיין לסיפור דוד ובת שבע בספר *The Antidote* (פלדהיים, 1979) עמודים 58-64.

הייתה לי הזכות ללמוד אצל הרב סילברסטיין בבית הספר התיכון, ומגישתו ללימוד טקסט קיבלתי הרבה מאוד. הוא היה אחד מהמורים שפתח בפניי את הדלת לראות את מרחב האפשרויות של הבנה בלתי מילולית של מדרש, וניתוחו את חלקו הראשון של מדרש זה היה בעל משמעות רבה ומיוחדת עבורי. בפגישתי המלאה עם מדרש זה, שנים אחר כך, סייע לי ניתוחו של הרב סילברטיין רבות בפיתוח הבנתי שלי את המדרש. הקורא יראה במה שונה ההסבר שלי מזה שלו. הצגה מוטעית של עמדתו, או שגיאות בהבנת דבריו, הן כמובן שלי בלבד.

להשביע את עצמו. אלא שהטכניקה שבה הוא פועל תגדיל בעצם את פגיעותו לפיתוי מיני במקום לחזק את כוח התנגדותו לפיתוי כזה.

"שכחה" של הלכה

מה מביא את דוד לידי טעות יסודית כל כך בהבנת הנפש האנושית? רב יהודה רומז לתשובה לשאלה זו על ידי שימוש בביטוי "נתעלמה ממנו הלכה" (שורה 17). ניתן לנסח ביטוי זה גם במילים "הסתתרה ממנו הלכה", או "הוא שכח הלכה" (בהקשר שלנו, ברור ש"הלכה" פירושה "עובדה על טבע האדם" ולא אחד מדיני היהדות). אך אם נבדוק את השימוש בביטוי זה במקומות אחרים במדרש, נמצא שלעתים קרובות מצביע הוא על יותר משכחה גרידא.[9] משמעות הביטוי היא שמאותו אדם ש"שכח" את ההלכה היינו מצפים, במצב רגיל, לדעת אותה. יתר על כן, המקרים שבהם משמש הביטוי כדי לתאר שכחה טעונים רגשית, או בעייתיים מבחינה אחרת.[10]

לאור זאת, נראה שדברי רב יהודה, "נתעלמה ממנו הלכה", חושפים יותר מטפח על מצבו הנפשי של דוד בנקודה זו של הסיפור. לעובדות ולהלכות אין כוח להעלים את עצמן, אבל פעמים רבות, בני אנוש הם שמכירים וזוכרים אותן באופן סלקטיבי. רב יהודה רוצה לומר שבמישור מסוים, בחר דוד "לשכוח" עובדה הקשורה לטבע האנושי, דבר מה שהיינו בהחלט מצפים שידע. איננו יכולים לומר

9. כל הדוגמאות שבהן מתפרש הביטוי "נתעלמה ממנו הלכה" במשמעות הזאת, ושאליהן אני מתייחסת מופיעות בדיון על סיפורים מקראיים. אינני יודעת אם נכון לעשות הכללה זו גם על השימוש בביטוי זה במקומות אחרים בספרות חז"ל (דהיינו, בדיונים הלכתיים טהורים, שאינם מתייחסים לסיפורים מקראיים).

10. כך למשל בויקרא רבה יג, א, מסופר על משה השוכח הלכה בגלל כעסו, ובסנהדרין פב ע"א מתואר משה שוכח הלכה בשעה שהוא מותקף אישית.

בדומה לכך, מתאר מדרש רות רבה ד, ו את אבנר שוכח לשעה הלכה גורלית הקשורה לקביעת מעמדו האישי של דוד (מקום התרחשותו של סיפור זה הוא חצרו של שאול המלך. בהקשר זה, מקבלת שאלת מעמדו האישי של דוד חשיבות מכרעת).

שדוד מתעלם **במודע** מעובדה זו, משום שהמדרש מספר ש"הלכה **נתעלמה** ממנו", אך מביטוי זה גם משמע שדוד **צריך היה** לזכור את ששכח.

רב יהודה גם מבהיר לנו שההלכה ש"נשכחה" איננה עניין פעוט ערך עבור דוד, שכן הוא חייב להכיר אותה כדי שיוכל לעמוד בניסיון שביקש מה׳ בלהיטות רבה כל כך. אמנם, רק לעתים רחוקות שוכחים אנשים את מה שבאמת חשוב להם, ובכל זאת, אומר לנו רב יהודה, איכשהו שוכח דוד עובדה זו על אודות הטבע האנושי, ועל כן בוחר להוליך את עצמו בדרך הרת אסון המשאירה לו סיכויים קלושים ביותר של הצלחה.

בדרך שבה בחר לבנות את חלקה הראשון של הרחבת הסיפור, מצייר רב יהודה את דוד כאדם בעל נפש מסוכסכת עד מאוד. מצד אחד, אין הוא שלם עם עצמו ואיננו שבע רצון מיחסיו עם ה׳. אנו יכולים לראות זאת מתוך שאיפתו להיות כמו האבות, ומן העובדה שהוא מבקש לעמוד בניסיון שיעלה אותו למדרגתם. אך ברגע שמתמלאת בקשתו והוא ניצב לנוכח הניסיון שעשוי לשנות את מצבו, מגיב דוד באורח פרדוקסאלי. נראה שהוא חושש באותה מידה הן מהאפשרות שייכשל בניסיון והן מן הסיכוי שיעמוד בו. רב יהודה מראה לנו זאת בתיאור התנהגותו של דוד, הטומנת בחובה תבוסה עצמית: הוא מקדיש מאמצים "בהכנות" לניסיון, על ידי שינוי הרגליו המיניים, אולם "שוכח הלכה" בסיסית על אודות טבע האדם, עובדת חיים שהייתה עשויה לסייע לו באמת לעמוד בניסיון.

הרחבת סיפור בצורת אלגוריה

בחלק הבא של הרחבת הסיפור שלו, שוזר רב יהודה יחדיו את הכתוב בשמואל ב׳ פרק יא ואת דבריו הוא. רב יהודה מצטט את פסוק ב של הפרק, המספר על דוד הרואה אישה יפה רוחצת על גג ביתה (שורה 20), ואז ממשיך: "בת שבע הווה קא חייפא רישא תותי חלתא. אתא שטן אידמי ליה כציפרתא. פתק ביה גירא פתקה לחלתא, איגליה וחזייה (= בת שבע חפפה את ראשה מתחת לכוורת. בא שטן, נדמה

לו [לדוד] כציפור. ירה [דוד] בו [בשטן] חץ, [אך] פגע בכוורת [ופער בה חור], גילה [את בת שבע] וראה אותה) (שורות 21–24). אחר כך מצטט רב יהודה את המשך הסיפור, כפי שהוא מופיע בפסוקים ג-ד של הפרק (שורה 26).

במבט ראשון, קשה לראות מה מוסיפה הרחבת הסיפור של רב יהודה להבנתנו את הטקסט. אחרי הכול, רצף האירועים בפסוקים ב-ד ברור לחלוטין: מגג ביתו הגבוה, רואה דוד אישה יפה רוחצת על גג ביתה.[11] הוא חוקר על אודות האישה, ולאחר שגילה מי היא, שולח מלאכים לקחתה, ומקיים עמה יחסים. אחר כך חוזרת האישה לביתה.

אין נראה שהרחבת הסיפור של רב יהודה באה לפתור בעיה טקסטואלית אופיינית, כגון פער, כפילות, או לשון דו־משמעית בכתוב, משום שאין כאלה. לכאורה, לא בא תיאור דברים זה אלא להעכיר מים צלולים. כפי שציינו קודם לכן, הדבר היחיד החסר בפסוקים ב-ד הוא הסבר כיצד מידרדר דוד הצדיק ואוהב ה' במהירות שכזו, וללא כל נקיפות מצפון נראות לעין חוטא חטא חמור כל כך. לכן, המסקנה ההגיונית המתבקשת היא שחלק שני זה של הרחבת הסיפור של רב יהודה מהווה הסבר אלגורי של הסיבות למעידתו של דוד. כמו הדו־שיח בין דוד לה', ששילב רב יהודה לפני התיאור המקראי, נועדה תוספת זו להאיר את נבכי נפשו של דוד בשעה שהוא פוגש לראשונה את בת שבע.

אם נתייחס לאלגוריה זו כסוג של משל, נוכל להשתמש בחלקים מסוימים של המתודולוגיה שפיתחנו להבנת משלים, כדי לרדת לפשרה של הרחבת הסיפור של רב יהודה.

הצעד הראשון הוא להתבונן באלגוריה במושגיה היא וביחס שלה לפסוקי הסיפור המקראי. האלגוריה של רב יהודה מציגה את

11. במזרח התיכון העתיק, היו גגות הבתים מנוצלים למרחבי מחיה ולמקומות אחסון, כשם שעליות גג עשויות לשמש בבתים בעולם המערבי. גם כיום ניתן לראות בעיר העתיקה של ירושלים גגות בתים המשמשים למטרות כאלו. כיוון שאין הבתים שווים בגובהם, יכול מישהו הנמצא על גג גבוה יותר להשקיף על גגו של מישהו אחר, אפילו כשגג זה מכוסה באופן כלשהו.

בת שבע מתרחצת במקום מוסתר כלשהו תחת כוורת, ואת דוד יוצא באותה שעה לטיול ערב על גג ביתו וקשת וחצים בידו. רב יהודה מוסיף דמות לסיפור – השטן המחופש לציפור. דוד יורה חץ בציפור, אבל מחטיא, פוגע בכוורת ופוער בה חור. רק אז רואה הוא את בת שבע.

גרסה זו של האירועים המתוארים בפסוקים ב-ה מעוררת מספר שאלות. ראשית, מדוע בת שבע מתרחצת מתחת לכוורת – בוודאי לא הדבר הכי בטוח לעשות – ובהנחה שרוב הכוורות אינן מסתור גדול מאוד, הכיצד אין דוד רואה אותה אלא כשנשברת הכוורת? אחרי הכול, על סמך המתואר בפסוק ב, רואה דוד את בת שבע מייד. מדוע זקוק דוד לשאת חץ וקשת על גג ביתו, אם רק יצא לטייל? מהיכן מופיע השטן, ולמה לובש הוא דמות ציפור? ולאור כישוריו המצטיינים של דוד כצלף (אותם הפגין כשהכניע את גלית באבן קלע אחת), איך קורה שהוא מחטיא את מטרתו, ותחת זאת פוגע בכוורת?

צעדנו הבא הוא זיהוים של רכיבי האלגוריה של רב יהודה, כדלהלן:

כוורת
השטן
הופעת השטן כציפור
החץ
ירית החץ על ידי דוד
הפגיעה בכוורת
ראיית בת שבע

במצב רגיל, היה צעדנו הבא מציאת מקבילות לרכיבים של האלגוריה. אולם, כיוון שבעצם אין אנו דנים פה במשל, אין לנו נמשל שאליו נוכל להתאים את הרכיבים. יתרה מזאת, במקרה של משל שאין לו נמשל, ניתן להתאים את הרכיבים על בסיס הטקסט המקראי; כאן לא נוכל לעשות זאת, משום שאלגוריה זו מתייחסת להרחבת הסיפור

שבטקסט, ולא לטקסט המקראי עצמו. סיבוך נוסף במלאכתנו נובע מכך שמה שכינינו בשם אלגוריה איננה למעשה אלגוריה אמתית, מפני שמעורבים בה דמויות מהטקסט המקראי לצד רכיבים סמליים. מכל הסיבות הללו, אין ביכולתו של הניתוח שלנו להפיק תרשים נקי כמו ההקבלות שבין משל ונמשל. במקום זאת, מתוך כל רכיבי האלגוריה ביחד, עלינו לחפש את משמעותה של שזירה זו של טקסט והרחבת סיפור זה בזה.

תמונת מצב פסיכולוגית בשפת סמלים

ההתאמה הפשוטה ביותר שניתן למצוא בין האלגוריה ופשרה קשורה לדמויותיהם של דוד ובת שבע. אין כל ספק שדוד ובת שבע שבאלגוריה הם הם דוד ובת שבע של הסיפור המקראי, ואינם סמלים למשהו אחר. לעומת זאת, אין ה"כוורת" המסתירה את בת שבע המסך הממשי שמאחוריו התרחשה ככל הנראה, אלא סמל לאפשרויות החבויות במפגש בין דוד ואשת אוריה.[12]

בכוורת יש דבש, אך גם דבורים שעוקצות. דבוראי מנוסה יודע כיצד לרדות את הדבש מבלי להיעקץ, בעוד אדם בלתי מנוסה יעבור דרך ייסורים ארוכה של עקיצות בטרם יגיע לדבש. מהלך יחסים נכון עם בת שבע – כזה שבו היה מחכה לקץ נישואיה לפני שהיה נושא אותה – היה מתוק ומתאים לדוד, כפי שאומרים רבא ורבי ישמעאל בחלקו השני של המדרש (שורות 39–43). לידת שלמה, והעובדה שהוא הממשיך ביד רמה את מורשתו של דוד לאחר מותו, מראה עד כמה הייתה בת שבע אישה מתאימה לדוד. ברם, כפי שלומד דוד לצערו הרב, הדרך שבה לקח אותה הופכת את מערכת היחסים שביניהם לכואבת ובעלת תוצאות טרגיות. דוד נעקץ כיוון שפרץ את הכוורת, במקום לשמור על שלמותה ולרדות בזהירות את דבשה המתוק.

קל יותר למצוא את המשמעות הסמלית של השטן, משום

12. בספר *The Antidote* ניתן לכוורת פירוש סמלי אחר. ראו שם בעמוד 64.

שדמות השטן מופיעה פעמים רבות במדרש כהאנשה של יצרו הרע של האדם.[13] בהרחבת סיפור זו, הופעתו של השטן לעיני דוד בדמות ציפור היא אות לכך שדוד איננו מעריך נכונה את יכולתו לעמוד בפני פיתוי מיני. ברמת המודע, לפחות, הוא טועה כשהוא רואה פיתוי כזה כדבר החולף במהירות ושניתן בקלות לנטרול.[14]

יריית החץ לכיוונה של הציפור מסמלת את הדרך שבה מנסה דוד לכבוש את יצרו הרע – מקור הפיתוי המיני שממנו הוא כה ירא. בדבריו הקודמים באשר לשינויים שעשה דוד בהרגליו המיניים, מסביר לנו רב יהודה את פשר יריית החץ, קרי: תכניתו השגויה של דוד להשביע את יצרו, כך שפיתוי מיני לא יעורר את רעבונו.

יש לציין במיוחד שהחץ מהווה סמל הולם ביותר לתכניתו של דוד, בשל היותו כלי נשק שדוד אמור לדעת להפעילו בקלות רבה, לאור כישרונו הטבעי כקַלע. (החץ הוא גם סמל פאלי.)[15] אלא שכלי הנשק מחטיא את המטרה, ודוד פוגע בכוורת במקום בציפור. פגיעה זו "מגלה" את בת שבע, כך שדוד רואה אותה בעיצומו של המתח המיני המוגבר שהוא חווה. הרחבת הסיפור חוזרת ומבטאת את הנקודה שהודגשה לעיל על ידי רב יהודה: תכניתו המוטעית של דוד שנועדה להבטיח את עמידתו במבחן גוררת בפועל את כישלונו הוודאי. על ידי שזירת הרחבת הסיפור יחד עם הטקסט המקראי, מראה לנו רב יהודה שהגורמים לכישלונו של דוד מהווים חלק בלתי נפרד מן הסיפור, אף שאינם מוזכרים במפורש בפסוקי הכתוב.

על פי פירושו של רב יהודה, נוכל אפוא להשיב ברורות על השאלה שבה פתחנו. דוד הצדיק ואוהב האלוהים נופל כל כך רחוק וכל כך מהר, כי מצבו הפסיכולוגי לפני פגישתו עם בת שבע מטה אותו מלכתחילה לכיוון החטא בשעה שהוא רואה אותה. וכפי שכבר

13. משמעות זו מתאימה לנאמר בבבא בתרא טז ע"א: "הוא שטן; הוא יצר הרע; הוא מלאך המוות". ראו למשל בראשית רבה נו, ד.
14. ראו בהמשך את הדיון בפרשנותו של רבא לתהלים יא, א (שורות 30–33).
15. ראו למשל נידה מג ע"א, שם מתוארת פעולת הגבר בעת מגע מיני כ"יורה כחץ".

הבהיר רב יהודה כשמש בצהריים, דוד הוא האחראי הבלעדי למצב עניינים זה.

הסערה שלאחר החטא

רב יהודה מסיים את הרחבת הסיפור שלו בזעקת החרטה הפורצת מפי דוד בעקבות המעשה הנורא: "איכו זממא נפל בפומיה דמאן דסני לי ולא אמר כי הא מילתא!" (= הלוואי וזמם היה בא לפיו של מי ששונא אותי, ולא היה אומר כדבר הזה!) (שורה 29). רב יהודה מבסס את דבריו על פסוק מתהלים (יז, ג): "בָּחַנְתָּ לִבִּי; פָּקַדְתָּ לַּיְלָה; צְרַפְתַּנִי בַל תִּמְצָא; <u>זַמֹּתִי בַּל יַעֲבָר פִּי</u>" (שורה 28). הפסוק שנבחר מתאים למטרותיו של רב יהודה, כי הוא כולל את השורש בח"נ (המופיע גם בפסוק המצוטט בשורה 9 כחלק מבקשתו של דוד לה' שינסה אותו), ובגלל משחק המילים שבין "<u>זַמֹּתִי</u>" שבפסוק ובין "זממא" שבדברי דוד.

רב יהודה מציג את דוד כמי שנוכח לדעת שחוסר שביעות הרצון שלו מעצמו – **שקדם** לפגישתו עם בת שבע – יצר נסיבות שהפכו את החטא לבלתי נמנע כמעט. חשוב לציין שרב יהודה מתאר את דוד כועס על עצמו לא על כך שלקח את בת שבע מאוריה, אלא על כך שביקש מה' לנסותו. בכך מצביע רב יהודה על מודעותו של דוד לכך שכישלונו האמתי היה הפגם באישיותו שהכשיר את הקרקע לחטא. אין ספק שהכתובים בשמואל ב' ובספר תהלים מוסרים עדות ברורה לכך שדוד חש רגשי אשמה וחרטה על מה שעשה לבת שבע ולאוריה. אולם רב יהודה מבקש להראות לנו שהכרתו העצמית של דוד מעמיקה אף יותר מתשובה על מעשים רעים. דוד יודע שאילו היה בוחן היטב את מניעיו לפני שפגש את בת שבע, לעולם לא היה מביא את עצמו לידי חטא.

החטיבה השנייה: הוספת "הערות" לסיפור

החטיבה הבאה של המדרש מורכבת מסדרה של הרחבות סיפור השופכות אור נוסף על סיפור דוד ובת שבע, על אף שהן קוטעות

את רצף הזמנים של הסיפור הכולל. החטיבה הראשונה והשלישית של המדרש יוצרות סיפור עצמאי אחיד מסודר ורציף בציר הזמן, כשהחטיבה הראשונה מסתיימת בדברי החרטה של דוד מייד לאחר התנהגותו החוטאת, והחטיבה השלישית נפתחת על ידי רבי דוסתאי המתאר את דוד מתחנן לסליחה לאחר שחטא. לחטיבה הראשונה והשלישית המחוברות יחדיו נוכל לתת את הכותרת: "דוד לפני מעשה בת שבע ואחריו". לעומת זאת, נראה שהרחבות הסיפור של החטיבה השנייה, שאמנם קשורות היטב לסיפור דוד ובת שבע, הובאו כאן יותר מתוך מטרה לחזק את הניתוח שהוצג בחטיבה הראשונה של המדרש מאשר להמשיך את רצף הסיפור. רושם זה מתגבר אם נשים לב לכך שחמש מתוך שבע הרחבות הסיפור בחטיבה השנייה מבוססות על פסוקים מתהלים, להבדיל מהחטיבה הראשונה של המדרש המבוססת בעיקר על פסוקים משמואל ב׳ העוסקים בעצם הסיפור של דוד ובת שבע. ושמא כוונתה של הרחבת הסיפור של רב יהודה (שבחטיבה הראשונה) לספר את סיפור דוד ובת שבע מנקודת המבט של שמואל ב׳ יא, בעוד פירושים קצרים אלה (שבחטיבה השנייה) מטפלים באותו סיפור מנקודת המבט של תהלים.

בכל מקרה, בגלל קטיעת רצף הסיפור שגורמות הערות מדרשיות אלה של החטיבה השנייה, עלינו לראות כיצד תורמות הערות קצרות אלה לבניית דיוקן עקיב של דוד, בהקשר הכולל של הרחבת הסיפור.

פירושו הראשון של רבא

בפירושו הראשון, מצטט רבא את תהלים יא, א, המוצג בפיו כבקשת סליחה של דוד מה׳. חלק הפסוק הנוגע לענייננו אומר כך: "...בַּה׳ חָסִיתִי; אֵיךְ תֹּאמְרוּ לְנַפְשִׁי: ׳נוּדִי (כתיב: נודו) הַרְכֶם צִפּוֹר׳" (שורה 31). רבא מנסח פרפרזה (תעקיף) לפסוק במילים הבאות: "אמר דוד לפני הקב"ה: ׳ריבונו של עולם, מחול לי על אותו עוון, שלא יאמרו: "הר שבכם – צפור נדדתו"׳" (שורות 32-33).

כמו רב יהודה בתיאורו את המתרחש על גג ביתו של דוד, גם רבא בהרחבת הסיפור שלו משתמש ברכיבים אלגוריים. אולם

במקרה שלנו, האלגוריה מסובכת במיוחד, כיוון שמשמעותה הסמלית של דמות הציפור תלויה בהקשר שבו רואים אותה. כדי להבין את היסט המשמעות של ה"ציפור", עלינו לבחון את דמות הציפור ביותר ממסגרת אחת.

כשקוראים את הפסוק בהקשר של תהלים יא, ברור שדוד פונה לאויבים אלמוניים הרואים אותו כמחויב גלות ומבקשים "שינוד [=ינדוד] אל ההר", הרחק מחברת בני אדם.[16] בהקשר של הפסוק, מסמלת הציפור את נפשו של דוד; דבר זה ברור לחלוטין מהאופן שבו פונה דוד לרודפיו: "אֵיךְ תֹּאמְרוּ **לְנַפְשִׁי**: 'נוּדִי הַרְכֶם **צִפּוֹר**'".

אלא שבדרך שבה קורא רבא את הפסוק, מחזיר אותנו אזכורה של הציפור לדמותו של השטן בלבוש ציפור, כפי שהיא מופיעה לעיני דוד באלגוריה של רב יהודה. ההר שבפסוק מציין, לדעת רבא, את דוד עצמו, המלך הגדול,[17] והפסוק, על פי פירושו של רבא, הוא תחנוניו של דוד לסליחה: "ריבונו של עולם, מחול לי על אותו עוון, שלא יאמרו: 'הר שבכם – צפור נדדתו'" (שורה 33). אך למילים אלה משמעויות מעבר לתחינה הבוקעת מעומק לבו של דוד לכפרה על חטאו. יש בהן שמץ של האשמה עצמית, ווידוי על פחד מהקלון הציבורי. אחרי הכול, **אכן הוּנַד** דוד, המלך הגדול, לחטא על ידי ציפור קטנה – כפי שמגיע הוא עצמו להכרה – והוא חושש שאחרים ידעו זאת.

תסמיכים ופרטים משותפים

פירושו של רבא לתהלים יא, א חורג מהמובן הפשוט שיש לפסוק בהקשרו המקורי. עם זאת, חשוב לציין שכוחו של פירוש זה קשור קשר בל יינתק להבנתנו את פשט הכתוב ואת הקשרו. השימוש שעושה רבא בסמל של הציפור מרמז לסיפורו של רב יהודה, והקורא חש כמעט

16. ראו את רש"י ואבן עזרא על הפסוק.
17. ראו את רש"י למילים בגמרא "הר שבכם".

טלטלה של היסט משמעויות, כשהוא שב וקורא את תהלים יא לאורן של הרחבות הסיפור של רבא ורב יהודה.

שלושה פרטים בתהלים יא מעוררים תסמיכים (אסוציאציות) לסיפורו של רב יהודה. לאזכור הציפור מתווסף התיאור המופיע בפסוק ב. הרשעים המוצגים בו כדורכים את קשתם וחציהם לפגוע בישרי לב, מעלים במוחנו את החץ שיורה דוד על גג ביתו. הפרט השלישי, דברי דוד בפסוק ה, "ה' צַדִּיק יִבְחָן...", מחזירים אותנו לבקשתו של דוד מה' לנסותו. קשה לטעות בזיהוי התסמיכים לסיפורו של רב יהודה. תהלים יא מכיל את כל הרכיבים – ציפור, חץ, ניסיון – אם כי סדרם, משקלם ומשמעותם באלגוריה של רב יהודה שונים מהפשט של הפרק בתהלים.

מהאופן שבו מרחיב רבא את הפרק בתהלים, נראה שאין כוונתו להסביר את פשט הכתוב, אך על ידי הסמכת תהלים יא לסיפורו של רב יהודה, מבליט הוא את הסתירה הנעוצה בלבה של טעותו הנוראה של דוד. הסתירה נחשפת במלואה בכל שלושת הפרטים המשותפים לתהלים יא ולסיפורו של רב יהודה. הציפור היא בעצם נפשו של דוד **וגם** יצרו הרע – "השטן" שהופיע בדמות ציפור. כישלונו בזיהוי טיבה של הציפור מביא אותו לידי חטא. באותו מטבע, אף על פי שאין ב"יריית החץ" ב"ציפור" על ידי דוד כל כוונה מוצהרת של רשע, בתהלים יא, ב מתאר דוד את הרשעים יורים חצים בצדיקים. מתיאור זה ניכרת בעליל מודעותו של דוד למידת מסוכנותם של חצים ולזהירות שיש לנהוג בשימוש בהם. בידיים הבלתי נכונות, עלולים הם להביא תוצאות הרות גורל, ואת זאת לומד דוד כש"חצו" שלו מחטיא את המטרה. בדומה לכך, ידוע לדוד מסיפורי האבות שה' בוחן את הצדיקים. מסקנה מכך יכולה להיות שכדי לבוא בקהל צדיקים חייב אדם לעמוד בניסיון. סיפורו של רב יהודה מראה לנו כיצד לומד דוד, לדאבונו הרב, מה כבד המחיר שיש לשלם בעבור בקשה לניסיון מאת ה', אפילו מתוך תקווה להשיג על ידי כך מטרה רוחנית נשגבת.

תסמיכים אלה שבין תהלים יא ובין הרחבת הסיפור של רב יהודה מחדדים את תחושתנו כלפי דוד כאדם גדול הנתון בדילמה

רוחנית כואבת, שמבוכתו מרחיקה אותו ממטרתו במקום לסייע בידו להשיגה. במאמציו המוטעים להתקרב אל ה׳, שואף דוד לסגל לעצמו את תכונתם המיוחדת של האבות. תחת זאת, הופך הוא את עצמו מ״הר״ מוצק – מלך גדול – ליצור חלש הפועל מתוך דחף שנראה לו עתה כ״ציפור״ – משהו קל שניתן לגרשו בהינף יד.

היחס בין פירושו של רבא לתהלים יא ובין ההרחבה שהציע רב יהודה לסיפור בספר שמואל אינו פשוט כלל וכלל. פירושו של רבא מרמז להרחבת הסיפור של רב יהודה וגם מחזק אותה, ובה בעת מראה לנו את המורכבות של הגורמים שהביאו את דוד לידי חטא.

פירושו השני של רבא

כפי שראינו, משתמש פירושו הראשון של רבא (שורות 30–33) בקשר שבין פשט הכתובים בתהלים יא ובין סיפורו של רב יהודה. כדי לעמוד על מלוא טעמו של המסר שלו, עלינו לחשוב יותר באופן תסמיכי (אסוציאטיבי) ופחות בצורה מילולית, אבל המסר עצמו נראה כשחזור הגיוני של מצבו הרגשי של דוד בסערה שלאחר החטא. בניגוד לכך, את פירושו השני של רבא (שורות 34–38) קל הרבה יותר לשחזר בהתייחס לדקדוק של הפסוק המצוטט, אלא שהוא מציג לפנינו מסר הנראה נוגד את תחושתנו הפנימית הטבעית.

רבא מבסס את פירושו על פסוק מתהלים נא, שנכתב על ידי דוד לאחר שהוכיחו נתן הנביא על חטא בת שבע.[18] פסוק ו, שמצטט רבא, קשה אפילו בהקשר של הפרק, משתי סיבות. ראשית, דברי דוד, ״לְךָ לְבַדְּךָ חָטָאתִי...״ נראים כמתעלמים מהרעות שעשה לבת שבע ולאוריה. שנית, הדקדוק בפסוק בעייתי. מתחביר הפסוק משמע שדוד טוען שחטא למען ה׳ ולא לסיפוק יצרו: ״לְךָ לְבַדְּךָ חָטָאתִי, וְהָרַע בְּעֵינֶיךָ עָשִׂיתִי, **לְמַעַן** תִּצְדַּק בְּדָבְרֶךָ, תִּזְכֶּה בְשָׁפְטֶךָ״. רבא סבור שיש להבין דברים אלה כך: ״אמר דוד לפני הקב״ה: ׳גליא וידיעא קמך דאי בעיא למכפייה ליצרי הוה כייפינא, אלא אמינא, דלא לימרו:

18. להבנה טובה יותר של הדיון, אנא קראו את הפרק כולו.

"עבדא זכי למריה"" (=גלוי וידוע לפניך, שאילו רציתי לכבוש את יצרי, הייתי כובש, אלא אמרתי, שלא יאמרו: 'העבד ניצח את רבו') (שורות 36-38).

כתגובה ראשונה, עלולים היינו לפרש את הרחבת הסיפור של רבא כדרך לצייר את דוד באור שלילי. על פי פרשנות זו, היו דברי דוד מבטאים התנשאות אנוכית ו/או הונאה עצמית לנוכח כישלונו. אך פרשנות זו אינה תואמת את דיוקנאותיו האחרים של דוד שצוירו בכל הטקסטים שראינו עד עתה, בין אם בשמואל ב' יב, בתהלים נא, ובין אם בדמויות המדרשיות ששורטטו על ידי רב יהודה ורבא עד עתה. כל המקורות האחרים העומדים לרשותנו משאירים רושם שונה לגמרי של דוד. כך בשמואל ב' יב, יג רואים אנו את דוד נוטל על כתפיו מייד אחריות מלאה על חטאו, תכף לאחר שמטיח נתן את העובדות בפניו, ללא כל ניסיון להצדיק את עצמו. באורח דומה, את תהלים נא לא ניתן לקרוא אלא כהשתפכות של חרטה עצובה, מלאה וכנה, ותשוקה עזה ליצירת קשר מחודש עם ה'. בנוסף, לא ראינו, לא את רב יהודה ולא את רבא, מציירים את דוד כחוטא עז מצח העושה את מעשיו בכוונה תחילה. אך אולי החשוב מכול, על פי רבא, מופנים הדברים שבפיו של דוד ישירות לה'. כפי שהערנו למעלה, בהקשר כזה לא תיתכן כל העמדת פנים.

בחינה מחדש של פרדוקס

בהנחה שפירושו של רבא לתהלים נא, ו איננו הערה לעגנית על הרמאות העצמית וההתנשאות של מלך ישראל, עלינו להסביר את הדברים המושׂמים בפיו של דוד כציון ברור של עובדה. על פי הבנה זו, מעלה דוד שלוש טענות שעלינו לבחון. בטענה הראשונה, שה' יודע שדוד יכול היה לעמוד בניסיון, כלולה גם השנייה – שדוד עצמו יודע שיכול היה לעמוד בניסיון ("גלוי וידוע לפניך, שאילו רציתי לכבוש את יצרי, הייתי כובש..."). הטענה השלישית היא שדוד **בחר** להיכשל בניסיון, כדי שלא יראו אותו אחרים כמי שניצח את ה' במובן מסוים ("אלא אמרתי, שלא יאמרו: 'העבד ניצח את רבו'").

אם נקבל את דברי דוד ככנים, יסייעו לנו הטענות הללו להבין משהו שכבר ציינו אך טרם הסברנו – מדוע נראה דוד כמי שירא לעמוד בניסיון בדיוק באותה מידה שחושש הוא מלהיכשל בו. כפי שראינו מהדרך שבה מספר רב יהודה את המתואר בפסוקים בשמואל, אין דוד עקבי בהתייחסותו לניסיון שביקש מה׳. מצד אחד, מפחד הוא כל כך מאי עמידה בניסיון, ומפקפק מאוד ביכולתו לעמוד בו, ולכן מנסה להבטיח את הצלחתו על ידי שינוי הרגליו המיניים. אלא שטכסיס זה הופך את כישלונו בניסיון לוודאי; היינו מצפים שדוד ידע זאת. רב יהודה מצביע על כך באמרו שדוד "שכח" – כלומר, בחר שלא במודע לשכוח – עובדה כה מכריעה על אודות הטבע האנושי.

הפרדוקס בהתנהגותו של דוד מתברר עוד יותר כשמבינים אנו שדוד עצמו, בהתבוננו אחורנית על כישלונו, מסוגל לראות שהיה יכול לעמוד בניסיון לו באמת רצה. כך, על פי רבא, אומר פה דוד מפורשות. תובנה זו עולה גם מתוך בחינה דקה של הרחבת הסיפור הראשונה של רבא, שבה מדמה דוד את עצמו להר (דהיינו כעצם המתנשא לגובה רב, שבלתי אפשרי להזיזו), ואת הפיתוי שאליו נחשף מציג הוא כציפור (קרי: משהו קטן שקל לנצחו). על סמך כל זאת, סביר מאוד להסיק שבנפשו של דוד מתרוצצות תחושות סותרות באשר לניסיון המחכה לו, ושתחושות אלה הן שגורמות לו, שלא במודע, להכשיל את עצמו.

מקור תחושותיו הסותרות של דוד

לאור כל מה שאמרנו, אין מקום להטיל ספק בכנות טענתו של דוד שהיה ביכולתו לעמוד בניסיון. כל זה עולה מניתוחו של רב יהודה את התנהגותו של דוד. אחרי הכול, יכול היה דוד לנהוג בדרך אחרת לו רק בחר בה, וכך להביא את הסיפור לסיום שונה לחלוטין. אילו לא "שכח" דוד את ההלכה, ואילו לא שינה את חיי המין שלו כהכנה לניסיון, לבטח היה ביכולתו לעמוד מול הפיתוי של בת שבע, ולא להיכנע לו. אך שמא עלינו לשאול, מה היה קורה אז? מה היה הופך דוד להיות, לו עמד בניסיון?

כדי לענות על שאלה זו, עלינו לנסות להבין מדוע נראה דוד כמי שמבקש להיות מישהו אחר, ולא הוא עצמו. כשניתחנו את האופן שבו מתאר רב יהודה את דוד, ציינו ששאלתו הראשונה של דוד, "ריבונו של עולם, מפני מה אומרים: 'אלוהי אברהם אלוהי יצחק ואלוהי יעקב?'" (שורה 5), מצביעה על כך שאין הוא שלם עם עצמו, ומעידה גם על אי ביטחון ביחסיו עם ה'.

ספר שמואל ב' מספק לנו בסיס רחב לתחושות אלה של דוד. מהרגע שנעשה מלך על כל ישראל בגיל 37 ועד לפגישתו עם בת שבע בהיותו בן 56,[19] סובל דוד שרשרת של תלאות ונידויים – ניסיונות אמתיים וקשים. ראשית כול, מצליח דוד סוף סוף לבסס את מלכותו, לאחר שנרדף בידי המלך שאול, ואחרי תקופת מעבר כואבת שבאה בעקבות מותו של שאול (פרק ה). מתוך תודה לה', וכסמל לשלטונו שזה עתה אוחד, מבקש הוא להעלות את ארון הברית לירושלים. ניסיונו הראשון מסתיים במותו של עוזה, אחד החוגגים שליווה את הארון. שלושה חודשים אחר כך, עולה ניסיונו השני בהצלחה, אך על השמחה מעיבה התנכרותה של אשתו מיכל (פרק ו).

תקופת שלום שבאה לאחר מלחמות מרובות מובילה את דוד למסקנה מוטעית שממלכתו הגיעה אל המנוחה והנחלה, והוא מבקש את רשותו של נתן הנביא לבנות את המקדש. מבלי להיוועץ תחילה בה', נותן הנביא את הרשות, אך הבקשה נדחית על ידי ה'. הלשון שבה מקבל דוד דחייה זו מראה שאהבת ה' היוקדת בלבו היא שהניעה את בקשתו (פרק ז).

הפרקים המובילים לסיפור דוד ובת שבע מלאים מלחמות – בניגוד לתקוותו של דוד שהינה בא היום שבו יוכל להניח את חרבו ולא יצטרך לצאת עוד למלחמות מגן על ממלכתו. התקרית שמציתה את אש המלחמה שאליה יצא אוריה היא קבלת הפנים המבזה שספגה

19. ראו ב"סדר עולם רבה השלם", מפורש בידי ויינשטוק, 1965, כרך ב, פרק 14, את הכרונולוגיה של חיי דוד.

המשלחת ששיגר דוד לעמון. כמחווה של ידידות למלך עמון החדש, משגר דוד שליחים המושפלים בפומבי על ידי מלך עמון, ומגורשים בבושת פנים.

בעקבות האירוע, פורצת מלחמה קשה וממושכת, אך דוד, שלא כדרכו, אינו מלווה את צבאו לחזית; תחת זאת, הוא "יוֹשֵׁב בִּירוּשָׁלָם..." ומאחר לקום לטיול של ערבית (שמואל ב׳ יא, א-ב).[20] ככל הנראה, חשוב תיאור זה ביותר בפריסת הרקע לכישלונו של דוד לעמוד במבחן. דוד – האחראי והנשגב שבמלכים, בדרך כלל – פוגם כאן בהתנהגותו המלכותית.

אפילו מקריאה שטחית של תהלים עולה שלא זו בלבד שדוד מתנסה בניסיונות רבים בימי חייו, אלא אף נושא את סבלותיהם בלהט הנפש הגדול הטבוע בו. באותה מידה, מעיד ספר תהלים על האהבה הגדולה והכמיהה לקרבה שחש דוד לה׳ ועל דבקותו וביטחונו בו. בהיותו קשור לה׳ בכל לבבו ובכל נפשו, חווה דוד הן את הכאב והן את השמחה הכרוכים בכך.

להיות דוד פירושו להימצא במאבק מתמיד – לחוש כל דבר בעצמה כה רבה ולהיות מחויב כל הזמן לרמה הרוחנית הגבוהה ביותר. עד עתה, ערך דוד את מלחמותיו הפנימיות בעוז רוח רב, ובו זמנית התמודד בחכמה ובאומץ לב עם כל האיומים החיצוניים שניצבו בפניו, הן כאדם פרטי והן כמלך.[21] אולי בשלב זה של חייו, על סף

20. ראו את פירושו של המלבי"ם לפסוקים אלה. הוא טוען שהכתוב מותח ביקורת על דוד על התנהגות שאיננה אופיינית לו, חוסר להט ואי־אכפתיות כלפי עם ישראל הבאים לידי ביטוי באי יציאתו למלחמה ובקימתו המאוחרת. טענותיו של המלבי"ם כלפי דוד עולות היטב בקנה אחד עם הדעה שבתקופה הקודמת לפגישתו עם בת שבע אין דוד שלם עם עצמו.

שימו לב גם לתשובת אוריה לשאלת דוד מדוע לא הלך אל ביתו לאחר שובו משדה הקרב: "הָאָרוֹן וְיִשְׂרָאֵל וִיהוּדָה יֹשְׁבִים בַּסֻּכּוֹת וַאדֹנִי יוֹאָב וְעַבְדֵי אֲדֹנִי [דוד] עַל פְּנֵי הַשָּׂדֶה חֹנִים; וַאֲנִי אָבוֹא אֶל בֵּיתִי לֶאֱכֹל וְלִשְׁתּוֹת וְלִשְׁכַּב עִם אִשְׁתִּי?! חַיֶּךָ וְחֵי נַפְשֶׁךָ, אִם אֶעֱשֶׂה אֶת הַדָּבָר הַזֶּה" (שמואל ב׳ יא, יא). תשובתו של אוריה מראה שהתנהגותו הבלתי אופיינית של דוד לא נעלמה מעיני נתיניו.

21. מן הראוי לציין שדוד מפגין שליטה עצמית חזקה ביותר, וכן יכולת מרשימה

הזקנה, מותש מכל מאבקיו וסבלותיו, וחש אי נוחות מהתנהלותו כמלך במלחמה הנוכחית, היה דוד מעדיף להיות מישהו אחר. מתוך התבוננות בניסיונותיהם של האבות מנקודת המבט ההיסטורית הרחוקה והנוחה, עשוי הוא בהחלט לחשוב שהם הגיעו לשיא הקרבה לה' ושזכו להכרה היסטורית בקלות רבה יותר מזו שנָכונה לו.

רב יהודה מצביע על כך שהמניע הראשוני של דוד לבקש מה' לנסותו קשור לאי שביעות רצון עצמית; אחרי הכול, המבקש להתנסות הוא "מי ששונא אותי". אך משעה ששם את עצמו כמתנסה, עומד דוד בפני בחירה מציקה. אם ייכשל בניסיון, יחטא חטא נורא, וירד שלב אחד מטה במסעו הרוחני. ומנגד, אם יעמוד בניסיון יהיה כמו האבות, ולא כעצמו – לפחות כך חושב הוא בטעות. עמידה בניסיון פירושה בעבורו עלייה למעמד רוחני שאליו נכספת נפשו, אבל במחיר איבוד היחס המיוחד שיש לו עם ה', הדבר היקר ביותר שיש לו בחייו.

במצב זה, ובלחץ הניסיון שביקש, אין דוד מסוגל לראות כיצד לשלוט בתאוותו מבלי לאבד את זהותו, בלי שיהפוך להיות "העבד שניצח את רבו".[22] אולם דוד איננו רוצה להיות אחד כזה, כי מעמדו כעבד השם יקר מכול בעיניו מכדי לאבדו; אנו רואים זאת מתוך אינספור הפעמים בשמואל ובתהלים שבהן מכנה דוד את עצמו עבד

של אלתור וחשיבה אסטרטגית, עוד לפני שהיה למלך וגם בתקופת שלטונו. כך, למשל, כאשר נופלת לידו ההזדמנות (פעמיים!) להרוג את שאול, הוא נמנע מלעשות זאת, ואף מונע אחרים ממעשה זה, מטעמים מוסריים טהורים. בסבלנות ראויה לשבח ממתין דוד לביצור מלכותו, לאחר מותו של שאול, ובכך מצליח למנוע את מרחץ הדמים שכה הורגלנו לראות בזמן חילופי שושלות מלוכה בעולם העתיק. אלה הן שתי דוגמאות בלבד המעידות על יכולת ההתנהגות העילאית האצורה בדוד.

22. מאוחר יותר בחייו מצליח דוד לחיות עם בעיה זו. הוא לומד לתעל את תשוקתו בצורה שתשרת אותו, ואין לו צורך להחניק צד זה של אישיותו או לאבד שליטה ולהיכנע לו. ראו את פירוש הרלב"ג בסוף פרק ב של מלכים א, ד"ה: "ואולם התועלות המגיעות ממנה הם אלו: ...התועלת השני".

ה׳.[23] אין פלא אפוא שבקרבו של דוד מתרוצצות תחושות סותרות באשר לניסיון שביקש לעבור. ואין פלא שבמצב טעון רגשות לא יכול מלך עז תשוקה זה לשקול את תגובתו בקור רוח. רק במבט לאחור יכול דוד לומר ״אילו רציתי לכבוש את יצרי, הייתי כובש״.

האיש הציבורי/הפרטי

ישנם קוראים דקדקניים שאולי שמו לבם למשהו מוזר בדברי דוד: ״אלא אמרתי, **שלא יאמרו**: ׳העבד ניצח את רבו׳״. אחרי הכול, מי יָדע על השינוי ביחסיו של דוד עם ה׳, או אפילו על כך שעבר ניסיון, אם לא היה נכשל? לא שמענו, לא מרב יהודה ולא מרבא, על איזשהו קהל שנוכח באותן שיחות אינטימיות שבין דוד ואלוהיו. התעסקותו של דוד באותם ״הם״ אלמוניים ודאגתו מה יאמרו על השינוי ביחסיו עם ה׳, נראות שלא במקומן.

נוכל לפתור זרות זו אם ניתן את דעתנו לתופעה יוצאת הדופן שבה מקבלים יחסיו העמוקים והאישיים של דוד עם ה׳ ממד ציבורי. בשל היות דוד מלך, ובגלל מזגו הסוער והפתוח, זוכים יחסיו עם ה׳ לחשיפה מתמדת לעיניהם של אחרים. כמחבר תהלים, נותן דוד ביטוי לרגשותיו הדתיים העמוקים ביותר בצורה נגישה לרבים. דחפיו הדתיים העזים ביותר יוצאים אפוא החוצה לעיני כול פעמים רבות, וכך, לעתים קרובות, מיטשטש אצלו הקו המפריד בין האישי לציבורי.[24]

23. ראו למשל את הפרדוקס היפה שבתהלים קטז, טז. שימו לב גם שכאשר משלים הוא עם סירובו של אלוהים לבקשתו לבנות את בית המקדש, מכנה דוד את עצמו שוב ושוב ״עבדך״ (שמואל ב׳ ז).

24. ראו למשל את שמחתו הגלויה במעמד העלאת ארון הברית לירושלים, ואת תגובתה של מיכל עליה. גם לפני שהיה למלך, מציג דוד במעמדים ציבוריים את קשריו העמוקים עם אלוהים, במקום שאחרים לא היו מעלים בדעתם לעשות כן. הדו־קרב של דוד וגלית מהווה דוגמה כזו של הצהרה פומבית מפורשת על אמונתו וביטחונו באלוהים.

באופן דומה, מביא דוד לא אחת גם את יחסיו האישיים (עם אחרים) לביטוי בציבור, כי תפקידו כמלך מחייב אותו לנהוג כך. וכך בוקע ומתפרץ

לאור זאת, ניתן להבין מדוע חושש הוא לא רק משינוי יסודי ביחסיו עם ה׳, אלא גם מהאפשרות ששינוי כזה ייוודע בציבור.[25]

״לְךָ לְבַדְּךָ חָטָאתִי...״

פירושו של רבא לדילמה של דוד מספק לנו מפתח לפתרון הקשיים שבתהלים נא, ו. כפי שציינו, עלולות המילים ״לְךָ לְבַדְּךָ חָטָאתִי...״ להתפרש כאי הכרה מצדו של דוד ברעות שעשה הן לאוריה והן לבת שבע. אולם הבנה זו אינה מתיישבת עם תגובתו של דוד למשל כבשת הרש של נתן, המופיע בשמואל ב׳ יב. קריאה בעיון של המשל מראה שהאשמה העיקרית שמטיח נתן בפניו של דוד היא הפשע שעשה לאוריה. האשמה זו מוצגת באופן נחרץ ומפורש בפסוק ט: ״...אֵת אוּרִיָּה הַחִתִּי הִכִּיתָ בַחֶרֶב; וְאֶת אִשְׁתּוֹ לָקַחְתָּ לְּךָ לְאִשָּׁה, וְאֹתוֹ הָרַגְתָּ בְּחֶרֶב בְּנֵי עַמּוֹן״. דוד איננו מנסה להתכחש לאשמתו או לערער על העונש שמתאר נתן בפניו. אין ספק שהוא רואה את ההאשמה כמוצדקת ומכיר באשמתו.[26] ניתן לראות שדוד חש אשמה מסוימת גם כלפי בת שבע – הוא מנחם אותה לאחר מות הבן שנולד להם,[27] ומבטיח לה ששלמה יירש את המלוכה לאחר מותו.[28]

לאוזניהם של המוני העם צערו האישי העמוק והכן של דוד על מותם של שאול, יהונתן ואבנר.

25. אפשרות אחרת היא שכעצמת אהבתו של דוד לאלוהים, כך חשובה בעיניו הכרת הציבור באהבה זו.

26. המילים ״חָטָאתִי לַה׳״ (פסוק יג) המבטאות את קבלת האשמה, אין פירושן בהכרח שאין דוד מכיר שחטא כלפי אוריה. כל החטאים הם חטאים לה׳, גם אלה שבין אדם לחברו.

27. שמואל ב׳ יב, כד.

28. מלכים א׳ א, יג. רד״ק מצטט מדרש הרואה בהבטחה זו פיצוי על אי רצונה של בת שבע להמשיך להיות אשת דוד לאחר שמת בנה. ראו את פירוש רד״ק לשמואל ב׳ יב, כד ולמלכים א׳ א, יג. אברבנאל מצטט את אותו מקור בפירושו לשמואל ב׳ יב, כד. לא הצלחתי למצוא את המקור שמצטטים רד״ק ואברבנאל.

שימו לב גם לכך שדוד מודה בטענתה של בת שבע שאם ימלוך אדוניהו יהיו חיי שלמה וחייה היא בסכנה. מטענתה של בת שבע ניתן להסיק על ידיעתם של בני דוד ששלמה הוא היורש המיועד.

מתוך נכונותו של דוד לקבל אחריות מלאה על מעשיו לומדים אנו שאין כוונתו של דוד, באמרו "לְךָ לְבַדְּךָ חָטָאתִי...", לטעון שלא חטא כלפי אף אחד אחר. נכון יותר לומר, אפוא, שמילים אלה מבטאות את הכרתו של דוד בשורשי חטאו. דוד רואה שחטאו נבע מליקויים פנימיים באישיותו שפגמו ביחסיו עם ה'. שאיפתו של דוד לברוח מליקויים אלה על ידי הידמות לאבות, במקום להתמודד עם הקושי להיות הוא עצמו, מֵפֵרה את האיזון ביחסיו עם ה'. כדי לא להיות "העבד שניצח את רבו", וכך לאבד את יחסיו המיוחדים עם ה', חוטא דוד "**לְמַעַן** תִּצְדַּק בְּדָבְרֶךָ...". הסטייה הדקדוקית בפסוק, שעליה כבר עמדנו, נפתרת על ידי הרחבת הסיפור של רבא. חטאו של דוד, על פי פירוש זה, הוא ניסיונו המוטעה להשיב את ה' לעמדת הרב (=האדון), כדי שהוא (דוד) יוכל לשוב לעמדת העבד.

פירושו השלישי של רבא

בפירושו השלישי (שורות 39–41), מדגיש רבא את אופיו הטראגי של חטאו של דוד, באמרו: "ראויה הייתה בת שבע בת אליעם לדוד משֵשת ימי בראשית, אלא שבאה אליו במכאוב" (שורה 41). כמו סמליותה של הכוורת בסיפורו של רב יהודה, מלמדים אותנו דבריו של רבא שתשוקתו של דוד לבת שבע הייתה עשויה להיחשב לדבר טוב – הגשמתו של ייעוד אלוהי – אילו באה לידי מימוש באופן חוקי. בדרך שבה לקח את בת שבע, גרם דוד מכאוב לאחרים ולעצמו.

פירושו של רבא מיוסד על תהלים לח, יח. כמו פירושו הראשון (לעיל, לתהלים יא, א), מבסס רבא את קריאתו של הפסוק על **הבנת** פשוטו של הפסוק בהקשר של הפרק בתהלים, אך קורא אותו **בניגוד** לפשט. הפרק כולו הוא תיאור הסבל העובר על דוד כעונש על חטאיו, ותחינה לה' שלא יעזבנו.[29] בפסוק יח נאמר: "כִּי אֲנִי לְצֶלַע נָכוֹן,

29. הבנה זו של הפרק היא על פי רד"ק ואבן עזרא. גישה שונה – הקוראת את הפרק באופן הנוטה למטפורי – ראו ברש"י.

וּמַכְאוֹבִי נֶגְדִּי תָמִיד". פשט הפסוק, בהקשרו של הפרק, מביע את תחושת החולשה והסבל של דוד.

בהתעכבו על שתי מילים בכתוב, משנה רבא את משמעות הפסוק בכיוון מפתיע העולה בקנה אחד עם פירושו לסיפור דוד ובת שבע. המילה הראשונה, "צֶלַע" (משורש צל"ע), שמובנה כאן כמו הפועל "צָלַע", מתפרשת בהקשרים אחרים במשמעות "צַד".[30] שם עצם זה מופיע לראשונה בתנ"ך בתיאור בריאתה של חוה, אם כל הנשים: "וַיַּפֵּל ה' אֱלֹהִים תַּרְדֵּמָה עַל הָאָדָם, וַיִּישָׁן; וַיִּקַּח אַחַת מִצַּלְעֹתָיו, וַיִּסְגֹּר בָּשָׂר תַּחְתֶּנָּה. וַיִּבֶן ה' אֱלֹהִים אֶת הַצֵּלָע אֲשֶׁר לָקַח מִן הָאָדָם לְאִשָּׁה, וַיְבִאֶהָ אֶל הָאָדָם" (בראשית ב, כא-כב).

במילה "נֶגְדִּי" שבתהלים לח, יח מוצא רבא הרמז נוסף לסיפור בריאתה של חוה. גם את המילה הזאת מוצאים אנו בסיפורה של חוה, בהכרזתו של ה' על כוונתו לברוא את האישה הראשונה: "לֹא טוֹב הֱיוֹת הָאָדָם לְבַדּוֹ, אֶעֱשֶׂה לּוֹ עֵזֶר כְּנֶגְדּוֹ" (בראשית ב, יח).

קריאת המילים "צֶלַע" ו"נֶגְדִּי" כהרמזים לבת שבע, שבהיותה אמו של שלמה היא אשתו החשובה של דוד, מאפשרת לרבא לבנות מחדש את הפסוק באופן שעל פיו יוצא שדוד אומר כביכול: "הייתי נכון (= מוכן) לצלע שלי (דהיינו לבת שבע, שנועדה לי כשם שחוה נועדה לאדם), אבל מפני שלקחתי אותה בדרך הבלתי נכונה, הפכה ה'נגד' שלי (ה"עזר כנגדי") למכאובי".

ציטוט דברי תנא דבי רבי ישמעאל

דבר דומה נאמר על ידי תנא דבי רבי ישמעאל: "ראויה הייתה לדוד בת שבע בת אליעם, אלא שאכלה [כ]פגה" (שורה 43). שלא כפירושו של רבא, אין דעה זו נסמכת על דברי דוד בתהלים. תחת זאת, מעלה תנא דבי רבי ישמעאל דימוי המזכיר את השימוש הסמלי שעושה רב

30. הקשר בין שני המובנים מתברר בשים לב לכך שמי שצולע מטה את גופו לצד מסוים. הניקוד וההגייה של שתי המילים שונה. בתהלים, מנוקדת המילה בסגול ומבוטאת במלעיל, ואילו בבראשית כתובה המילה בצירה ומבוטאת במלרע.

יהודה בכוורת. גם פה, משמעות הדימוי של הפרי הבלתי בשל היא שיחסיו של דוד עם בת שבע אוצרים בקרבם פוטנציאל של מתיקות, אלא שאינם מתוקים עדיין. הסמליות של הכוורת מכניסה נימה של סכנה, ולעומתה פשרו של דימוי הפרי הוא שהבעיה העיקרית במעשהו של דוד היא הפזיזות שבו. אם היה מניח דוד לפרי להתבשל – כלומר, מחכה בסבלנות לאירועים שיתרחשו – יכול היה דוד ליהנות מיחסים כשרים עם בת שבע, במקום אלה שהפכו למרים. אם כוונתו של ה׳ הייתה ששלמה ייוולד מיחסיו של דוד עם בת שבע, היה הדבר יכול לבוא לעולם באינספור דרכים כשרות. אפשר שאוריה היה מת בדרך הטבע או במלחמה; דוד היה יכול להציע לבת שבע להתגרש ולהתחתן מחדש עמו. בסופו של דבר, מְמיטה פזיזותו של דוד רק חורבן.

פירושו הרביעי של רבא

פירושו הרביעי של רבא (שורות 44-51) הוא הרחבת סיפור של תהלים לה, טו, והוא מציע לנו נקודת מבט נוספת על מאמציו של דוד להשלים עם גודל החטא שעשה. בפנייה לה׳ אומר דוד: ״ריבונו של עולם, גלוי וידוע לפניך שאם היו קורעין בשרי, לא היה דמי שותת. ולא עוד, אלא בשעה שהם עוסקין בארבע מיתות ב״ד, פוסקין ממשנתן ואומרים לי: ׳דוד, הבא על אשת איש, מיתתו במה (= באיזו מבין הארבע)?׳ אמרתי להם: ׳הבא על אשת איש מיתתו בחנק ויש לו חלק לעולם הבא, אבל המלבין פני חברו ברבים אין לו חלק לעולם הבא׳״ (שורות 47-51).

ההקשר שבו שם רבא את המילים בפיו של דוד מצביע על כך שאמורים אנו לקוראן כביטוי נאמן לרגשותיו. שוב עומד דוד מול האלוהים; לכן חייבים דבריו להיות כנים.

ניתן לחלק את דבריו של דוד לשני חלקים. הראשון מתייחס ליחסיו האישיים עם ה׳. כה חזקה שאיפתו של דוד לחזור בתשובה ולבקש מחילה על מעשיו, עד כי מכלה היא את כוחותיו הגופניים והנפשיים כאחד, ומרוב צום ובכי לא ידמם גופו, גם אם יקרעו את בשרו. על כן בטוח דוד שה׳ יודע שתשובתו אמתית: ״...**גלוי וידוע לפניך** שאם היו קורעין בשרי, לא היה דמי שותת״.

החלק השני מראה לנו כיצד מנסה דוד להשלים עם החשיפה הפומבית של חטאו, ועם ההשפלה האישית שבאה בעקבותיה. כפי שראינו, בעיני דוד, אין הבחנה ברורה בין אישיותו הציבורית ובין זהותו כאדם פרטי, ובשל היותו מלך יש חשיבות גדולה לדמותו הציבורית. לאור זאת, יש משקל כבד לתגובתו של דוד לשאלתם המלגלגת של מבקריו. בתשובה לשאלה על עונש המוות היאה לנואפים, עונה דוד: "הבא על אשת איש מיתתו בחנק **ויש לו חלק לעולם הבא**, אבל המלבין פני חברו ברבים אין לו חלק לעולם הבא".

הקשר בינו לה' הוא סלע קיומו של דוד. עולם הבא מייצג את יחסיו הנצחיים עם ה'. העונשים שיישא בעוון מעשיו, כולל ההשפלה בידי מבקריו, הם כאין וכאפס בעיניו לנוכח הידיעה שאין הוא מאבד את חלקו בעולם הבא. דוד מוכן לקבל עליו עונש חנק, אם זאת ההלכה, כל עוד ימשיך להיות עבד ה'. דוד מוכיח את מלעיזיו ואומר להם שהם מסכנים את הקשרים הנצחיים שלהם עם ה', מעצם השפלתם אותו על חטא שכבר הביע עליו את חרטתו המרה.

פרשנות הפסוק

הפסוק שעליו בונה רבא את הרחבת הסיפור שלו הוא מתהלים לה, פרק שבו מבקש דוד מה' שיגן עליו מפני אויביו החושבים עליו רעה, ומביע את ביטחונו שאכן כך יעשה ה'. פסוק טו, שאליו מתייחס התעקיף של רבא, מתאר כיצד שמחים אויביו של דוד לחולשתו, ונאספים עליו לקרעו: "וּבְצַלְעִי שָׂמְחוּ וְנֶאֱסָפוּ; נֶאֶסְפוּ עָלַי נֵכִים וְלֹא יָדַעְתִּי; קָרְעוּ וְלֹא דָמּוּ". הלשון "צַלְעִי" שבפסוק נפתרת על נקלה בהקשר הכולל של הפרק כתיאור של פצע בגוף שבו מתמקדים אויביו של דוד. במסגרת הסיפורית שבונה רבא, נהפכת הצליעה לדימוי מתאים לחולשתו הרוחנית של דוד עקב חטאו. כישלונו של דוד החליש אותו, ואויביו שמחים לאידו, במקום להביע חמלה עליו בצערו. אך גם הם, יש לציין, "נֵכִים" – חוטאים כמו דוד, אם כי דוד טוען שחטאם גדול מחטאו במובנים מסוימים. דוד "הצולע" וגם אויביו "הנכים" סובלים פגיעה נפשית. דוד רואה אמנם את החולשה המשותפת לו ולהם,

אולם רואה גם את ההבדל המכריע ביניהם: דוד מלא חרטה על חטאו עד כי כָּלָה דמו ממנו. אויביו אינם מודעים לחטאיהם; הם "שמחים" לסבלותיו של דוד, הם "קורעים אותו ואינם דוממים".

פירושו של רב יהודה

שני החלקים הבאים של המדרש מחזירים אותנו לפירושו של רב יהודה (בשם רב). הערתו הראשונה (שורות 52-54) ש"אפילו בשעת חוליו של דוד קיים שמונה עשרה עונות",[31] מדגישה את יכולתו המינית של דוד. הערה זו באה לחזק את הדיוקן שצייר רב יהודה לעיל, המתאר את דוד כאדם בעל תשוקה גדולה ורצון עז.

כראיה לדבריו מצטט רב יהודה פסוק מתהלים ו, פרק המביע את ייסורי דוד ואת תחינתו לרפואה מה'. פסוק ז מתאר את בכיו של דוד בלילה על מיטתו: "יָגַעְתִּי בְּאַנְחָתִי; אַשְׂחֶה בְכָל לַיְלָה מִטָּתִי; בְּדִמְעָתִי עַרְשִׂי אַמְסֶה". בהקשר של דברי רב יהודה, נראה הפסוק כמכַוון למעשיו (המיניים) של דוד בלילה, ובמסגרת זו מציג הכתוב את דוד ממלא את חובותיו בתחום האישות לא מתוך תענוג, כמצופה, אלא דווקא מתוך סבל.[32]

פירושו של רב יהודה חשוב, כי הוא מתאר את יכולתו המינית של דוד אפילו במצבים בלתי צפויים. בכי גורם בדרך כלל אובדן תשוקה וכוח גופני, אבל דוד מסוגל לספק את צורכי נשותיו גם כשיש לו קשיים. דברי רב יהודה הם צעד גדול התורם רבות להבנה מדוע ניסיון הכרוך בשליטה עצמית מינית עשוי להיות קשה ביותר עבור דוד – כישוריו המיניים יוצאי הדופן תואמים את הלהט החריג של מזגו.

אולם, מעבר לכך, מצביעים דברי רב יהודה על יכולתו של דוד

31. כוונת רב יהודה לחובתו ההלכתית של בעל לדאוג לצרכיה המיניים של אשתו (במקרה של דוד, לשמונה עשרה נשותיו).

32. ראו את רש"י למילה "מִטָּתִי" ולמילים "בְּדִמְעָתִי עַרְשִׂי אַמְסֶה", בסנהדרין קז ע"א.

להביא צד זה של אישיותו לידי ביטוי בדרך של הקרבה עצמית ומתוך רוחב לב. כדי לספק את צורכי נשותיו, עושה דוד מצווה הגובה ממנו מחיר לא קטן. מפירושו של רב יהודה לומדים אנו אפוא שדוד מסוגל לכוון את יצרו המיני לפסים ראויים.

פירושו השני של רב יהודה

פירושו השני של רב יהודה (בשם רב) (שורות 55–68) הוא הרחבת סיפור של פרשת מרד אבשלום (שמואל ב׳ טו), שנראית ממבט ראשון כבלתי קשורה לקו המחשבה שהותווה עד לנקודה זו.[33] רב יהודה פותח את סיפורו בטענה מעוררת תדהמה, ולפיה ״ביקש דוד לעבוד עבודה זרה״ (שורה 56). כתימוכין לטענתו, קורא רב יהודה את הכתוב בשמואל ב׳ טו, לב בדרך רחוקה מאוד מפשט הפסוק על פי הקשרו. רב יהודה עורך הקבלה בין המילה ״ראש״, הכתובה בפסוק זה, ובין הופעתה בתיאורו של פסל בדניאל ב, לב[34] (שורות 57–59). רב יהודה משתמש בפסוק זה בדרך שאיננה פרשנית. כמו כן, אין הוא בונה את פירושו על סמך המתח שבין פשוטו של הפסוק ובין משמעותו בהקשר אחר. מבחינות אלה, משתמש רב יהודה בכתוב בשמואל ב׳ טו, לב כראיה לדבריו באופן שונה מרוב האופנים שבהם השתמש רבא בראיות שלו. דרכו של רב יהודה כאן שונה אפילו מהשזירה שעשה הוא עצמו לטקסט ולהרחבת הסיפור שהביא בחלקו הראשון של מדרש זה.

ההסבר להתנהגות המוזרה שמייחס רב יהודה לדוד מתברר ועולה במהלך שיחה בין דוד ורעהו הנאמן חושי הארכי. השיחה מתרחשת בשעה שדוד בורח מפני בנו המורד אבשלום, המבקש להרגו ולתפוש את המלוכה. בראותו את דוד עומד לעבוד עבודה זרה, מזדעזע חושי לנוכח הרעיון שדוד יעשה דבר שכזה: ״יאמרו

33. להבנת ההקשר, אנא קראו את כל הפרק.
34. רב יהודה משתמש פה בטכניקה הקרויה ״גזרה שווה״, השוואת אלמנטים לשוניים כדי לחשוף קשרים נסתרים.

מלך שכמותך יעבוד עבודה זרה?!" (שורה 61). תשובת דוד מגלה את מניעיו: "מלך שכמותי – יהרגנו בנו?! מוטב יעבוד עבודה זרה, ואל יתחלל שם שמים בפרהסיא" (שורות 62-63).

כפי שמציג זאת רב יהודה, לנוכח הסכנה שייהרג בידי בנו, חושש דוד שמותו יביא לחילול שמו של ה'. אין הוא מאמין שמגיעה לו מיתה שכזו, והוא דואג שמא, בראותם מלך צדיק נהרג בידי בנו, יסיקו רבים שאין משפטו של ה' משפט צדק. כדי למנוע חילול שם שמיים העלול להתרחש אם ימות, מחליט דוד לעבוד עבודה זרה, וכך לספק את הצידוק החסר למה שעתיד אולי לקרות לו. למרבה האירוניה, מהווה כוונתו של דוד לעבוד עבודה זרה ביטוי לאהבת ה' שבלבו, וחלילה לא על עזיבתו את אלוהיו, כפי שעלולים אנו לחשוב בטעות.

אך חושי אינו מקבל את הסיבתיות המבולבלת המוצגת על ידי דוד ומציע הסבר אחר למרד אבשלום: "מאי טעמא קנסיבת (= מה הסיבה שנשאת) 'יפת תואר'?"[35] (שורה 64). דוד איננו מבין לאן חותר חושי, ועונה: "'יפת תואר' רחמנא שרייה" (= התורה מתירה) (שורה 65). חושי, הרואה את המצב כמי שאינו נוגע בדבר, עונה תשובה ניצחת: "לא דרשת סימוכין? דסמיך ליה (= שסמוך לו) [לאחר הפסוקים המתירים 'יפת תואר' כתוב]: 'כִּי יִהְיֶה לְאִישׁ בֵּן סוֹרֵר וּמוֹרֶה' (דברים כא, יח). כל הנושא 'יפת תואר' יש לו בן סורר ומורה" (שורות 66-68). חושי בטוח למדיי שאם ימות דוד בידי אבשלום לא יהיה בכך חילול השם. כולם יקשרו את מות דוד למובן מאליו – נישואיו ל'יפת תואר'. אין פלא שמנישואי מלחמה חפוזים, שיסודם בתאווה לאישה שבויה, נולד בן בלתי הגון. התורה אמנם מתירה נישואים כאלה כוויתור לחולשה האנושית, אולם לא נוכל לטעון שהיא מקבלת זיווג שכזה בברכה, או מעודדת אותו. החיבור בין הפסוקים מוכיח זאת, כפי שמציין חושי.

35. "יפת תואר" היא אישה שנלקחה בשבי בזמן מלחמה. ראו דברים כא, י–יד.

רגש חזק ואי יכולת לראות קשרים

התיאור של דוד שמשרטט רב יהודה בהרחבת סיפור זו מאיר עיניים מאוד מאוד. תכונות אופי רבות הבונות את אישיותו של דוד נראות כאן בצורה ברורה. בראש ובראשונה אהבתו העצומה לה׳. כפי שמצייר אותו רב יהודה, גם כאשר חייו בסכנה, דאגתו הגדולה ביותר של דוד היא מה יהא על כבודו של ה׳, ולא על כבוד עצמו; הוא ישליך את נפשו מנגד – יהרוס את שמו הטוב כמלך צדיק – ובלבד שלא יראה את שם שמיים מתחלל.

אך סיפורו של רב יהודה מראה לנו גם את חולשתו של דוד, את חוסר צלילות הדעת המשפיע לעתים על חשיבתו, כאשר מתגברים רגשותיו. בעיה זו צצה ועולה בשני פרטים של הסיפור. ראשית, התדהמה האוחזת בנו למקרא התיאור של דוד השוקל לעבוד עבודה זרה, אפילו אם הנימוק לכך הוא "הצלתו" של ה׳. גם הוא לבטח יודע, כמונו, שאין שום הצדקה לעבודה זרה, אחת משלוש העברות החמורות ביותר שיכול יהודי לעשות. ההסבר היחיד לפשע שכזה הוא שרגש עמוק עלול לבלבל את חשיבתו של דוד ולהובילו לחציית קווים שהם בבחינת "ייהרג ואל יעבור". פרט שני שמאשש טענה זו הוא תשובתו של חושי לדוד, המאבחנת שאין דוד דורש סמיכות בין פסוקים. כאשר מעיבים רגשותיו על מחשבתו, אין דוד מבחין במובן מאליו, וכך קורה לו גם בענייני מין.

דרך תמונה זו של דוד, הנפרשת לעינינו פה, מהדהד באוזנינו חלקו הראשון של המדרש. גם שם, מביאה את דוד האהבה לה׳ היוקדת בלבו לחציית קו. הוא רוצה ששמו יוצמד לשמו של אלוהים בתפילה, כמו שזכו לכך האבות. במקום לקבל את המובן מאליו – שאין הוא יכול להיות מישהו אחר מלבד עצמו – מתעלם הוא מהאזהרות החבויות בתשובותיו של ה׳ אליו, ומבקש מה׳ שיבחן גם אותו. וכמו הסיבתיות שהציג בסיפור אבשלום, גם בכל הנוגע לענייני מין משתבשת חשיבתו ההגיונית של דוד. הוא "שוכח" הלכה ומתנהל בדרך המבטיחה את כישלונו.

הרחבת הסיפור שהביא רב יהודה לשמואל ב׳ טו מראה לנו

שהתנהגותו החוטאת של דוד בפרשת בת שבע אינה אלא חלק מדפוס כולל יותר בחייו. מזגו הסוער של דוד מעמיד אותו בפני מאבקים פנימיים רבים. מצד אחד, זהו כוחו הגדול ביותר, מקור יחסיו העמוקים עם ה׳. מצד שני, זוהי גם חולשתו הגדולה ביותר, תכונה ששוב ושוב הופכת אותו מוּעָד לשגיאות חמורות. אופיו של דוד הוא האתגר הקשה ביותר שלו. עליו ללמוד לתעל בתבונה את תאוותיו, שלא תשלוטנה בו לרעה. בד בבד, אסור לו להחניק אותן, כי אם כך יעשה יהרוג את חיוניותו, החלק המהותי ביותר של אישיותו. במפגשו הראשון עם בת שבע לא למד עדיין דוד לווסת את תאוותו.

החטיבה השלישית: רבי דוסתאי
דמן בירי: דוד כסוחר כותי

החטיבה האחרונה של המדרש פותחת בקריאתו של רבי דוסתאי את תהלים יט כדו־שיח בין דוד לה׳ (שורות 69-94). פרק זה של תהלים הוא שיר תהילה לדרכים שבהן מתגלות גדולתו וצדקתו של אלוהים בעולמו ובתורתו. שני הפסוקים (תהלים יט, יג-יד) שסביבם טווה רבי דוסתאי את הדו־שיח שלו הם בקשתו של דוד מה׳ לטהרו ולהצילו מחטא. ככאלה, מתאימים הם לנושא הכללי שפוּתח לכל אורכו של מדרש זה, אם כי בשני מקומות משנה רבי דוסתאי את פשוטם של הפסוקים כבסיס לשתי הרחבות סיפור ארוכות.

בפתח הדו־שיח ממשיל רבי דוסתאי את דוד לסוחר כותי. רש״י מסביר שסוחרים כותים מציעים את מרכולתם מעט מעט, במנות קטנות, כדי לתת לקונה את ההרגשה שאין הוא מוציא כסף רב. התבוננות בדו־שיח מבהירה לנו היטב את הדימוי. דוד חטא חטא חמור ומייחל לסליחתו של אלוהים. במקום להעלות את הנושא ישירות, מפלס הוא את דרכו ״בהתמקחות״ עד לשאלה המכריעה, בתקווה לעבור אותה בקלות.

דוד מתחיל בבקשת סליחה מאלוהים על ״שגיאות״ (שורה 73), ״נסתרות״ (שורה 75), ואפילו על ״זדים״ (= זדונות; שורה 77), ועל

כל בקשה עונה אלוהים במילים: "שביקי לך" (מחולים הם לך; שורות 74, 76, 78). על פי סדר הפסוקים, מתקדם דוד מקבוצת העֲברות הקלות אל החמורות יותר, ושלא במקרה, מהתיאור הרך ביותר של חטאו אל הקשה ביותר.[36]

"דלא לישתעו בי רבנן"

בהתאם לסדר הפסוקים, בקשתו הבאה של דוד מה' היא "...אַל יִמְשְׁלוּ בִי אָז אֵיתָם...", המתפרשת על ידי רבי דוסתאי כ"דלא לישתעו בי רבנן" (שלא ידברו עליי חכמים; שורות 79–80). לצורך הציור שהוא מבקש לשרטט, אין רבי דוסתאי מגלה עניין רב בפשוטו של הכתוב בהקשרו המקורי, אלא בתפקיד שיכול הפסוק למלא בהרחבת הסיפור שלו. פירושו מבוסס על החלפת משמעות אחת של השורש "משל" באחרת.[37] לשורש "משל" שני מובנים עיקריים: (1) 'לשלוט'; ו־(2) 'לשמש כדוגמה או משל'.[38] פשט המילים "אַל יִמְשְׁלוּ בִי" בתהלים יט, יד יכול להיות **רק** 'אל ישלטו בי'. דבר זה מתחייב לא רק מתוך ההקשר; על פי צורתה הדקדוקית, אין אפשרות לייחס למילה מובן של 'משל/דוגמה'.[39] אך רבי דוסתאי בוחר במובן השני של השורש,

36. במידה מסוימת, מהווה כל אחד מהמונחים אפיון מדויק של מעשי דוד, משום שחטאו של דוד מסובך, ומורכב מגורמים רבים כל כך. החולשה הראשונה המטה אותו אל הדרך הרעה מתפתחת מבקשה לניסיון שיסודה בהבנה מוטעית ("שגיאות") המובילה אותו ליחסי מין אסורים ("נסתרות"), ולבסוף, מביאה אותו לגרום בכוונה תחילה למותו של אוריה בניסיון להעלים את מה שקרה ("זדים").
37. ראו בגמרא את רש"י למילים אלה.
38. במובן רחב יותר, אפשר לומר ש"מָשָׁל" פירושו 'שימוש בלשון שלא במשמעותה המילולית'.

ישנו קשר סמנטי בין שני המובנים של השורש "משל". המובן 'לשלוט' הורחב למובן של 'שימוש בשפה שלא במשמעותה המילולית'. לקחת משהו כדוגמה, לעשות ממנו משל, או לשנות את מובנו הבסיסי (כלומר, להשתמש בו באופן מושאל או כדימוי ציורי), פירושו של דבר לשלוט בו.
39. לו הייתה כוונת הפסוק למובן של 'משל/דוגמה' היה צריך להיות כתוב "ימשילו". אמנם גם אז היה השימוש במילה זו בצירוף המילים שלפנינו מסורבל במקרה הטוב.

וקורא את המילים "אַל יִמְשְׁלוּ בִי" כאילו אומר דוד: "שלא ייקחו אותי כדוגמה", או בלשון המדרש: "דלא לישתעו בי רבנן" (שלא ידברו עליי חכמים). בקשה זו, כקודמותיה בדו־שיח, נענית במילים "שביקי לך" (מחולים הם לך; שורה 81).

הדרך שבה מעבד רבי דוסתאי את הפסוק מסקרנת משתי סיבות. ראשית, היא מזכירה לנו חלקים אחרים במדרש זה, שבהם צפה ועולה דאגתו של דוד לתדמיתו הציבורית (כגון בפירושו השני של רבא). אלא ששם מתואר דוד כמוטרד מאיבוד שמו הטוב בעיני בני דורו, ואילו כאן מציג רבי דוסתאי ממד נוסף לחששותיו של דוד – זיכרונו לדורות עולם. דוד איננו רוצה להיות מופת לכישלון שעליו יצביעו חכמים בכל הזמנים.

פרדוקס מכוון

אך ישנו דבר מה נוסף, המגרה אף יותר את המחשבה, בהסברו של רבי דוסתאי למילים "אַל יִמְשְׁלוּ בִי"; חרף היותו תיאור סביר של דוד טמונה בחובו סתירה פנימית. בקשתו של דוד שלא ידונו בו חכמים והסכמתו של ה׳ לבקשה זו מתועדות בתלמוד. אין הקורא יכול שלא לשים לב לעובדה שפירושו של רבי דוסתאי מהווה חלק מדיון רחב של חכמים בחטאו של דוד. אולם, זה בדיוק הדבר שמבקש דוד שלא יקרה. כל מה שהיה על רבי דוסתאי לעשות על מנת להסיר את הגורם הפרדוקסאלי של פירושו הוא להשמיט את תשובתו של ה׳ מהדיון. אלא שהסכמתו של ה׳ לבקשת דוד כלולה בכל זאת בדו־שיח שביניהם, על פי גרסתו של רבי דוסתאי. מה מבקש, אפוא, רבי דוסתאי להביע, כשהוא מתעד את בקשתו של דוד שלא ידונו בו חכמים ואת תשובתו של ה׳ הנראית חיובית, בהקשר ההופך למעשה את חילופי הדברים בין דוד לה׳ לחסר כל משמעות?

אחת התשובות האפשריות היא שרבי דוסתאי מבקש להדגיש את המרחק הקיים בין תפישתו של דוד את חטאו לבין זו של חכמים. פחדו של דוד מפני הדיון בחטאו יוצא מההנחה שיספוג גינוי מצד חכמים. לאור רגשי האשמה המוצדקים שלו, נראית הנחה זו מציאותית לחלוטין;

אך רבי דוסתאי יודע שגישתם של חכמים שונה. דיונם של חכמים בסיפורם של דוד ובת שבע משול אמנם לניתוח רפואי חסר רחמים של חטאו של דוד, אבל מפגין בדרך כלל אהדה לדוד האדם. בבואם לדון בדוד, מתכוונים חכמים, אכן, להופכו לדוגמה ומשל, אך שמים הם את הדגש על כוחה וכנותה של חזרתו בתשובה, הרבה יותר מאשר על גודל עוונו. בהנחה שבקשתו האמתית היא שלא ידונו בו חכמים מנקודת מבט שלילית – ולאו דווקא שלא ידונו בו בכלל – זוכה דוד למילוי הבקשה, אם לא ככתבה וכלשונה, לפחות על פי רוחה.

חירותם של חכמים

אך ניתן להתבונן בפרדוקס הגלום בפירושו של רבי דוסתאי בדרך אחרת, המובילה אותנו אל חלקה הבא של הרחבת הסיפור. ייתכן שרבי דוסתאי מבקש לומר שאפילו ה׳ "אינו יכול" למנוע מחכמים את האפשרות לדון. חייו של דוד, מלך ישראל ומשורר תהלים, חייבים להיות נושא למחקר, דיון, הבנה ולימוד, ללא התחשבות ברגשותיו של דוד כאדם פרטי. סיפורו של דוד הוא חלק מהתורה (במובנה הרחב ביותר של המילה), אפילו אם חפץ אלוהים לחסוך מדוד חשיפה זו של כישלונותיו.[40] על

40. רעיון זה נראה אולי רדיקאלי, אך יש לו הדים במספר רב ומפתיע של הקשרים אחרים במקורות חז"ל. הדוגמה הרלוונטית ביותר לענייננו היא ככל הנראה הסיפור "תנורו של עכנאי" בבבא מציעא נט ע"ב. ראו גם שמות רבה טו: ב, כ, כד ו־ל. ראו גם תענית כג ע"א (סיפורו של חוני המעגל, במיוחד המילים: "אתה גזרת מלמטה..."). די בקומץ הדוגמות הללו כדי להצביע על הנחתם של חז"ל שיחסו של אלוהים עם עַמו ישראל הוא של טוב וחסד ולא של תחרות. על פי השקפתם של חז"ל, מבקש אלוהים מעִמנו ללמוד את התורה שנתן לנו על בוריה, והוא גאה בהישגנו במילוי חובה זו.

לעומת זאת, מלמדים אותנו חז"ל בפעמים אחרות שעלינו לקבל על עצמנו מגבלות אינטלקטואליות מסוימות, ושׂשומה עלינו לדעת את הזמן והנסיבות שבהם אין מקום לשאול שאלות. יראת אלוהים היא ערך בעל חשיבות עליונה אצל חז"ל. ראו למשל את המדרש על הרב והתלמיד בפרק ו. מה שחשוב למטרתנו, בייחוד ביחס להרחבת הסיפור של רבי דוסתאי, הוא קיומן של שתי הדעות זו לצד זו במחשבת חז"ל. בכל אופן, הרדיקאליות של דברי רבי דוסתאי בעינה עומדת. הכללתו של סיפור דוד ובת שבע בקנון של התורה, הן

ידי ציון בקשתו של דוד – וציון הסכמתו של ה' אליה – בעיצומו של ניתוח מדרשי ארוך של סיפור דוד ובת שבע, יכול רבי דוסתאי להמחיש בצורה ברורה ביותר שסיפור זה הוא חלק מהתורה שבעל פה שלנו, ובשל היותו כזה, שייך הוא לחכמים. בתחומה של ממלכה זו, ניתנת לחכמים החירות לחקור את כל השלכותיו של הסיפור כטוב בעיניהם, תוך התעלמות ממשאלותיו האפשריות של האיש הפרטי דוד, ואפילו "בניגוד" לנכונותו של ה' להיעתר לבקשתו של דוד.

תיעוד החטא

רבי דוסתאי חוזר על רעיון זה בדרך שונה מעט בהמשכה של הרחבת הסיפור שלו (שורות 82-94). פרשנותו לתהלים יט, יד מתקדמת למילים הבאות בפסוק וקוראת אותן כך: "[אמר לו דוד:] '...וְנִקֵּיתִי מִפֶּשַׁע רָב', שלא ייכתב "סירחוני"" (שורות 82-83). קשה לזהות בוודאות את העוגן הלשוני שבו נאחז פירושו של רבי דוסתאי. אפשרות אחת היא שהוא מנגיד את המילה "נִקֵּיתִי" מול תפישת החטא כ"סירחון", דהיינו משהו שיש להסירו על ידי ניקוי. בכל אופן, משמעותה של בקשת דוד ברורה. כהד לתחנוניו שלא ידונו בו חכמים, מבקש דוד שסיפור חטאו יישאר מחוץ לתנ"ך. יש לשים לב לעובדה שרבי דוסתאי מנסח את שתי בקשותיו אלה של דוד בלשון המשקפת את ההבדל ביניהן. חכמים הם מוסרי התורה שבעל פה, לכן מבקש דוד שהם לא **ידונו** בו. התנ"ך הוא התורה שבכתב, לכן מבקש הוא שחטאו לא **ייכתב**. אלא שכאן, לראשונה בדו־שיח, אין ה' מסכים. ההצדקה לכך: "אמר לו: 'אי אפשר, ומה יו"ד שנטלתי משרי עומד וצווח כמה שנים עד שבא יהושע והוספתי לו, שנאמר: "...וַיִּקְרָא מֹשֶׁה לְהוֹשֵׁעַ בִּן נוּן יְהוֹשֻׁעַ" (במדבר יג, טז) כל הפרשה כולה על אחת כמה וכמה'" (שורות 84-87).

הנימוק שנותן ה' לסירובו לבקשת דוד מאזכר שני סיפורים של שינוי שם המופיעים בתורה. הראשון, שינוי שמה של שרי

זו שבכתב והן זו שבעל פה, משמעותה שיכול רבי דוסתאי ליהנות מהחירות שניתנה לחכמים לדון בחייו של דוד.

לשרה, מתרחש לאחר שאברהם מצווה על המילה; שינוי שמה של שרי בא יחד עם הבשורה של ה׳ לאברהם על כך ששרה תלד לו בן (בראשית יז, טו). הסיפור השני הוא שינוי שמו של הושע בן נון ליהושע: משה משנה את שמו של הושע לפני שליחתו לארץ כנען עם המרגלים (במדבר יג, טז). במקרה הראשון, מוסרת האות יו״ד משֵם, ובשני, מתווספת יו״ד לשֵם. הרחבת הסיפור של רבי דוסתאי מצרפת את שני הסיפורים, בתארה את האות יו״ד, שהוסרה מהתורה, בוכה ומתייפחת לשוב אל מקומה הצודק, ומתנחמת רק עם הוספתה לשמו של יהושע.

כשמדרש משמיע את קולם של עצמים דוממים, קול זה הוא לרוב השקפה של חכמים, או שהוא דרך להצגת שאלה. אין כוונת המדרש למשמעותה הפשטנית של התמונה. במקרה זה עלינו לשאול מדוע בנוי הסיפור בדרך זו, ומהו המסר המובע בפרטים.

הטקסט כמכלול

יו״ד היא הקטנה שבאותיות העבריות, ואולי היינו מעלים בדעתנו שחסרונה מהטקסט של התורה יהיה בעיה קלת ערך יחסית. אולם רבי דוסתאי מספר לנו על ״צעקתה״ של האות המבקשת לשוב ולהיכלל בטקסט, ועל ה׳ השומע את ״צעקתה״. תיאור זה מציג בפנינו יסוד חשוב: הטקסט של התורה כמכלול תלוי בשלמות של הכתוב בה, וזוהי תמצית דבריו של ה׳ לדוד. אם יש למצוא דרך שתפצה על חסרונה של אות אחת בלבד מהתורה, על אחת כמה וכמה אם יושמט מהתנ״ך סיפור דוד ובת שבע, המעשה בעל המשקל המוסרי הרב, התופס מקום מרכזי כל כך בחיי דוד, עבד ה׳. מרגע התרחשותו, מהווה הסיפור חלק בלתי נפרד מהתנ״ך, והשמטתו היא ״בלתי אפשרית״, יש בה משום חילול שלמותו של הטקסט.[41] אפילו בעבור דוד, אין ה׳ יכול לפגום בכְליותו של התנ״ך.

41. רעיון זה מופיע גם במקומות אחרים בספרות המדרשית. מספר גרסות של מדרש זה, על אודות האות החסרה, אינן מזכירות כלל את סיפור דוד ובת שבע; תחת זאת, מצרפות הן שוב ושוב, במגוון דרכים, את סיפור שרי והושע,

"מחול לי על אותו עוון כולו"

רבי דוסתאי מתאר את דוד כמי שכנראה מקבל את העובדה שבלתי אפשרי למלא את בקשתו. כעת, שם רבי דוסתאי בפי דוד בקשה חלופית: "ריבונו של עולם, מחול לי על אותו עוון כולו" (שורה 89). המילים בפסוק שעליהן נסמך רבי דוסתאי כעוגן לדברי דוד, אלה הן אותן מילים ששימשו לו משענת לתיאור בקשת דוד הקודמת: "...וְנִקֵּיתִי מִפֶּשַׁע רָב" (שורה 88). ברם, בחלק זה של הדו־שיח ניתן להבין מילים אלה כפשוטן, בניגוד לשימוש בהן לעיל; דוד, אכן, חטא חטאה גדולה, והוא חש צורך עמוק להתנקות.

בכל זאת, הדרך שבה בונה רבי דוסתאי את הדו־שיח מוכיחה בבירור שאין דוד מבקש כאן בפשטות מחילה. אם זאת אכן כל מטרתו, הרי שהיא הושגה כבר על ידי היענותו החיובית של ה' לבקשותיו הקודמות לסליחה על ה"שגיאות", ה"נסתרות" וה"זדים" (=זדונות) שלו. מלבד זאת, אם כל חפצו של דוד הוא סליחה, אין תשובתו של ה' לבקשתו ממין העניין. כדי לגלות מה באמת מבקש דוד, עלינו לבחון את תשובתו של ה', ואת תגובת דוד אליה.

בתשובתו לבקשת דוד עונה ה': "כבר עתיד שלמה בנך לומר בחכמתו: 'הֲיַחְתֶּה אִישׁ אֵשׁ בְּחֵיקוֹ וּבְגָדָיו לֹא תִשָּׂרַפְנָה? אִם יְהַלֵּךְ אִישׁ עַל הַגֶּחָלִים וְרַגְלָיו לֹא תִכָּוֶינָה? כֵּן הַבָּא אֶל אֵשֶׁת רֵעֵהוּ, לֹא יִנָּקֶה כָּל הַנֹּגֵעַ בָּהּ'" (שורות 90–91). הפסוקים ממשלי שצוטטו פה משתמשים בדימוי חי וממשי – שרפה וכווייה – כדי לתאר את תוצאותיו של הניאוף. כאיש החותה (=נושא) אש בחיקו, או מהלך על גחלים, כך סובל הנואף את השלכות מעשיו, גם אם סלח לו ה' על חטאו. אמנם, בכוחה של הסליחה להביא לריפוי אמתי של מערכת היחסים שבין ה'

והיו"ד שיש להחזירה אל הטקסט. קבוצה אחרת של מדרשים הנושאים מסר דומה, מתארת בעוז רב את האות יו"ד מצווחת כנגד המלך שלמה על ניסיונו לבטלה מהתורה, בהפרו את המצוות המוטלות על מלך ישראל. אלוהים מבטיח לאות יו"ד ש"שלמה ואלף כיוצא בו יהיו בטלין וקוצה ממך איני מבטל". ראו בשמות רבה ו, א גרסה המרמזת הן על סיפור שרי ויהושע והן על סיפור שלמה והיו"ד.

והחוטא, אך אין ביכולתה למחוק את זיכרון החטא מדעתו של הנואף, ואין היא מסוגלת להשיב אחור את כל שרשרת האירועים שהתגלגלה עקב הדרך שבחר ללכת בה.

אופיה של תשובת ה׳ לדוד מעיד ששאיפתו האמתית של דוד היא שה׳ ימחק את תוצאות שגיאותיו הנוראות ויחזיר את המצב לקדמותו. רק אז, סבור דוד, יוכל באמת לחוש **שניקה** ״מִפֶּשַׁע רָב״. אלא שהציטוט שמביא אלוהים ממשלי אומר בבירור שאם מגדיר דוד התנקות כמחיקת זֵכר ותוצאות, אזי ״**לֹא יִנָּקֶה כָּל הַנֹּגֵעַ בָּהּ**״. מחיקה כזו איננה בגדר האפשר, כמוה כהשמטת האמת מהתנ״ך. אין זה משום שאין האלוהים יכול לעשות זאת, אם רק חפץ בכך, אלא מפני שבקשתו של דוד חושפת את הבעיה לעשות כן, כפי שעוד נראה.

מעניין, שהתשובה ששם רבי דוסתאי בפי ה׳ לדוד חוזרת שוב על מה שהודגש כבר קודם לכן, קרי: שלמותו של התנ״ך היא נצחית ובלתי מעורערת. כאן נאמרים הדברים בעוצמה רבה יותר, במילים המקדימות את הציטוט ממשלי: ״כבר **עתיד** שלמה בנך **לומר בחכמתו**...״. שיבוש סדר הזמנים הוא מכוון, כלי שתכליתו לבטא את הרעיון שגם מה שטרם נכתב בתנ״ך כבר נחשב לחלק ממנו. ה׳ יכול להוכיח לדוד את חשיבתו השגויה תוך שימוש במילים שטרם נכתבו על ידי בנו שטרם נולד, כיוון שמילים אלה הן חלק מהתנ״ך, והחכמה האצורה בהן היא על-זמנית, בלתי תלויה בתאריך שבו נכתבו בעט על מגילת ספר.

קבלת ייסורים

תגובת דוד לסירובו של האלוהים לבקשתו באה מתוך שברון לב עמוק: ״כל הכי נטרד ההוא גברא?״ (= כל כך יוטרד האיש ההוא? שורה 92). דוד מקבל על עצמו את האשמה על חטא שתהיינה לו תוצאות הרסניות לגביו, כפי שידוע לו היטב. הוא גם ביקש מחילה, הצטער וצם. הוא אפילו השלים עם כך שיעמוד למשפט הציבור, וקיבל את העובדה שחטאו ייכתב בתנ״ך. ועדיין מכרסמת בדוד תחושת כישלון, מודעות לכך שטרם התנקה מחטאו, ושיחסיו עם ה׳ אינם מה שהם צריכים להיות באמת. הוא כואב ומוטרד.

תגובת ה׳ לצערו של דוד מכֻוונת מייד היישר ללב הבעיה. אם באמת רוצה אתה להינקות מפשע רב, אומר ה׳ לדוד: ״קבל עליך ייסורין״ (שורה 93).

במבט ראשון, בלתי ברור כיצד פותרות מילים אלה את בעייתו של דוד. ראשית, דוד **כבר** סובל מאוד מאז שחטא. שנית, קשה לראות מה כוונת האלוהים באמרו לדוד ״קבל עליך ייסורין״. אחרי הכול, בחייהם של רוב בני האדם, הייסורים פשוט באים. אנו נוטים לחשוב שככל שנוגע הדבר לייסורים, אין הקבלה מהווה גורם מכריע – סבל איננו אלא חלק בלתי נמנע של הקיום האנושי.

עם זאת, נראה שהוראתו הקצרה של אלוהים מספקת לדוד את המפתח לפתרון חטאו. יתרה מזאת, נראה שדוד מבין היטב את המסר של ה׳, כפי שניתן לראות מתוך תגובתו: ״קיבל עליו״ (שורה 94). הבנה זו עומדת בניגוד מוחלט לאי יכולתו הקודמת של דוד לקלוט את האזהרה שהייתה חבויה בשיחה הראשונה, שתוארה על ידי רב יהודה. כשה׳ מתאר את האבות כמי שזכו ששמם יצורף לשמו בזכות עמידתם בניסיונות, וכשהוא מגלה לדוד את אופי הניסיון המצפה לו, אין בכוחו של דוד לקלוט נכונה את הדברים, מפני שאין הוא מוכן עדיין לראות את כישלונותיו. רק בתקופה הכואבת של בחינה עצמית שבאה בעקבות החטא, מסוגל דוד לתפוס את משמעותם של דברי ה׳, כי הידיעה הברורה שחטא גורמת לו לרצות להשתנות.

צירוף החלקים

כדי להבין את חשיבות דבריו של ה׳ לדוד, עלינו להתבונן במדרש במבט כוללני, ולראות כיצד פותר סיפורו של רבי דוסתאי עניינים שעלו קודם לכן.

כפי שראינו בניתוחו של רב יהודה את התהליך שמביא את דוד לחטוא (שורות 1-29), נולדת שגיאתו הראשונה של דוד מתוך תחושת אי הנוחות שלו עם עצמו. הישארותו בביתו, הרחק מהמלחמה, היא התנהלות שאיננה מתאימה לסטנדרטים של התנהגות מלכותית

שקבע הוא עצמו בפעמים קודמות. אולי גם מִסיבות נוספות, אין דוד שבע רצון ממצב יחסיו עם ה׳, כפי שכבר ציינו. אלא שבמקום לבחון את אותה אי שביעות רצון ולמצוא דרך להשלים עמה, מחפש דוד דרך לסלק את אי הנוחות שלו על ידי ניסיון להיהפך למישהו אחר, דהיינו באמצעות בקשה מה׳ להיות כמו האבות. בקיצור, הוא מעדיף לעקוף את מקור אי הנוחות שלו מאשר להתמודד עמו בכנות. כחלק מתכנית לקויה זו, מעמיד הוא את עצמו בניסיון. אולם, כיוון שחושש הוא במידה שווה הן מעמידה בניסיון והן מכישלון בו, מנסה דוד שוב לעקוף את הקושי. ניסיון זה שב ופוגע בו כבומרנג, והוא חוטא.

דוד תמרן את עצמו למצב מכאיב זה בדיוק משום שניסה להימנע מכאב במקום להתייצב מולו. צחוק הגורל, מאמציו הכושלים למנוע סבל עוררו כאב גדול יותר מזה שהיה עשוי להיות מנת חלקו אילו התמודד עם עצמו ועם ספקותיו בכנות.[42] במבט לאחור, מסוגל דוד לראות זאת בעצמו, להכיר את עצמו כ״מאן דסני לי״ (מי ששונא אותי), ולהגיד שהיה יכול לכבוש את יצרו הרע לו רק רצה.

כשה׳ אומר לדוד ״קבל עליך ייסורין״, הוא אומר לו ששורש חטאו נעוץ בכך שהוא מבקש לעקוף ייסורים. אם רצונו הכן של דוד הוא ״להינקות מפשע רב״, עליו להתמודד עם כישלון מוסרי בולט זה. אין די בחרטה על המעשה הנפשע של לקיחת בת שבע. תשובה שלמה פירושה שינוי עצמי מן היסוד. על ידי התמודדות עם ייסוריו

42. קרל יונג, בדיון על ההבדל בין דיכוי (suppression) להדחקה (repression) מצביע על כך ש״כל הפרעה נפשית (נוירוזה) אינה אלא תחליף לסבל לגיטימי״. בעקבות דברים אלה, ניתן אולי לומר שהניסיון להימנע מסבל יוצר יותר בעיות מאשר הוא פותר (*Psychology and Religion: West and East, The Collected Works of C.G. Jung*, Vol. 11, translated by R.F.C. Hull, Bollingen Series, Pantheon Books, N. Y., 1958, p. 75).

שימוש במושג ״הפרעה נפשית״ (שהפך לעיקרה השדוף של הפסיכולוגיה העממית) כדי לתאר את מצבו של דוד, איננו רק ביזוי גדולת רוחו ורוממות מלכותו, אלא גם פשטני ואנכרוניסטי. אך ההגדרה שנתן יונג למושג הזה יכולה לשמש כאנלוגיה. ניסוח תפיסתו של יונג במונחים דתיים יכול להיות אולי: ״הניסיון להימנע מסבל עלול להביא את האדם לידי חטא״.

בכנות, יאזור דוד אומץ שאת חסרונו הפגין קודם לכן, וכך יוכל גם לתקן את עצמו להבא.

האומץ לעמוד בייסורים

תגובה נעלה בפי דוד לתשובתו של האלוהים. בלי שאלות, תלונות או היסוסים, ככל הנראה, "קיבל עליו" (שורה 94). המדרש מסכם את החלטתו של דוד בסגנונו הקצר האופייני, אבל ההשלכות של שתי מילים אלו גדולות. בשמואל ב׳ יב כבר ראינו את דוד מקבל עליו אחריות מלאה על הפשע הנורא שבו האשימו נתן. דוד איננו מנסה להסביר או לתרץ את עצמו. במקום זאת, מתייצב הוא לנוכח הרוע הטמון בו בכנות נוקבת. גם כאן, כפי שמציירו רבי דוסתאי, מקבל דוד את מלוא כובד משקלם של הייסורים שנכונו לו, ואינו מתחמק. הוא לא ינסה לברוח מהעונש הצפוי לו, והוא לא ינסה לבטל את תחושת הייסורים הבאים עליו. דוד יקבל את מה שמצפה לו מתוך מודעות שבכך מתקן הוא ליקוי עמוק החבוי בקרבו.

שינוי נפשי מרשים חל אצל דוד. האיש שניסה בתחילה להקטין את הסיכונים הצפויים לו על ידי שינוי הרגליו המיניים, כדי לא להיכשל בניסיון שעתיד האלוהים לנסותו, הפך למלך על עצמו, ובכך לעבד ה׳ שלם עוד יותר. ראויה לציון העובדה שאין דוד מבקש מה׳ לספר לו מה יהיו ייסוריו. בדרגה הגבוהה שאליה הגיע, אין הוא זקוק עוד לביטחונות. החלטתו "לקבל עליו ייסורים" מהווה נקודה של מפנה עמוק בחייו. **קבלת** ייסורים, ולא רק התנסות בהם, תביא את דוד לגאולה עצמית אמתית מחטאו.

ייסורי דוד

חלק הארי של שאר הפרקים בספר שמואל מהווה רשימה של הצרות העוברות על דוד בעקבות חטאו. אלה כוללות את מות בנה הראשון של בת שבע, אונס תמר, מות אמנון ביד אבשלום אחיו, ומרד אבשלום נגד דוד, המגיע לשיאו במותו של אבשלום. הפרק הראשון של ספר מלכים ממשיך את השרשרת הארוכה של הצער והיגון בתיאור דוד הזקן והתשוש, ובסיפור ניסיונו של אדוניהו לתפוס את המלוכה לפני

מות דוד. מסכת אסונות זו היא מיצוי כל סאת ייסורים שרק היינו מעלים בדעתנו, שחייבת להיות מנת חלקו של דוד. בכל זאת, ממשיך רב יהודה להרחיב את הסיפור ברשימה נוספת של ייסורים העוברים על דוד (שורות 95-107). הוא מספר לנו ש"שישה חודשים נצטרע דוד, ונסתלקה הימנו שכינה, ופירשו ממנו סנהדרין" (שורות 95-96).

כל הראיות המשמשות את רב יהודה לחיזוק דעתו משתלבות היטב בהקשרן החדש, על פי העיצוב המחודש שהוא עושה לסיפור. אמנם, פשוטם של הפסוקים, בהקשרם המקורי, שונה מאופן השימוש בהם בסיפורו של רב יהודה, אך אין רב יהודה מעוות לחלוטין את צורתם כדי להשיג את מבוקשו.

מבין הראיות, שתיים מתאימות במיוחד, כיוון שנלקחו מתהלים נא, הפרק המתאר את רגשותיו של דוד בעת העימות עם נתן, לאחר שחטא בבת שבע. תהלים נא, ט, הראיה להצטרעותו של דוד, היא תחינה לה': "תְּחַטְּאֵנִי בְאֵזוֹב וְאֶטְהָר; תְּכַבְּסֵנִי וּמִשֶּׁלֶג אַלְבִּין" (שורות 97-98). כפי שאומר רש"י (בסנהדרין קז ע"א), העובדה שדוד היה צריך להיטהר באזוב מעידה שנצטרע.[43] מן הראיה השנייה, שבה מבקש דוד "הָשִׁיבָה לִּי שְׂשׂוֹן יִשְׁעֶךָ, וְרוּחַ נְדִיבָה תִסְמְכֵנִי", ניתן להסיק שנסתלקה ממנו השכינה, שכן מבקש הוא שתשוב אליו (שורות 99-100).

כראיה לכך שהסנהדרין פרשו מדוד, מצטט רב יהודה את הפסוק מתהלים קיט, עט, שבו אומר דוד: "יָשׁוּבוּ לִי יְרֵאֶיךָ..." (שורות 101-102). גם כאן, אם "יְרֵאֶיךָ", קרי: הסנהדרין, צריכים לשוב, ניתן להסיק מכך שעזבו בזמן מסוים קודם לכן.

רב יהודה מוכיח שתקופת סבלו של דוד ארכה שישה חודשים מתוך ההבדל הקיים בחישוב זמן מלכותו של דוד בין הכתוב בשמואל ב' ה, ה ובין הנאמר במלכים א' ב, יא. בשני המקומות מסופר שדוד מלך ארבעים שנה, ושניהם מחלקים בצורה דומה את שנות מלכותו – שבע שנים בחברון ושלושים ושלוש שנה בירושלים.

43. אזוב הוא אחד הדברים שבהם משתמשים בטקס הטהרה של מצורע.

אלא שהכתוב בשמואל אומר שלמעשה, בחברון מלך דוד שבע שנים ושישה חודשים, בעוד הכתוב במלכים מעגל את המספר כלפי מטה, ומספר שדוד מלך בחברון שבע שנים בלבד.

ההבדל בין הכתובים מדומה יותר משהוא אמתי, כי כפי שידוע לנו, אין התנ"ך מדייק בדרך כלל בחשבון שנות שלטונם של מלכים.[44] יתרה מזאת, בתולדות חייו של דוד מופיעים ששת החודשים "החסרים" שנים רבות קודם לסיפור חטאו. המסקנה הבלתי נמנעת היא שההבדל בין הכתובים משמש כאסמכתא[45] בלבד לטענת רב יהודה שדוד נצטרע שישה חודשים. השימוש שעושה רב יהודה בהבדל זה מצליח ליצור את הרושם ששישה חודשים מחייו של דוד נמחקו בעצם, כפי שהיינו מצפים אם היה מצטרע, שכן "מצורע חשוב כמת".[46] אם באמת נצטרע דוד שישה חודשים, נחשב הוא כמת לכל דבר ועניין, וניתן לומר שחסרים שישה חודשים לחייו.

ברם, חובה עלינו לשאול את עצמנו מדוע מרחיב רב יהודה את הסיפור בדרך זו, אף על פי שמספר הצרות המתועדות בחציו האחרון של ספר שמואל ב' גדול די והותר כדי למלא את ימי חייו של אדם אחד. אחת האפשרויות היא שהייתה לרב יהודה מסורת שייחסה את הייסורים הללו לדוד, בנוסף לאלה המופיעים במפורש בשמואל ב. אפשרות אחרת היא שרב יהודה מבקש שנראה את ייסוריו של דוד ככוללים את הכול, כיוון שהיקף ייסוריו של דוד מעצים את ערכה של נכונותו לקבל את המכות ששולח לו האלוהים.

במשך שישה חודשים, אליבא דרב יהודה, על דוד לשאת את אות הקלון של הצרעת, את הבדידות של סילוק השכינה, ואת התרחקותם

44. הסיבה לדיוק הרב שנוקט הכתוב בשמואל ב' ה היא אולי משום שהוא בא לתאר את המעבר מחברון (שבה מלך דוד על שבט יהודה בלבד) לירושלים (שבה מלך על כל ישראל).

45. אסמכתא היא ציטוט של טקסט מקראי לצורך רטורי או למטרת חקיקה בזיכרון, יותר מאשר כראיה.

46. שמות רבה א, לד, ד"ה "ויהי בימים". ביטוי זה נמצא גם במדרש תנחומא בקשר לצרעתה של מרים.

של האנשים הנכבדים ביותר בעיניו. וכך, פוגעים הייסורים שדוד "מקבל על עצמו", ללא התחמקות, בבריאותו הגופנית, בחיי הרוח שלו, ובאישיותו החברתית. קשה לדמיין מישהו המסוגל לשרוד חסכים כאלה. לאדם בעל חוסן גופני גבוה, החש צורך עז כל כך להיות מחובר לה׳, והתופס עמדה ציבורית רגישה, מהווים כל אלה מבחנים בלתי נסבלים. ובכל זאת, דוד מקבל אותם.

דחיית החלטה

לאחר שקיבל עליו ייסורים, חוזר דוד ומבקש: "ריבונו של עולם, מחול לי על אותו עוון" (שורה 108). משמעותה של הבקשה נשתנתה מאז ביטא אותה דוד בפעם הקודמת. בינתיים, הוא השלים עם העובדה שאין בכוחו לשנות את העבר ולמחוק את תוצאות חטאו. הוא גם עלה למדרגת ההבנה שמאמציו לעקוף ייסורים היו כישלון רוחני גדול. כעת, בא דוד לה׳ בבקשת מחילה מתאימה, וה׳ נענה לו ואומר: "מחול לך" (שורה 109).

אך בקשה אחרונה אחת מפציר דוד בה׳: "עֲשֵׂה עִמִּי אוֹת לְטוֹבָה, וְיִרְאוּ שֹׂנְאַי וְיֵבֹשׁוּ, כִּי אַתָּה ה׳ עֲזַרְתַּנִי וְנִחַמְתָּנִי" (תהלים פו, יז) (שורה 110). לאור הקשר המיוחד שחש דוד עם ה׳, מובנת בהחלט בקשתו לטיהור שמו. יתר על כן, כפי שכבר ציינו, כיוון שאישיותו הציבורית של דוד מעורבת עמוקות בדמותו הפרטית, חשובה לו ההכרה הציבורית עד מאוד. תגובתו של האלוהים נראית אפוא תמוהה במקצת. במקום למלא את בקשתו מייד, אומר הוא: "בחייך איני מודיע, אבל אני מודיע בחיי שלמה בנך" (שורות 111–112).

פתיחת השערים

חלקו האחרון של המדרש הוא הרחבת סיפור של תיאור חנוכת מקדש שלמה; פה מתואר בפנינו כיצד מתמלאת בקשתו האחרונה של דוד (שורות 113–123). המדרש מספר שכאשר ביקש שלמה "להכניס ארון לבית קדשי הקדשים", כחלק מטקס החנוכה שלאחר השלמת בניין המקדש, "דבקו שערים זה בזה" (שורות 113–115). שלמה, משורר דתי גדול כאביו, מנסה להכריח אותם להיפתח על ידי שירה של עשרים

וארבעה שירי שבח, אך אינו נענה. אחר כך, בעזרת פסוקים מתהלים כד, תובע הוא מהשערים להיפתח למען כבודו של ה׳. גם לנוכח צעד זה אין השערים נפתחים. לבסוף, מזכיר שלמה את שם אביו, ומבקש שהשערים ייפתחו לזכר ״חַסְדֵי דָּוִיד עַבְדֶּךָ״ ו״מיד נענה. באותה שעה נהפכו פני שונאי דוד [שחורים] כשולי קדרה, וידעו כל ישראל שמחל לו הקב״ה על אותו העוון״ (שורות 120–123).

שאלות פתוחות

טיהור שמו של דוד, כפי שהוא מתואר כאן, הוא פומבי, דרמטי, ואינו ניתן לפרשנות אחרת. יתרה מזאת, התיאור הציורי שבסוף הסיפור ממחיש את הרושם העצום שיוצר האירוע על אויביו של דוד. בכל זאת, ישנם שני עניינים בלתי פתורים עדיין. הראשון מתייחס לאחד הפרטים של הרחבת הסיפור, והוא דחייתו של אלוהים את טיהור שמו של דוד עד לאחר מותו. הסיפור המדרשי מתאר לנו כיצד מתקבלת בעין יפה בקשתו של דוד לכפרה פומבית, אולם אין הוא מסביר מפורשות מדוע אי אפשר להיעתר לבקשה זו עוד בחיי דוד.

העניין השני מתעורר כשמשווים את הרחבת הסיפור פה עם תיאור טקס חנוכת המקדש המופיע בדברי הימים ב, בפרקים ו ו־ז. כשקוראים את התיאור בתנ״ך, בייחוד את דברי הימים ב׳ ו, מא–מב, ואת ז, א–ג, קשה להבין מדוע משנה המדרש את הסיפור המקראי לתיאור שלפנינו. דברי הימים מביא את בקשתו של שלמה מה׳ ״זָכְרָה לְחַסְדֵי דָּוִיד עַבְדֶּךָ״ (דברי הימים ב׳ ו, מב), ומייד אחריה את נס ירידת האש משמיים ואת תיאור כבוד ה׳ הממלא את הבית. הקשר בין בקשתו של שלמה ונכונותו של ה׳ לשכון במקדש ברור למדיי מהפסוקים. המדרש יכול היה להעביר את מסרו ביתר קלות על ידי ציטוטם של פסוקים אלה כפי שהם מופיעים בדברי הימים, אולי בתוספת פרשנות קצרה שתדגיש את הקשר בין בקשת שלמה לטיהור שמו של דוד.[47] מה מוסיף כאן השכתוב המדרשי של התיאור בדברי הימים להבנתנו?

47. זה בדיוק מה שעושה בעצם רב יהודה בהרחבת הסיפור שלו, המופיעה בתחילת

בנם של דוד ובת שבע

כדי לפתור קשיים אלה, עלינו לעמוד על משמעות "סירובם" של השערים להיפתח. כפי שציינו לעיל, דרכם של מדרשים לעשות האנשה של עצמים דוממים כדי לבטא השקפות שונות. אין ביכולתם של שערים להישאר סגורים מתוך בחירתם החופשית; "סירובם" להיפתח לנוכח גערותיו של שלמה חייב אפוא לסמל משהו אחר.

השערים במדרש זה אינם רוצים לתת לארון, סמל השכינה, להיכנס למקדש. כניסת הארון לקודש הקודשים תהווה אישור מה' לבניית המקדש על ידי שלמה. מתוך סירובו של ה' לבניית המקדש על ידי דוד, רואים אנו שנכונותו של ה' תלויה חלקית בזהות הבונה. סירובם של השערים להיפתח חייב אפוא לייצג מכשול ניכר בדרך לחנוכת המקדש. בני דורו של שלמה, וייתכן אפילו קוראי מדרש זה, חשים אולי שיש בעיה בעצם הרעיון של שכינת האל במקדש שנבנה על ידי שלמה. אמנם אין המדרש מציין מפורשות מהו המכשול, אך נוכל לומר בסבירות גבוהה למדיי שהשערים הדבוקים זה בזה הם סמל לשאלה המרחפת על שלמה, האם כשר הוא למלכות, והאם ראוי היה שהוא יבנה מקדש להשם, בשל היותו בנה של בת שבע שבה חטא דוד. אין בכוחה של צחות לשונו של שלמה, ואפילו לא בכוח השכינה הממתינה להיכנס להיכל, כדי להסיר את המכשול שמסמלים השערים הסגורים. רק הזכרת "חַסְדֵי דָּוִיד", עבדו הנאמן של ה', יכולה לפותחם. המקדש שבנה שלמה באהבה, מתקבל על ידי ה' בזכות דוד, ובחנוכת המקדש מתברר הדבר לעיני כול.[48]

לאור זאת נוכל להבין מדוע חייב טיהור שמו של דוד להידחות עד ימי שלמה. לו הראה השם קבל עם ועולם את סליחתו לדוד

המדרש. הוא מצטט בהרחבה מן התיאור המקראי, תוך שזירת יסודות נוספים במקומות המתאימים, אבל איננו משכתב את הטקסט כאשר הסיפור המשתקף מהפסוקים ברור לגמרי.

48. מרשימה במיוחד העובדה, שלאורך כל טקס חנוכת המקדש – כפי שהוא מתואר הן בספר מלכים והן בדברי הימים – מזכיר שלמה שוב ושוב את דוד אביו.

עוד בחייו, היינו עשויים להסיק שהיחסים בין ה׳ לדוד תוקנו, אך לא כן תוצאות החטא. מחילה לדוד בימי חייו הייתה נזקפת לזכותו האישית בלבד, ללא השלכות כלשהן על שלמה, היורש את מלכותו. טיהור השם האמתי ביותר והשלם ביותר של דוד בא לידי ביטוי מלא כשמאשר ה׳ את מלכות שלמה, וכשהוא מקבל ברצון את המקדש – התגשמות משאת נפשו היקרה ביותר של דוד – שנבנה בידי שלמה, בנו של דוד הבא מבת שבע.

דוד והארון

אמנם משנה הרחבת הסיפור פרטים בכתוב,[49] אך היא בכל זאת נאמנה לרוח ולמסר של התיאור בדברי הימים. בשני הסיפורים מטוהר שמו של דוד פומבית בחנוכת המקדש בכך שברור לכול שהשם מקבל את מקדש שלמה אך ורק בזכות אביו. אלא שעדיין נשארים אנו עם השאלה הקודמת: למה משנה המדרש את התיאור בדברי הימים כך שהסימן לסליחתו של ה׳ הופך להיות פתיחת השערים לקבלת הארון, במקום האש היורדת משמיים, שאחריה ממלא כבוד ה׳ את המקדש?

אפשרות אחת היא שהתיאור בדברי הימים קושר בין "חַסְדֵי דָּוִיד" ובין קבלת ה׳ את המקדש בדרך מתוחכמת מדיי. על ידי יצירת סיפור זָרים,[50] והתמקדות בתמונה פשוטה יותר – שערים המסרבים להיפתח למעבר הארון – מביא המדרש לידי ביטוי את אותו רעיון המובע בדברי הימים, אבל עושה זאת בצורה ישירה יותר.

אך שמא חש המדרש באסוציאציה (תסמיך) שבין דוד והארון, המתקשר למשאת נפשו של דוד לבנות את המקדש. אחת הפעולות הראשונות של דוד כמלך, לאחר כיבוש ירושלים, היא העלאת ארון הברית לעיר הבירה שלו (שמואל ב׳ ו). על אף שניסיונו הראשון נגמר

49. השוו את המדרש למלכים א׳ ח ולדברי הימים ב׳ ו-ז.
50. נוח וקל לזרימה, העשוי בתבנית המפחיתה את ההתנגדות של האוויר או של המים לתנועתו (מילון אבן שושן בערך "זרים"). משמש כאן בלשון השאלה (הערת המתרגם).

באסון, דבק דוד במשימה, ובכך הוכיח עד כמה חשובה לו נוכחות הארון בירושלים. ועוד זאת, כששאל דוד רשות מנתן לבנות את המקדש, ראויה לציון הלשון שבה מביע הוא את בקשתו: "רְאֵה נָא, אָנֹכִי יוֹשֵׁב בְּבֵית אֲרָזִים, וַאֲרוֹן הָאֱלֹהִים יֹשֵׁב בְּתוֹךְ הַיְרִיעָה" (שמואל ב׳ ז, ב). אין ספק, העובדה שהארון נמצא בתוך אוהל מטרידה את דוד; בעיניו, הארון הוא לב המקדש.

בעצבו מחדש את הסיפור בדברי הימים כך שבמרכז האירועים עומד ארון ה׳, מראה המדרש שכיסופיו העמוקים ביותר של דוד התגשמו, אם כי רק בחיי בנו. דרך בנו שלמה, הילד שנולד מיחסיו עם בת שבע, זוכה דוד לא רק לטיהור הנכסף של שמו ברבים, אלא גם להגשמת החלום היקר לו מכול – הארון שביקש לבנות לו מקום מתאים בא למנוחתו בבית שנבנה בידי בנו.

דוד והתשובה

בדיון מדרשי מרגש זה צצה ועולה במלוא עצמתה רוממותו הרוחנית של דוד, מלך ישראל. באורח פרדוקסאלי, אין ניתוח חטאו של דוד על ידי חכמים מנמיך את דמותו בעינינו. תחת זאת, מוצאים אנו את עצמנו מתבוננים בדוד המלך ביראת כבוד בהגיחו לעינינו ממאבקו האנושי הכואב לגדולת רוח אמתית.

חכמים מעניקים לנו פה תובנות על דמותו ומאבקיו של דוד, אולם מעבר לכך מבקשים הם גם שנסתכל על התהליך שעובר דוד בראייה רחבה יותר. הפרטים בסיפורו של דוד המלך ייחודיים לו, כי מזגו ומקומו בהיסטוריה מהווים גורמים מכריעים באופי הניסיון שבו נתנסה ובדרכים שבהן התמודד עמו. אבל למסר העיקרי של תשובה המתגלה בסיפורו יש משמעות כוללת ומקיפה הרבה יותר. חכמינו מודעים היטב לכך שמנגנוני ההונאה העצמית, המאבק, והגאולה העצמית פועלים בכל אחד מאתנו. באזמל המשפט, אך מתוך חמלה רבה, מנתחים הם את תהליך החטא והתשובה של דוד. על ידי בחינה מעמיקה של מקרה זה, מספקים לנו חכמים מסגרת

להבנה כיצד חוטאים אנשים, אך גם איך יכולים בני אדם להשלים עם כישלונותיהם ולשוב אל ה׳.

מאמץ משותף

בהתחשב בכך שדיון מדרשי ארוך זה הוא בעל צביון מתהווה,[51] נותר רק להתפעל מהלכידות הרעיונית שבו ומהמורכבות שלו. כפי שראינו, מורכב מדרש זה מדבריהם של חכמים רבים שנשזרו יחדיו במשך הדורות, במסגרת התורה שבעל פה, ועם כל זאת יוצרים רכיביו השונים תיאור עקבי של חטא דוד וחזרתו בתשובה. גם אם היה מצטיין בלכידות בלבד, היה מדרש זה מרשים, בהתחשב באורכו ובמספר החכמים שיצרו אותו. אלא שמדרש זה עמוק ויפה גם יחד, כפי שהוכיחה קריאתנו את הטקסט. למראה מוחות כה רבים העובדים במשותף ובתיאום מופלא כדי לברוא יצירה מזהירה שכזו, מתמלא הלב יראת כבוד. מופלא עוד יותר לחשוב שמדרש זה אינו אלא דוגמה אחת בלבד לאופי המתהווה של רובם הגדול של דברי חז״ל.

51. דיון באופיה המתהווה של יצירת חז״ל ראו בפרק ח.

פרק טז

קריאה בין השיטין:
חז"ל "משכתבים" את סיפור חנה

אמר רבי יצחק: "מפני מה היו אבותינו עקורים? מפני שהקב"ה מתאווה לתפילתן של צדיקים" (יבמות סד ע"א).

מבט בלתי מוכר על סיפור מוכר

סיפור חנה (שמואל א' א-ב) הוא דוגמה בולטת של טקסט שבו נדמה כאילו טופחת הפרשנות המדרשית על פנינו ואומרת: "מעולם לא הכרתם את הסיפור!". סיפור זה תופס מקום חשוב בתפילות ראש השנה, והוא מזכיר סיפורים תנ"כיים אחרים המתארים לידות חשובות, ולכן נוטים אנו לחשוב שהוא מוכר לנו היטב. אולם, בהיתקלנו בפרשנות המדרשית לטקסט זה, ניווכח קרוב לוודאי שהפירושים לסיפור שאותם דשנו בעקבינו מימים ימימה שונים למדיי מאלה של חז"ל. נראה שהמדרשים משכתבים לגמרי את הטקסט.

בפרק זה נבחן מבחר מדרשים על סיפור חנה כדי לראות האם

ביכולתנו ליישב את הסתירה הקיימת לכאורה בין דרכם של חז"ל בהבנת הכתובים ובין זו שלנו.[1]

סקירה

תחילה, נתבונן במספר מדרשים המופיעים יחדיו במסכת ברכות לא ע"א-ע"ב. המדרשים שלהלן מוצגים כסדר הופעתם בברכות, אך ללא מספור, וללא הטקסט שביניהם.[2] ארגנתי את החומר בצורה זו כדי לבחון את ההשפעה המצטברת שיש לקריאת מדרשים אלה על הבנתנו את סיפור לידתו של שמואל. די אפילו בקריאה שטחית של מקורות אלה כדי לראות שמצטרפים הם לתיאור בלתי צפוי של חנה ותפילתה. כפי שעוד נראה, אין תיאור זה מאפיין רק את המדרשים בברכות.

(1) הפירוש המדרשי לפסוקים יג–יז

אמר רב המנונא: כמה הלכתא גברוותא איכא למשמע מהני קראי דחנה! (= כמה הלכות גדולות ניתן ללמוד מפסוקים אלה של חנה!) "וְחַנָּה הִיא מְדַבֶּרֶת עַל לִבָּהּ..." (שמואל א׳ א, יג). מכאן [למדים אנו] למתפלל צריך שיכוין לבו. "...רַק שְׂפָתֶיהָ נָּעוֹת..." (שם). מכאן [למדים אנו] למתפלל שיחתוך [את המילים] בשפתיו. "...וְקוֹלָהּ לֹא יִשָּׁמֵעַ..." (שם). מכאן [למדים אנו] שאסור להגביה קולו בתפלתו. "...וַיַּחְשְׁבֶהָ עֵלִי לְשִׁכֹּרָה" (שם). מכאן [למדים אנו] ששיכור אסור להתפלל. "וַיֹּאמֶר אֵלֶיהָ עֵלִי: 'עַד מָתַי תִּשְׁתַּכָּרִין...'" (שם יד). אמר רבי אלעזר: מכאן [למדים אנו] לרואה בחברו דבר שאינו הגון צריך להוכיחו. "וַתַּעַן חַנָּה

1. להבנה טובה יותר של הפירוש המדרשי, אנא קראו את כל פרק א של שמואל א.
2. מדרש אחד הושמט מרשימה זו (ד"ה: "אֶל הַנַּעַר הַזֶּה הִתְפַּלָּלְתִּי"), כי הוא עוסק בשמואל א׳ ב, ולא בפרק העומד במוקד דיוננו. קוראים שיבדקו את המקור ייווכחו לדעת שאינני עוסקת בשורות שבין המדרשים משום שאין מטרתי לפרש את כל השקלא וטריא התלמודי, אלא רק את המדרשים המתייחסים ישירות לסיפור חנה.

וַתֹּאמֶר: ׳לֹא, אֲדֹנִי...׳״ (שם טו). אמר עולא (ואיתימא [= ויש אומרים] רבי יוסי ברבי חנינא): אמרה ליה (= לו): ״לא אדון אתה בדבר זה, ולא רוח הקודש שורה עליך, שאתה חושדני בדבר זה״. איכא דאמרי הכי אמרה ליה (= יש אומרים שכך אמרה לו): ״לא אדון אתה; לאו איכא (= אין) שכינה ורוח הקודש גבך (= עמך), שדנתני לכף חובה ולא דנתני לכף זכות. מי (= האם) לא ידעת ד״אִשָּׁה (= שאישה) קְשַׁת רוּחַ אָנֹכִי וְיַיִן וְשֵׁכָר לֹא שָׁתִיתִי?״ אמר רבי אלעזר: מכאן [למדים אנו] לנחשד בדבר שאין בו שצריך להודיעו [למי שהאשימו]. ״אַל תִּתֵּן אֶת אֲמָתְךָ לִפְנֵי בַּת בְּלִיָּעַל...״ (שם טז). אמר רבי אלעזר: מכאן [למדים אנו] לשיכור שמתפלל כאילו עובד עבודה זרה; כתיב הכא (= כתוב כאן): ״לִפְנֵי בַּת בְּלִיָּעַל״, וכתיב התם (= וכתוב שם): ״יָצְאוּ אֲנָשִׁים בְּנֵי בְלִיַּעַל מִקִּרְבֶּךָ...״ (דברים יג, יד).[3] מה להלן (= שם) [מדבר הפסוק ב] עבודה זרה, אף כאן [מדבר הפסוק ב]עבודה זרה. ״וַיַּעַן עֵלִי וַיֹּאמֶר: ׳לְכִי לְשָׁלוֹם...׳״ (שמואל א׳ א, יז). אמר רבי אלעזר: מכאן [למדים אנו] לחושד את חברו בדבר שאין בו, שצריך לפייסו. ולא עוד – אלא שצריך לברכו, שנאמר: ״...וֵאלֹהֵי יִשְׂרָאֵל יִתֵּן [לך] אֶת שֵׁלָתֵךְ...״ (שם).

(2) ״ה׳ צְבָאוֹת״

״וַתִּדֹּר נֶדֶר וַתֹּאמַר: ׳ה׳ צְבָאוֹת...׳״ (שם יא). אמר רבי אלעזר: מיום שברא הקב״ה את עולמו, לא היה אדם שקראו להקב״ה ׳[ה׳] צבאות׳ עד שבאתה חנה וקראתו ׳[ה׳] צבאות׳. אמרה חנה לפני הקב״ה: ״ריבונו של עולם, מכל צבאי צבאות שבראת בעולמך, קשה בעיניך שתתן לי בן אחד?״ משל: למה הדבר דומה? למלך בשר ודם שעשה סעודה לעבדיו. בא עני אחד ועמד על הפתח. אמר להם: ״תנו לי פרוסה אחת״, ולא השגיחו עליו. דחק ונכנס אצל המלך. אמר לו: ״אדוני המלך, מכל סעודה שעשית, קשה בעיניך ליתן לי פרוסה אחת?״.

3. ההפניה כאן היא לתיאור ״עיר הנידחת״ (עיר שכל תושביה הפכו לעובדי עבודה זרה). ראו דברים יג, יג-יט.

(3) שתיית מי סוטה

"...אִם רָאֹה תִרְאֶה..." (שם יא). אמר רבי אלעזר: אמרה חנה לפני הקב"ה: "ריבונו של עולם, 'אִם רָאֹה', מוטב, ואם לאו, 'תִּרְאֶה'! אלך ואסתתר בפני אלקנה בעלי, וכיוון דמסתתרנא, משקו לי (= שמסתתרת אני ישקו אותי) מי סוטה,[4] ואי (= ואין) אתה עושה תורתך פלסתר!" שנאמר: "...וְנִקְּתָה וְנִזְרְעָה זָרַע" (במדבר ה, כח).[5]

(4) שלוש חזרות על "אֲמָתֶךָ"

"...בָּעֳנִי אֲמָתֶךָ... וְלֹא תִשְׁכַּח אֶת אֲמָתֶךָ וְנָתַתָּה לַאֲמָתְךָ..." (שמואל א' א, יא). אמר רבי יוסי ברבי חנינא: ג' אמתות הללו (= שלוש החזרות הללו על המילה 'אֲמָתְךָ'), למה? אמרה חנה לפני הקב"ה: "ריבונו של עולם, שלשה בדקי (= בדיקות) מיתה בראת באשה (ואמרי לה "שלשה דבקי (= צומתי) מיתה"), ואלו הן: [דיני] נדה, ו[מצוות הפרשת] חלה ו[מצוות] הדלקת הנר [של שבת]. כלום עברתי על אחת מהן?"

(5) "...זֶרַע אֲנָשִׁים..."

"...וְנָתַתָּה לַאֲמָתְךָ זֶרַע אֲנָשִׁים..." (שם). מאי (= מהו) זרע אנשים? אמר רב: 'גברא בגוברין' (=איש שבאנשים). ושמואל אמר: 'זרע שמושח שני אנשים' ומאן אינון (= ומי הם)? שאול ודוד. ורבי יוחנן אמר: 'זרע ששקול כשני אנשים' ומאן אינון (= ומי הם)? משה ואהרן, שנאמר: "מֹשֶׁה וְאַהֲרֹן בְּכֹהֲנָיו וּשְׁמוּאֵל בְּקֹרְאֵי שְׁמוֹ..." (תהלים צט, ו). ורבנן אמרי (= וחכמים אומרים): "זֶרַע אֲנָשִׁים" – 'זרע שמובלע בין אנשים'. כי אתא (= כשבא) רב דימי, אמר: 'לא ארוך ולא גוץ, ולא קטן ולא אלם (= כבד), ולא צחור (= חיוור) ולא גיחור (= אדמוני), ולא חכם ולא טיפש'.

4. סוטה היא אישה הנחשדת בניאוף. ראו במדבר ה, יא-לא.
5. בהמשך הדיון, שלא הובא כאן, מוסבר שהבנה זו של דברי חנה מתאימה רק לדעה שסוטה שנמצאה טהורה תירפא מעקרות. הגמרא מביאה אחר כך פירושים אחרים לכתוב: "...וְנִקְּתָה וְנִזְרְעָה זָרַע".

(6) "...מְדַבֶּרֶת עַל לִבָּהּ..."

"וְחַנָּה, הִיא מְדַבֶּרֶת עַל לִבָּהּ..." (שמואל א׳ א, יג). אמר רבי אלעזר משום רבי יוסי בן זמרא: ׳על עסקי לבה׳. אמרה לפניו: ׳ריבונו של עולם, כל מה שבראת באישה, לא בראת דבר אחד לבטלה: עיניים לראות ואוזניים לשמוע, חוטם להריח, פה לדבר, ידיים לעשות בהם מלאכה, רגליים להלך בהן, דדים להניק בהן. דדים הללו שנתת על לבי, למה? לא להניק בהן? תן לי בן ואניק בהן׳.

(7) תפילה "על" ה׳

ואמר רבי אלעזר: חנה הטיחה דברים כלפי מעלה, שנאמר: "...וַתִּתְפַּלֵּל עַל ה׳..." (שם י).

תחינה וטענה: סתירה לכאורה

מדרשים אלה ממסכת ברכות מיוחסים ברובם לרבי אלעזר. מתקבל הרושם שהוא רואה את חנה כבעלת אישיות ישירה ותקיפה, והוא תומך את יתדותיו בשלל פרטים מתוך הסיפור. לדוגמה, הדרך שבה קורא רבי אלעזר את הדו־שיח שבין חנה ועלי (1) מציגה בפנינו אישה המתמודדת שווה מול שווה עם האדם ששפט אותה שלא כהלכה, למרות היותו הכוהן הגדול. בדומה לכך, המשל שלו על העני הבא לסעודת המלך (2) מתאר את חנה כמתפרצת פנימה אל ה׳. מטריד אף יותר כיצד רואה רבי אלעזר במילים הפותחות את תפילת חנה (3) איום מצִדה לנצל את טקס הסוטה כדי להכריח את האלוהים לתת לה ילד. ובעוד שעל פי הדעה שמביא רבי אלעזר בשם רבי יוסי בן זמרה (6) נראים אמנם דברי חנה כתפילה יותר מקובלת, הרי שמילותיו הנחרצות "חנה הטיחה דברים כלפי מעלה" (7) מבהירות מעל לכל ספק את הנקודה המרכזית של פרשנותו לסיפור חנה.

הפירוש שנותן רבי אלעזר לתפילת חנה מקבל חיזוק, במונחים רכים יותר, על ידי הדעות האחרות המובאות במדרש. בפרשנותו על חזרתה של המילה "אֲמָתֶךָ" (המופיעה שלוש פעמים בתפילתה הקצרה

של חנה), שׂם רבי יוסי ברבי חנינא בפי חנה ביקורת קשה כלפי ה׳, כשהיא באה, ובשם הצדק המוחלט מתחננת לבן (4). ובדיון שעורכים חכמים בשאלה מה טיבו של הילד שאליו מתפללת חנה (5), מחזיקים כמה מרבותינו בדעה שהיא חושבת שזכותה לבקש בן בלתי רגיל, ולא סתם תינוק רגיל ובריא, כפי שהיינו מצפים.

מדרשים אלה אמנם מתארים את תפילת חנה כבלתי מקובלת, בלשון המעטה, אך מן הראוי לציין, שאף לא אחת מן הדעות המצוטטות רואה את מעשיה של חנה באור שלילי, וכך גם הדיון התלמודי סביב הנושא. דרכה של חנה זוכה, ללא כל ספק, להסכמה מצד חז״ל. אפילו דבריו הנוקבים של רבי אלעזר על אודות חנה המטיחה מילים בוטות כלפי שמיא פותחים דיון שבו, מייד אחריהם, מובאות דעות שגם אליהו ומשה עשו כך.

פרשנות או דרשנות?

קל היה לנו יותר לקבל מדרשים אלה, לו אך יכולנו לסווגם כדרשניים, ולהחליט שאין מטרתם האמתית לתת פרשנות לסיפור חנה. משמעותה של הנחה זו היא שהמדרשים הללו מנכסים ככל הנראה את סיפור חנה לצורך דיון במשהו אחר, ולא בסיפור עצמו. גישה כזו הייתה אפשרית אם היו בידנו פחות מדרשים כאלה, או אם היו הם פזורים זעיר פה זעיר שם בהקשרים שונים. אולם, כאשר מוצאים אנו בדף גמרא אחד שבעה מדרשים הדנים באותו טקסט מקראי במונחים דומים, פחות או יותר, קשה להימלט מהמסקנה שעורכי התלמוד מבקשים לעצב את הבנתנו את סיפור חנה בדרך מסוימת. מסתבר, שכוונת חז״ל היא שנשים לבנו לדעתנות (אסרטיביות) התקיפה של תפילת חנה, ושנראה דעתנות זו באור חיובי, כפי שראו הם.

מגמה זו של המדרשים מעלה את השאלה מהו המקור לפירושם של חז״ל לסיפור חנה. האם פירוש זה הוא דוגמה למסורת שבעל פה שליוותה את הטקסט, או שמא מספק הסיפור המקראי עצמו חומר ביד הפרשן המדרשי? על פי כל אחת מאפשרויות אלה, מדוע נוטה

העדפתם של חז"ל לתת לסיפור חנה פירוש שכזה, המעורר אי שקט, במקום לצייר תמונה מקובלת יותר של אדיקות דתית? כדי לענות על שאלות אלה, עלינו לבחון כל אחד מהמדרשים בפני עצמו.

רב המנונא ורבי אלעזר לומדים מסיפור חנה

1. אמר רב המנונא:
2. כמה הלכתא גברוותא איכא למשמע מהני קראי דחנה!
(= כמה הלכות גדולות ניתן ללמוד מפסוקים אלה של חנה!)
3. "וְחַנָּה, הִיא מְדַבֶּרֶת עַל לִבָּהּ..." (שמואל א׳ א, יג).
4. מכאן [למדים אנו] למתפלל צריך שיכווין לבו.
5. "...רַק שְׂפָתֶיהָ נָּעוֹת..." (שם).
6. מכאן [למדים אנו] למתפלל שיחתוך [את המילים] בשפתיו.
7. "...וְקוֹלָהּ לֹא יִשָּׁמֵעַ..." (שם).
8. מכאן [למדים אנו] שאסור להגביה קולו בתפלתו.[6]
9. "...וַיַּחְשְׁבֶהָ עֵלִי לְשִׁכֹּרָה" (שם).
10. מכאן [למדים אנו] ששיכור אסור להתפלל.
11. "וַיֹּאמֶר אֵלֶיהָ עֵלִי: 'עַד מָתַי תִּשְׁתַּכָּרִין...'" (שם יד).
12. אמר רבי אלעזר: מכאן [למדים אנו] לרואה בחברו דבר שאינו הגון צריך להוכיחו.
13. "וַתַּעַן חַנָּה וַתֹּאמֶר: 'לֹא, אֲדֹנִי...'" (שם טו).
14. אמר עולא (ואיתימא (= ויש אומרים) רבי יוסי ברבי חנינא):
15. אמרה ליה (= לו): "לא אדון אתה בדבר זה, ולא רוח הקודש שורה עליך, שאתה חושדני בדבר זה".
16. איכא דאמרי הכי אמרה ליה (= יש אומרים שכך אמרה לו):
17. "לא אדון אתה;
18. לאו איכא (= אין) שכינה ורוח הקודש גבך (= עמך), שדנתני לכף חובה ולא דנתני לכף זכות.

6. הכוונה לתפילת עמידה.

19. מי (= האם) לא ידעת ד"אִשָּׁה (= שאישה) קְשַׁת רוּחַ אָנֹכִי וְיַיִן וְשֵׁכָר לֹא שָׁתִיתִי?"
20. אמר רבי אלעזר: מכאן [למדים אנו] לנחשד בדבר שאין בו שצריך להודיעו [למי שהאשימו].
21. "אַל תִּתֵּן אֶת אֲמָתְךָ לִפְנֵי בַּת בְּלִיָּעַל..." (שם טז).
22. אמר רבי אלעזר: מכאן [למדים אנו] לשיכור שמתפלל כאילו עובד עבודה זרה;
23. כתיב הכא (= כתוב כאן): "לִפְנֵי בַּת בְּלִיָּעַל", וכתיב התם (= וכתוב שם): "יָצְאוּ אֲנָשִׁים בְּנֵי בְלִיַּעַל מִקִּרְבֶּךָ..." (דברים יג, יד).
24. מה להלן (= שם) [מדבר הפסוק ב]עבודה זרה אף כאן [מדבר הפסוק ב]עבודה זרה.
25. "וַיַּעַן עֵלִי וַיֹּאמֶר: 'לְכִי לְשָׁלוֹם...'" (שמואל א' א, יז).
26. אמר רבי אלעזר: מכאן [למדים אנו] לחושד את חברו בדבר שאין בו שצריך לפייסו.
27. ולא עוד – אלא שצריך לברכו, שנאמר:
28. "...וֵאלֹהֵי יִשְׂרָאֵל יִתֵּן [לך] אֶת שֵׁלָתֵךְ..." (שם).

מבנה המדרש

מבנהו של מדרש זה נקבע על ידי הערתו המקדימה של רב המנונא: "כמה הלכתא גברוותא איכא למשמע מהני קראי דחנה! (= כמה הלכות גדולות ניתן ללמוד מפסוקים אלה של חנה!)" (שורה 2). לאחר מכן באה קריאה צמודה של כל רכיב בפסוקים שבשמואל א' יג-יז. לאחר הפסוק הראשון מתחלף הדובר, ורב המנונא מפנה את הדרך לרבי אלעזר ועולא. ניתן אפוא להציג בקלות את מבנה המדרש כדלקמן:

א. הערתו המקדימה של רב המנונא (שורות 1-2)
ב. פירושו של רב המנונא לפסוק יג (שורות 3-10)
ג. פירושיהם של רבי אלעזר ועולא לפסוקים יד-יז (שורות 11-28)

הערתו המקדימה של רב המנונא

כפי שציינו כבר, מעצבת הערתו המקדימה של רב המנונא את מבנהו הבסיסי של מדרש זה. להערה זו יש להתייחס כמידע בלבד, אם כי עלולה היא להטעות את הקורא שאינו מצוי בדרך פעולתה של ההלכה. עניין זה נובע מהנחת היסוד של המסורת היהודית שהלכה נגזרת אך ורק מהטקסט של התורה שבכתב, או מהתורה שבעל פה, אך לא מספרים אחרים של התנ"ך.[7] לפיכך, כשאומר רב המנונא שניתן ללמוד הלכות גדולות מסיפור חנה, אין כוונתו יכולה להיות שדיני תפילה (או דינים אחרים כלשהם) אכן **נגזרים** מסיפור זה.[8] כוונתו של רב המנונא לומר שבסיפור חנה ניתן לראות כיצד מיושמות הלכות אלה בחיי יומיום.

חשוב לציין, שרב המנונא סבור שמעשיה של חנה במצב זה ממחישים התנהגות נכונה שראוי שנלמד ממנה. פירושו לפסוק יג ופירושיהם של רבי אלעזר ועולא מסכימים לדרכה של חנה כאן, ורואים בה מופת דתי (וכך גם בתוכחתו של עלי את חנה ובדברי הפיוס שלו לאחר שהבין שדן אותה שלא כהלכה).

קריאה צמודה של הפסוקים

במדרש זה מפרשים רב המנונא, רבי אלעזר ועולא את התנהגותה של חנה בתפילתה ואת תגובתו של עלי הכוהן עליה. מפסוק יג גוזר רב המנונא כמה חיובים: תפילה צריכה כוונה (שורה 4), גם בתפילת לחש יש לחתוך את המילים בשפתיים (שורה 6), ישנם חלקים מסוימים בתפילה שחובה לאומרם בלחש (שורה 8) והאיסור להתפלל במצב של שכרות (שורה 10). מהטקסט המקראי ומפירושיהם של רבי אלעזר ועולא לפסוקים עולה בפשטות שאין עלי מודע לחיוב להתפלל בלחש,

7. מקורן של תקנות דרבנן, לעומת זאת, שונה לחלוטין.
8. לדוגמה, המצווה להוכיח חבר על מעשה רע כתובה בויקרא יט, יז ("הוֹכֵחַ תּוֹכִיחַ אֶת עֲמִיתֶךָ"). מעשיו של עלי אינם מקורה של המצווה; הם ההדגמה לקיומה.

וזו הסיבה שבגללה נראית חנה בעיניו, בטעות, כשיכורה. כמו שאומר רש"י בפירושו לשמואל א' א, יג: "'וַיַּחְשְׁבֶהָ עֵלִי לְשִׁכֹּרָה' – שלא היו רגילין להתפלל בלחש".

זו ההפתעה הראשונה המתגלה בפירושם של חז"ל לסיפור חנה. איך ייתכן שעלי הצדיק, הכוהן הגדול והסמכות הדתית העליונה בדורו, איננו מכיר חוק בסיסי זה של תפילה, ואילו חנה מכירה? ומדוע נראה שעלי מקבל את אופן תפילתה החריג של חנה ללא כל התנגדות, לאחר שנוכח לדעת שאין היא שיכורה?[9]

ההפתעה השנייה המצפה לנו בקריאה צמודה זו של הפסוקים היא הדרך שבה מפרשים רבי אלעזר ועולא את הדו־שיח שבין עלי וחנה. רבי אלעזר משתדל ככל יכולתו להראות לנו שעלי נהג כשורה. שאלתו לחנה, בפסוק יד ("עַד מָתַי תִּשְׁתַּכָּרִין..."), מלמדת אותנו ש"הרואה בחברו דבר שאינו הגון צריך להוכיחו" (שורות 11–12). היינו מצפים שתגובתה של חנה לשאלה מוצדקת זו תהיה הסבר מנומס ומכובד של התנהגותה. וכפי שמספר לנו הכתוב בפסוק טו,

9. כיוון שאין בפסוקים או בפירוש המדרשי שום דבר שיכול לענות על שאלות אלה, נצטרך לחפש את התשובות במקום אחר. דומני שהמקרה הקרוב ביותר להיבט זה של סיפור חנה הוא פרשת בנות צלפחד. אמנם שונים שני הסיפורים זה מזה מבחינות רבות, אך מוצג בהם מצב עקרוני זהה. במרכז שניהם עומדות נשים המתלוננות על אי צדק. כמו כן, בשני המקרים נראה שגיבורות הסיפור יודעות אינטואיטיבית מה מחייבת ההלכה, אך ידיעה קריטית זו נעלמת מעיניהם של המנהיגים הרוחניים של הדור. ולבסוף, בסיומם של שני הסיפורים מאשר בעל הסמכות שאכן תחושתן האינטואיטיבית של הנשים תואמת את ההלכה.

במקרה של בנות צלפחד, יש למצבן המיוחד השלכות על החברה כולה. מטבע הדברים מחייב מצב זה דיון פומבי ותיקון ההלכה. על ידי דיון בהלכה ותיקונה לצורך פתרון מצבן, מתמודד משה עם תלונתן של בנות צלפחד. במקרה של חנה, לעומת זאת, מדובר באי צדק פרטי שיש לו השפעה רק עליה. מה שחידשה בתפילתה נכון מבחינה הלכתית ועתיד להיות מיושם, אך אין עלי חייב להביע את הסכמתו לכך במילים מפורשות באותו מעמד. די בכך שלא ימחה בידה על אופן תפילתה, ובזאת יאשר בשתיקה את נכונותו. אולם, מתוך הקפדתו על החובה להתנצל בפניה על אי הצדק ביחסו כלפיה, גם עלי מתמודד עם תלונתה האישית בברכו אותה שתזכה להגשמת משאלתה.

זוהי ככל הנראה תגובתה: "לֹא, אֲדֹנִי; אִשָּׁה קְשַׁת רוּחַ אָנֹכִי וְיַיִן וְשֵׁכָר לֹא שָׁתִיתִי; וָאֶשְׁפֹּךְ אֶת נַפְשִׁי לִפְנֵי ה'".

לאור זאת, מביך למדי לקרוא את גרסתו המחודשת של עולא לדברי חנה: "לא אדון אתה בדבר זה, ולא רוח הקודש שורה עליך, שאתה חושדני בדבר זה" (שורה 15). גרסה צורמנית עוד יותר של דברי חנה מופיעה מייד בהמשך: "לא אדון אתה; לאו איכא (= אין) שכינה ורוח הקודש גבך (= עמך), שדנתני לכף חובה ולא דנתני לכף זכות. מי (= האם) לא ידעת ד"אִשָּׁה (= שאישה) קְשַׁת רוּחַ אָנֹכִי וְיַיִן וְשֵׁכָר לֹא שָׁתִיתִי?" (שורות 16-19).

שלא כצפוי, אין רבי אלעזר רואה את דברי חנה אלה באור שלילי כלל וכלל. תחת זאת, מצטט הוא אותם כראיה להלכה הבאה שיש ללמוד מהסיפור: "מכאן [למדים אנו] לנחשד בדבר שאין בו שצריך להודיעו [למי שהאשימו]" (שורה 20). רבי אלעזר מוסיף להצדיק את חנה גם בהמשך דבריו, בציינו את התנהגותו הנאותה של עלי המפייס ומברך אותה, שכן חייב הוא לפצותה על כך שחשד בה על לא עוול בכפה (שורות 26-28).

רמזים בכתוב: שפחה ואמה

מה מתיר לרבי אלעזר ועולא לשכתב לכאורה את הסיפור בדרך זו? בהנחה שרבי אלעזר ועולא עסוקים בפרשנות הטקסט, ולא בדרשנות, עלינו לבחון שתי אפשרויות. האחת, שקריאתם את דברי חנה מבוססת על מסורת שקיבלו מרבותיהם (אם כי גם אז היינו מצפים שהמסורת לא תהווה סתירה־כביכול כל כך בוטה לכתוב). האפשרות האחרת היא שישנם רמזים בסיפור המאלצים אותם לקרוא את הדו־שיח שבין עלי וחנה בדרך המנוגדת לציפיותינו.

אף על פי שלא נוכל לתת תשובה שלמה לשאלה זו בטרם עיינו בשאר המדרשים, ישנו רמז אחד בטקסט שעשוי לשפוך אור על הנימה הנוקשה שמכניס עולא לתוך דברי חנה לעלי. לאורך כל הפרק, הן בתפילתה לה' והן בדו־שיח שלה עם עלי, מייחסת חנה לעצמה את הכינוי "אמה". רק לאחר שעלי מברך אותה, מכנה היא את עצמה

בשם ״שפחה״. שתי מילים אלה נראות כנרדפות, אך אין להחליפן זו בזו – קיים ביניהן הבדל גדול במשמעות.[10] המילה ״שפחה״ משמשת בעיקר לתיאור שפחה כנענית, ומשמעותה עבד ממין נקבה. אמנם אדוניה חייב לנהוג בה באנושיות ולא לדכאה, אולם במערכת היחסים שביניהם נופל נטל המחויבות בעיקר עליה.

בניגוד לכך, ״אמה״ היא משרתת עברייה, נערה יהודייה ממשפחה ענייה שנלקחה לבית אדוניה בהיותה ילדה. בהגיעה לבגרות מינית, חייב האדון לשאת אותה לאישה, לתת אותה לבנו לאישה, או לשחרר אותה ולתת לה מוהר, שנועד ככל הנראה לאפשר לה להינשא למישהו אחר. במערכת יחסים זו, רובץ נטל המחויבות על האדון, יותר מאשר על האמה.

לאור ההבדל בין שני המושגים, היינו מצפים שחנה תקרא לעצמה, לאורך הסיפור, בשם ״שפחה״, כיוון שהוא מביע תחושה של הכנעה ומחויבות כלפי מי שפונים אליו. היות שחנה משתמשת בשני המונחים להצגת עצמה, נוכל כנראה להסיק שהיא עושה שימוש בכל אחד מהם מתוך כוונה שונה. לפיכך, כאשר גוער עלי בחנה בטעות על היותה כביכול שיכורה, נוכל להניח שהיא מגִנה על עצמה בצורה תקיפה למדיי, ומכנה את עצמה ״אמה״, שמא כדי לרמוז לו בעדינות שהוא חייב לה התנצלות. רק כאשר חוזר בו עלי מהאשמתו ומברך אותה, מבקשת חנה בנועם למצוא חן בעיניו, ומתייחסת אל עצמה כ״שפחה״, המושג המביע כניעה גדולה יותר.

אבחנה דקה זו בלשונה של חנה רומזת אולי לפירוש שנותן עולא לתשובתה לעלי. אמנם אין חייבים אנו לומר שחנה אכן ביטאה בשפתיה את הרגשות הקשים שמייחס לה עולא, אך ייתכן מאוד שהיא חשבה עליהם – ומצאה דרך לבטא את מחשבותיה על ידי

10. בספרו אמה של מלכות (ההסתדרות הציונית העולמית, 1974) משתמש הרב יהושע בכרך בהבחנה בין שני מונחים אלה ככלי להסברת משמעות הדו־שיח בין רות לבועז בגורן. אני מיישמת את התובנה שלו לסיפורנו אנו.

בחירה קפדנית של המילים בפיה ובאמצעות טון דיבורה.[11] אם נרכיב את גרסתו של עולא לדברי חנה על גבי הנוסח המקורי של דבריה, המופיע בטקסט, נוכל לחוש את המצב הטעון והמתוח, שבו הרגשות הרותחים המבעבעים בתפילתה של חנה גולשים לעבר חילופי הדברים שבינה ובין עלי.

קריאת שם חדש לאלוהים

אילו היה המדרש שזה עתה חקרנו עומד לפנינו לבדו, היה מלמדנו רק שחנה היא אישה חזקה בעלת חושים הלכתיים כה מפותחים עד כדי יכולת לנבא כיצד עליה להתפלל. אך בצירוף עם המופיע להלן, נוכל לראות שהפרשנות המדרשית לדמותה של חנה הולכת ונעשית מורכבת יותר.

המדרש דלקמן דן במשמעות קריאתה של חנה לאלוהים בשם חדש:

1. "וַתִּדֹּר נֶדֶר וַתֹּאמַר: 'ה' צְבָאוֹת...'" (שם יא).
2. אמר רבי אלעזר: מיום שברא הקב"ה את עולמו, לא היה אדם שקראו להקב"ה '[ה'] צבאות'
3. עד שבאתה חנה וקראתו '[ה'] צבאות'.
4. אמרה חנה לפני הקב"ה:
5. "ריבונו של עולם, מכל צבאי צבאות שבראת בעולמך,
6. קשה בעיניך שתתן לי בן אחד?"
7. משל: למה הדבר דומה?
8. למלך בשר ודם שעשה סעודה לעבדיו.
9. בא עני אחד ועמד על הפתח.

11. מן הראוי לציין שפירושו של עולא לדבריה של חנה איננו מעוות את הדקדוק של המשפט. פיסקנו לעיל את דברי חנה כ"לֹא, אֲדֹנִי", אך אם נקרא אותם כ"לֹא אֲדֹנִי" (אתה לא אדוני) נגיע למעשה לפירושו של עולא.

10. אמר להם: "תנו לי פרוסה אחת",
11. ולא השגיחו עליו.
12. דחק ונכנס אצל המלך.
13. אמר לו: "אדוני המלך,
14. מכל סעודה שעשית,
15. קשה בעיניך ליתן לי פרוסה אחת?".

מבנה המדרש

למדרש זה, כמו לרבים מהמדרשים שראינו, מבנה פשוט. הוא פותח בדיבור המתחיל מהפרק (שורה 1), וממשיך בהערה מקדימה על המושג "ה' צְבָאוֹת" (שורות 2-3). החלק הבא מפרש את משמעותן של מילים אלו בעזרת הרחבת סיפור קצרה. כפי שנראה, הרחבת סיפור זו היא גם הנמשל. לאחר מכן מובא משל (שורות 7-15).

ניתן אפוא לשרטט את המבנה באופן הבא:

א. דיבור המתחיל (שורה 1)
ב. הערתו המקדימה של רבי אלעזר (שורות 2-3)
ג. הרחבת סיפור (נמשל) (שורות 4-6)
ד. המשל (שורות 7-15)

החידוש של חנה

הערתו המקדימה של רבי אלעזר מספרת לנו שחנה הייתה האדם הראשון שהשתמש בכינוי "צבאות" ככינוי לאלוהים.[12] הרחבת הסיפור המופיעה אחר כך באה לתת לנו תחושה כלשהי מה מובנו של שם זה בעיני חנה. לקרוא לאלוהים בשם זה פירושו להכיר בו כבורא וכאדון

12. הפעם הראשונה שבה מופיע שם זה לאלוהים בתנ"ך היא בעצם בשמואל א' א, ג (בתחילת סיפורנו, עוד לפני תפילת חנה). כוונת רבי אלעזר היא לומר שהדמות הראשונה בהיסטוריה שהשתמשה הלכה למעשה בשם זה (דהיינו, טבעה את הביטוי "ה' צבאות") היא חנה.

לכל רבבות היצורים שברא בעולמו. מתוך כל המרחב העצום והעושר הגדול שיצר, מבקשת חנה מאלוהים לתת לה בן אחד (שורות 4–6).

הערתו המקדימה של רבי אלעזר והרחבת הסיפור שלו כה ברורות וישירות, עד כי מתעוררת השאלה: למה לי משל? אחרי הכול, חלק זה של המדרש (שורות 4–6) תואם היטב את התמונה המקורית של בקשה כנועה ומתחננת אל ה׳ לילד, לפחות כך נראה ממבט ראשון.

המשל כסיפור

אולם, בחינה קרובה יותר של המשל משנה את התמונה הזו במידת מה. המשל, למרות הפשטות שבסיפור, בעייתי מאוד. בסיפור שבמשל, עורך מלך סעודה לעבדיו. עני, שמופיע מאי שם, מבקש מעבדי המלך פרוסה אחת. הם מתעלמים ממנו, והעני מתפרץ לחדר המלך ותובע ממנו פרוסת לחם.

כשמתבוננים במעשיו של העני, רואים מייד שהתנהגותו כלפי המלך חוצפנית ביותר. המלך עשה סעודה לעבדיו, והעני לא הוזמן אליה. יהירותו מתבטאת קודם כול בהופעה לסעודה מלכותית ללא הזמנה. כשהוא מבקש מעבדי המלך לחם, הם, שלא במפתיע, מתעלמים ממנו, כי אינם יכולים לתת אוכל שאינו שלהם. התפרצותו למלך בתביעה לפרוסת לחם מעוררת תדהמה מוחלטת. אילו התרחש סיפור זה במציאות, היה מסתיים, קרוב לוודאי, במותו של העני.[13]

13. אחת המכשלות שלנו כשאנו קוראים משלים המדמים את אלוהים למלך היא שאין במציאות של ימינו מקבילה למלך. כדי להפנים את מלוא המסר של משל המציג את אלוהים כמלך בשר ודם, עלינו לזכור שבכוחם של מלכים היה לחרוץ למעשה את גורל נתיניהם לחיים ולמוות. כללי ההתנהגות המתחייבת בנוכחותו של מלך היו נוקשים מעבר לכל מה שהיינו מסוגלים בכלל להעלות בדעתנו.

זיהוי רכיבי המשל

על פי המתודולוגיה שהתווינו כבר לסוגת המשל, הצעד הבא הוא זיהוי רכיבי המשל, כדלהלן:

מלך
סעודה
עבדי המלך
העני
(עמידה בפתח)
בקשתו מעבדי המלך
פרוסת לחם
התעלמות עבדי המלך מן העני
הידחקות וכניסה למלך
בקשתו/תביעתו של העני לפרוסת לחם

התאמת הרכיבים

כעת, עלינו להתאים את רכיבי המשל והנמשל ככל שיעלה בידנו. אפשרות טובה ראשונה עשויה להיראות כך:

הקב"ה	מלך
----	סעודה
----	עבדי המלך
חנה	העני
----	(עמידה בפתח)
----	בקשתו מעבדי המלך
ילד	פרוסת לחם
----	התעלמות עבדי המלך מן העני
קריאה לאלוהים בשם "צבאות"	הידחקות וכניסה למלך

תפילתה של חנה לילד	בקשתו/תביעתו של העני לפרוסת לחם

השלמת הפערים

מהלוח הנ"ל יכולים אנו לראות שישנם לא מעט פערים בהתאמה בין המשל לנמשל. הפער הראשון, "סעודה", הוא הקל ביותר להשלמה בדרך היקש. אם "פרוסת לחם" במשל היא ילד בנמשל, "סעודה" חייבת להיות "כל צבאי צבאות שבראת בעולמך", קרי: העולם, על כל השפע העצום של מיני הבריות המצויות בו.

גם הפער הבא בנמשל ניתן להשלמה בדרך היקש. אם "העני" הוא חנה, חשוכת הבנים, סביר לומר ש"עבדי המלך" – הנהנים מסעודת המלך – מוכרחים להיות אנשים שלהם **יש** ילדים. בסיפור המקראי, האנשים שעמם יש לחנה קשרים ישירים הם פנינה, אלקנה ועלי, שלכל אחד מהם יש ילדים. אך עלינו לשים לב שהדו־שיח בין חנה לעלי מתרחש לאחר תפילתה, דהיינו לאחר ש"דחק העני ונכנס אצל המלך". לפיכך, חייבים "עבדי המלך" להיות פנינה ואלקנה בלבד.

בנקודה זו, הולכת השלמת הפערים ומסתבכת. עלינו למצוא התאמות ל"עמידה בפתח" של העני, ול"בקשתו מעבדי המלך". עלינו גם להבין מה מתכוון המשל לומר בספרו לנו שעבדי המלך "מתעלמים מן העני".

לבצע פריצת דרך פרשנית

רבי אלעזר יכול היה לבנות את המשל שלו מבלי לתת בו תפקיד כלשהו לעבדי המלך, כשמוקד הסיפור הוא העני הנדחק לראות את המלך. המשל היה נראה אז בערך כך: למה הדבר דומה? למלך בשר ודם שעשה סעודה. בא עני אחד ועמד על הפתח. הוא ביקש פרוסת לחם, אך לא הורשה להיכנס. דחק העני ונכנס אצל המלך. אמר לו:

"אדוני המלך, מכל סעודה שעשית, קשה בעיניך ליתן לי פרוסה אחת?" ניסוח כזה היה פשוט יותר, היה בו כדי להאיר את הנקודה המרכזית של השימוש שעושה חנה במונח "ה' צבאות", והוא היה חוסך את כל ההשערות על תפקידם של עבדי המלך בסיפור.

בהנחה שצדקנו כשהכללנו את "עבדי המלך" בין הרכיבים החשובים של המשל, ושזיהינו אותם נכונה כאלקנה ופנינה, עלינו למלא את הפערים בנמשל.

הסקת מסקנות

בעייתנו, כך נראה לי, יכולה להיפתר אם נתבונן במשלו של רבי אלעזר כפרשנות לכל פרק א של שמואל א, ולא רק לפסוק יא. פתיחת הפרק (פסוקים א–ז) מתארת אירוע החוזר על עצמו: מדי שנה בשנה, מביא אלקנה את משפחתו לשילֹה בשלושת הרגלים, ומדי שנה בשנה מקניטה פנינה את חנה על היותה חשוכת בנים.[14] גם תגובתה של חנה חוזרת על עצמה – היא בוכה ואינה אוכלת, סימנים מובהקים של דיכאון.

14. ראו בבא בתרא טז ע"א המייחס לפנינה מניעים מורכבים שאינם עולים בבירור מהכתוב ("אמר רבי לוי: פנינה ושטן לשם שמים נתכוונו"). רש"י על אתר מבאר שכוונת פנינה המייסרת את חנה היא לדרבן אותה להתפלל לה' שייתן לה ילדים.

לפרשנות תלמודית זו אין בסיס מוצק בטקסט המקראי, אך אברבנאל מוצא ראיה כלשהי לדעה זו בצורת העמדתו של הסיפור. הוא מציין שפנינה הייתה מייסרת את חנה במיוחד בעת העלייה לרגל לשילֹה, מקום מתאים מטבעו לחנה להתפלל בו. שימו לב גם להקבלה הדקה שעושה הטקסט בין פנינה לאלקנה. פסוק ו' מספר על פנינה המכעיסה את חנה "כִּי סָגַר ה' בְּעַד רַחְמָהּ", לשון הזהה כמעט לזו שבה מנמק פסוק ה' את מעשהו של אלקנה הנותן לחנה מנה אחת אפיים: "וַה' סָגַר רַחְמָהּ". היינו מצפים להסבר אחר להתנהגותה של פנינה, כגון ציון מפורש על קנאתה כלפי חנה – לא מילים המתארות אותה ואת אלקנה כבעלי סיבות זהות בהתייחסותם לחנה.

יהיו הרמזים הטקסטואליים בסיפור אשר יהיו, דמותה של פנינה, כפי שמתאר אותה רבי לוי, נראית לכל הפחות נוגדת למדיי את האינטואיציה. מדוע אפוא מתאר רבי לוי את פנינה בדרך זו? שמא מבקש הוא ליצור ניגוד לדמותה של חנה? שתי הנשים מפירות את כללי ההתנהגות המקובלים, אולם האחת מקבלת שכר טוב, בעוד האחרת נענשת (ראו ילקוט שמעוני לשמואל א' רמז

במקרה המתואר בפרק א, משתנה משהו. אלקנה, הנבוך מאוד לנוכח ייסוריה של חנה, מנסה לפייס אותה (פסוק ח): ״חַנָּה, לָמֶה תִבְכִּי, וְלָמֶה לֹא תֹאכְלִי, וְלָמֶה יֵרַע לְבָבֵךְ? הֲלוֹא אָנֹכִי טוֹב לָךְ מֵעֲשָׂרָה בָּנִים?״. במקום שתירגע ממילים אלה, נראה כי הן רק מחשמלות אותה.[15] חנה אוכלת, שותה, והולכת למשכן להתפלל (פסוק ט).

כשבוחנים מחדש את הפרק לאור המשל של רבי אלעזר, מתברר שחנה נתונה בסבך קשריה עם אלקנה ופנינה, האנשים הקרובים אליה ביותר אשר להם יש מה שהיא כה משתוקקת אליו. אך, כמו עבדי המלך, אין ביכולתם לתת לה את מבוקשה. ובדיוק כשם שהתעלמות עבדי המלך מן העני דוחפת אותו לנקוט צעד קיצוני, מאמציו של אלקנה לשכנע את חנה להשלים עם מצבה מעוררים אותה להכרה שאם היא באמת רוצה שיהיה לה ילד עליה להגיע אל המקור; עליה לפרוץ את דרכה אל המלך עצמו.

הסבר זה של המשל מבהיר לנו מה גדול כוחו של רכיב ״עבדי המלך״ כמסייע בהבנת הסיפור. היותה של חנה שקועה באכזריותה של פנינה ובחביבותו של אלקנה חוסמת את הדרך לתפילה אמתית,

פט, דיבור המתחיל ״וזה שאמר הכתוב״. הקטע הרלוונטי פותח במילים ״ורבנן אמרי: חמישה ילדה...״ מדרש זה מופיע גם בפסיקתא רבתי ובמדרש שמואל).

שני הבדלים בין חנה לפנינה מסבירים את השוני בגורלן האישי. ראשית, שתיהן אמנם פועלות בדרך בלתי מקובלת, אבל רק פנינה מפירה למעשה את הוראות ההלכה. יהיו מניעיך אשר יהיו, לעולם אינך רשאי לייסר את חברך במילים (מעשה כזה הוא עברה על איסור הונאת דברים). תפילת הלחש של חנה מתבררת כנכונה הלכתית, אף על פי שעלי ראה אותה שלא בעין יפה.

ההבדל השני חשוב אולי עוד יותר. מניעיה של חנה טהורים. פנינה מונעת חלקית מתוך רצון לסייע לחנה, אך גם מקנאת בה. אין אנו רואים שהיא שואלת את עצמה האם אכזריותה כלפי חנה אכן מסייעת למצב, שנמשך, אחרי הכול, שנים רבות. דבר זה נובע מכך שהיא, שלא כמו חנה, איננה כנה מספיק כלפי עצמה, ואינה בוחנת לעומק מה מניע את מעשיה כלפי צרתה.

15. ״כלי יקר״ בדעה ששאלתו של אלקנה מביאה את חנה להכרה שהיא רוצה לתת, לא לקבל. אין לה חפץ בילדים שיהיו טובים אליה, שזה מה שמציע לה אלקנה כפיצוי על היותה חשוכת בנים – אלא כדי שתוכל לתת אותם לאלוהים. הרחבה של רעיון זה נראה להלן במדרש שמואל.

בגלל הבלבול שהיא יוצרת. היא מסבכת אותה רגשית, אך אינה מביאה לה דבר. ניסיונותיו של אלקנה, המרוצפים בכוונות טובות, לעזור לה לקבל את גורלה, הופכים להיות רגע האמת של חנה, הרגע שבו היא מבינה שהיא קשורה יותר מדיי באחרים (אם בהדיפתם, ואם בחיפוש נחמה אצלם), מה שמונע ממנה לפנות אל אלוהים באופן ישיר. לפתע מצטללת רוחה של חנה לראות את אלוהים כה׳ צבאות, המסוגל להיעתר לבקשתה לו רק ירצה. רק אז יכולה היא להתייצב מולו בכנות גמורה.

חנה "עומדת על הפתח", אולם התובנה החדשה שרכשה מעניקה לה את האומץ "לדחוק ולהיכנס אצל המלך". טביעת שם חדש לאלוהים היא פעולה נועזת,[16] אבל היא מבטאת את האמת העמוקה ביותר של חנה. כאותו עני בסעודה שאינו יכול להבין מדוע אין המלך נותן לו חלק קטן מנדבת ידו הגדולה, אין חנה, המתבוננת בעולמו העצום של האלוהים, יכולה להבין מדוע אין בו מקום לילד משלה. המפנה בתפישה המביא את חנה להכיר באלוהים כה׳ צבאות מאפשר לה להתפלל בדרך חדשה, אמתית יותר.

"...אִם רָאֹה תִרְאֶה..."

קטע הפרשנות הבא של רבי אלעזר מוסיף עוד פן לתיאורו את תפילת חנה. צורתו של מדרש זה היא הרחבת סיפור, המשנה באורח קיצוני את מילות הנדר של חנה:

1. "...אִם רָאֹה תִרְאֶה..." (שם יא).
2. אמר רבי אלעזר: אמרה חנה לפני הקב"ה:
3. "ריבונו של עולם, 'אִם רָאֹה', מוטב,
4. ואם לאו, 'תִרְאֶה'!

16. ראו בברכות לג ע"ב את הדיון על ביטויים האסורים בתפילה, ובתוכם הוספת שמות ותכונות המתארות את אלוהים.

5. אלך ואסתתר בפני אלקנה בעלי,
6. וכיוון דמסתתרנא (= שמסתתרת אני),
7. משקו לי (= ישקו אותי) מי סוטה,
8. ואי (= ואין) אתה עושה תורתך פלסתר!"
9. שנאמר: "...וְנִקְּתָה וְנִזְרְעָה זָרַע" (במדבר ה, כח).

בקשה ונדר או תביעה ואיום?

פסוק יא, שעליו מבוסס המדרש, כולל בתוכו בקשה ונדר: "...אִם רָאֹה תִרְאֶה בָּעֳנִי אֲמָתֶךָ וּזְכַרְתַּנִי, וְלֹא תִשְׁכַּח אֶת אֲמָתֶךָ וְנָתַתָּה לַאֲמָתְךָ זֶרַע אֲנָשִׁים וּנְתַתִּיו לַה' כָּל יְמֵי חַיָּיו וּמוֹרָה לֹא יַעֲלֶה עַל רֹאשׁוֹ". גם הבקשה לילד וגם הנדר לתתו לה' נראים כביטויים מקובלים של אדיקות דתית, אם כי נרגשים מאוד.

ברם, על פי גרסת רבי אלעזר לתפילתה, אין חנה מבקשת ילד מתוך הכנעה – היא תובעת אותו ("'אִם רָאֹה', מוטב, ואם לאו, 'תִרְאֶה'!") (שורות 3–4). גרוע מזאת, היא נראית כמאיימת לנצל את דיני סוטה על מנת להכריח את ה' לתת לה ילד. כפי שמציינת חנה, מבטיחה התורה לסוטה שטוהרה פוריות גדולה יותר. אם לא ייתן לה ה' ילד, תביים חנה מצב שיכריח את ה' לעשות כן, אחרת יעשה תורתו פלסתר. מבט זה על תפילתה, עושה את חנה לא רק דעתנית, אלא גם תוקפנית ופוחזת, אפילו יותר מאשר בפירושו של עולא לדו־שיח בינה ובין עלי.

ניסיון ראשון למצוא לפירושו של רבי אלעזר בסיס כלשהו בפסוק נראה כמשימה בלתי אפשרית.[17] גם אם נדבק ברעיון שמסורת שהייתה ביד רבי אלעזר מובילה אותו לקרוא כך את פסוק יא, קשה לראות מה עשויה להיות מגמתה של קריאה כזו. לבטח, אין אנו אמורים לאמץ לעצמנו סגנון תפילה מאיים וערמומי שכזה.

17. ראו את רד"ק לשמואל א' א, יא, ד"ה "אִם רָאֹה תִרְאֶה".

מציאת רמזים בכתוב

כמו במשל העני של רבי אלעזר, נראית גם גרסתו לבקשתה/נדרה של חנה חסרת שחר עד שבוחנים אותה בהקשר של הפרק כולו. קריאה מדוקדקת של הפרק מראה שכאשר רבי אלעזר מייחס לחנה רגשות תוקפניים, אין הוא רחוק כל כך מהאמת. ראשית, הטיות שונות של השורש "כעס" מופיעות ארבע פעמים לאורך הסיפור (בפסוקים ו, ז ו־טז). שנית, פסוק י, הקודם לנדרה של חנה מספר לנו ש"הִיא מָרַת נָפֶשׁ וַתִּתְפַּלֵּל עַל ה׳ וּבָכֹה תִבְכֶּה".

פסוק ו מספר לנו מפורשות שצרתה של חנה מכעיסה אותה שוב ושוב "בַּעֲבוּר הַרְּעִמָהּ". על הצלחתה של פנינה מעידים בכיה של חנה וסירובה לאכול. כפי שכבר צייַנו, אלה סימנים מובהקים של דיכאון, כלומר כעס כבוש. שינוי במצב רוחה של חנה מסתמן לאחר ניסיונו של אלקנה לנחם אותה; הכתוב מספר לנו שהיא קמה להתפלל אחרי שאכלה ושתתה (פסוק ט). ברור שבאותה שעה אין חנה מדוכאת עוד – היא במלוא כעסה ומודעת לכך, והראיה: כשעלי מוכיח אותה בטעות על שכרותה, מגִנה היא על עצמה בתקיפות – כמעט בגסות, לדעת עולא. אולם, החשוב מכול הוא שבפסוק טז אומרת חנה עצמה לעלי: "מֵרֹב שִׂיחִי וְכַעְסִי" התפללתי. וידוי אישי זה מוכיח ללא ספק שחנה מתפללת מתוך מודעות לרגשות החזקים הדוחפים אותה.

הצדקת חנה

עדיין, נותרה לנו בעיה. הדעתנות שמגלה חנה בתפילתה, כמו גם קריאתה לאלוהים בשם חדש, אינן נראות במקומן לאור מה שמקובל עלינו כתפילה ראויה, ואינן מתאימות לדרכי התפילה המוצגות במקומות אחרים בתנ"ך. כמעט בלתי מתקבל על הדעת שרבי אלעזר היה רואה בעין יפה מימוש בפועל של איומה של חנה. כיצד, אפוא, עלינו להבין את ההכשר שהוא נותן לכאורה לסגנון תפילתה?

ייתכן שהתשובה תימצא בשני יסודות שיצק רבי אלעזר לגרסה שלו לסיפור. הראשון הוא אופי האיום של חנה, קרי: עצם הרעיון שהיא תעלה בדעתה לנצל את דיני סוטה לקידום מטרתה. אם רק

נדמיין את כל מה שכרוך בביצוע האיום – פריצת גדרי ההלכה בידי אישה צנועה וחסודה, הנידוי החברתי הצפוי, וההרס האפשרי של חיי הנישואים שלה – נבין שאיום זה, יותר מכל דבר אחר, מראה לנו עד כמה משתוקקת חנה לילד. מבחינה זו, מזכירה לנו הרחבת הסיפור של רבי אלעזר את המשל שלו על העני הדוחק ונכנס לעמוד מול המלך. רבי אלעזר אינו מאמין באמת שחנה תרחיק לכת ותוציא לפועל את האיום שהוא שם בפיה. אולם, על ידי הבעת רגשותיה של חנה בלשון חריפה שכזו, אומר לנו רבי אלעזר שהצורך של חנה כה גדול, והיא חשה בו בצורה עזה ביותר, עד כדי הכרח לבטא את תחושותיה האמתיות בתפילה ישירה לאלוהים.

היסוד השני המסביר לנו מדוע נראית תפילתה של חנה בעין יפה הוא משפט מפתח בסיפור: "...ואי (= ואין) אתה עושה תורתך פלסתר!" (שורה 8). נראה שרבי אלעזר מצייר את חנה כמי שמשוכנעת לחלוטין בצדקתה עד כדי כך שביכולתה "להרשיע" את האלוהים בעבֵרה על חוקי התורה שהוא עצמו נתן. אמנם אין רבי אלעזר מסביר **מדוע** חשה חנה כך,[18] אך נדמה שאין הוא מפקפק בכנות – או בַדיוק – של ההאשמה שהיא מטיחה. מעבר לשאלה האם חנה אכן תשתה את מי הסוטה, רוצה היא לומר לאלוהים שדחיית בקשתה לילד כמוה כהפרה של הצדק המוחלט שלו, והיא שקולה למקרה של עקרה חפה מפשע השותה מי סוטה ואיננה מקבלת ילד כפיצוי.[19]

על פי הבנה זו, אין לראות בדעתו החיובית של רבי אלעזר

18. ראו להלן את מדרש שמואל.

19. אף כי איננו מציין מדרש זה כמקור לפרשנותו, מעניין שהאברבנאל, בפירושו לשמואל א׳ א, יא, אומר בעצם את אותו הדבר: "ולדעתי תהיה הגזרה (= תכלית דבריה) ׳וְנָתַתָּה לַאֲמָתְךָ׳ וגו׳ רוצה לומר כי אם ישגיח האל יתברך בעוניה ובחרפתה יהיה מחויב שייתן לה זרע אנשים, ואם לא יתנהו יהיה להיעדר ההשגחה. ואמרה זה להעיר שמפאת הצדק והיושר היה ראוי שיפקדה האלוהים כפי עוניה ולחצה... הנה אז בלי ספק תיתן ׳לַאֲמָתְךָ זֶרַע אֲנָשִׁים׳". אברבנאל בוודאי הכיר את הפרשנות שבמסכת ברכות לסיפור חנה, כיוון שהוא מצטט אותה בהמשך דבריו, יחד עם מדרשים נוספים. ברור למדיי שהרחבת הסיפור של רבי אלעזר השפיעה על פירושו של אברבנאל לפסוק יא.

על תפילתה של חנה משום הכשר לתוקפנות ועורמה, אלא כקביעה הבאה לומר שתפילה חייבת להיות מפגש עמוק וכן עם האלוהים, הביטוי העמוק ביותר של תחושותינו, ולא סתם מלמול ריק של דפוסים דתיים מקובלים. מאבקה האישי של חנה הוא שמוביל אותה לסוג התפילה המתואר כאן. אצל מישהו אחר, היה מפגש כן עם האלוהים עשוי לבטח להביא לידי ביטוי רגשות שונים לגמרי. בכל מקרה, לדעת רבי אלעזר, אין תפלה אמתית יכולה להיות מילוי יבש כלאחר יד של מטלה, לשם יציאה ידי חובה בלבד. תפילה אמתית צריכה להיות כתפילתה של חנה – מתוך רגש עז, כוונה רבה, כנות גמורה ועומק הלב.

התייחסות לחזרות

המדרש הבא מתמקד בחזרות הלשון שרואים אנו בתפילת חנה, בפסוק יא: "אִם רָאֹה תִרְאֶה בָּעֳנִי **אֲמָתֶךָ** וּזְכַרְתַּנִי, וְלֹא תִשְׁכַּח אֶת **אֲמָתֶךָ** וְנָתַתָּה **לַאֲמָתְךָ** זֶרַע אֲנָשִׁים וּנְתַתִּיו לַה׳ כָּל יְמֵי חַיָּיו וּמוֹרָה לֹא יַעֲלֶה עַל רֹאשׁוֹ".

רבי יוסי ברבי חנינא מעיר:

1. "...בָּעֳנִי אֲמָתֶךָ... וְלֹא תִשְׁכַּח אֶת אֲמָתֶךָ, וְנָתַתָּה לַאֲמָתְךָ..." (שמואל א׳ א, יא).
2. אמר רבי יוסי ברבי חנינא: ג׳ אמתות הללו (= שלוש החזרות הללו על המילה 'אֲמָתְךָ'), למה?
3. אמרה חנה לפני הקב"ה:
4. "ריבונו של עולם, שלשה בדקי (= בדיקות) מיתה[20] בראת באשה
5. (ואמרי לה "שלשה דבקי (= צומתי) מיתה[21]"),

20. כלומר, דרכים לבדוק האם אישה חייבת מיתה.
21. כלומר, מקומות שדרכם יכול המוות להיכנס.

6. ואלו הן: [דיני] נדה, ו[מצוות הפרשת] חלה ו[מצוות] הדלקת הנר [של שבת].
7. כלום עברתי על אחת מהן?"

האשמה

רבי יוסי מכניס נימה של האשמה לחזרה המשולשת על 'אֲמָתֶךָ'. על פי רבי יוסי, נראה שחנה אומרת לאלוהים: "אני הייתי אמה נאמנה לך, ומלאתי את כל חובותיי כלפיך. איזו סיבה יש לך למנוע ממני את המגיע לי?".

לדבריו אלה של רבי יוסי יש בסיס ברור למדיי בלשון הכתוב. בתפילתה הקצרה, חוזרת חנה על המילה 'אֲמָתֶךָ' שלוש פעמים, אם כי טבעי היה יותר שתסתפק בשני כינויי גוף בלבד כלפי עצמה. יתר על כן, כפי שהעירונו כבר לעיל, שימוש במילה "אמה" עשוי להורות על התחייבות שמבקש הדובר להזכיר לשומעו. רמזים אלה מצטרפים זה לזה ועושים את פירושו של רבי יוסי לדבריה של חנה הגיוני. גם קריאתו את הטקסט ממשיכה באותו כיוון שהתוו המדרשים שראינו עד כה, משום שרבי יוסי, ללא ספק, מציג לנו את חנה כמי שמתפללת מתוך דעתנות ובאה בדרישות לאלוהים. הקושי שבפירושו הוא שהטענה שהוא שם בפיה של חנה בעייתית ביותר מהבחינה האֱמונית.

בעיה אמונית

כפי שמציג אותה רבי יוסי, נראית חנה כמי שחשה שקיום כל "מצוות הנשים" מקנה לה באופן כלשהו זכות לילד. סבורתני שתחושה זו יסודה במספר השקפות מוטעות. ראשית, בכל המחשבה היהודית לא מצאנו את הרעיון שיש לאדם כלשהו **זכות** לילד (או לכל דבר אחר, לצורך העניין). קורה שאפילו הצדיקים הגדולים ביותר סובלים, מאינספור טעמים, וכיוון שאין כוונותיו של האלוהים ידועות לנו, לרוב אין יודעים אנו את הסיבה האמתית לסבל. אין ביכולתה של חנה לדעת בביטחון מדוע אין לה ילד, ולכן אין היא יכולה לטעון לזכות כזו על בסיס נאמנותה לה'.

שנית, אמנם, ייתכן מאוד שחנה קיימה במלואן את כל המצוות המיוחדות לנשים (לפחות, למיטב ידיעתה), אך היא עדיין מחויבת במצוות נוספות. רבי יוסי אינו מצייר את חנה כטוענת לקיומן המלא של כל מצוות האל. מדוע לא תוצג אפוא כמי ששוקלת את האפשרות שמא נובעת עקרותה מאי מילוי רצון ה׳ באיזשהו תחום אחר?

דבר אחרון, מאמרו של רבי יוסי מבוסס על משנה (שבת לא ע״ב) האומרת ששלוש עברות מצדיקות את מותן של נשים בשעת לידתן (ולכן מכנה הוא אותן ״שלשה בדקי מיתה״, או ״שלשה דבקי מיתה״). אין במשנה, וגם לא בגמרא הדנה בה, שום ניסיון לטעון שלנשים המקיימות מצוות אלה מובטחים ילדים. מדוע אפוא שם רבי יוסי טיעון זה בפיה של חנה?

עקרות ולידה: חיים ומוות

פתרון אפשרי לקושי זה הוא לומר שכוונתו של רבי יוסי היא שנראה את תפילת חנה כהשתפכות רגשות ש״הלכות אמונה״ ממנה והלאה. על פי ראייה זו, מדברת חנה מהלב, לא מהראש. כאישה צדקת, עליה לדעת שאין קיום מצוות מבטיח סוף טוב, אולם בלהט תפילתה אין היא בונה טיעון מסודר והגיוני. תחת זאת, מציגה היא את עצמה בפני האלוהים כאישה שמילאה את חובותיו של המין הנשי כלפיו מבלי שקיבלה את הברכות של התפקיד הנשי.

אפשרות נוספת היא שחנה מעניקה משמעות רחבה יותר לקשר שבין לידה ובין סכנת המוות הכרוכה בה. נשים החוטאות בדברים שצוינו על ידי רבי יוסי חשופות למוות בלידתן, אך אישה ללא בנים ״חשובה כמתה״ (נדרים סד ע״ב).[22] אם כך, ניתן לקרוא את דברי חנה לה׳ כקריאת תיגר: ״האם מגיע לי להיות מתה בחיים (קרי: ללא בנים), אם לא עברתי על ׳שלושת בדקי המיתה׳״?

בכל דרך שנבין את תפילת חנה, אין היא פרי של היגיון קר

22. ראו גם תנחומא בובר ויצא יט, ד״ה יט: ״דבר אחר ׳וַיִּזְכֹּר...׳״ הקושר רעיון זה ישירות לסיפוריהן של חנה ורחל.

ומחושב, היא ערוץ להעברת אמת אישית לה׳. ב׳ גוזר ואינו מברך אותה בילדים, וזה בעיני חנה שאלה של חיים ומוות.[23] במלחמה על מהות חייה, אין היא יכולה להתפלל כעורך דין המנסח מסמך משפטי. על ידי הדרך שבה בוחר רבי יוסי להציג את תפילתה של חנה, הוא מבקש לומר לנו שאחד הדברים שעלינו ללמוד ממנה הוא להתפלל לפי הרגש, ולא רק לפי השכל.

הזכות לילד?

לאחר כל ההסברים לפירושו של רבי יוסי, נשארים אנו עם בעיה נוספת: מדוע מציגים המדרשים שבמסכת ברכות את חנה כבטוחה לחלוטין בזכותה לילד? שאלה זו מתחזקת לנוכח הדיון המדרשי שלהלן.

הבעיה הפרשנית

המדרש שלפנינו מתמודד עם משמעות הביטוי ״זֶרַע אֲנָשִׁים״ המופיע בפסוק יא. מתוך ההקשר ברור שחנה מבקשת שאלוהים ייתן לה ילד. אלא שאז היינו מצפים שתאמר בדיוק את זה, ותשתמש במונח מקובל לילד או לבן. הביטוי הבלתי צפוי המופיע בכתוב מביא את החכמים במדרשנו להניח שהכוונה במילים אלה היא ליותר מסתם ׳ילד׳. הדיון דלקמן מציע מספר אפשרויות לקריאת ביטוי זה.

1. ״...וְנָתַתָּה לַאֲמָתְךָ זֶרַע אֲנָשִׁים...״ (שמואל א׳ א, יא). מאי (= מהו) זרע אנשים?
2. אמר רב: ״גברא בגוברין״ (= איש באנשים).
3. ושמואל אמר: ״זרע שמושח שני אנשים,
4. ומאן אינון (= ומי הם)? שאול ודוד״.
5. ורבי יוחנן אמר: ״זרע ששקול כשני אנשים,

23. מוטיב זה חוזר במדרש הראשון המובא בילקוט שמעוני. ראו להלן.

6. ומאן אינון (= ומי הם)? משה ואהרן,
7. שנאמר: 'מֹשֶׁה וְאַהֲרֹן בְּכֹהֲנָיו וּשְׁמוּאֵל בְּקֹרְאֵי שְׁמוֹ...' (תהלים צט, ו)".
8. ורבנן אמרי (= וחכמים אומרים): "'זֶרַע אֲנָשִׁים' – זרע שמובלע בין אנשים".
9. כי אתא (= כשבא) רב דימי, אמר:
10. "לא ארוך ולא גוץ, ולא קטן ולא אלם (= כבד), ולא צחור (= חיוור) ולא גיחור (= אדמוני), ולא חכם ולא טיפש".

מבנה המדרש

מבנהו של מדרש זה פשוט מאוד; יש כאן רשימה של פירושים לביטוי הנדון. מופיעות פה חמש דעות שניתן לחלקן לשתי קבוצות. השלוש הראשונות (שורות 2–7) מבינות את הביטוי כבקשה לילד בלתי רגיל. הדעות הרביעית והחמישית (שורות 8–10) סבורות שמשמעות מילים אלה היא בקשה לילד רגיל.[24]

בקשה לילד בלתי רגיל

חשיבות רבה נודעת לכך שעורכי מסכת ברכות מביאים תחילה את הפירושים המשתייכים לקבוצה "בלתי רגיל". בכך ממשיכים הם את הטון השולט במדרשים שכבר ראינו. בדומה לקו שהתוו רבי אלעזר ורבי יוסי ברבי חנינא, גם הפירושים במדרש שלנו מתארים את חנה כמתפללת בדרך שלא היינו מצפים לה, ודורשת משהו שעשוי להיחשב בעינינו מעבר לסביר.

וכך, רב, הנתלה בלשון הרבים המיותרת של המילה "אנשים", מפרש את הביטוי כ"איש באנשים", בהתאם למשמעות המילה "איש"

24. הדעה החמישית היא למעשה פיתוח של הרביעית. ראו רש"י לברכות לא ע"ב, ד"ה: "שמובלע בין אנשים".

במקומות רבים אחרים, קרי: אדם חשוב[25] (שורה 2). הוא סובר שחנה מבקשת ילד בלתי רגיל, מישהו שיימנה עם האנשים החשובים.

שמואל מרחיק לכת יותר בהוספת מילים לכתוב: "זרע שמושח שני אנשים" (כלומר, שני אנשים חשובים) – שני מלכי ישראל הראשונים (שורות 3–4). על פי פירושו של שמואל משמע שחנה, הצופה מראש את המלוכה הממשמשת ובאה, מבקשת שבנה ייקח חלק בהקמתו של מוסד זה. דעתו של שמואל נראית סבירה יותר כשנזכרים בתפילת ההודיה של חנה המופיעה בהמשך הסיפור, בשמואל א' ב, א-י. התפילה מסתיימת בתקווה הנבואית: "...ה' יָדִין אַפְסֵי אָרֶץ **וְיִתֶּן עֹז לְמַלְכּוֹ וְיָרֵם קֶרֶן מְשִׁיחוֹ**". אם קורא שמואל את תפילת חנה הראשונה לאורה של השנייה, פירושו, המבין את 'זֶרַע אֲנָשִׁים' כבקשה לבן שביום מן הימים ימשח שני מלכים, מקבל תוספת חיזוק.

רבי יוחנן מציע כנראה את הפירוש הנועז ביותר, וטוען שחנה מתפללת לבן שיהיה שקול למשה ואהרן (שורות 5–7). על פי הבנתו את בקשתה, אין חנה מסתפקת בבן שישפיע על אנשים גדולים, או אפילו ישחק תפקיד היסטורי חשוב. חנה רוצה בן שבעצמו יהיה גדול כמשה ואהרן. רבי יוחנן מבסס את פירושו זה לבקשתה של חנה על סמך תוצאתה, דהיינו, בן זה יהיה כה גדול עד כדי השוואתו למשה ואהרן בתהלים.

שאר הפירושים הנדונים מבינים את הביטוי 'זֶרַע אֲנָשִׁים' כבקשה לילד רגיל, אחד, שעל פי ניסוחם של חכמים, יהיה 'מובלע בין אנשים', כלומר, יתאים לחברת בני האדם ללא קושי (שורה 8). רב דימי מפרט את משמעותו של פירושם של חכמים, ומסביר שאין חנה חפצה בילד שיהיה יוצא מן הכלל משום בחינה, לא לטובה ולא לרעה (שורות 9–10).

אם נלך בעקבות מה שנראה הקו הפרשני השולט במדרש שלפנינו – הכיוון העולה בקנה אחד עם המדרשים שראינו עד

25. ראו את פירוש התוספות למילים אלה.

כאן – נמצא את עצמנו שוב מול תיאור המציג את חנה כמי שיודעת בתפילתה לעמוד על שלה במלוא הכוח. ראייה זו מחזקת את השאלה מדוע כה משוכנעת חנה בצדקת טענתה ודרישותיה. ועוד זאת מוכרחים אנו לשאול, כיצד ייתכן שחז"ל רואים בחיוב את התנהגותה של חנה, לנוכח העובדה שלרוב שוללים הם דעתנות ותובענות, בייחוד ביחסים שבין אדם למקום.

תגובה לשאלות אלו מופיעה בגרסה מקבילה לדיון המדרשי שראינו פה. גרסה זו מובאת במדרש שמואל, פרשה ב פסקה ז.

עטרה למלך

1. "...וּזְכַרְתַּנִי..." – בזכרים.[26]
2. "...וְלֹא תִשְׁכַּח אֶת אֲמָתֶךָ..." – בנקבות.
3. "...וְנָתַתָּה לַאֲמָתְךָ זֶרַע אֲנָשִׁים...",
4. רבי יהושע דסכנין בשם רבי לוי אמר: "אנשים –
5. שלא יהו פניהן דומין (= שלא יהיו פניהם דומים) לא לקוף ולא לסריס".
6. דבר אחר, "...וְנָתַתָּה לַאֲמָתְךָ זֶרַע אֲנָשִׁים...":
7. אנשים חכמים, אנשים נבונים –
8. היך מה דאת אמר (= כמו שנאמר): "הָבוּ לָכֶם אֲנָשִׁים חֲכָמִים וּנְבֹנִים..." (דברים א, יג).[27]
9. אנשים נביאים –
10. היך מה דאת אמר (= כמו שנאמר): "וַיִּשָּׁאֲרוּ שְׁנֵי אֲנָשִׁים בַּמַּחֲנֶה..." (במדבר יא, כו).[28]
11. אנשים גדולים –

26. שתי המילים הן מהשורש זכ"ר.
27. פסוק זה מתאר את טיב השופטים שיש למנות למערכת המשפט.
28. מילים אלה מתארות את אלדד ומידד המתנבאים.

12. היך מה דאת אמר (= כמו שנאמר): "...וְהָאִישׁ בִּימֵי שָׁאוּל זָקֵן בָּא בַאֲנָשִׁים" (שמואל א' יז, יב).[29]
13. אנשים צדיקים –
14. היך מה דאת אמר (= כמו שנאמר): "וְעַמֵּךְ כֻּלָּם צַדִּיקִים..." (ישעיהו ס, כא).[30]
15. אמרו לחנה:
16. "למה את שואלת אנשים חכמים ונבונים ונביאים וגדולים וצדיקים?"
17. אמרה להן:
18. "שהן לשמו של הקב"ה".
19. אמר רבי לוי:
20. "[משל למה הדבר דומה:] לאחד שהיה יושב ועושה עטרה למלך.
21. עבר חד חמתיה (= עבר אחד וראה אותו).
22. אמר לו:
23. 'מה אתה עושה?'
24. אמר לו:
25. 'עטרה למלך אני עושה'.
26. אמר לו:
27. 'כל מה שאתה יכול לקבוע בה אבנים טובות ומרגליות קבע בה.
28. למה?
29. שהיא עתידה להינתן בראשו של מלך'.
30. כך אמרו לחנה:
31. 'למה את שואלת אנשים חכמים ונביאים וגדולים וצדיקים?'

29. זהו תיאור של ישי (אבי דוד). המילים "בָּא בַאֲנָשִׁים" הובנו, מצד אחד, בהתייחס לתפקידו החשוב בצבא (יבמות עו ע"ב), ומצד שני, כמו במסכת ברכות, כמתארות אדם גדול בין גדולים.
30. על דרך ההרחבה, ניתן להסיק מכאן שההגדרה של "אנשים" היא צדיקים. ככל הנראה, לא יכול היה בעל המדרש למצוא ציטוט מתאים יותר.

32. אמרה להן:
33. 'שהן לשמו של הקב"ה'".

מבנה המדרש

הפסקה דלעיל מורכבת משני מדרשים. הראשון (שורות 1-5) הוא קריאה צמודה של תפילת חנה, המתארת את חנה כמי שמבקשת ילדים רבים, זכרים ונקבות.

המדרש השני, שיעמוד במוקד דיוננו, מתרכז בביטוי 'זֶרַע אֲנָשִׁים', שעמו, כפי שראינו, התמודדה גם מסכת ברכות. מבנהו של מדרש שני זה ניתן להצגה כדלהלן:

א. פירוש ל"זֶרַע אֲנָשִׁים", כולל ראיות מפסוקים (שורות 6-14)
ב. הרחבת הסיפור המקראי של חנה (שורות 15-18)
ג. משל (שורות 19-29)
ד. נמשל (שאינו אלא חזרה על הרחבת הסיפור הקודמת) (שורות 30-33)

השוואת ברכות ומדרש שמואל

הדמיון בין הדיון המדרשי המופיע בברכות ובין מדרש זה מדהים, אם כי עוד נראה גם כמה הבדלים משמעותיים ביניהם. בשני הטקסטים מתפרש הביטוי 'זֶרַע אֲנָשִׁים' בשתי דרכים מנוגדות זו לזו, קרי: "ילד רגיל" לעומת "ילד בלתי רגיל". בברכות מופיע הפירוש "ילד בלתי רגיל" תחילה, ואילו מדרש שמואל שם בראש את הפירוש "ילד רגיל" (שורות 4-5). במדרש שמואל מקדימה את פירוש "הילד הרגיל" קריאה צמודה של המילים החוזרות "וּזְכַרְתַּנִי, וְלֹא תִשְׁכַּח אֶת אֲמָתֶךָ", הטוענת שבקשתה של חנה לילד **אחד** היא בעצם דרישה ל**הרבה** ילדים – זכרים ונקבות. תוצאה מעניינת של פרשנות זו היא, שגם הבקשה לילדים בעלי מראה רגיל ('שלא יהו פניהן דומין לא לקוף ולא לסריס') נראית כדרישה מוגזמת, במקום

שתיחשב בקשה צנועה. מדרש שמואל מציג לנו אפוא, שוב, את חנה לא כעקרה המתחננת לאלוהים שייתן לה רק ילד אחד, אלא כמי שחושבת שיש לה זכות להיות אם לילדים רבים.

פירוש "הילד הבלתי רגיל"

כשמגיעים לדעה השנייה במדרש שמואל, מוצאים שהיא מפותחת ומפורטת יותר מפירוש "הילד הבלתי רגיל" שבברכות. חנה מצטיירת כמבקשת נביאים חכמים גדולים וצדיקים, ולא רק בן בלתי רגיל אחד כמתואר בברכות. יתרה מזאת, בעל הפירוש מאריך בדבריו, וטורח להביא ראיה לכל אחת מהמעלות שהוא עומס על שכמו של אותו "זֶרַע אֲנָשִׁים". לכל אחת מהתכונות המיוחדות שמבקשת חנה, לטענתו, ישנה ראיה מפסוק הקושר את המילה "אנשים" לאותה תכונה[31] (שורות 14-6).

חשיפת המניע החסר

בנקודה זו, סוטה מדרש שמואל מהדיון בברכות כדי לספק את המידע שכה חסר לנו – התשובה המכרעת לשאלה בדבר התחושה החזקה של זכות לילד שמפגינה חנה. התשובה ניתנת כחלק מדו־שיח בין חנה ובין אלמונים השואלים: "למה את שואלת אנשים חכמים ונבונים ונביאים וגדולים וצדיקים?" חנה עונה: "שהן לשמו של הקב"ה" (שורות 18-15).

מתוך עיון בדו־שיח עולות שתי בעיות. הראשונה היא שרבובם של צופים/שואלים לסיפור חנה. השנייה היא תשובתה החידתית של חנה. במקרה זה, מבינים אנו על נקלה את הצורך במשל שיסייע בידנו לפענח את הדו־שיח.

31. יוצאת מכלל זה תכונת ה"צדיקים", שבה דומה שהראיה מאולצת במידת מה. העובדה שבעל המדרש בכל זאת מביא אותה, מצביעה אולי עד היכן מוכן הוא ללכת באישוש פירושו.

המשל

המשל מתאר אדם העסוק בעשיית עטרה למלך. עובר אורח שואל אותו מה הוא עושה, וכשהוא עונה לו שהוא עושה עטרה למלך, מציע לו עובר האורח לשבץ בעטרה אבנים יקרות ככל שרק יוכל.

בתור סיפור העומד בזכות עצמו, ללא התייחסות לנמשל, המשל פשוט וברור.[32]

זיהוי הרכיבים

השלב הבא הוא זיהוי רכיבי המשל כדלקמן:

עושה העטרה
עשיית העטרה
העטרה
עובר האורח
שאלת עובר האורח ("מה אתה עושה?")
תשובת עושה העטרה ("עטרה למלך אני עושה")
תגובת עובר האורח ("כל מה שאתה יכול לקבוע בה... קבע בה")
אבנים טובות ומרגליות

התאמת הרכיבים

הצעד הבא הוא התאמת הרכיבים של המשל והנמשל. ניסיון ראשון נראה בערך כך:

32. מתוך ניסיוני בהוראת סיפור זה, נוכחתי לדעת שתלמידים מחו"ל מעלים לעתים קרובות כבעיה אפשרית בסיפור את התערבותו של עובר האורח במעשיו של עושה העטרה, מבלי שנתבקש לכך. תגובתי להבחנה זו היא שהתערבות אנשים בעסקיהם של אחרים, מבלי שנתבקשו לכך, מהווה חלק מהווי החיים במזרח התיכון עוד מימי קדם. אם היה משל זה נכתב בשוודיה, הייתה עצתו הבלתי מוזמנת של עובר האורח פתח לקושיות על הסיפור.

חנה	עושה העטרה
----	עשיית העטרה
שמואל	העטרה
----	עובר האורח
"למה את שואלת אנשים חכמים ונבונים ונביאים וגדולים וצדיקים?"	שאלת עובר האורח ('מה אתה עושה?')
"שהן לשמו של הקב"ה"	תשובת עושה העטרה ("עטרה למלך אני עושה")
----	תגובת עובר האורח ("כל מה שאת יכול לקבוע בה... קבע בה")
תכונותיו של הבן הבלתי רגיל	אבנים טובות ומרגליות

בקריאה חוזרת של רשימה זו, נוכל להיווכח שיש בעיה בהתאמה שעשינו בין שאלת עובר האורח במשל ובין זו של השואלים בנמשל, וכן בין תשובת עושה העטרה במשל לזו של חנה בנמשל. אמנם ישנן שאלות ותשובות הן במשל והן בנמשל, אך ההתאמה ביניהן צורנית גרידא, ללא כל קשר למשמעותן. קשה למצוא קשר אמתי בין השאלה בנמשל: "למה את שואלת אנשים חכמים ונבונים ונביאים וגדולים וצדיקים?" ושאלת עובר האורח "מה אתה עושה?". באופן דומה, אין תשובת חנה בנמשל: "שהן לשמו של הקב"ה" מתיישבת עם תשובת עושה העטרה במשל: "עטרה למלך אני עושה".

אנו רואים אפוא שהנמשל מספק פחות התאמות לַמשל ממה שחשבנו תחילה, וליתר דיוק צריך התרשים שלנו להיראות כך:

חנה	עושה העטרה
----	עשיית העטרה
שמואל	העטרה
----	עובר האורח
----	שאלת עובר האורח ("מה אתה עושה?")
----	תשובת עושה העטרה ("עטרה למלך אני עושה")
----	תגובת עובר האורח ("כל מה שאתה יכול לקבוע בה... קבע בה")
תכונותיו של הבן הבלתי רגיל	אבנים טובות ומרגליות

השלמת הפערים

לפחות אחת מן ההתאמות קלה למדיי לגילוי, מתוך הכרת הסיפור המקראי. אִם שמואל הוא "העטרה" של המשל, וחנה היא "עושה העטרה", חייבת מלאכת "עשיית העטרה" להיות תפילתה של חנה, משום שתפילה זו היא שהביאה ללידתו של שמואל.

זיהוי רכיב זה של המשל פותר בעיה אחת, אך מותיר קושי אחר, גדול יותר, והוא זהותו של "עובר האורח". הניחוש הטוב ביותר שנוכל לתת הוא ש"עובר האורח" שבמשל זהה לשואלים את חנה שבהרחבת הסיפור, אלא שבכך לא נפתרה בעייתנו, שכן טרם עלה בידנו לקבוע מי הם "שואלים" אלה. כמו כן, כפי שכבר ראינו, קיימת אי התאמה בין השאלות והתשובות במשל ובנמשל.

למיטב הבנתנו, אי אפשר למצוא בתיאור המקראי מאזינים לתפילתה של חנה מלבד ה' ועלי. ה' אינו יכול להיות "עובר האורח",

כי הוא המלך שלמענו נעשית העטרה.[33] גם עלי אינו יכול להיות ״עובר האורח״, כי הוא אינו שומע את תפילתה של חנה בשעה שהיא יוצאת מפיה, ונודע לו על מה חנה מתפללת רק כשהיא מספרת לו על כך. מי אפוא הוא השואל בסיפור המדרשי, שהוא ככל הנראה ״עובר האורח״ של המשל?

לשאול את השאלה בשמנו

התשובה הטובה ביותר היא כנראה שאנחנו, הקוראים את סיפור חנה, הם הצופים שבהרחבת הסיפור וגם עובר האורח שבמשל. דרך התיאור בספר שמואל ופירושיהם של חכמינו, באים אנו לא רק בסודן של המילים שבתפילת חנה כפי שהן מופיעות בכתוב, אלא גם ברזי המשמעויות החבויות שמגלים לנו חז״ל.[34] בתור קוראים של הסיפור מנקודת מבט כל־יודעת זאת, יש לנו כוח גדול יותר להבחין במתרחש בפנימיותו של הסיפור, מזה שהיה למי שנכח במאורע עצמו.[35] וכקוראים של פירוש מדרשי מסוים זה לסיפור המקראי, נאמר לנו שחנה מבקשת הרבה יותר ממה שנראה הגיוני בעינינו. שאלתנו היא בהחלט טבעית, והמדרש מביע אותה בשמנו: ״למה את שואלת אנשים חכמים ונבונים ונביאים וגדולים וצדיקים?״ מדוע אין עקרה זו יכולה לבוא על סיפוקה בילד רגיל ובריא?

לתת לחנה לענות בעצמה

המדרש פותר את הבעיה ביצירת סיפור שבו ניתנת במה לחנה לדבר אלינו ישירות, דהיינו, הרחבת הסיפור/הנמשל שבמסגרת זו ״שואלים״

33. ניתן גם לטעון שאין ה׳ צריך לשאול מדוע מבקשת חנה נביאים חכמים גדולים וצדיקים, כיוון שהוא לבטח יודע את מניעיה.
34. דוגמה נוספת לשימוש בכלי זה (קרי: הכנסת הקוראים כרכיב במשל) ראו בפרק ב.
35. העדות החזקה ביותר לכך היא תגובתו הראשונית של עלי לתפילת חנה.

את חנה את שאלתנו, ושבה היא עונה. תשובתה היא שרצונה בילדים בלתי רגילים מפני "שהן לשמו של הקב"ה".

אפילו בתחום הפעולה של המדרש, יכול קורא ביקורתי לשאול האם תשובה זו של חנה יש בה כדי להצדיק את אופייה **התובעני** של תפילתה. לרצות ילדים לשמו של הקב"ה זה טוב ויפה, אך בוודאי רק אלוהים יחליט מה טיבם של הילדים שברצונו לתת לנו. יכולנו אולי לחוש הזדהות עם תחינה כנועה לילד בלתי רגיל, אך תפילת חנה, כפי שהיא מוצגת במדרש שלפנינו, נראית מוגזמת ותובענית – אפילו מחוצפת.

גיוס הקורא לפירוש המדרשי

במיומנות רבה, מסיר רבי לוי את התנגדויותינו, על ידי הכנסתנו לתוך הסיפור. בבנותו את המשל באופן **שאנחנו** עובר האורח המתעניין, מסיט הוא למעננו, בחכמתו, את מוקד השאלה שלנו. במקום צופים היודעים מה עושה חנה, ואינם מסכימים למעשה (או לפחות מפקפקים בצדקתו), הופכים אנו לעובר האורח שעדיין אינו יודע במה טרוד עושה העטרה. התמרון הרטורי הזה מכריח אותנו להתבונן מחדש במשמעותה של תפילת חנה.

חנה היא עושה העטרה, ואנחנו/עובר האורח רוצים לדעת מה היא עושה. כשעושה העטרה אומר לעובר האורח שהוא עושה עטרה למלך, הופך עובר האורח בעל כורחו למעורב במלאכת עושה העטרה. אין לו שום ספק שעל עושה העטרה לקבוע בה אבנים טובות ומרגליות לרוב, ככל יכולתו, משום "שהיא עתידה להינתן בראשו של מלך" (שורה 29). ההצעה שעושה העטרה לא יחסוך באבנים יקרות באה למעשה מעובר האורח. עושה העטרה אינו צריך לומר דבר.

המבנה, הכופה עלינו הזדהות עם עובר האורח, מאפשר לרבי לוי לשנות את גישתנו לסיפור חנה. שאלתנו המקורית הביקורתית ("למה את שואלת אנשים חכמים ונבונים ונביאים וגדולים וצדיקים?" (שורה 16)) הופכת לאישור לתפילת חנה ("כל מה שאתה יכול לקבוע בה אבנים טובות ומרגליות קבע בה" (שורה 27)). כמו עובר האורח,

הפכנו גם אנו מגויסים למאמץ של חנה. רבי לוי מאמין שאם נבין נכונה את תפילת חנה, נזדהה עם הביטחון הגמור ותחושת הזכות המוחלטת שלה. תפילת חנה, לדעתו, היא בקשה לילד שיהיה באמת תכשיט לה׳, ופירושו של דבר שרצונה בילד בלתי רגיל אינו ביטוי לרווחה אישית ואנוכיות, אלא בא מתוך תשוקה עזה לעשות מִצדה את המרב ״לשמו של הקב״ה״.

יישוב המדרש עם הטקסט המקראי

הסברו של מדרש שמואל למניעיה של חנה המבקשת ילד מרגש עמוקות ועוזר לנו להבין מדוע רואים חז״ל, במסכת ברכות, את תפילתה באור חיובי חרף הטון הדעתני – ואפילו התוקפני – הנלווה אליה. אולם הקושי הוא, ששוב, קשה למצוא לפירוש זה עוגן בסיפור המקראי. שום דבר בטקסט, כפי שקראנו אותו, אינו נראה כמצביע על רמה נשגבת כל כך של הקרבה עצמית המצדיקה תביעה לילד בלתי רגיל.

זהו לפחות המצב עד שחוזרים אל הסיפור המקראי כשבראשנו ההנחות ששתל שם מדרש זה. אם נקרא שוב את שמואל א׳ א, יא לאור משָׁלו של רבי לוי על עושה העטרה, נוכל לגלות משהו שלא זכה לתשומת לב מספקת מצדנו קודם לכן. כפי שציינו, כרוכים בתפילת חנה בקשה ונדר יחדיו. עד עתה חקרנו בדקדקנות את הבקשה בראי המדרש, אך בקושי הבאנו בחשבון את הנדר. כשנתמקד בנדר, נתקשה להאמין כיצד יכולנו להחמיץ את משמעויותיו מרחיקות הלכת: ״אִם רָאֹה תִרְאֶה בָּעֳנִי אֲמָתֶךָ, וּזְכַרְתַּנִי, וְלֹא תִשְׁכַּח אֶת אֲמָתֶךָ, **וְנָתַתָּה לַאֲמָתְךָ זֶרַע אֲנָשִׁים וּנְתַתִּיו לַה׳ כָּל יְמֵי חַיָּיו** וּמוֹרָה לֹא יַעֲלֶה עַל רֹאשׁוֹ״.

חנה היא היחידה מכל העקרות שבתנ״ך שמבקשת ילד רק כדי לתת אותו לאלוהים. מתעצומות נפש שלא תיאמנה, שואבת היא כוח לנדור את נדרה ולהביא את עצמה לקיים אותו; ברגע שנגמל הילד מביאה היא אותו לעלי (שמואל א׳ א, יט-כח). חשוב לציין שאין חנה שרה את שירת התודה שלה לה׳ אחרי לידת בנה, אלא רק לאחר

שעלי מקבל אותו לשירות במשכן (שמואל א׳ ב, א-י). המשמעות ברורה לגמרי. הולדת שמואל אינה הגשמתה המלאה של תפילת חנה; רק קבלת המתנה שלה על ידי אלוהים משיגה את המטרה שלשמה יצאה חנה לדרך.

כשקוראים את מדרש שמואל לאור נדרה של חנה וקיומו על ידה, רואים שהפירוש המדרשי של "זֶרַע אֲנָשִׁים" כ"ילד בלתי רגיל" אינו רחוק כלל וכלל. הוא משתלב היטב במגמה הכללית של הפרקים א-ב של שמואל א׳. מבחינה זאת, דומה המשל שבמדרש שמואל למקורות שכבר ראינו בברכות. במבט ראשון, נראים מדרשים אלה נוגדים את תחושתנו הפנימית, אך כשקוראים אנו שנית את הטקסט המקראי מנקודת השקפתם, מגיעים אנו להכרה שרק נדמה היה לנו שמכירים אנו את הסיפור, ובעצם מעולם לא קראנו את הטקסט כהלכה.

המסר טמון באי ההתאמה

ראוי ביותר לציין, שהמסר של המשל שבמדרש שמואל נובע מאותה נקודה שעוררה את הקושי הגדול ביותר, קרי: חוסר ההתאמה שבין המשל לנמשל. ללא המשל, לא היינו מסוגלים לראות את המצב מנקודת מבטה של חנה. בעוד הנמשל מבטא במלוא הבהירות את עמדתנו המקורית, ביקורת כלפי התנהגותה המוגזמת לכאורה של חנה, מכריח אותנו המשל לשים את עצמנו בנעליה של חנה. על ידי החזרה על הנמשל פעמיים, לפני המשל ואחריו, תחילה בצורת הרחבת סיפור, ואחר כך בצורת הנמשל, מראה לנו המדרש כיצד משתנה השקפתנו כשמסתכלים אנו על הדברים מבעד לעיניה של חנה.

המשל ממדרש שמואל יכול לשמש לנו כמופת, שממנו נלמד להעריך באיזו הקפדה קוראים חז"ל את הטקסט המקראי, ובאיזה תחכום מסבים הם את תשומת לבנו לאופן קריאתנו השגוי. תחושתנו הראשונית שמא נשתבש משהו בהבנתם של חז"ל מתחלפת להכרה שמידת רגישותנו לשפה של הסיפור המקראי אינה מספקת. חז"ל מעמתים אותנו עם דעותינו הקדומות, וכך מאלפים אותנו בינה בסדרת

תרגילים חינוכיים מהמעלה הראשונה. אנו יוצאים מהם כשבידנו לא רק פירושים חדשים, אלא גם נקודת מבט חדשה שממנה יש לקרוא את התנ"ך.

"...מְדַבֶּרֶת עַל לִבָּהּ..."

נחזור למסכת ברכות, לשני המדרשים האחרונים על סיפור חנה. בראשון שבהם כתוב כך:

1. "וְחַנָּה, הִיא מְדַבֶּרֶת עַל לִבָּהּ..." (שמואל א' א, יג).
2. אמר רבי אלעזר משום רבי יוסי בן זמרא: "'על עסקי לבה'.
3. אמרה לפניו: 'ריבונו של עולם, כל מה שבראת באישה, לא בראת דבר אחד לבטלה:
4. עיניים לראות ואוזניים לשמוע, חוטם להריח, פה לדבר, ידיים לעשות בהם מלאכה, רגליים להלך בהן, דדים להניק בהן.
5. דדים הללו שנתת על לבי, למה? לא להניק בהן?
6. תן לי בן ואניק בהן'".

מבנה המדרש

מדרש זה הוא הרחבת סיפור פשוטה שניתן לחלקה באופן הבא:

א. הדיבור המתחיל (שורה 1)
ב. הערתו של רבי אלעזר על הדיבור המתחיל (שורה 2)
ג. הרחבת הסיפור, דהיינו דברי חנה לה' (שורות 3–6)

קריאה מילולית

הציטוט שבפתיחה המזמין את פירושו של רבי אלעזר הוא צירוף המילים: "הִיא מְדַבֶּרֶת **עַל לִבָּהּ**". צירוף זה ייחודי לסיפור חנה; בכל מקום אחר בתנ"ך, מתפרש מטבע הלשון "לדבר על לבו של מישהו" במובן של לפייס או לשכנע מישהו אחר, ואין הכוונה ללבו של הדובר

עצמו. על סמך הבנתנו את פשוטו של פסוק יג, היינו מצפים למצוא צירוף אחר כגון: "וְחַנָּה, הִיא מְדַבֶּרֶת מִלִּבָּהּ...".

מתוך שימת לב לבעיה הלשונית, ובעקבות דברי רבי יוסי בן זמרא, מפרש רבי אלעזר מילים אלה באופן ציורי ומילולי כאחד. בהערתו על הדיבור המתחיל, מבין הוא את המילים "עַל לִבָּהּ" כ"על עסקי לבה". אך בהרחבה הסיפורית שלו לפסוק, קורא הוא מילים אלה באופן מילולי כאומרות שחנה דיברה לאלוהים על דדיה, המונחים על לבה. על פי מדרש זה, טוענת חנה שלכל דבר שברא ה' בגופה של אישה יש מטרה. היא מבקשת ילד כדי שדדיה, כמו שאר האיברים שבגופה, ימלאו את התפקיד שלשמו נבראו.

צוהר להשקפתה הדתית של חנה

מדרש זה פותח צוהר לתפיסתה האישית של חנה את האל שברא אותה. היא מתבוננת בגופה ורואה כיצד עוצב בצורה תכליתית על ידי אדון העולם, שהוא גם אדון הפרטים הקטנים. הטענה שמעלה חנה היא שלדדיה אין כל תכלית אם אין לה ילדים: "דדים הללו שנתת על לבי, למה לא להניק בהן? תן לי בן ואניק בהן" (שורות 5–6). בציפייתה הישירה להיגיון ולהגינות, דומה אמירה זו לדבריו של העני במשלו של רבי אלעזר: "אדוני המלך, מכל סעודה שעשית, קשה בעיניך ליתן לי פרוסה אחת?". שאלתו של העני היא עצמה תעקיף של דברי חנה באותו מדרש: "ריבונו של עולם, מכל צבאי צבאות שבראת בעולמך, קשה בעיניך שתתן לי בן אחד?".

מסתבר שחנה מצפה למצוא היגיון בעולמו של הקב"ה, ולעקרותה אין היא מוצאת כל היגיון. אלוהים **יכול** לתת לה ילד אם רק ירצה; מדוע, אפוא, אין הוא נותן? לכל חלקי גופה האחרים יש תפקיד; האם אין ראוי שגם דדיה ימלאו את תפקידם?

לפני שנפטור את השקפתה של חנה על אלוהים ועל העולם כמעוטת דעת, עלינו לזכור שלבטח לא כך ראו אותה חז"ל. על סמך התיאור המקראי של חנה, חוזרים רבותינו ומדגישים שחנה איננה בשום פנים אישה פשוטה. ראשית, כפי שראינו, תפילתה טוענת

רגשות מורכבים וחדורת "רוח קרב". חנה בעלת אישיות דעתנית וחזקה, וניצבת מול אלוהים ללא פחד במלוא כוחותיה. יתרה מזאת, דרגתה הרוחנית של חנה, בעיני חז"ל, כה גבוהה, עד כדי כך שיכולה היא לקרוא לאלוהים בשם מקורי, ובחושיה הפנימיים לנבא שהדרך האמתית להתפלל היא בלחש. מעבר לכך, חנה מלומדת דיה, ומכירה היטב את דיני סוטה כדי לנצלם בוויכוח שלה עם אלוהים. ואם נתבונן בדבריו הקצרים האחרונים של רבי אלעזר על תפילת חנה – המדרש האחרון בדף זה של ברכות – נוכל רק להגיע למסקנה שמקומה בין גדולי הגדולים.

רבי אלעזר אומר לנו ש"חנה הטיחה דברים כלפי מעלה, שנאמר: '...וַתִּתְפַּלֵּל עַל ה'...'". לאמירה זו אין מתלווה כל ביקורת על חנה. נהפוך הוא, רבי אלעזר ממשיך ואומר שגם אליהו ומשה הטיחו דברים כלפי מעלה. אין באופייה הפולמוסי של תפילת חנה כדי להוכיח על מרד קל דעת בריבונו של עולם, אלא על יחס כה קרוב אליו המעניק לה את הכוח לדבר אתו בשיא הפתיחות. יהא מקור השקפתה הדתית של חנה אשר יהא, אין מדובר ברדידות אופי, או בקטנות נפש ומוחין.

"ה' צְבָאוֹת"

כדי להבין מה מניע את השקפתה הדתית של חנה, עלינו לשוב ולבחון כיצד מבינים חז"ל את השם שנתנה חנה לאלוהים, "ה' צבאות". כפי שכבר ראינו, מתמודד רבי אלעזר עם משמעותו של המושג במשל שלו על העני. ילקוט שמעוני מביא שני פירושים נוספים למושג "ה' צבאות" מפסיקתא רבתי.[36] ניתוח של הפירושים השונים לשמו זה של אלוהים, ואיתור מקומם בתמונה הרחבה יותר של חנה כפי שצוירה בידי חז"ל, עשוי לאפשר לנו להגיע להבנת השקפתה הדתית של חנה.

36. המובאות שבילקוט שמעוני לקוחות מפסיקתא רבתי מג, ד"ה: "וַתִּדֹּר נֶדֶר וַתֹּאמַר ה' צְבָאוֹת". ישנם הבדלים קטנים בין הגרסות המופיעות בפסיקתא רבתי ובין אלה שבילקוט שמעוני. העדפתי את הגרסות של ילקוט שמעוני, מתוך הנחה שהן ככל הנראה מוכרות יותר לרוב הקוראים.

להלן הפירוש מתוך ילקוט שמעוני לספר שמואל, רמז עח:

1. אמר רבי יהודה ברבי סימון:
2. "אמרה חנה לפני הקב"ה:
3. 'ריבונו של עולם, יש צבא למעלה, יש צבא למטה.
4. הצבא של מעלה לא אוכלים ולא שותים,
5. ולא פרים ורבים,
6. ולא מתים, אלא חיים לעולם הבא.
7. והצבא של מטה אוכלים ושותים,
8. ופרים ורבים,
9. ומתים, ואינם חיים [לעולם].
10. ואיני יודעת מאי זו צבא אני.
11. אם מצבא של מעלה אני,
12. לא אהא לא אוכלת ולא שותה,
13. ולא מולידה,
14. ולא מתה, אלא חיה לעולם.
15. ואם מצבא של מטה אנוכי,
16. אהא מולידה,
17. ואוכלת ושותה.
18. דבר אחר:
19. חנה הייתה עולה לרגל וראתה כל ישראל.
20. אמרה לפניו:
21. 'ריבונו של עולם, כל הצבאות הללו יש לך
22. ואין לי אחד בהם?'"

צבא של מעלה וצבא של מטה

הפסקה מילקוט שמעוני מורכבת משתי הרחבות סיפור, כלומר, שתי גרסות המפרטות לנו מה המסר שמעבירה חנה לאלוהים בכנותה אותו "ה' צבאות". הפירוש הראשון, של רבי יהודה, נוקט גישה ממעטת

למילה ׳צבאות׳[37] ומבין אותה כמרמזת לשני צבאות: צבא השמיים וצבא הארץ.

על פי השקפה זו, רואה חנה את עולמו של הקב״ה כיחידה מסודרת שבה לכל דבר מקום משלו. צבא השמיים מורכב מיצורים שאין להם צרכים ארציים ואינם מתרבים: ״הצבא של מעלה לא אוכלים ולא שותים, ולא פרים ורבים, ולא מתים, אלא חיים לעולם הבא״ (שורות 4–6). לעומתו, צבא הארץ **צריך** לאכול ולשתות, **טבעו** להתרבות, **ואין** הוא חי לעולם.

צירופן של תכונות מאפיינות אלה בידי רבי יהודה אינו מקרי. יצורים שמימיים אינם זקוקים למזון, כי אין להם גוף. בדומה לכך, אין הם צריכים להתרבות, כי אינם בני תמותה. בניגוד לכך, בני אנוש צריכים לאכול ולשתות כדי להמשיך לחיות, וחייבים להיות להם ילדים שיתפסו את מקומם בעולם לאחר מותם. איבוד הרצון לאכול ולשתות הוא אות לפגיעה כלשהי במצבו הטוב של אדם, כפי שמלמד אותנו הכתוב בשמואל א׳, המספר לנו על חנה שאינה אוכלת ואינה שותה בהיותה שרויה בדיכאון. באותו אופן, אם אין בן תמותה זוכה לילדים, אות הוא שמשהו אינו בסדר בעולמו של הקב״ה, לפחות בעיני חנה.

לדעת חנה, כפי שמתאר אותה רבי יהודה, הקב״ה הוא אכן אלוהי הפרטים הקטנים. תפיסת האלוהים של חנה מיוצגת בשם שהיא קוראת לו: ה׳ צבאות, האל שבורא קבוצות רבות המורכבות מפרטים רבים, ושולט עליהן. תפיסה זו של אלוהים היא הד לדמות שמשרטט רבי אלעזר, של מלך המכין סעודה גדולה, ואם רק ירצה, יוכל לתת ממנה פרוסה אחת לעני.

על פי רבי יהודה, מבקשת חנה מאלוהים שיודיע לה להיכן שייכת היא, כפרט, בתוך התמונה הכוללת של דרי מעלה ודרי מטה.

37. במתודולוגיה המדרשית, המיעוט (המינימום) של רבים הוא בדרך כלל – אם כי לא תמיד – שניים.

היא רואה את אלוהים הן בתמונה הכוללת והן בפרטים, ועל כן מצפה היא בכל מאודה שיימצא לה מקום בעולמו. אם בת תמותה היא, ומקומה איננו בין דרי מעלה השמימיים, אזי חייב אלוהים לתת לה ילד, בדיוק כשם שכל האיברים שמהם מורכב גופה חייבים לדעתה למלא את תפקידם, כדי להגשים את המטרה שלשמה נבראו.

קשר אישי עם אל אישי

הבנה זו מוצאת את ביטויה גם בדעה השנייה המובאת בילקוט שמעוני. כאן, חנה, המתבוננת בקהל ישראל העולים לרגל בחג לשילה, שואלת את אלוהים: "ריבונו של עולם, כל הצבאות הללו יש לך ואין לי אחד בהם?" (שורות 21–22). שוב, חנה רואה את התמונה הכוללת, אך גם יודעת שהיא מורכבת מפרטים נפרדים. בתוך המון הבאים לשילה, מבקשת חנה לראות פנים מסוימות השייכות לה, שתחברנה אותה בקשר אישי וחי לאלוהים. גם בשאלה הרטורית הזאת שומעים אנו הד לתלונתו של העני למלך.

השקפתה הדתית של חנה רחוקה מלהיות פשטנית. יש לה תחושה חזקה של התמונה הכוללת וגם של הפרטים המרכיבים אותה, והיא מסוגלת להחזיק בשתי השקפות אלה בו זמנית. מה שהופך, בסופו של דבר, את הבנתה של חנה את אלוהים לאופטימית כל כך הוא אופיה האישי החזק של הבנה זו. היא מאמינה עמוקות שאלוהי המרחב העצום הזה הנקרא עולם הוא גם האל האישי שלה. אמונה זו היא שנוטעת בה את התקווה שתפילתה תיענה, והיא זו שמעניקה לה את הכוח להתפלל בעוז רוח וביושר לבב שכאלה. חנה אינה תמימה לנוכח האפשרות שתסבול; היא מבינה זאת היטב מתוך ניסיונה האישי הכואב. אדרבה, היא חשה את נוכחותו הפנימית של אלוהים בעולם, ומאמינה שהאל שבנה עולם עצום שכזה מפרטים נבדלים כה רבים אינו יכול שלא לשמוע אותה. גם היא אחת "מכל צבאי צבאות שבראת בעולמך". לו אך ירצה, ייתן לה אלוהים ילד.